U0032487

華夏再造與多元轉型

明史

徐　泓／王鴻泰／巫仁恕
邱仲麟／邱澎生／唐立宗——合著

徐　泓——編
王汎森——主編

聯經中國史

總序

中央研究院院士　王汎森

在過去一百多年中，我們對中國歷史的認識經歷了翻天覆地的變化。這些改變，一方面源自於近代中國幾次重要的史學革命，從梁啓超在《新史學》「二十四史非史也，二十四姓之家譜而已」的批判，到胡適的國故整理運動、傅斯年創立歷史語言研究所、再到馬克思主義歷史學的興起。這幾波的史學革命，雖然彼此關注的重點各不相同，但對於歷史的定義、史料的範圍、解釋的角度等議題，都產生重大的影響。另一方面，我們也看到國際間對中國歷史的演變，無論是在歐洲、日本還是美國，一代又一代學者，不斷推陳出新，提出新的觀點與詮釋。

從第二次世界大戰結束以來，臺灣的歷史學者在這個領域，同樣取得了豐碩的成果，並發展出獨特的學術風格。他們既繼承了近代中國新史學的脈絡，又吸納了世界各地不同的學術潮流，加上引入社會科學的理論與方法，並在上個世紀末，接受到後現代主義的衝擊與洗禮。

幾年之前，有一位編輯朋友來信提及，臺灣已經很久沒有編寫成套的中國斷代史，聯經出版公司的發行人林載爵先生也與我談起，覺得有必要將這些累積起來的成果作一個整理。二〇二四年，適逢聯經出版公司創立五十週年，因此有了這項《聯經中國史》的出版計畫。

將近二十年前，我在中央研究院歷史語言研究所所長任內，爲了慶祝史語所成立八十週年，曾組織一項「集眾式」的工作，與史語所同仁共同完成《中國史新論》，當時也是由聯經所出版。不過，《中國史新論》是專題式的論文集結，旨在呈現臺灣學者對中國史研究所開展的新課題、新領域與新方向。

《聯經中國史》也是一項「集眾式」的工作，但定位截然不同。在策畫之初，我們便希望這套書是要服務大學生和對中國歷史感興趣的一般讀者。也因此，我們訂下了幾點寫作的基本原則：

第一、書寫方式採取敘事型的手法，而非純粹學術論述或理論分析，引文也只限於必要的範圍。

第二、必須融入近年來新研究之成果，但並非研究回顧，而是以新研究爲基礎，融會貫通而成的新通述（synthesis）。

第三、反映近年來新研究之趨勢，避免只聚焦於上層政治、宮廷政治，而多著墨社會經濟、日常生活、菁英與大眾文化（high culture and popular culture）之交流、性別、地方社會的多樣性等議題。

第四、重視非漢族群與非漢字中心的觀點，以及不同朝代與亞洲其他地域互動的關係，從世界史的角度來理解中國史。

第五、在參照融會新近研究時，注重中文（特別是臺灣）學界的研究，以期與其他相類似叢書在見解與框架上有所區別。

爲了完成這項計畫，我們邀請了精熟各個時代的資深歷史學者擔綱作者。我要在此感謝各冊作者，承擔起這項不容易的工作。每一代人都有自己認識和書寫歷史的方法。我們期待這套叢書，能代表這個時代對於中國歷史的認識，聯結起過去與現在，並爲所有想要了解中國歷史的人，提供一個全面而深入的視野。

目次

總序 003
導言 告別惡評——明代的歷史地位 015
一、近百年來多惡評——015
二、傳統史評對明代的肯定——017
三、近年來正面論述漸多——019
四、明代的歷史特色與地位——022
五、存在的歧見：評價問題——037
六、結語——046

第一章 大明一統——元末革命與明太祖起兵及大明皇朝的創建 049
一、生長於天災頻仍的淮西貧農朱重八——050
二、元末革命：從社會革命到民族革命——052
三、白蓮教、明教與紅巾軍起義——053
四、朱元璋建立革命根據地：高築牆，廣積糧，緩稱王——055
五、掃平群雄，驅逐蒙元，統一天下——058
六、創建大明皇朝，興建都城——066
第二章 創業維艱——明太祖的治國方略與大明的立國宏規（上） 075
一、明太祖的建國理念：「大明終始」「民安田里」——076

二、「民安田里」的經濟基礎：社會生產力的恢復與發展——077
三、「民安田里」的安全保證：鞏固的國防——087
四、「民安田里」的實現：〈教民榜文〉的理想世界——102
五、實現「民安田里」的管治體制：強而有力的中央集權君主專制政府——107

第三章 創業維艱——明太祖的治國方略與大明的立國宏規（下）

121
一、禮法並用：社會與國家管治體制的工具——122
二、恐怖鎮懾功臣與官吏：掃除皇權的威脅——133
三、薦舉、科舉、貢監與吏員：人才薦舉培養與官員的選拔——144

四、「同生天地之間」的民族政策與「不征之國」的天下秩序——154
五、「今得萬物自然之理，其奚哀念之有」：明太祖的功過——159

第四章 基調與變奏——洪武體制的持續調整

165
一、打造永樂體制——167
二、政治文化建構與文化政治操作——174
三、強人主導的軍事體制的終結：仁宣之治——180
四、幼帝老臣與野心太監：正統帝、三楊與王振——187
五、正統土木堡之變與景泰、天順政權——189

六、從海禁到下西洋：
亞洲國際秩序變動及其重建——193
七、鄭和船隊七下西洋：由永樂變奏到正統年間
重歸基調——208
八、「湖廣熟，天下足」：
明代前半期的農業發展——222
九、盛世的政治社會危機：
從基調到變奏——225
十、洪武體制的鬆動與社會矛盾——228

第五章 守成不易——明代中期的政治格局與社會變遷

233
一、常被忽視的時代——234
二、宦官用事的開端——235

三、成化朝的內政問題——237
四、短暫的弘治中興——243
五、正德帝寵信劉瑾——250
六、縱樂荒嬉的天子——254
七、明代中期的經濟發展——260
八、明代中期的社會變遷——269
九、社會矛盾下的民變——272
十、陽明心學的興起——277
第六章
東邊晴來西邊雨——危機時代的新變革 285
一、大禮議——286
二、嘉靖前期的朝政變革——291

三、嘉靖後期的內閣紛爭——295
四、海禁政策與倭寇大起——301
五、北虜問題的嚴重化——311
六、隆慶朝局與邊患底定——319
七、張居正登場——327
八、張居正改革：田土清丈的措施——333
九、張居正改革：一條鞭法的推行——336
十、明代的火器革命——341

第七章 夕陽無限好？——早期全球化下的晚明社會文化結構轉型 349

一、社會文化結構轉型——350
二、農業部門的三大變動——351

三、商業與手工業部門的變動——363
四、商人社團興起及商貿政策與法律調整——376
五、庶民文化與城市生活空間的發展——397
六、傳教士與中西交流——410

第八章 帝國的末日——明末清初的紊亂與掙扎

421
一、明亡述論——422
二、黨爭誤國——424
三、萬曆反礦稅使民變——430
四、天啟開讀之變：政治民變——436
五、十七世紀的危機：氣候變遷與銀荒——440
六、從民變到流產的「革命」——446

七、努爾哈赤與建州女真的崛起——453
八、南明政權的悲歌——457
九、清初民間的抗清運動——462
十、鄭氏在臺灣的抗清——465
參考書目 471

導言

告別惡評——明代的歷史地位

徐泓

一、近百年來多惡評

對於明朝歷史地位的評價，當然不會有人再爲推崇清朝的功德而抹殺明朝的顯著成就，如謝國楨所說的：壓縮或削減明朝的武功和疆域，輕視明代的學術思想，認爲是極爲膚淺，徒尚空論，著作諸書是「小說害事」。但一般仍多以明代爲近世中國衰落和中西消長的關鍵，惡評不少：

黑暗的時代

長期以來，明代被認爲是中國歷史上政治最黑暗的時代，君主專制，宦官濫權，特務荼毒；朝士或熱中黨爭，或專心貪瀆；苛捐重稅，地主鄉官橫行鄉里，欺壓人民；士人苦悶，或逃於空談心性，或沉於奢靡淫逸。終致民變四起，國家滅亡，爲滿清所乘；眞乃「天崩地解」之「亡天下」。

沒有多少特點的朝代

與秦漢隋唐宋相較，無論典章制度建設，還是文治武功，明代都缺少足以誇耀的成績，甚至顯得黯然失色。

停滯的社會

從黑格爾以來，西方主流學術把明清中國看成是一個停滯的國家。馬克思主義的史學體系也認爲「明清時期是中國封建社會末期，是一個沒落和停滯的時期」。鴉片戰爭後，在西方的衝擊下，中國社會經濟才出現重大的變化。他們也同意長期停滯的傳統中國社會（或稱封建社會）的晚期，本身無克服停滯性的能力。處於前近代走向近代的前夕的明代，是造成近世中國沒落的關鍵時期。

閉關自守的國家

黑格爾說：停滯不前，沒有變化，是中國的宿命，這種宿命部分地取決於中國是一個大陸國家的地理因素。馬克思繼承黑格爾的理論與赫爾德的「木乃伊」論，說：「與外界完全隔絕曾是保存舊中國的首要條件，而當這種隔絕狀態通過英國而爲暴力所打破的時候，接踵而來的必然是解體的過程，正如小心保存在密封棺材裡的木乃伊一接觸新鮮空氣，便必然要解體一樣。」近代以來，與西方接觸，中國才被迫放棄閉關自守，進入世界。

明清中國「閉關自守」論爲中國歷史教科書上的標準說法，二十世紀後期，以風靡全中國的央視電視紀錄片《河殤》爲代表。至今還有很多人認爲明清中國是一個閉關自守的國家，他們認爲中國人需要反思和批判中國傳統的「黃土文明」，引入西方的「藍色的海洋文明」。

二、傳統史評對明代的肯定

明人對明代歷史地位的自我肯定

過去，人們並不是一面倒地否定明代，肯定明代歷史地位還是不少的。永樂皇帝就說：比較漢、唐、宋盛世，「我朝國勢之尊，超邁前古，其馭北虜西番南島西洋諸夷，無漢之和親，無唐之結盟，無宋之納歲幣，亦無兄弟敵國之禮。」

後人又說：大明定都北京，由天子守國門，抵抗北方和東北強大的蒙古和滿洲；末代君王崇禎帝還殉國死社稷，其悲壯之舉，更是歷代所無。大明王朝很有骨氣，中國歷史其他朝代所難及。身在晚明的宋應星也從社會經濟民生立論，肯定所處之時代爲「聖明極盛之世」。

從制度上防止母后和外戚干政及藩鎮之禍

如《明史紀事本末．開國規模》所云：「懲女寵之禍而戒母后臨朝，懲外戚之亂而令不封后家，懲藩鎮之變而制武臣不預兵食，禍本亂階，防維略盡。」

清朝皇帝對明朝的贊語：「治隆唐宋」

向來繼起的王朝論述「勝朝何以失天下」時，總會貶低前朝，以彰顯我朝得天下之正當。但繼明朝而起的清朝，從順治皇帝以下，對明朝卻頗多贊語。順治皇帝說：「歷代賢君莫如洪武。」康熙帝稱贊明朝：「治隆唐宋」，「洪武乃英武偉烈之主，非尋常帝王可比。」尤其對明太祖開國規模及其典章制度，贊揚備至。順治帝說：「洪武所定條例章程、規畫周詳，朕所以謂：『歷代之君不及洪武也。』」乾隆更肯定崇禎皇帝：明之所以亡國，是萬曆、天啓皇帝不理朝政，以致法度廢弛。崇禎繼位，「國事已不可爲」，雖然辛苦經營十七年，仍不能「補救傾危」，而以身殉國。

圖 0-1　康熙皇帝親題「治隆唐宋」於明孝陵。Farm, CC BY-SA 3.0.

三、近年來正面論述漸多

近年來，隨著中華民族的復興及東亞國家經濟的崛起，究其促進發展動力，人們多認爲受儒家文化爲主的中華文化影響，是重要原因，轉而肯定中華歷史文化。不特中國學者，西方學者也開始客觀地比較中西歷史文化及其近代以來的發展，認爲中華歷史是被誤解的。

中國學界對明代的肯定：反駁傳統惡評

中國明代研究學會創會會長呂士朋教授於一九七八年，從疆域的開拓與鞏固、西南的開發與南洋的移殖、制度的宏遠及其創意、人文的重振與科學的探究等四方面立論，首先肯定明代在國史上的地位。近十多年來，更有許多中外學者參與討論評價明代歷史地位，如經濟學者梁柏力總結新一代中西史學家近二、三十年的研究成果，反駁許多關於中國明清時代的傳統觀點，諸如閉關鎖國、重農輕商、抑制市場、輕視科技、缺乏產權保障及法治精神等，重新評價明清歷史。盧興基重提侯外廬所說的從「十六世紀中葉開始」的「資本主義的幼芽」，認爲這開啓思想啓蒙，帶動明代後期詩歌、小說、戲曲、繪畫等領域澎湃發展，明代是中國近代文明的曙光。有的學者還直言明代是被誤解，甚至是被抹黑的。

西方學界對明代的肯定：明代不是中西發展的拐點

近來，一些西方學者反思學界盛行的「歐洲中心論」（Eurocentrism），如王國斌（R.

Bin Wong）和彭慕然（Kenneth Pomeranz，一般誤作「彭慕蘭」）比較研究近世中西歷史的發展，提出中西經濟的消長「大分流」（The Great Divergence），不在十四至十七世紀，而在十八世紀的產業革命。在此之前，雙方經濟均在發展農村與城鎮散作制的手工作坊模式，西方超過中國而崛起是產業革命後的事，明代並不是中西發展的拐點。

日本學界對明代的肯定：正面看待，肯定社會經濟的發展

二戰後，日本學界反省侵華戰爭的大錯，認識到當時只從負面論中國歷史，導致誤判「腐敗的中國」不堪一擊。日本學者植村清二說：「沒想到六億中國民眾經此強力打擊，不但沒有被打倒，反而集結強烈的民族意識。中國就像一大塊脆弱的生鐵，經大戰的灼熱溶解，千錘百煉，鍛煉成富彈性堅硬的鋼鐵。」

於是，日本學界改從正面看中國歷史，西嶋定生首先研究江南農村手工業的棉紡織業，產業革命的發生跟紡織業有關係，珍妮紡紗機一次可以紡兩根紗，他發現明清太倉式的紡紗機一次可以紡四根紗，而且中國的紡織業早就用水力紡麻。雖然這不足以證明中國手工業在明清具備產生產業革命的條件，但至少可以說中國的手工業技術在當代是領先的。

四、明代的歷史特色與地位

明朝不計南明三十九年，也有二七六年；歷代王朝中，明朝只短於夏、商、周三代，東、西漢合計的漢朝，南、北宋合計的宋朝，與武周合計的唐朝，才比明朝國祚長些。清朝從入關前的崇德元年（一六三六）算起，也只有二七六年，與明朝相同。明朝的政治體制與文化特質爲清代所繼承，是近代西方殖民帝國及資本主義勢力入侵前，傳統中國社會（或稱封建社會）發展的最後階段，最成熟，甚至是爛熟。

漢民族為主所建立的最後一個傳統中國王朝

明朝之前有元朝，後有清朝，是宋代之後，唯一漢族建立的王朝；因此，明朝開國特別注重華夏之再造。通過華夏正統王朝譜系的建構、文化認同的強調、傳統禮制的重塑；修復華夏族群的歷史記憶，增強華夏族群的認同意識，凸顯華夏族群的身分象徵。蒙元時代，尊奉佛教，儒學式微；中國南北之間存在嚴重的政治分裂和族群割裂，「南人」與「漢人」族群裂痕明顯，各地域存在相互歧視的現象；北人胡化現象嚴重，蒙古化有向下層平民擴散的趨勢。明太祖爲再造華夏，派遣大量國子生，奔赴胡化嚴重的北方，推廣王道教化；利用科舉大力拔擢北方士子，撫平了南北隔閡；並從服飾、語言、生活禮制等，推動消除胡化，復興中華的政策。

明初制度承襲元朝制度中的華夏因素，繼依元以《易經．乾卦》「大哉乾元」定國號「大元」，亦以《易經．乾卦》「大明終始」定國號「大明」。儒學仍依循元朝以朱子學爲官學，科舉考試的經書一以朱學爲依歸。但究竟元制中仍多蒙古胡元因素，於是大明開國就強調「復漢官之威儀」，如利用「去蒙元化」的服飾等改制，加強對漢族文化的認同。政經社會制度也向唐宋制轉化。

然此再造華夏之舉，並非排外行動，而是恢復華夏傳統和整合華夏族群。創建制度，也沿襲元制優良適用者，如衛所制度和屯田制度。明太祖並宣稱：「蒙古、色目，雖非華夏族類，然同生天地之間，有能知禮義，願爲臣民者，與中夏之人撫養無異。」並且將來降的大批蒙元官民軍兵或編入衛所，或散居全國，將非華夏族群納入華夏族群，擴大華夏多元一體的內涵。

與清朝共同奠定現代中國版圖

明太祖說：「悉皆底定。中國封疆，自昔正統之君，少有得其全者，今朕全有中國。」確定明朝是承襲元朝建立的多民族統一國家。「中國」，從此不再是傳統狹隘的「中原」或所謂「本部十八省」，不但包括雲南、貴州，而且關外的東北、蒙古、西藏也在羈縻範圍之內，東北疆域甚至包括今黑龍江下游和庫頁島，伯力的〈永寧寺碑記〉可以為證。

有學者估計為近千萬平方公里，保守地估計，即使不計羈縻之地，至少也有六百五十萬平方公里。後來，清朝在這基礎上，進一步將蒙古、西藏正式納入版圖，並於新疆、東北、臺灣建省；辛亥革命成功，依〈清帝退位詔書〉：「合滿、漢、蒙、回、藏五族完全領土為一大中華民國。」奠定現代中國版圖，大明之功不可沒。

大明是當代世界最強的國家

不但是亞洲及周邊民族和國家的龍頭，也是十四至十七世紀世界最強的國家。

大明同時存在的世界強國，如帖木兒帝國、蒙兀兒帝國、鄂圖曼帝國、波斯薩法維王朝（Safavid dynasty, 1501-1736）等，無一能及，更不必論分裂的歐洲諸國家如神聖羅馬帝國及十六世紀才興起的西班牙和葡萄牙及英格蘭、荷蘭的殖民帝國，無論人口和經濟實力，均無法與大明王朝相比。據近年人口史學家的估計，大明人口在一億三千萬到兩億之間，領先全球，比第二位的印度德里蘇丹和蒙兀兒的一億到一．六億多，名列其後的鄂圖曼帝國也只有六百三十萬到八百四十萬，更不必論歐洲國家，當時人口最多的歐洲國家法蘭西也只有一千六百萬。

以十五世紀的世界爲例，當時歐亞大陸最強的帖木兒帝國，也向大明朝貢。西班牙前身卡斯提爾王國的使臣克拉維約（Ruy González de Clavijo），在帖木兒帝國的朝廷上，親眼見到不可一世的帖木兒汗，竟然委婉地回應大明使臣對他們七年未朝貢的責問；外交場合是依實力講話的，大明國威可見一斑。

大明是當代世界經濟規模最大、民生最富庶的國家

據經濟學者的估計，一八二〇年以前，中國一直是世界最大的經濟體，國民經濟所得（GDP）總量占世界份額的三二・四%，即使在飽受戰亂與天災之苦的明末清初，仍與全印度及全歐洲，並駕齊驅。人均收入領先於世界的時間，也一直持續到十五世紀。

國內市場網絡流通，海外貿易興盛，白銀因貿易出超而大量流入，成爲世界貿易中心；租稅朝納銀化發展，人身控制體制鬆懈，社會空前繁榮，社會風氣朝著僭奢變遷。

此時，歐洲雖進入航海時代，跨洋貿易卻未臻成熟，只有小規模的黃金和奴隸貿易。除了少數資源缺乏且國土臨海的國家，大力發展海洋實力之外，西歐以內陸爲主的國家（法、德、東歐、沙俄等）依然是等級森嚴的世襲封建制君主國。西歐教會勢力開始衰落，文藝復興運動抬頭，科學研究體系開始初步建立，然而就普通民眾而言，還沒有影響到他們的生活。穆斯林對歐洲的影響依然很大，向東方的陸路通道和紅海的出口，依舊牢

牢掌握在阿拉伯人手中；此時的歐洲，實際上由於硬通貨的減少，正處於蕭條狀態。

身處繁榮的晚明，宋應星不禁興「幸生聖明極盛之世」的贊歎，在《天工開物》序言敘說大明之繁盛道：「滇南車馬，縱貫遼陽；嶺徼宦商，橫遊薊北。爲方萬里中，何事何物，不可見見聞聞。若爲士而生南宋之季，其視燕、秦方物，已成夷產；從互市而得裘帽，何殊肅慎之矢也！」

比較當時處於戰亂的歐洲與民生富庶的大明，天主教教士留下許多對大明的贊語。萬曆年間馬丁・德・拉達（Martin de Rada）《中國箚記》說：「在這個大國，……人們食品豐富，講究穿著，家裡陳設華麗，尤其是，他們努力工作勞動，是大商人和買賣人，所有這些人，連同上述國土的肥沃，使它可以正當地被稱作全世界最富饒的國家。……這個國家的男男女女都有很好的體質，勻稱而且是漂亮的人。……」很明顯，明朝時的中國主導和控制著全球的經濟。

提到中國的版圖，利瑪竇（Matteo Ricci）《中國箚記》說：「就其領土漫長的伸延和邊界而言，它目前超過世界上所有的王國合在一起，並且就我所知，在以往所有時代裡，它都是超過它們的。」

由於中國疆域廣闊和氣候多樣，物產甚爲豐富，利瑪竇更大膽地斷言：「世界上沒有別的地方，在單獨一個國家的範圍內，可以發現有這麼多品種的動植物。……凡是人們爲

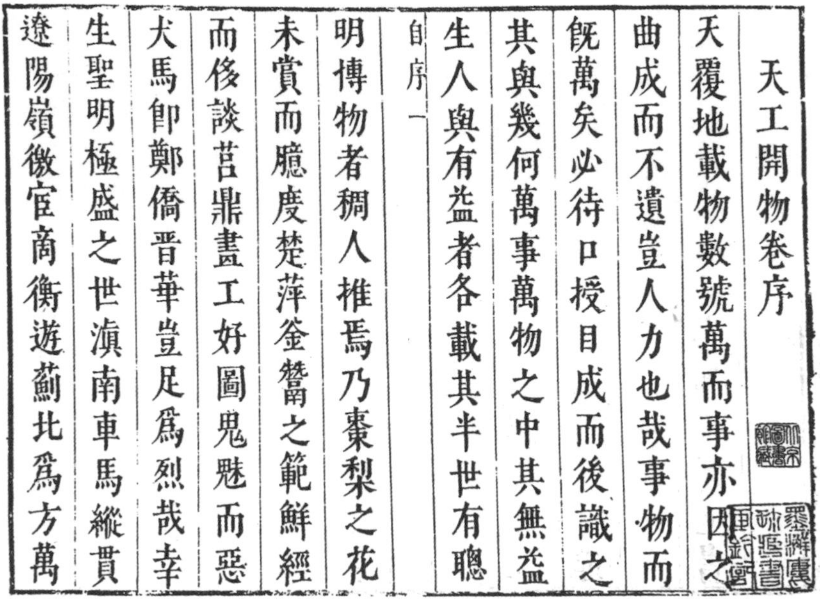
天工開物卷序

天覆地載物數號萬而事亦因之曲成而不遺豈人力也哉事物而旣萬矣必待口授目成而後識之其與幾何萬事萬物之中其無益生人與有益者各載其半世有聰

自序　一

明博物者稠人推焉乃棗梨之花未賞而臆度楚萍釜鬵之範鮮經而侈談莒鼎畫工好圖鬼魅而惡犬馬卽鄭僑晉華豈足爲烈哉幸生聖明極盛之世滇南車馬縱貫遼陽嶺徼宦商衡遊薊北爲方萬

圖 0-2　宋應星，《天工開物》書影，收入《續修四庫全書》子部譜錄類。

了維持生存和幸福所需的東西，無論是衣食或甚至是奇巧與奢侈，在這個王國的境內，都有豐富的出產，無需外國進口。……凡是在歐洲生長的一切，都照樣可以在中國找到。」

明代的歷史，在中國史和世界史上多麼重要：執西方明史學界牛耳的牟復禮（Frederick W. Mote）教授在《劍橋中國明代史》（*The Cambridge History of China, Volume 7 - The Ming Dynasty, 1368 - 1644*）評價明代的歷史地位說：「明代的中國出現了文化的發展，國土的開拓，……它在其最後階段所具有的內部相對穩定的、封閉的和光輝燦爛的傳統中國文化，是愈來愈成熟。……人口有穩步的增長，識字的人數大量增加，社會的整個精英以下各層次的學識有了增長，同時精英的和精英以下的文化形式也繁榮了起來。……城市水陸交通體系的逐漸充實起來，這表明生產和交換已在擴展。東南沿海諸省日益變得重要，離心力促使該地區許多艱苦的居民向海外求生，這些都早於歐洲商業擴張的時代，而且足以與它相抗衡。中國內地南方和西南諸省在明代的內附，也足以證明這時期的擴張的成效。……明代社會有無窮的活力，這一點是必須記住的。……明代是一個政府很堅強有力的時代，它的開國之君把它建成了一個強大的、充滿自信的、高度中央集權的政體。……泱泱大國的形象不易驅散。人們只要看一看明代中國在亞洲被抬舉的高大形象，就可知其一二了。……明政府也允許那些生計稍微充裕而有餘資的中國人，自行其是地利用其資財，……比起當時或以後世界上的其他國家來說，它向人民徵收的稅項是很少的，……勤勞人民在財富所出之地裡所創造的大部分財富留了下來。……社會仍然是開放的，它給各階層人民提供了廣闊的選擇餘地。……對於明代中國的政府，不可貿然予以等閒視之。……儘管明王朝的治理步履蹣跚而很不得力，但它的文官制度卻是生動活潑，在後世也是無與其匹的。……在明代海上擴張中所見到的那種無限充沛的精力、真正的企業家精神、進取的冒險氣魄和在社會內部頗具創造力的領袖才能。」

牟先生認爲當今學術界才「開始認識到明代這幾百年的歷史，在中國史和世界史的大範圍內，是多麼重要」。

大明社會階層流動性之高是近代以前世界之最

何炳棣《明清社會史論》（*The Ladder of Success in Imperial China: Aspects of Social Mobility, 1368-1911*）運用計量統計分析的研究，指出明清社會幾乎沒有制度化的機制，可以阻止高地位家庭長期的向下流動，均分遺產的習俗可能是造成「富不過三代」的最有力因素。除縱向垂直的上下流動外，何先生又專章討論士農工商、軍民匠灶的橫向水平流動，並論及社會流動的地域差異和影響社會流動的各種因素。社會流動比較研究的結果，何炳棣說：明初精英的社會流動率，「即使近代西方社會精英的社會流動率，也可能很難超越」。

六十年前，何炳棣教授分析明代二十二科六千三百三十二名進士家庭背景資料研究的結論：明代出身無功名寒素之家的士子，其上行社會流動機率達五〇%。這一結論，二〇一三年，經徐泓用將近三倍的樣本：五十七科一萬五千五百一十九名進士家庭背景資料分析研究，予以確認。印證了萬曆年間，禮部的報告：「績學博一第者，強半寒素之家。」

二〇二一年，郭培貴進一步研究明代進士家族的社會流動，發現明代產生於有進士功名的家族的進士有四千九百七十名，僅占明代進士總數的二〇．二一%。八七%的進士家族不能傳至第三代。獲得進士功名在翰林院實習的，稱爲「庶吉士」，是明朝高官的必經

圖 0-3　何炳棣，《明清社會史論》書影。

途徑。但庶吉士群體出身於非進士家族的達八二·四六%，出身於非庶吉士家族更高達九七·五四%。而且出自進士家族的庶吉士，又以一代進士家族為主，庶吉士家族更絕無超過三代者。何炳棣、徐泓與郭培貴的研究成果，顯示明代進士絕大部分不是出於進士家族的再生產，從科舉制度論，明代寒素之家的上行社會流動率是相當高的。

社會文化繁榮，言論開放自由，批評時事戲曲小說盛行

隨著商品經濟的發展，城鎮興起，尤其庶民階層與商人階層地位日漸重要，識字人口增加，展現庶民文化面貌的小說、戲曲及實用科技大爲發展；貼近百姓日用的王學大行其道。社會狀況因此發生了巨大變化，人們的思想也隨之不斷解放，特別是在言論自由方面，明代中後期從政府到民間都蔚然成風，尤其晚明，不顧腐敗醜惡的政治的壓迫和忌

諱，勇於反映民意、評論時事的戲劇和小說卻大為盛行，評論蘇州民變的有《蕉扇記》和《萬民安》，諷刺魏忠賢的時事小說有《警世陰陽夢》、《魏忠賢小說斥奸書》、《皇明中興聖烈傳》和《檮杌閒評》等，涉及開讀之變的有《魏監磨忠記》、《清忠譜》等。可以說明代文化在綜合、普及和反傳統方面均有創造性的貢獻；是中國近代文明的曙光。

開發華南與西南，移民南洋

自古以來，南方和西南的兩廣、雲貴，一直是少數民族繁多而難治之地。尤其雲貴，位於中原的中央政府，一直視之為化外，宋太祖甚至以玉斧畫大渡河與大理國為界。對於形同化外之地的西南地區，明初政府曾有遷徙少數民族入內地的想法，但明太祖沒有採行，而是接續元朝的羈縻政策。元朝滅大理國，由衛所軍管之後，建為行省，遍設學校，並為管治少數民族，建「土司」制度。明太祖、太宗也是行省郡縣制與土司制度並行，一方面與內地相同，建置省府州縣，除雲南之外，又創建貴州布政使司。一方面以少數民族首領為宣慰司、長官司等朝廷命官，仍世襲統治其族人及其領地；可謂「一國兩制」。

為防少數民族造反，又遍設衛所，「分兵守要害」，並開闢驛道，「以鎮服之」。明朝對雲南有四次重要的軍事移民，雲南的內地官軍人數達二十八萬，加上其家屬，軍事移民達八十餘萬人。衛所軍兵及其家屬大多來自南京地區（今江蘇、安徽），以雲南為例，即使到萬曆年間，登記有案的軍戶仍有二十三萬戶；則軍事移民當在百萬之譜；漢族人口從此成爲雲南最大族群。

衛所的屯田與學校：衛所軍屯，僅沐英治滇的洪武十九年至二十五年的六年間，屯軍即「墾田百萬餘畝」。正德《雲南志》載弘治十年（一五〇二），雲南布政司領有官、民田一萬七千二百七十九頃，都指揮司所領屯田一萬二千七百六十六頃。軍屯人數雖大大少於民戶人數，但軍屯面積卻幾乎與民田相等。軍屯發達了西南農業經濟，驛道的開闢發達了商業貿易，府州縣和衛所的學校使教化日興；建水縣孔廟規模之大，僅次於曲阜。由於衛所遍布各地，內地來的軍事移民，遂多與當地少數民族比鄰而居，各民族相互學習，相互影響，密切聯繫西南與內地，加強西南地區對中央王朝的向心力。明朝鞏固元朝開闢的西南邊疆，整合西南地區及族群，促進經濟社會與文化發展；奠定中華多元民族統一國家的發展基礎，其功卓著。

廣東、廣西，雖早已郡縣化，與內地無異，尤其珠江三角洲，開發甚早，社會經濟文化發達。然而直至明代，周邊山區，仍多瑤族等少數民族，經常與漢族發生衝突，甚至爆發大規模民變。少數民族地區的開發及其與漢民族文化的差異，往往是地方官最關注的政務之一。爲維持地方治安，明朝特別重視衛所的設置，許多衛所與府州縣衙同城，城市公共工程建設如修築城牆，多由衛所軍隊負責，而有「軍七民三」之說。明代後期，少數民族變亂較爲平息，社會經濟文化發展較平衡，尤其山區逐漸開發。兩廣民間社會力量興起，遂與內地相似。地方公共工程，以築城爲例，已由衛所主導轉而由地方官和鄉紳主導，甚至由鄉紳主導；而有「軍三民七」「官三民七」之說。可見明朝在整合和開發華南兩廣亦大有貢獻。

唐宋以來，中國對東亞、東南亞、南亞，甚至西南亞的海外貿易很盛，後人有「海上絲路」之說。元代更隨國勢鼎盛，沿海居民因航行海外而移居者不少。明初雖頒令海禁，仍有不少人犯禁外移，鄭和下西洋在印尼擒回的海盜集團頭目就是潮州人。鄭和從永樂三年（一四〇六）至宣德八年（一四三三），七下西洋，歷占城、爪哇、暹羅、滿剌加、蘇門答剌、錫蘭山、柯枝、古里、忽魯謨斯、非洲木骨都束，遍及亞非三十多個國家和地區，帶動朝貢貿易。當時雖未弛海禁，但因此刺激華人走向海外，也有些隨船隊下西洋的，留在海外。明人張燮《東西洋考．文萊傳》云：「俗傳今國王爲閩人，隨鄭和征此，留鎮其地，故王府旁舊有中國碑。」其後，隨著歐人東來，明人從事走私貿易，因而移居東南亞甚多。爪哇國「舊港，是時，南海豪民梁道明竄泊茲土，眾推爲酋，閩廣流移從者數千人」。新村西山，舊名廝村，更是「中華人客此，成聚，遂名新村，約千餘家，村主粵人也」。而閩南人移居菲律賓者更多，由明末西班牙殖民政府三次屠殺華人，前兩次共約四萬五千多人可知。今日東南亞各國華人占當地人口百分比，新加坡七六．二％，馬來西亞二三・二%，泰國一〇—一二%，文萊一〇・三%，緬甸二・三%，印尼、越南、寮國、柬埔寨、菲律賓則在一・一—一・五%；對各國經濟發展發揮十分重要的作用，華僑匯回原鄉的僑匯及華僑對近現代中國的政治經濟發展，均有重大貢獻，如三二九黃花岡烈士中多爲東南亞華僑。華人大量移民和開發東南亞，明代是一重要的關鍵時刻。

大明立國宏規為後世稱頌

明太祖所立的制度多爲清朝沿襲，施行亘五百多年之久。清順治皇帝說：明太祖所立的「法」與「條例章程」，「規劃周詳」，爲「歷代之君不及」，「可垂永久」。民國初年，明清史大師孟森先生持同樣的看法，在《明史講義》中特立〈明開國以後之制度〉一節，敘述明太祖建立的制度，表彰其開國的宏圖。明代以來，無論當政者或是學者，對於明代史事都特別注重明太祖開國制度，《明史紀事本末》特闢〈開國規模〉一卷。

黃冊制度，這個通貫有明一代十年一度的戶口及資產的普查制度，更是走在時代的前沿，十八世紀歐美才普遍採行，現代中國，一九五〇年代中期兩岸才首次實施。明朝官僚體制，因有《大明會典》、《大明律例》爲行事依據，雖然中央朝政懈怠混亂，各級政府仍能照常運作。完善的科舉制度，不斷從全國各地無功名官位之家，選拔士人，爲政府補充官吏的新血輪。而朝政大事，開放大臣廷議，重要官員出缺，也開放廷推，不由皇帝獨斷，彌補君主獨裁政治的缺失。

徹底確立君主專制與中央集權的體制

外廷最高權力層消失，內廷的皇權及其代理人的宦官權力高漲。外廷若欲有爲，必須與宦官合作；而有「權相」與「閹黨」出現。黃宗羲《明夷待訪錄・置相》因此感歎：「有明之無善治，自高皇帝罷丞相始也。」

中央集權的同時，卻允許地方分權，如在西北與西南少數民族地區實行土司自治，地方事務也由鄉紳參與，如公共工程之修繕和管理。

明朝專制政治體制，爲防事權下移，「權不專於一司」，影響政務推行的效率。長官意志下的官僚政治作風和貪腐的潛規則，形成不良政治風氣的傳統；明朝君主專制中央集權體制的正負遺產皆及於現代中國。

明太祖治國以安民爲本，所頒〈教民榜文〉之「六諭」爲近代以前東亞各國採行，作爲地方社會安定之基石。明太祖治吏和待功臣甚爲殘酷，爲史家所詬病。但孟森認爲處於民權不張時代，這是保民的必要之惡。明太祖的嚴刑峻法，主要對象爲權貴和官吏，爲防止他們欺壓百姓，並非對付人民。

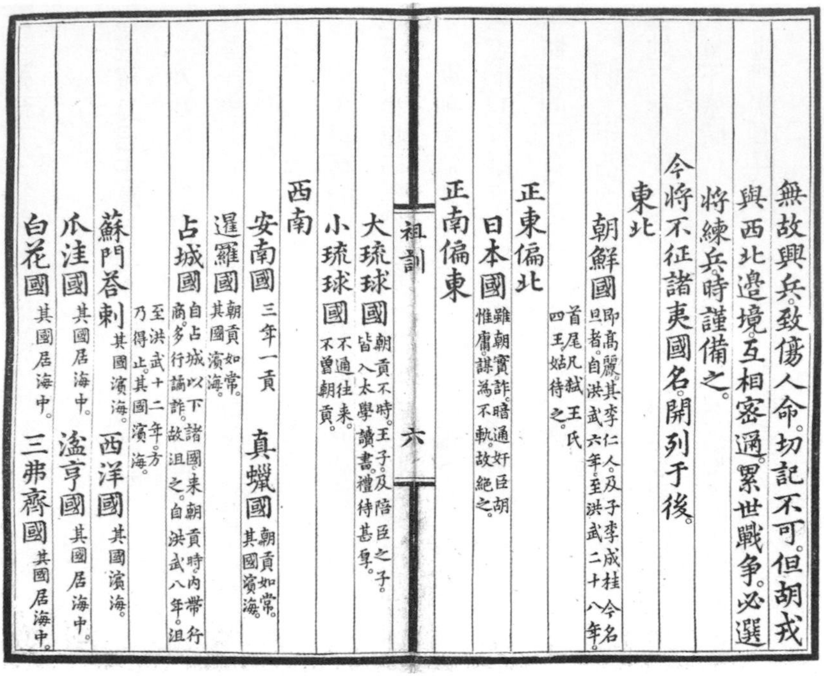
無故興兵致傷人命。切記不可。但胡戎與西北邊境互相密邇。累世戰爭。必選將練兵時謹備之。

今將不征諸夷國名開列于後。

東北

朝鮮國 即高麗。其李仁人及子李成桂今名旦者。自洪武六年至洪武二十八年。首尾凡弒王氏四王。姑待之。

正東偏北

日本國 雖朝實詐。暗通奸臣胡惟庸。謀為不軌。故絕之。

祖訓 六

正南偏東

大琉球國 朝貢不時。王子及陪臣之子。皆入太學讀書。禮待甚厚。

小琉球國 不通往來。不曾朝貢。

西南

安南國 三年一貢 真蠟國 朝貢如常。其國濱海。

暹羅國 朝貢如常。其國濱海。

占城國 自占城以下諸國。來朝貢時。內帶行商。多行譎詐。故沮之。自洪武八年沮至洪武十二年。方乃得止。其國濱海。

蘇門答剌 其國濱海。 西洋國 其國濱海。

爪洼國 其國居海中。 湓亨國 其國居海中。

白花國 其國居海中。 三弗齊國 其國居海中。

圖 0-4　《皇明祖訓》書影：不征諸夷國。

不征鄰國的國策與和平的天下秩序

明太祖以不占鄰國土地人民的國策爲主導，結合市舶貿易，以朝貢貿易體制，建立和平的天下秩序。鄭和下西洋不建立殖民地，只爲維護海上航線安全。並以「興滅繼絕」的原則，協助鄰邦。處理安南之交阯建省與獨立，抗倭援朝等均爲重要的事例。

不征鄰國的國策寫入《皇明祖訓．祖訓首章》，成爲中國外交傳統：「四方諸夷，皆限山隔海，僻在一隅；得其地不足以供給，得其民不足以使令。若其自不揣量，來擾我邊，則彼為不祥。彼既不為中國患，而我興兵輕伐，亦不祥也。吾恐後世子孫，倚中國富強，貪一時戰功，無故興兵，致傷人命，切記不可。但胡戎與西北邊境，互相密邇，累世戰爭，必選將練兵，時謹備之。」

以善待鄰國，懷柔遠人，建立朝貢體制，建構以中國為中心的和平天下秩序。正德進士敖英所撰《東谷贅言》卷上：「其來朝貢，則以恩禮待之。其朝鮮、安南、琉球、日本、占城、暹羅、滿剌加諸國，烏思藏、董卜韓胡（宣慰司，成都府境西北）、奴兒干諸司，朵顏、赤斤（今甘肅玉門市西北）、阿端（今青海省朵斯庫勒湖和新疆維吾爾自治區交界處）、卜剌罕（東北女眞在今嫩江支流綽爾河流域）諸衛，奉法尤謹，朝廷待之，恩禮亦有加焉。」

「不征之國」，不侵略鄰國，不干涉鄰國內政；「朝貢體制」，以經濟互利維繫國際政治與外交關係。建立的和平天下秩序，可為今後世界新秩序的借鏡。

五、存在的歧見：評價問題

廠衛特務政治之害是否被誇大

吳晗、武伯綸、丁易、姚雪垠等，通過全盤否定明代錦衣衛制度，來表達對現實政治的不滿，影射國民黨政府的特務機關與蔣介石的獨裁統治。一是將多重功能的錦衣衛簡化爲單一的特務機構；二是將特務及其制度擴大化，將整個宦官都視爲特務，將管理皇莊的宦官也視爲經濟特務，頗有泛化和誇大之嫌。

東廠由司禮監提督，在東廠服役的是錦衣衛北鎮撫司的官校。錦衣衛監察，包括秘密監察，但非不受任何約束的胡作非爲，在人員編制、監察範圍、逮捕程序乃至後期定案等方面，都有著具體的制度約束。明中後期錦衣衛最重要的職權，是緝捕讞獄及城市管理，其性質更接近於治安司法機構。

錦衣衛監察以及後來合一化的廠衛監察針對的對象，主要是官僚集團，而不是平民百姓。孟森云：「然細按之，皆凌蔑貴顯有力之家，平民非其所屑措意，即尚未至得罪百姓耳。」錦衣衛對全國實施特務統治的成說，不盡符合史實。而惡名之權宦，正統王振不過五年，正德劉瑾三年，天啓魏忠賢六年。

明初文字獄是否存在

後世有關洪武文字獄的大部分故事，來自於《朝野異聞錄》和《閒中今古錄》一類明代中期以後出現的野史。現代明史專家經過對大量不同史料的分析，除了發現洪武文字獄確有其事外，也從這類野史中發現了不少杜撰的故事。尤其是在明代中晚期，出現了肆意篡改書籍的風氣，導致文人撰作的野史，有意地在原有史料的基礎上添油加醋，陳學霖認爲：「現存有關明初文字獄史料不宜輕信。」

如高啓曾爲魏觀撰寫〈郡治上梁文〉，其中「龍蟠虎踞」等句觸怒朱元璋，一併被腰斬於金陵。王彝等眾多文化名人亦慘遭殺戮。此源於士人對大明開國並不擁戴，拒絕出任新朝官職而引發之文字獄，乃有明太祖《大誥三編》：「『率土之濱，莫非王臣。』成說其來遠矣！寰中士夫不爲君用，是外其教，誅其身而沒其家，不爲之過。」

針對「中國資本主義萌芽論」的「新停滯論」

對於一九五〇年代以來，盛極一時，向停滯論宣戰的資本主義萌芽論述，西方學者甚不以爲然，而於一九六四年九月六至十二日在英國南部Ditchley Park, Oxfordshire，由《中國季刊》（*China Quarterly*）社主辦「中共史學研討會」（Conference on Chinese Communist Historiography），評論資本主義萌芽，其結論爲大多數西方學者所認同。

反對傳統中國有資本主義萌芽，幾乎成爲西方史學界的共識，連美籍華人學者大多也持這種看法，黃仁宇是最典型的一位。他的博士論文指導教授余英時也在〈關於中國歷史的一些特質的一些看法〉中說：若沒有西方的衝擊，中國社會仍會在自己的傳統內演變下去，產生不了「資本主義」。

一九七〇年代，原來不認爲當時的社會與經濟是停滯的共識，就有了歧見，有的說中國社會經濟是「不充分發展的發展」（Development of underdevelopment），有的說中國社會經濟只有量變的「成長」（Growth），沒有質變的「發展」（Development）。伊懋可（Mark Elvin）更提出前近代中國農業雖高度發展，但其收益都被過多的人口所吞噬，造成「高水準均衡的陷阱」（The High-level Equilibrium Trap）。因此，只有引進新技術和投入更多的資金，才能打破這個停滯的恐怖均衡，跳出陷阱。中國在那個時代，似乎靠自己的力量是辦不到的，只有採開放政策，引進外來的科學技術與外來的經濟制度，才有希望。無奈當時的中國，自滿於內部的繁榮，對外採閉關政策；明清之際，基本上，拒絕西方傳來的科學技術。

一個內向和非競爭性的明帝國，雖有商品經濟與啓蒙思想，但相較於西方自文藝復興、地理大發現、科學革命與資本主義等近代文明新發展的歷程，明朝相對來說是停滯的，是沒有自力救濟能力的。這意味著傳統的內變是蒼白無力的，只有靠外力介入，輸入新科學、新技術、新的經濟體制，中國才可能擺脫傳統社會的束縛，進入近代社會。一九七〇年代以來，這種新停滯論幾乎所向披靡，成爲史學界的主流。臺灣中央研究院在一九七七年舉辦「中國近代經濟史會議」，與會的中外學者幾乎一致爲「高水準均衡的陷阱」喝彩和作註解。

大陸學界在改革開放以後，中國資本主義萌芽論也逐漸退場，而由商品經濟或市場經濟取代。許多學者的論調似乎已逐漸向西方靠近，連撰述總結資本主義萌芽討論的吳承明，似乎也不再提資本主義萌芽。最近中國社會科學院歷史研究所對晚明社會轉型的集體研究專案，及明史學會張顯清會長主編的《明代後期社會轉型研究》，以「重新肯定明代後期中國出現了資本主義萌芽」出發，「從社會經濟基礎和上層建築兩個方面」研究明代後期的社會變遷，並提出「時代變遷史」的概念。

實際上，他們對過去半世紀中國資本主義萌芽的爭論未能正面迎擊，並提出明確的定義與看法；這使書中雖有資本主義萌芽式的陳述，卻不見資本主義萌芽討論應有的辯證，未能產生重新肯定資本主義萌芽的預期結果。對於資本主義萌芽夭折的原因，一般仍以明清改朝換代來解釋，而歸咎於清朝的政策；這並沒有脫離過去資本主義萌芽討論的窠臼，也不能解決理論的弔詭：何以在晚明已出現的各種社會經濟發展的面向，經過清初的沉寂後，到清中後期還是重新展露新芽。似乎對否定資本主義萌芽的論調，強有力的反擊，至今尚未出現。

最近，清華大學管漢暉和李稻葵估計明代的國民經濟所得（GDP）：明代中國大多數時間整體經濟增長並不快，國民經濟所得平均年增長率爲〇・二九％；雖然總經濟規模有所增長，人均年收入沒有明顯變化，基本維持在八公石（五二一公斤）小麥上下；經濟結構中，農業所占比重在九〇％左右，手工業和商業最高時也沒有突破二〇％。十六世紀二十年代之後，隨著人口的增長，積累甚至變為負數，低的積累率，說明經濟中的剩餘非常有限，結合明代人均收入水準較低，當時的經濟處於馬爾薩斯均衡之中。低的收入增長不足以抵消迅速的人口增長。雖修正伊懋可的說法，大致仍是呼應「新停滯論」。

戰後日本學者也和中國學者一樣，運用馬克思主義理論，對明清農村與城鎮手工業及商業的研究，從紡織業、礦業、鹽業、陶業等行業，研究明清手工業中是否出現「手工工場」（Manufacture），討論商品經濟的發展及商業資本進入農村與城鎮手工業部門產生的「問屋制」（putting-out system）。「問屋制」就是「包買制」，在手工業生產方面叫「散作制」；產業革命的生產方式是把工人集中在同一個廠房裡，配合機器生產程式的工場制，十七世紀英國發生產業革命之前，東方西方都一樣，是工人分散在各別作坊或在家庭工作的手工工場散作制。

部分歐美學者受到反「歐洲中心論」（Eurocentric）的影響，主張不應武斷地以歐洲歷史發展模式為普世標準，評量中國歷史，尤其不能隨意以西方最先進的時空與中國作比較。人類歷史發展有普世的共性，也有各地特殊的個性；不能一概而論。王國斌在《轉變中的中國——歷史變遷與歐洲經驗的局限》（*China Transformed: Historical Change and the Limits of European Experience*），從經濟變化、國家形成和社會抗爭三方面入手，通過比較中國與西歐之長時段歷史的異同，否定長期盛行的西方中心主義研究框架，展現中西社會、經濟、政治史的總體脈絡和各自特點。據此，不能以近代西方資本主義作爲絕對典型標準，來評量「中國資本主義萌芽」，而說中國有無「資本主義萌芽」。

彭慕然則在《大分流：中國、歐洲與現代世界經濟的形成》（*The Great Divergence: China, Europe, and the Making of the Modern World Economy*），考察十八世紀產業革命之前，中西雙方的社會發展，認爲當時中西社會發展程度接近，均處於農村和城鎮手工業及商品市場經濟發展階段，西方沒有明顯的和獨有的內生優勢。十八世紀末十九世紀初，西方發生產業革命，歷史才來到了一個岔路口，東西方之間逐漸分道揚鑣，距離愈來愈大。造成這種分離（即西方走向了現代化而中國卻沒有）的主要原因：一是美洲新大陸的開發；二是英國煤礦優越的地理位置。彭慕然把這個東西方分道揚鑣的過程稱之爲「大分流」。他的研究受到國際史學界的肯定。

一九五〇年代以來，中國學界和戰後日本學界，在對前近代中國的農村和城鎮手工業及商品市場經濟的研究，已肯定手工工場與散作制在明清社會經濟發展的作用。一九六〇年代末期，由美國學者孟德爾斯（Franklin F. Mendels）提出所謂「產業化初階」（Proto-Industrialization），即產業革命前的經濟形態，包含農村手工業（Cottage Industry）和散作制（Putting-out System）。一方面，因應人口增加的生活壓力，農村家庭發展手工業副業，以爲生活補助；另一方面，因應日漸擴張的世界市場，城鎭手工業者或商人資本家就利用農村增加的人口而產生的廉價勞力，將手工業原料供給分散於農村家庭手工作坊，或預付包買農村家庭手工業產品的方式，獲取農村生產的利得。傅衣凌、楊國楨與陳支平運用產業化初階理論，討論明清社會經濟，主張西歐農村手工業及商業資本介入生產之散作制或包買制，的確與明清社會經濟發展相似，儘管沒有顯現出資本主義的發展前途，卻也是一場中國式的「原始產業化」（即「產業化初階」）「傳統內變」。「產業化初階」的內容和彭慕然「大分流」前的歐洲社會經濟體制，與中、日學界講的明清「資本主義萌芽因素」、「手工工場」、「問屋制」，基本相似。各方的研究再度肯定了前近代的明清「資本主義萌芽」的實質存在，只是使用的概念不同而已。

李伯重認爲一九五〇年代的歷史情境不再，今後中國經濟研究要擺脫舊的「資本主義萌芽情結」，以開創史學新局面。他提出「早期工業化」理論來取代「產業化初階」研究範式。他要改變「中國資本主義萌芽」研究過分注重生產關係，忽略生產力研究的缺憾。提倡研究工業賴以發展的主要物質條件，比如勞動力的供求，資源的配置，技術跟資本構成等等這些方面的問題；要開展紡織工業以外的其他手工業及其生產力的研究，而且要將城鄉手工業作爲一體來研究，不能夠分別的，單獨加以研究。這雖不以「中國資本主義萌芽」爲名，實際上卻成爲「中國資本主義萌芽」問題研究的新發展。誠如不久前過世的美籍土耳其裔歷史學家德里克（Arif Dirlik）說：「在他們（中國歷史學者）試圖發掘中國歷史中的資本主義的努力中，中國歷史學家發掘出的史料，大幅度地改變曾經流行一時的中國經濟停滯論。的確，近年來相關的學術著作顯示帝制時代晚期中國社會是持續漸進地商品化。」

明代後期是中國近代文明的曙光？

黃仁宇是反對資本主義萌芽論的主要學者，他認爲資本主義是一種組織和一種運動，是西方國家在工業革命已經展開的情況下，挾著輪船和新式武器，才能夠以技術補助長距離之不及，以極緊湊的組織克服數目上的劣勢。黃仁宇認爲中國主張資本主義萌芽論學者把資本主義誤解爲「有好多人賺了很多錢」。他認爲明代社會與經濟沒有什麼新生事物；因此，不能與西方近代文明相提並論。於是他進一步主張晚明是「一個停滯但注重內省的時代」。

關注明代後期社會與文化的學者，則以具體的實證研究，闡明晚明社會的轉型與文化的發展；參與張顯清主編《明代後期社會轉型研究》的九位作者之中，有七位從各個面向論述晚明的思想、文學、科技、文化與社會風氣、社會轉型的互動關係。

中國社會科學院的老學者盧興基，則以其三十年來研究晚明文學與藝術累積的成果，提出晚明的文明是「一段失落的文明」，是「失落的文藝復興」，是「中國近代文明的曙光」。但他與許多研究明史的學者一樣，也認爲這個自「十六世紀開始的啓蒙，類似西方的文藝復興」，是中國「第一次，也是唯一的一次能與西方同步，使中國走上資本主義道路的運動」。但這個新發展爲什麼會夭折，則歸咎於清朝的統治。這似乎與長久以來的一些學者看法相同，他們主張晚明發展的近代思維，受挫於清朝入關後的文化政策；與島田虔次、溝口雄三的主張，前後相呼應。但這個解釋的有效性，似乎仍待進一步深入探討。

六、結語

正如許多學術論爭的論題一樣，有各種不同意見是很正常的，論者常因時因地因人而採不同的看法，作不同的評價。甚至同一個人在不同的時空也可能採不同的看法，作出不同的評價。尤其像明代這麼複雜多元的轉型時代，新生與舊有的事物雜陳；對這個時代的歷史地位，更會產生許多不同的評價。

清朝初年，滿清統治者爲鞏固其統治，強調其政權的正統性及得國之合理性，當然要貶低明朝。清末，革命黨人爲推翻滿清，就強調明朝「驅逐胡虜，恢復中華」之功。民初，國人爲圖富強，以爲追求近代化，非與傳統割裂不可；於是，晚明反傳統的思想家與文學家及其作品，倍受讚揚。國共鬥爭時，明朝政治又被賦予現實政治意義，被反國民黨人士視爲特務政治之典型，朱元璋被視爲蔣介石師法之典範，而爲屠殺士人臣民之劊子手；張獻忠、李自成農民軍也因此被比附爲中共紅軍。但中共建國時，毛澤東就提醒吳晗，不要只批判朱元璋，也要注重朱元璋的開國創建明朝，恢復生產力之功。

中共建國之初，爲加強民族自信心，抵抗「美帝」的圍堵，而強調傳統中國即使「沒有外國資本主義的影響」，沒有外力的幫助，仍可以自力更生，發展出具近代性的資本主義，雖然腳步可能緩慢一點。因爲我們在明清時代，中國已有自己的資本主義萌芽了。而一九八〇年代以來，尤其到本世紀初，一向看衰中國的西方學界，隨著中國的改革開放，經濟繁榮，和平崛起，在世界上的地位日漸看好看漲。西方學者開始放棄以「歐洲中心」，公平看待中國歷史文化；中國學者也能拾回自信，正面回顧中國傳統歷史文化。於是，過去一直飽受惡評的明代翻了身，晚明的中國被認爲是十六、十七世紀的世界經濟中心，那時候的江南，經濟發達、社會繁榮、文化優雅，是令人嚮往的生活時空，眞乃「聖明極盛之世」。

第一章

大明一統——元末革命與明太祖起兵及大明皇朝的創建

（元至正十二年—明洪武二十年，一三五二—一三八七）

徐泓

一、生長於天災頻仍的淮西貧農朱重八

一介平民沛縣劉邦成爲皇帝漢高祖，一千多年之後，沛縣附近的濠州鳳陽也出了個平民皇帝朱元璋。鳳陽位於淮河中上游的淮西，天災頻仍，雨多漲洪水，雨少鬧旱災，「十年倒有九年荒」。朱元璋就是生長在這個貧困地方的貧農家庭。當時，平民不取名字，只有行輩或父母年齡合算的數字稱呼，父親朱五四是出生時父母年齡合算，朱元璋是兄弟和堂兄弟排行第八，而名重八，成名之後才取名元璋，字國瑞。

《明太祖實錄》說朱元璋出生時，「紅光滿室」，「自後，夜數有光」，「人咸異之」。這當然是後來朝廷正史爲偉人建構的異象，以示其爲天命所寄。朱元璋在爲父母建皇陵時所親撰的〈皇陵碑記〉卻這麼說：「昔我父皇，寓居是方，農業艱辛，朝夕旁徨，俄爾天災流行，眷屬罹殃：皇考終於六十有四，皇妣五十有九而亡，孟兄先死，闔家守喪。田主德不我顧，呼叱昂昂，既不與地，鄰里惆悵。忽伊兄之慷慨，惠此黃壤，殯無棺槨，被體惡裳，浮掩三尺，奠何餚漿。既葬之後，家道惶惶，仲兄少弱，生計不張，孟嫂攜幼，東歸故鄉。值天無雨，遺蝗騰翔，里人缺食，草木爲糧。予亦何有，心驚若狂，乃與兄計，如何是常？兄云去此，各度凶荒。兄爲我哭，我爲兄傷，皇天白日，泣斷心腸，兄弟異路，哀慟遙蒼。汪氏老母，爲我籌量，遣子相送，備醴馨香，空門禮佛，出入僧房。居未

圖 1-1　明太祖自撰《皇陵碑》。

兩月，寺主封倉，眾各爲計，雲水飄颺。」

朱氏貧窮佃農家庭，本就生計艱辛，又遇天災，父母與長兄相繼去世，二哥與嫂攜幼逃荒，家庭離散。年幼的朱重八只好到皇覺寺「空門禮佛」，做個小和尚，勉強討生活。無奈年成不好，廟也收不到租米，只好解散，師兄弟各自出外，雲遊化緣爲生。朱重八就在安徽北部和河南南部的淮西一帶雲遊了三年，過著「身如蓬逐風」「心滾滾乎沸湯」的化緣討飯生活。

淮西正是元末革命主力紅巾軍祕密活動的根據地，朱重八在此雲遊，應該與他們有所接觸，甚至可能加入組織。朱重八回到皇覺寺，開始讀書識字，「住方三載」，紅巾軍公開起事，「初起汝、潁，次及（濠州）鳳陽之南廂」，朱重八兒時好友湯和等參加濠州郭子興紅巾軍，他們就來信邀他入夥。於是，至正十二年（一三五二）朱重八投靠郭子興元帥，受到重用，許配養女馬氏為妻，軍中稱他為朱公子，起了個官名元璋。從此，朱元璋成為元末革命的紅巾軍一分子。

二、元末革命：從社會革命到民族革命

元末革命，過去一般都說是民族革命，如吳晗所說：遠因是蒙古之殘暴無道與趙宋之德澤在民正相反，而激起漢民族之民族精神，欲「驅逐胡虜，恢復中華」；近因是元朝後期的腐化，引起自身的崩潰；終於因為元政府對南人加重壓迫與歧視，而爆發紅巾軍的革命。

然而元末引發革命的除了民族矛盾外，主要是社會矛盾。蒙古入主中國並未破壞傳統中國社會結構，社會的主要矛盾仍產生於貧富及佃農與地主之間。元末，政治腐敗，天災頻仍，農民生活困苦，朝廷雖減免田賦十分之三，但大多數農民是佃農，朝廷減地主的田賦，但地主並不因此減佃農的田租，「佃民輸租如故」，朝廷「恩及富室而不被於貧民」。於是，人心思亂，飢寒交迫的貧民，遂起而反抗，其主要對象是富豪大地主，他們喊出的口號是「摧富益貧」，「大掠富家」。當時，鎮壓革命的主力並非元朝政府軍，而是漢人官員、士大夫及地主武裝力量的「義軍」。後來，朝廷誤認為貧民的暴動是全體漢人、南人

反抗蒙元政權，民族矛盾上升爲社會主要矛盾，民族仇恨遂成革命目標；元末革命遂以社會革命發其端，以民族革命終其局。

三、白蓮教、明教與紅巾軍起義

紅巾軍主要由農民組成，農民現實生活的痛苦，宗教信仰頗能撫慰其傷痛。宗教語言是農民熟悉的，很容易爲農民理解和接受。在農民中宣揚反抗思想，組織反抗力量，宗教是有力的工具。

元末流行的民間宗教是通稱的白蓮教，其內容複雜，有佛教中的阿彌陀和彌勒信仰，有明教的摩尼信仰，其教義有「平等」、「均平」和財產共有的思想，及對「明王出世」「彌勒下生」救世主降臨解救苦難的期待，故能深入農村。至正十一年（一三五一），南方的彭瑩玉、徐壽輝和北方的韓山童、劉福通等即藉此組織農民起義，倡「摧富益貧」，「凡窶者欲財，仇者思報，群起從之」，「大掠富家」。其教尚紅，起義人民頭包紅巾，身穿紅衣，高舉紅旗，是爲「紅巾軍」。

元末，正當社會矛盾激化，又發生「變鈔」和「開河」，遂「惹紅巾萬千」。元初以來，通行全國的「中統元寶鈔」是有鈔本準備金的「可兌換紙幣」，寶鈔隨時可換領金銀。其後，政府開支大增，國庫空虛，準備金不斷挪作他用，到元成宗以後，政府已無力兌現金銀，寶鈔變成「不可兌換紙幣」。至正十一年（一三五一），丞相脫脫遂「變鈔」，以發行新的「至正交鈔」代替貶值的舊鈔。但新鈔仍沒有鈔本，迅速貶值，通貨膨脹，物價上漲十倍；人民不再用紙幣，改用銅錢，甚至「以物貨相貿易」，經濟大壞，人民生活痛苦不堪。

至正四年（一三四四）五月，黃河決堤改道，侵入會通河和大運河，從此連年泛濫成災。至正十一年（一三五一）四月，朝廷派賈魯爲工部尚書「開河」，調集河南、河北民夫十五萬及安徽北部廬州戍卒二萬興工，將改道的黃河引回故道。黃河兩岸農民爲水災所苦已七年，「饑餓卻半死」，今又遭官府驅迫充河工勞役，更是怨聲載道。紅巾軍遂利用此時機，發動武裝起義，先編造童謠：「石人一隻眼，挑動黃河天下反」，到處傳唱，暗中鑿一隻眼石人，背刻：「莫道石人一隻眼，此物一出天下反。」預先埋於黃陵岡附近河道，並散布謠言：天下大亂，明王出世，彌勒下生。果然爲河工挖出，人人驚嚇，消息傳遍黃淮地區。雖然開河工程並未因此中輟，當年年底就完工，「決水故河」，「舟楫通行」；但是人心已浮動，造就紅巾起事的可乘之機。於是，韓山童、劉福通等聚集三千徒眾起事於安徽西北潁上縣白鹿莊，事機不密，韓山童遭捕殺。劉福通率眾攻占潁州（今安徽阜陽），進占亳州及河南南部，迎回韓山童之子韓林兒，建立紅巾軍政權，國號大宋，年號龍鳳。朱元璋投靠的濠州郭子興元帥即龍鳳政權的一支。

劉福通、韓林兒紅巾軍起事成功，各地紛紛響應。彭瑩玉在江淮起義，亦信奉白蓮，宣稱：「彌勒佛下生，當爲世主。」其徒眾亦頭包紅巾起義；至正十一年（一三五一）八月，擁立其徒徐壽輝稱皇帝於湖北蘄陽，頒萬壽曆，建元治平，國號宋。攻取長江中下游湖廣、江西與浙、閩的杭州和邵武等地，軍紀良好，「不淫不殺」，「淫虐者斬以徇」，頗得民眾擁護。

四、朱元璋建立革命根據地：高築牆，廣積糧，緩稱王

自立門戶

在郭子興麾下表現出色，至正十三年（一三五三），徵得郭子興同意，率其親信湯和、徐達、花雲等二十四人，往南攻克定遠，「倡農夫以入伍」，軍力壯大，「不逾月而眾集」，紅巾軍「赤幟蔽野而盈崗」。此外，朱元璋還招降許多號稱「義軍」的地主武裝力量，這些地主中頗多耆儒，能教導發展方略，使他深知讀書人的重要，要「禮賢下士」，爭取士人的支持。這是朱元璋與其他以農民爲主的紅巾軍不同之處。陶安就建議整頓軍紀，「神武不殺」，則「人心悅服」。李善長作〈戒戢軍士榜〉，公布於城市通衢，有違令

剽掠者，「即斬以徇」，於是，每下一城，城中肅然。這就是朱元璋部隊與其他「其志皆在子女玉帛」的部隊不同之處，也是他成功的原因。

以應天為根據地

朱元璋的成功，又在於接受儒士建議，發展不局限於淮西。馮國用建議：渡長江，取集慶，建立根據地：「金陵，龍蟠虎踞，眞帝王之都。願先拔金陵而定鼎，然後命將四征，掃除群寇，救生靈於水火。」

於是，朱元璋率兵渡江，至正十六年（一三五六）三月，攻占集慶路，改爲應天府，小明王任命朱元璋爲大宋龍鳳政府江南等處行中書省左丞相。其領地，東至句容、溧陽，西至滁州、蕪湖；以此爲革命根據地，向四方發展。六月，攻克鎭江、廣德。至正十七年（一五三七），攻克揚州及皖南池州、徽州；次年，進取婺州，建爲江南中書省分省。十九年（一三五九），再下處州、衢州、金華等地；於是浙東爲其所有。至正二十二年（一三六二）二月，改江南中書省分省爲浙東行省，開府於金華。

朱元璋取得皖南、浙東之地，實力大增，尤其得到當地士人與地主的支持，更加脫離紅巾農民軍的「流寇」路線，向建立傳統政府發展。在徽州，召見朱升，「數承顧問」。永樂年間野史《皇明小史》載：朱元璋嘗問大計於朱升，朱升對曰：「高築牆，廣積糧，緩稱王。」

載入《明史・朱升傳》，即後世史書所傳頌的「九字三策」，影響深遠。一九六〇年代中期，在核戰威脅下，毛澤東據此倡：「深挖洞，廣積糧，不稱霸。」而為新「九字三策」。雖然《明太祖實錄》和朱升《楓林集》及洪武十年（一三七七）朱升長子朱同撰〈翰林侍講學士朱升傳〉均不載此事，但證諸史事，這的確是朱元璋統一大業之大戰略。

「九字三策」：高築牆、廣積糧、緩稱王

所謂「高築牆」，即鞏固根據地。紅巾軍流寇式的戰法，機動性戰力甚強，大宋龍鳳紅巾軍北伐，勢如破竹，一路打到元大都附近，北上燒焚上都，東向進攻高麗京城平壤，攻城掠地後，並不駐守，隨即向前攻掠，不能鞏固戰果。朱元璋採用「高築牆」政策，放棄流寇式戰法，攻下一城，便建立政府管治，修築城牆以守。大明建國以後，全國各軍政和民政治所廣築城牆，統一制定城磚規格，全國普行，即「高築牆」政策之沿續與落實。

「廣積糧」即改變紅巾軍征糧於所得郡縣人民的舊慣，不再勒索地主武裝自保的寨堡之「寨糧」。軍糧盡量自備，而「申明將士屯田之令」，「且耕且戰」。並且寓兵於農，所定郡縣設民兵萬戶府，簡拔民間武勇，編組為伍，「農時則耕，閑則練習，有事則用之」。大明建國以後，全國衛所遍開軍屯，成為兼具戰鬥與生產的軍團，軍屯田地約四十二萬五

千頃，約占全國田地面積的十分之一；所以朱元璋自誇：「吾養兵百萬，不費百姓一粒米。」

「緩稱王」即不務虛名，穩紮穩打，步步為營，埋頭發展，不強出頭；當徐壽輝、陳友諒、張士誠等對手紛紛稱帝稱王，朱元璋卻堅持不稱王，仍低調地向小明王稱臣，「文移用龍鳳年號，旗幟戰衣皆紅色」，出任大宋的江南等處行中書省丞相，即使當朱元璋與陳友諒鏖戰之際，小明王和劉福通遭張士誠部將助元進攻，安豐告急之時，朱元璋亦不顧反對，冒險發兵解救，並不因此切斷與龍鳳大宋政權的隸屬關係，直至小明王身歿而後已。朱元璋堅持「緩稱王」，縮小自己的目標，又靠龍鳳紅巾軍捍蔽，擋住元朝軍隊南下，遂能從容發展根據地，謀定討平群雄大計，靜待時機，進行統一戰爭。顧祖禹就稱贊朱元璋的「緩稱王」策略：「善自遵養，因以成無競之烈者歟？故曰：居天下之後，始可以承天下之弊。辭天下所共爭，乃能集天下所難成。此太祖締造之功，所以紹漢軼唐也。彼汲汲然稱王僭號，自逞雄心者，豈足與語此哉？」

五、掃平群雄，驅逐蒙元，統一天下

掃平群雄的戰略

至正二十三年（一三六三），安豐之役，解救小明王，朱元璋被封為吳國公，擁有江南行省、浙東行省。東與張士誠的吳國，西與篡奪徐壽輝帝位的陳友諒漢國相接壤，朱元璋夾在其間，兩面作戰，孰先孰後，眾人意見不一。大部分人主張先征張士誠，「以爲蘇湖地肥饒，欲先取之」，而劉基不以爲然，主張先征討陳友諒，因爲：「張士誠自守虜耳，陳友諒居上流，且名號不正，宜先伐之。陳氏既滅，取張氏如囊中物矣。」最後，朱元璋接受劉基的建議，他說：「友諒剽而輕、士誠狡而懦，友諒之志驕、士誠之器小；志驕則好生事，器小則無遠圖。」從張士誠與陳友諒的性格和行事作風，判斷：「若先攻士誠，則姑蘇之城並力堅守，友諒必空國而來，我將撤姑蘇之師以禦之，是我疲於應敵，事有難爲！」爲防萬一張士誠突然生變，乘虛而入，朱元璋又在據太湖口的長興和扼守姑蘇、通州濟渡之處的江陰駐重兵；「得長興，則士誠步騎不敢出廣德，窺宣（城）、

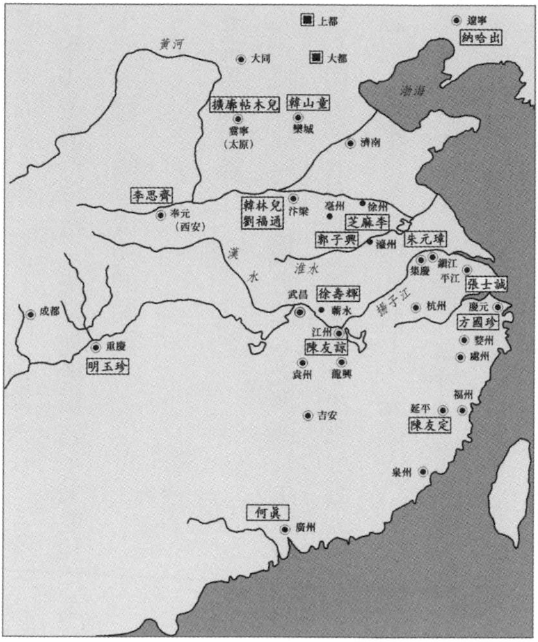

圖 1-2　元末群雄割據圖。

歙；得江陰，則士誠舟師不敢溯大江，上金（山）、焦（山）。」用兵計畫，既能從主帥性格和決策慣行分析，決定先後緩急，又能預作萬一有變的兵力部署。這種標準作業程序是朱元璋統一戰爭成功的關鍵。

先掃平陳友諒

陳友諒與張士誠之間，先與陳友諒作戰的戰略決定後，朱元璋即利用陳友諒驕傲輕敵又心切求勝，引陳友諒來攻，決戰於應天。於是，至正二十年（一三六〇）閏五月，陳友諒率大戰艦百餘艘順江而下，先破太平，進逼應天，並且遣使約張士誠前來夾擊。果然如劉基所料，張士誠這個「自守虜」，只是表面答應，實際上始終按兵不動，「守境觀變」而已。朱元璋先誘使陳友諒巨艦入窄狹河道，不能發揮其水軍之長，舍舟登陸，利用應天地形複雜及城池堅固的有利條件，設伏殲敵。友諒軍大敗，「潰兵走趨舟，值潮退，舟膠淺，卒不能動，殺溺死者無算，俘其卒二萬餘人」。朱元璋遣徐達、馮國勝等乘勝追擊，逆江而上，收復太平，攻克安慶，南昌降。又派胡大海等從浙東陸路進攻，取信州、饒州、袁州、撫州。陳友諒敗退武昌，「疆埸日蹙」，然兵力仍盛。至正二十三年（一三六三）三月，乘朱元璋北上安豐救援被張士誠軍圍攻的小明王之際，發動反攻，「空國而來，兵號六十萬」，率巨艦百艘，猛攻南昌不下。朱元璋解救小明王，安置滁州，立刻回軍，七月，率「舟師二十萬」救南昌，遂與陳友諒軍大戰於鄱陽湖。友諒水軍「巨舟連鎖爲陣，旌旗樓櫓，望之如山」，其勢驚人，然「巨艦艱於運轉」，朱元璋軍乃以小舟環攻，令敢死士操舟，舟「載荻葦，置火藥其中」，「將迫敵舟，乘風縱火，風急火烈」。「其水寨舟數百艘，悉被燔，煙焰漲天，湖水盡赤，死者太半」。兩軍戰至八月二十七日，陳友諒「進退失據，欲奔還武昌」，欲突出鄱陽湖口，被攔擊於涇江口。戰至傍晚，陳友諒「中流矢，貫睛及顱而死」。友諒部將奉其子陳理，乘夜徑走武昌，立爲帝。次年二月，朱元璋親征武昌，陳理降，封爲歸德侯。分兵取湖南，湖廣大定，立湖廣、江西行中書省。

後取張士誠

掃平陳友諒後，朱元璋便積極對付張士誠，於至正二十五年（一三六五）十月，以「張士誠屢犯其境」，興兵伐之。當時，張士誠已於至正二十三年（一三六三）自立爲吳王，以平江（蘇州）爲中心統領江南、江北，北至徐州、濟寧，南至紹興，與方國珍接境，物產富饒，人口眾多。其防守，江南堅固，江北薄弱；朱元璋遂定戰略：「先取（江北）通、泰諸郡縣，翦士誠肘翼，然後專取（江南）浙西。」派徐達、常遇春等規取江北淮東，順利於至正二十六年（一三六六）四月，悉平淮東，進取濠州，屬江淮行中書省。

於八月，命徐達常遇春帥師二十萬伐張士誠，先取湖州、杭州，十一月圍攻平江，置弓弩、火銃於敵樓，配合火砲轟擊，然城內軍民奮勇抵抗，久攻不下近一載，戰至至正二十七年（吳元年，一三六七）九月始攻破平江，張士誠被俘，或云自縊而亡，或云被杖四十而死。

張士誠治吳，「狃於小安而無長慮」，然爲政寬簡，厚待百姓，悉免以前所欠賦稅；講修水利，開通白茅河，解決水患；善待文士，關注文化，頗得百姓與士人之心；平江城困近一載，「民皆爲王死守，無叛志」。唯張士誠待臣下，馭將士，過於寬縱，有過不加責，「將士潰散而回，又不誅責，卻加升賞」；史臣云：「士誠之心，知施恩，而不知施威。」此張士誠之所以亡也。

北伐中原、南征閩粵

江南既平，朱元璋領地，三峽以下，長江中下游，盡爲所有，「東連滄海，西抵峽口，南有湖、湘，北有兩淮」；「北定中原，以一天下」的時機成熟。於是，平定張士誠的次月，至正二十七年（一三六七）十月，即命徐達、常遇春等率甲士二十五萬北伐，由淮入河北，取中原。朱元璋以「元建都百年，城守必固」，不宜「懸師深入」，而定計：「先取山東，撤其遮罩，旋師河南，斷其羽翼，拔潼關而守之」，「然後進兵元都，則彼勢孤援絕，不戰可克。既克其都，鼓行而西，雲中、太原以及關、隴可席捲而下」。

北伐中原大軍出發前，朱元璋發表〈諭中原檄〉，繼在浙東提出「山河奄有中華地，日月重開大宋天」口號之後，進一步提出中國夷狄之大辨，高舉「驅逐胡虜，恢復中華」的大旗。元末動亂初期，以社會矛盾爲主，但朝廷誤判爲全體漢人、南人群起反蒙古王朝，加強鎮壓手段，如禁漢人、南人執軍器、弓矢，廢科舉，政府長官只用蒙古人和色目人，不准漢人、南人學習蒙古和色目文字等，以絕漢人、南人仕途之路；甚至蒙古貴族還建議殺盡張、王、劉、李、趙等漢人大姓等。民族矛盾加劇，原來支持朝廷的地主士人，不再支持朝廷，轉而投靠包容他們的朱元璋、張士誠、明玉珍等反元政權。民族矛盾激化，已成當時主要矛盾。順應新形勢，朱元璋先在討張士誠的〈平周檄文〉，公開與紅巾軍「摧富益貧」「大掠富家」的社會革命路線決裂，譴責其信「彌勒妖言」之眞有，「焚蕩城郭，殺戮士夫」。然後在〈諭中原檄〉號召民族革命：「北逐群虜，拯生民於塗炭，復漢官之威儀」，「逐胡虜，除暴亂，使民皆得其所，雪中國之恥。」

同時，又命廖永忠、湯和由海道征方國珍，然後自海道取福州；又命胡廷瑞、何文輝率江西衛軍南征，由江西取福建，福建既定，就以其師航海趨廣東；又命楊璟、周德興率荊、湘之眾，從湖南進取廣西。

統一戰爭繼續進行

統一戰爭，甚爲順利，依次完成：（一）至正二十七年（一三六七）十二月，方國珍降；山東平。（二）洪武元年（一三六八）正月，福建平，誅陳友定。（三）四月，廣東平，何眞降。（四）五月，入潼關。（五）七月，廣西平。（六）八月，元順帝北走上都，克元大都。（七）十二月，克太原，山西平。（八）洪武二年（一三六九）四月，克蘭州。（九）五月，下平涼、克延安。（十）六月，克元上都，元順帝逃至關外的應昌（今赤峰）。（十一）八月，克慶陽，陝西平。

經一年九個月，至洪武二年（一三六九）八月，全國大致底定，只有西南的四川、雲南與遼東未下。四川明玉珍原是徐壽輝部將，至正十七年（一三五七）二月，受命征四川，四月入成都，據蜀。至正二十一年（一三六一），陳友諒弒殺徐壽輝，自立爲帝；明玉珍乃立廟，以祀徐壽輝，自稱隴蜀王。次年正月，稱帝，國號大夏，重用元朝進士劉楨，助其定制度。明玉珍爲人頗尙節儉，賦稅十取其一；好文學，蜀人安之；在位六年而卒，子明昇繼位。洪武四年（一三七一）正月，朱元璋命湯和、廖永忠等率舟師溯江而上，傅友德等率河南、陝西步騎，由秦、隴南下入川，水陸兩路進攻。六月，抵重慶，明昇降；八月，蜀地平。

滅元朝雲南梁王

四川與雲南接壤，時爲元朝梁王統治，與遁入沙漠北元通聲氣，明太祖以「雲南險阻，不欲用兵」，擬和平解決，屢派史臣招之，未果。直至洪武十四年（一三八一）九月，始命傅友德、藍玉、沐英率軍，一路從四川，一路從貴州，十二月，攻入昆明，梁王投滇池自殺。爲管治雲南，於十五年（一三八二）正月，置貴州都指揮使司；二月，置雲南都指揮使司和雲南布政司。然各地少數民族仍未服，戰事延至九月，全滇始平，命沐英鎮守。留征雲南的江西、浙江、湖廣、河南、四川都司兵守之，「控制要害」，「繕城池，立屯堡」，大興軍屯，給軍器、農具，令軍士開耕，「墾田至一百一萬二千畝，軍食贏足」。置雲南鹽課提舉司，召鹽商中納，以益軍費。置郵傳，開道路；興學校，治水利，教化大行，民人安輯。雲南之入大明版圖，開發如內地，沐英有大功；明太祖因此說：「使我高枕無南顧憂者，汝英也。」

遼東歸附，全國統一

統一大業最後完成於洪武二十年（一三八七）遼東的歸附，遼東是元遼陽行中書省，「南望青、徐，北引松漠，東控海西女眞」；戰略地位重要。明初爲開元王納哈出所據。洪武十五年（一三八二），爲明軍所俘，明太祖釋回，仍擁眾二十餘萬屯金山（今開原）。

明太祖希望和平解決，認為納哈出應「念昔釋歸之恩，幡然而來」，但納哈出自恃兵強，不願投降，數侵遼東。明太祖乃於洪武十八年（一三八五）開始練兵和儲糧準備，終於洪武二十年（一三八七）正月，命馮勝、傅友德、藍玉等率師二十萬征討納哈出。六月，師從大寧趨金山，納哈出降。

六、創建大明皇朝，興建都城

朱元璋起兵，羽毛未豐，據應天後，仍為小明王龍鳳政府地方官，任江南行省丞相。安豐之役，朱元璋解救小明王，遷之於滁州，受封為吳國公。此時小明王已失領地與權力，朱元璋仍奉行「緩稱王」的低調政策，即使於至正二十四年（一三六四）正月就吳王位，仍奉龍鳳正朔，以「皇帝聖旨，吳王令旨」名義行事，臣屬於小明王。至正二十六年（一三六六）十二月，廖永忠迎小明王來應天，渡江，船沉於瓜步，小明王溺死，龍鳳紅巾軍政權正式覆亡。於是，朱元璋以明年至正二十七年（一三六七）為吳元年，朝向建立新皇朝前進。

吳王元年（一三六七），是為創建新皇朝忙碌的一年，開科取士，置翰林院、御史臺，定律令，任命郡縣官，並命將出征，討伐蒙元及群雄，統一天下。吳二年（一三六

圖 1-3　明太祖和馬皇后像。臺北國立故宮博物院提供。

八）正月初四日，吳王朱元璋告祭天地於鍾山之陽，即皇帝位於南郊，定有天下之號曰「大明」，以吳二年爲洪武元年（一三六八）。大明皇朝從此創建。

「大明」國號的緣由

大明朝廷並未如大元王朝那樣頒布詔書說明國號的由來，其後的官方文書也都沒有說明，引起後代各種推測，其中最受關注並普遍接受的，莫過於吳晗的論斷：「太祖因明教建國，故以明爲國號『大明』。」尤其金庸將吳晗學說引入武俠小說《倚天屠龍記》，並經電影和電視劇廣爲流傳，「大明」國號源於「明王」說遂深入人心。然近年學者的研究，元末起事者所倡「彌勒佛下生」與「明王出世」，均與明教無涉，而出於佛教經典。而且朱元璋建國，「恢復中華」，當然不會以他公開譴責的異教「妖術」和「妄誕」「偈言」爲定國號的根據。最可能的根據，是引用大元皇朝定國號的《易經・乾卦》：「大哉乾元，」的後段：「大明終始。」明太祖開國一如大元之入主中國，做中國皇帝，必須回歸中華文化正統，而《易經》爲中華文化首要經典，取其精句爲國號，更能彰顯新政權之正統性。「大明終始」的「終始」，意爲「終而復始」「生生不息」，以「大明」爲新建皇朝命名，保佑國祚生生不息，終而復始，長長久久，長治久安。如此吉利而理想的國名，正是明太祖和群臣開國鴻圖的顯現，符合經歷元末動亂全國人民望治的心願。這肯定比以明教「明王出世」的宗教預言，更爲妥切，更爲正當，更能彰顯「大明」王朝「復漢官之威儀」的華夏傳統。

復漢官威儀

爲落實「復漢官之威儀」，洪武帝即位之後，即「悉命復衣冠如唐制」：不得服兩截胡衣，士民皆束髮於頂，官則烏紗帽、圓領袍、束帶、黑靴，士庶則服四帶巾、雜色盤領衣，服色尚赤。其辮髮、椎髻、胡服、胡語、胡姓，一切禁止。元朝喪葬舊俗，流行設宴會親友，作樂娛尸，惟較酒餚厚薄，無哀戚之情；亦「禁止以厚風化」。洪武三年（一三七〇）六月，又下令禁「胡俗」火葬和水葬，恢復土葬；貧無地者，由地方政府擇近城寬閑地為義塚，供貧民葬埋。「於是，百有餘年胡俗，悉復中國之舊矣！」

從應天到南京的都城規劃

新建大明皇朝，必須有一規模宏偉的首都，原有革命根據地應天府，不過是個江南行省省城，必須轉型為國都。朱元璋即吳王位後，就在八月，命拓建應天府城為吳王的王城，從原來的府城向東擴三里，填實燕雀湖，削平山丘與六朝以來的墓地，在鍾山腳下整出一塊基地，增築新宮城、皇城，營建宮殿、太廟、社稷壇、圜丘、方丘。洪武元年（一三六八）正月初四，朱元璋登基，正月初七日，從舊內遷新宮。

建國之初，最大威脅為北方蒙古，防邊須重兵，若付之諸將，恐尾大不掉，若將兵權直隸中央，則應天首都離北邊太遠，指揮不易。折衷辦法，只有仿古代兩京制度，「以金陵（應天）為南京，大梁（開封）為北京」。但南京的地位始終不穩，它是「六朝舊地，國祚不永」的風水魔咒，一直困擾洪武君臣。洪武二年（一三六九），朱元璋重提建都問題，召集大臣討論。由於「稽歷代皆都中原」，大部分廷臣主張建都北方，或主長安，或主洛陽，或主汴梁，或主北平，莫衷一是，最終洪武帝以：「平定之初，民未甦息，若建都於彼，供給力役悉資江南，重勞其民。」仍以南京為都城。

從營建中都到以南京為京師

但南京「去中原頗遠，控制良艱」，因而另營建中都於鳳陽，「前江後淮，以險可恃，以水可漕」，「中天下而立，定四海之民」；洪武二年（一三六九）九月，開始集中力量營建中都，其規模較南京皇城宏偉，但終以「勞費」，於洪武八年（一三七五）四月，「詔罷中都役作」。七月，開始擴建皇城、宮城及宮殿廟壇，使「其規模益閎壯」，並依《周禮．考工記．匠人營國》改良其「未盡合禮」之處，如將太廟從宮城東南隅，遷建於午門之東，社稷壇從宮城西南隅遷建於午門之西；使「左祖右社」緊靠宮城皇城中軸，更顯現祖宗與社稷的崇高地位。另外，當時祭天的圜丘在皇城南，祭地的方丘在皇城北，朱元璋以「天地猶父母，不宜異處」，而將方丘與圜丘合爲大祀殿，建於城南；嘉靖議禮，才改回原來的方丘地壇在城北，圜丘地壇在城南。洪武十年（一三七七）十月，「改作大內宮殿成」，於是洪武十一年（一三七八），廢北京，改南京爲京師。

南京的京師地位與紫禁城布局規制的確立

南京雖定爲京師，但處在江南「終不能控制西北」的戰略劣勢，並未改變。而且南京的風水缺點，一直爲人所議論，尤其宮城建於填實燕雀湖之上，地基雖植大量木樁加固，日久仍不免有下陷趨勢，「地勢中下，南高而北卑」，「前昂後窪，形勢不稱」；不合帝王

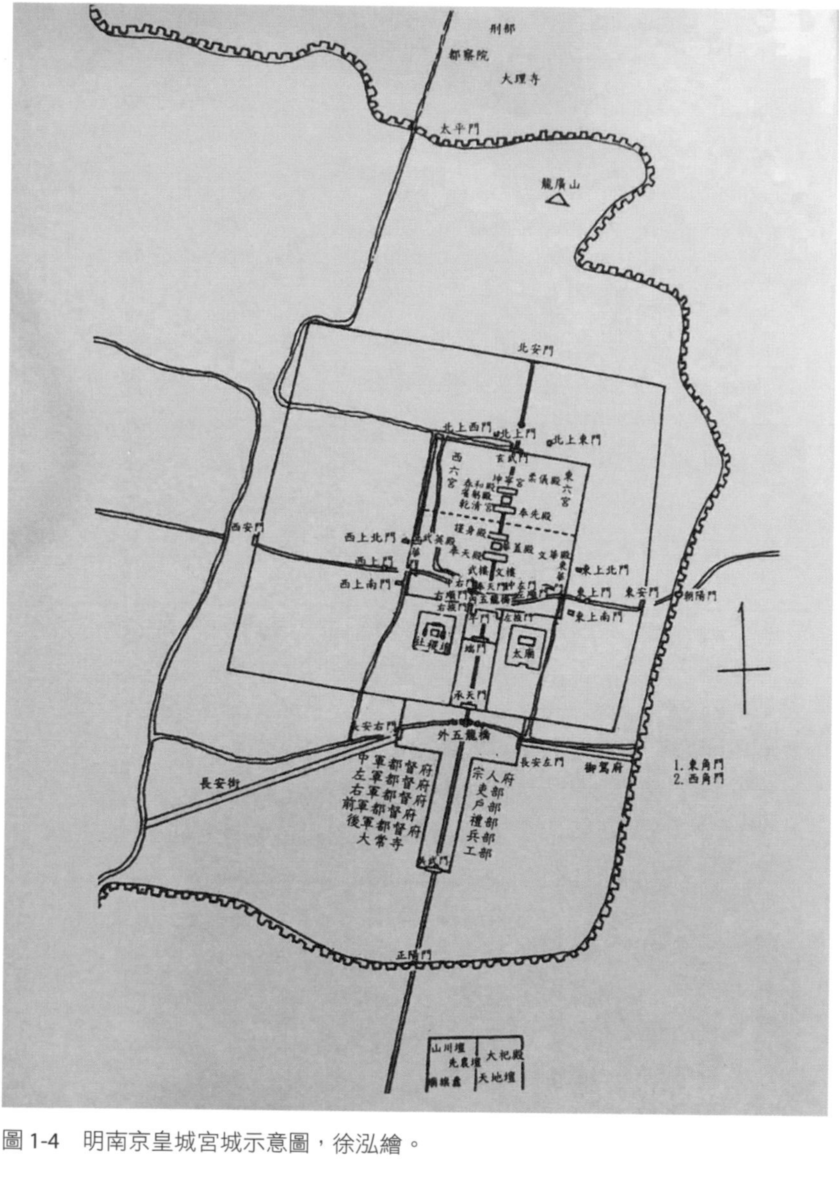

圖 1-4　明南京皇城宮城示意圖，徐泓繪。

居高以臨天下。乃於洪武二十四年（一三九一），遣太子朱標去北方考察遷都的可能性，不幸太子還京不久即於洪武二十五年（一三九二）四月病逝，此時朱元璋已六十五歲，晚年遭此喪子之痛，心灰意懶，他在〈祭光祿寺灶神文〉中說道：「本欲遷都，今朕年老，精力已倦，又天下新定，不欲勞民。且興廢有數，只得聽天。」

首都地位屢受挑戰的南京，終於確保，朱元璋決意徹底改造首都核心的建築布局；洪武二十五年（一三九二）八月，「改建宗人府、五府、六部、太常司官署」「令規摹宏壯」，依「左文右武，北面前朝」之禮，將宗人府、翰林院、詹事府與吏、戶、禮、兵、工五部列於承天門（皇城正門）廣場之東，中、左、右、前、後五軍都督府、太常寺、欽天監、通政司、錦衣衛、旗手衛列於承天門廣場之西；即將中央官署依左文右武，排列於宮城前方的御道兩旁。刑部、大理寺、都察院、審刑司、五軍斷事官等，因主管刑殺，不宜置於京城，乃建於屬水德屬陰的城北玄武湖畔。所有工程在洪武二十八年以前完成，於是皇城、宮城布局與規模確定，載在洪武二十八（一三九五）年十二月完成的《洪武京城圖志》。皇城宮城的布局建築群，不但規模閎壯，而且主次分明，秩序井然地分布於北起玄武門、北安門、奉天門、午門、端門、承天門、南到洪武門、正陽門連成的中軸線兩旁，左右對稱，布局嚴謹。紫禁城的布局規制從此確立，而為明清北京紫禁城的祖型。

南京都城規劃的象徵意義

歷史上以南京為首都的王朝與王國，其城池只占當地山川形勢一角，若以南京大地象徵整個國家，京城只占一部分，宜其為割據偏安的地方政權。朱元璋建立統一中國大地的大明皇朝，其首都不再是過去那座位於玄武湖與秦淮河之間的小城，除東擴至鍾山下的皇城宮城外，又有都城，城牆長三五・二六公里，以舊南京城為中心向北擴至玄武湖和長江下關，將附近「龍蟠虎踞」的山川形勢包括入內，城牆沿山川而築，城門十三座，重要城門築有多重甕城護衛，以聚寶門的四重甕城最壯觀，城磚形制質量統一規定，磚上刻製作人官銜姓名以示負責，城牆高大堅固，甚至以現代火砲亦難摧毀。都城之外又有夯土築的外郭城，「西北據山帶江，東南阻山控野」，利用丘陵岡阜築城，城牆長六十公里，城門十八座。整個外城面積約二百三十平方公里，在鍾山、雨花臺、大校場、長江、玄武湖之間，呈菱形。高大堅固宏偉的宮城、皇城、都城和外城組成的南京城，盡占南京大地，破解南京為割據偏安王朝首都的魔咒。

南京都市人口變遷與繁榮

宏偉的京師，除有高大堅固城牆的外表，又要有富庶的人口為內容。在中央集權強幹弱枝政策之下，城市人口以軍隊為大宗，洪武初年，民戶約近十四萬，軍隊約二十萬，終洪武之世，軍隊人數基本維持這個數字。京衛將士多來自山東、河南，他們「一人在官，則闔門皆從」；因此軍隊人口包括軍人眷屬，洪武二十年（一三八七）雖「核遣其疏屬還鄉」，但「留其父母妻子於京師」。軍士家屬是京城人口的主要成員，對京師的填實作用甚大。京城人口增加，除原有的人口自然增長外，主要是政府有計畫地移民，如洪武二十二年（一三八九），「命戶部起山東流民居京師」。二十八年（一三九五），徙直隸蘇州等十七府及浙江等六布政司小民二萬戶，赴京師，充倉腳夫，為京師軍民服務。另外，為使京師更加繁榮，洪武二十四年（一三九一），仿漢高祖的遷徙富豪填實關中政策，徙天下有田產十餘頃的富民五千三百戶於南京，以繁榮京師。在繁榮京師的移徙人口政策推動下，洪武末，民戶從十四萬，至少增至三十三萬，加上約二十萬軍隊人口，南京人口至少增至五十三萬。京師為天下首善之都，富庶人口與高大堅固的城牆，其宏偉厚實的形象，正是朱元璋執行開創大明皇朝立國宏規的權力基礎。

第二章

創業維艱——明太祖的治國方略與大明的立國宏規（上）

（洪武元年——三十一年，一三六八——一三九八）

徐泓

一、明太祖的建國理念：「大明終始」「民安田里」

從投身郭子興到大明開國，經過十六年的奮鬥，掃平群雄，驅逐胡元，建立大明皇朝，朱元璋從一個小和尚登上了皇帝的寶座，新皇朝「大明終始」，生生不息，要想永續發展，面臨的挑戰正在開始。對內是如何鞏固政權和「民安田里」；對外是如何解除退到塞北蒙古的威脅，使明朝能長治久安。

朱元璋本無大志，參加反元革命，實爲飢寒所迫。親身的經驗，使他充分體認貧窮殘破的農村，乃社會動亂的溫床。元末以來，數十年的戰亂，人民流亡，土地荒蕪，城野空虛，不但使納稅的土地與人口大減，同時也影響社會的安定和政權的穩固。明太祖出身布衣，更能認識到：「民者，國之本也。」治國要以「安民爲本」，「民安則國安」。大明初創，當元末戰亂之後，「海內人民脫創殘而方新」；休養生息，復興社會生產力，尤其農業生產，要「田野闢，戶口增」，以厚植民力，使「民安田里」，是大明建國，穩定政權基礎的首要之務。

二、「民安田里」的經濟基礎：社會生產力的恢復與發展

恢復和發展農業生產力

恢復和發展農業生產力的辦法，首重獎勵墾荒。元末戰亂，許多地主和農民或死亡或流離，不少土地拋荒。明太祖即位後，即詔告天下，鼓勵農民開墾拋荒土地，「其耕墾成熟者，聽為己業」，承認其所有權；即使原地主回來，也不必歸還，而由地方政府「於旁近荒田內，如數給與耕種」，補償原地主。凡開墾荒田農民，一律「免徭役三年」。北方郡縣受戰火拋荒田地較多，洪武三年（一三七〇），更推出計丁授田政策，「戶率十五畝，又給地二畝與之種蔬，有餘力者不限頃畝，皆免三年租稅」，甚至「無牛者官給之」。其後，這一計丁授田政策還及於部分南方郡縣。許多農民因此有了自己的耕地，成為自耕農，生產所得為勞動者所有，大大提高其生產積極性。

恢復和發展農業生產力的另一有效辦法，是調整人口與土地的比例，將人口密度高，「地狹民眾，細民無田以耕」的「狹鄉」人民，移往人口密度低，「田多未闢，土有遺利」的「寬鄉」開種。為求速效，必須採行由政府規劃，強力執行的「移徙」政策。元末受戰火破壞較大的地區，主要在江淮和華北大平原。朱元璋在視察濠州之後說：「吾往濠州，所經州縣，見百姓稀少，田野荒蕪；由兵興以來，人民死亡，或流徙他郡，不得以歸鄉里

甲，骨肉離散，生業蕩盡。」濠州附近如此殘破，人民稀少，反之，「江南則無此曠土流民」。華北大平原，因戰亂而「中原板蕩，城廓丘墟」，「耕桑之地變爲草莽」，田多荒蕪，「居民鮮少」。洪武元年至十年（一三六八—一三七七），位於華北大平原的北平、山東、河南三省，因戶口、稅糧不足而廢降的地方府縣，即達一百三十二個。但是「山東（東部）、山西之民，自入國朝，生齒日繁」。於是，明太祖「命杭、湖、溫、台、蘇、松諸郡無田者，許令往淮河迤南滁、和等處就耕」，又「以山西地狹民稠」，下令：「許其民分丁於北平、山東、河南曠土耕種」。凡是移徙民戶，「免其賦役三年，仍戶給鈔二十錠，以備農具」。這就是後來「鳳陽花鼓」「洪洞大槐樹」移民傳說的由來。

洪武大移民的人數，近人據《明太祖實錄》記載的數據，最低的估計將近九十萬，又有學者加上其他史料的高估則將近千萬，占全國人口的十分之一。遷民墾田總面積，存留至今的明初數據，極不完整，難以估計其全貌。但《明太祖實錄》存留部分戶部的新增墾田和全國土田的統計數據，可供參考。洪武元年至十三年（一三六八—一三八〇），新增墾田的不完全統計（缺洪武五年、十一年數字），總面積爲一百八十萬四千零五十頃。洪武十四年（一三八一），開始實行黃冊制度，第一次全國土田面積普查的結果，官民田總面積爲三百六十六萬七千七百一十五頃；洪武二十四年（一三九一），第二次普查結果爲三百八十七萬四千七百四十六頃，十年間增加二十萬七千零三十一頃。則洪武元年至洪武二十四年（一三六八—一三九一），新增墾田總數至少有二百零一萬一千零八十一頃，占五一．九％。經二十四年的努力，全國土田面積增長一倍。

明太祖獎勵農桑，要求地方官致力於發展生產，以農桑治績爲考課官吏的主要項目；明初循吏皆以此擢升。爲提高農業生產，又以政令強制推廣農作品種：「凡農民田五畝至十畝者，栽桑、麻、木綿各半畝，十畝以上者倍之，其田多者率以是爲差。有司親臨督勸，惰不如令者有罰。」並且還推廣宋代傳入之占城早熟稻，以增加米糧產量。全面推廣植棉的成效甚大，華北地廣，氣候宜於棉作，強制植棉，原來不植棉土地因此成爲主要棉花產地，供應江南棉織需求。明代以前，人民穿著的布衣，主要是麻布，經明太祖推廣後，棉花產量大增，棉布普及；麻布被棉布取代，成爲人民衣著的普遍原料。

水利是農業生產之命脈，明太祖重視興修水利，「遣國子監生及人材分詣天下郡縣，督吏民修治水利」，「凡陂、塘、湖、堰，可瀦蓄以備旱熯、宣洩以防霖潦者，皆宜因其地勢修治之」。洪武二十八年（一三九五）十一月，驗收近兩年全國興修水利成果：「塘、堰凡四萬零九百八十七處，河四千一百六十二處，陂渠堤岸五千零四十八處。」水利興修，加強農田抗旱抗澇能力，對提高農產量大有助力。

另一調動生產積極性的辦法，是提高勞動者的社會地位，佃農皆爲齊民。洪武五年（一三七二）頒布〈正禮儀風俗詔〉，在禮法上，將地主與佃戶關係，由元朝的主僕提升爲長少。而且改革元朝的蓄奴制度，除貴族之家可以限量蓄奴，一般庶民之家不得蓄奴，家奴必須「放從良」，或以「家人」待之。

明初農作總產量具體數字，鮮少史料留存，存留記錄絕大多數爲財稅數字，但仍可從這些財稅史料窺其大概，比較不同年份實物稅糧收入，窺其生產之增長趨勢。洪武十四年（一三八一），歲徵米豆穀二千六百一十萬五千二百五十一石，錢鈔二十二萬二千零三十六貫，絲綿、棉花、藍靛一百零三萬六百二十九斤。洪武二十四年（一三九一），歲徵米麥豆粟三千二百二十七萬八千九百八十三石，紬絹布六十四萬六千八百九十匹，絲綿、棉花、漆等物三百六十六萬五千三百九十斤。比較洪武十四年和二十四年，十年之間，米麥豆粟增長六百一十七萬三千七百三十二石，約二三．六％；絲綿、棉花等增長二百六十三萬四千七百六十一斤，約二．五五倍。

《明太祖實錄》留下一些農業生產的調查個案，有助於瞭解明太祖發展農業生產政策的成效。如洪武二十五年（一三九二），朝廷派後軍都督僉事李恪調查彰德、衛輝、廣平、大名、東昌、開封、懷慶七府遷民屯墾的成果，年產穀粟麥三百萬石，綿花一百一十八萬零三百餘斤。三年之後，再去調查，年產穀粟麥五百五十五萬九千二百九十九石，增長二百五十五萬九千餘石，約八五．三五％；棉花七百五十萬五千五百斤，增長六百三十二萬五千二百斤，約五．三五倍。至於單位面積產量，可從後軍都督僉事朱榮的調查報告管窺：洪武二十二年（一三八九），移徙至大名、廣平、東昌三府遷民給田二萬六千零七十二頃。六年後，朱榮前往調查其生產成果，糧三百二十二萬五千九百八十石，綿花二百四十八萬斤，畝產糧一・二三石與綿花〇・九五斤。屯墾政策成效卓越，明太祖接到報告後，大為高興地說：「如此十年，吾民之貧者少矣！」華北的農業生產環境並不好，已有如此成績，其他地區，尤其南方的績效必定會更好。

農業生產的提高，必然導致人口增長。現今存留的史料，並無明初全國戶口數據，時值元末戰亂之後，人口必定大減。洪武十四年起，每隔十年，實施戶口普查，大造黃冊，遂有較確實戶口數據：洪武十四年（一三八一），戶一千零六十五萬四千三百六十二，口五千九百八十七萬三千三百零五；洪武二十六年（一三九三），戶一千零六十五萬二千八百七十，口六千零五十四萬五千八百二十一。十二年間，戶減一千四百九十二，口增六十七萬二千五百一十六。至此，人口數已恢復，超過元朝最多的至元二十八年（一二九一）人口數五千九百八十四萬八千九百六十四，甚至較北宋人口高峰的四千六百七十三萬四千七百八十四口還多出一千三百八十一萬一千零三十七口。

明初因戶口和稅糧不達標準而降級、廢置的地方行政單位，逐漸重設或升級。洪武一至五年（一三六八—一三七二），全國降廢的府州縣達二百六十四個，升置的僅四十五個；洪武六至十年（一三七三—一三七七）情形稍有改善，降廢的減至一百九十九個，但升置也減至三十一個；洪武十一至十五年（一三七八—一三八二），升置的增至一百一十五個，降廢的減爲十九個；顯示地方生產力的恢復與發展。成績最好的北平，河南、陝西與四川，是執行移徙政策最有力的省份。還有一些府縣，由於戶口與田賦的增加而升等，由下府升爲中、上府；如河南開封府，原爲下府，洪武八年（一三七五）由於稅糧增至三十八萬石，而升爲上府。開封在洪武八年（一三七五）以前，至少有兩次移入人口的記載：一爲洪武元年（一三六八），移徙北平在城兵民；一爲洪武二年（一三六九），移徙西安州降民；前者人數不詳，城內兵民都搬來，一定不少，幾萬人應該有的；後者爲七千人。這數萬遷民對開封府的升等，應該發揮了一定的作用。

手工業發展與匠戶制度

明太祖對手工業十分重視。手工業生產，在元代已有相當的發展，徐一夔〈織工對〉所載杭州絲織作坊，織工的工資並非一律，而由產品質量及市場價格決定；織工與作坊主已具自由雇傭性質的生產關係，有利於手工業生產力的解放。但元朝工匠大多被籍爲匠戶，身分世襲，只能爲官營手工業服務，人身束縛，不能自由爲自己生產。

明朝制度，工匠雖仍籍爲匠戶，但不是全年而是一小部分時間爲官府工作。京城以外的工匠，「量地遠近，以爲班次」，或五年、四年、三年、二年、一年，輪流至京工作，每班三個月，是爲「輪班匠」。另一種在京城或各地官手工業部門工作，是爲「住坐匠」，每月工作十天。凡匠戶，服役工作時，發給工錢，供給膳食，並且除里甲正役外，免其徭役。匠戶服役期間外，可自由工作；人身束縛鬆弛，生產所得屬於自己，產品可以拿到市場出售，提高工匠的生產積極性。

商業復甦與商稅簡約

明太祖休養生息，復興社會生產，目的是：「使農不廢耕，女不廢織，厚本抑末。使游惰皆盡力田畝；則爲者疾，而食者寡，自然家給人足，積蓄富盛。」但在這「重本抑末」的政策下，「通有無」的商業，仍「不可無也」。爲復興遭戰亂破壞的商業，明太祖推出一序列的政策。

首先，訂出較低而簡約的商稅，維持三十稅一的稅率。並將每年徵收定額的商稅，改爲實徵。其次，訂定免稅商品，書籍、農具之外，軍民嫁娶喪祭之物與舟車絲布之類，「皆勿稅」。

由負責治安的京城與府州各城門兵馬司，一體兼領市司。每三日一次，「校勘街市斛斗秤尺，稽考牙儈姓名，時其物價」。

海禁與朝貢貿易

宋元以來，沿海之人，往往「私下諸番貿易香貨」，明太祖擔心他們「因誘蠻夷為盜」；於是下海禁令，「嚴禁」人民「私下諸番互市」，「敢有私下諸番互市者，必置之重法」，「凡番香、番貨皆不許販鬻」。海禁政策，並非閉關鎖國，只是禁止人民私自出海，將海外貿規範為官方貿易。

中外商品販鬻只能經由官方的朝貢貿易進行，正如王圻（一五三〇—一六一五）所說：「凡外夷貢者，我朝皆設市舶司以領之。」設寧波、泉州和廣州三市舶司管控，寧波通日本，泉州通琉球，廣州通占城、暹羅、西洋諸國。「許帶方物，官設牙行，與民貿易，謂之互市。是有貢舶，即有互市。非入貢，即不許互市」。各國使臣須持明廷頒發的勘合和本國表文，才能藉入貢，招募商人組成商務代表團，攜帶商品前來互市。朝貢貿易重在「厚往薄來」、「懷柔遠人」；朝廷賞賜貢使物品厚重，遠超過貢品。貢使團一律落地招待，攜來商品販賣，一律免稅。因此，海外貿易與外交結合，各國樂於藉朝貢之名，行貿易之實，並不嚴格遵守明朝政府規定「三年一貢」等朝貢次數之規定。這套制度也可謂是一種以外交關係為前提的國際貿易經濟。

前沿的貨幣政策與紙幣

互通有無的媒介是貨幣，中國貨幣過去以金銀和銅幣爲主，由於金銀礦較少，金銀貴金屬產量少，不利於擴展商業，乃有金、宋、元試行之紙幣。元代全國普行寶鈔紙幣，其初可與金銀等價兌換，其後改革爲不可兌換。明太祖沿襲元代紙幣，可能接受劉基的貨幣理論，以政府「威令」爲紙幣的鈔本，以「使天下信畏」的德政和威刑爲鈔幣發行的基礎，不是以金銀爲本位，是一種信用紙幣。洪武八年，始造「大明寶鈔」，分爲一貫、五百文、四百文、三百文、二百文和一百文六種。

另鑄「洪武通寶」銅錢爲輔幣，凡五等：當十、當五、當三、當二、當一。當十錢重一兩，餘遞降至一錢。一貫準銅錢一千文，白銀一兩，四貫準黃金一兩。民間交易或納稅，錢鈔兼收，「一百文以下，則止用銅錢」。據學者估計，僅洪武二十三年一年，發行新鈔即達七千五百萬貫，相當於全國半年的財政收入。由於寶鈔爲不兌紙幣，發行過多，導致貶值。

洪武二十三年（一三九〇），兩浙一帶，鈔一貫只折錢二百五十文，貶值四分之三。二十七年（一三九四），鈔一貫甚至貶至一百六十文。三十年（一三九七），杭州諸郡商賈甚至「不論貨物貴賤，一以金銀定價」，拒絕用鈔。爲維持幣值穩定，永樂二年（一四〇四），普行「戶口食鹽鈔法」，全國人民配給食鹽，大口每年十二斤，納鈔十二貫；小口六斤，納鈔六貫。其實，除少數鄰近鹽場支給鹽地區外，其他地區並不配給食鹽，卻納鈔如故。戶口食鹽鈔法遂成爲收鈔回籠制度。據都御史陳瑛的估計，每年可以回收寶鈔五千萬餘錠（五十貫爲一錠）。實際上，戶口食鹽鈔法回收寶鈔，每年回收約兩、三千萬錠，占總發行量的三五・三%，應對鈔價的維護起一定作用。卻因「朝廷散出太多」寶鈔，「所出者多，所入者少」，戶口食鹽法回收的寶鈔，無法阻止迅速貶值的趨勢。宣德七年（一四三二），連官家也以銀一兩折鈔一百貫的比例收商稅；實行五十多年的鈔法，貶值爲原來的一%，鈔法因此不行。

圖 2-1　大明寶鈔。Francese Font, CC BY-SA 3.0.

鈔法初行之時，依靠皇朝的威令爲保證的寶鈔，還是對明初商業和社會經濟的恢復和發展，發揮了相當的作用。一九七一年，美國放棄金本位，美金變成美元，純靠美國政府信譽及其世界霸權擔保，是不依金銀爲鈔本的信用紙幣。六百年前，明太祖就已發行不依鈔本的信用紙幣寶鈔，雖行之約半世紀，宣告失敗，但這一走在時代前沿，先行的大膽嘗試，還是值得大書特書的。

社會經濟復興政策的驗收

洪武年間，經過三十年的休養生息，政府強力執行復興和發展社會生產力的政策，社會經濟走出元末動亂造成殘破凋敝的困境。以土地耕墾論，「土無荒蕪，人敦本業」，「蓋駸駸無棄土矣」。自耕農數量大增，生產積極性提高，農業產量大增，工商經濟活躍繁榮，爲永樂、洪熙、宣德的「宇內富庶，賦入盈羨」盛世奠定基礎。洪武中，通州人馮堅任江西建昌府南豐縣典史，爲當代繁榮景象作〈南豐歌〉詠之曰：「山市晴，山鳥鳴，商旅行，農夫耕。老瓦盆中冽酒盈，呼囂隳突不聞聲。」可見其一斑。

三、「民安田里」的安全保證：鞏固的國防

軍戶與衛所制度的建立

軍隊是國家的強大支柱，朱元璋十分重視軍隊的建設，至正二十四年（一三六四），稱吳王時，即開始整頓軍隊編制，由劉基等參考元朝制度，建立軍戶和衛所制度。取徵兵制與募兵制之優點，避其缺點，將全國人民一部分籍爲軍戶，衛所軍士由軍戶供給。軍戶

的來源，有從征、歸附、謫發與垛集、抽籍等；從征是元末跟隨朱元璋起兵的軍隊，「平定其地因留戍者」；歸附是蒙元或群雄的降軍；謫發是罪囚充軍；垛集是籍民戶補充軍伍；抽籍是簡拔民戶為軍。每一軍戶至少出一丁應軍差，赴指定衛所當軍，保證兵源不缺。既無徵兵制男丁人人應役，妨礙生產的缺點；又有募兵制長期入伍訓練和實戰，作戰技術嫻熟的優點。《明史・兵志》謂：「蓋得唐府兵遺意。」所不同的是唐府兵在兵府「按地徵兵，乃（在原地）設為集訓管區」。明代衛所則從全國各地軍戶「集得之兵，分調各地而設為管區」。

在家軍戶雖為編戶齊民，有田土者須納田賦，服里甲正役，但不服傜役。在衛所當差軍戶則歸都督府管轄，不受衛所在地的府縣管轄，也不服傜役。一般應軍差的軍丁不准在附近衛所服役。為防同謀逃亡或反抗，同一縣的軍丁也不派到同一衛所或同一地區服役。一般是江南軍戶調派江北衛所，江北軍戶調派江南衛所；使他們遠離鄉土不易逃亡。據楊士奇說：「有以陝西、山東、河南、北直隸之人起解南方極邊補伍者，有以兩廣、四川、貴州、雲南、江西、福建、湖廣、浙江、南直隸之人起解北方極邊補伍者。」而且軍丁赴指定衛所服役時，是「一人在官，則闔門皆從」，妻兒子女甚至父母也隨行；每次軍士調防，不啻為一次規模不太小的軍事人口移徙。

凡一衛統十千戶，一千戶統十百戶，百戶領總旗二，總旗領小旗五，小旗領軍十；

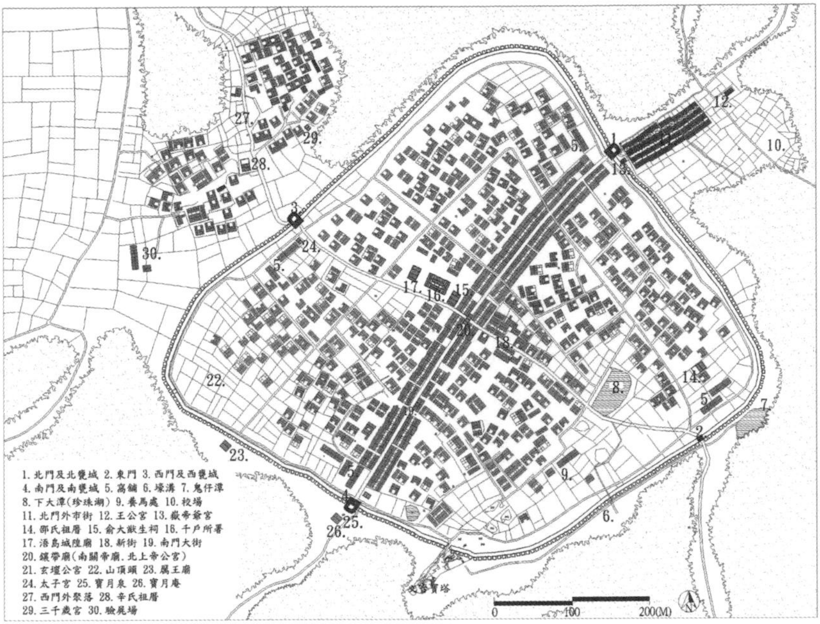

圖 2-2　明中葉金門千戶所城復原圖，江柏煒繪製、授權提供。《金門城古城牆遺址調查》（金門：金門國家公園管理處委託研究報告，2003）。

「皆有實數」。洪武七年（一三七四）八月，重定衛所之制，「自京師達於郡縣，皆立衛所」；「度要害地，係一郡者設所，連郡者設衛。大率五千六百人爲衛，一千一百二十人爲千戶所，一百一十二人爲百戶所」。洪武二十六年（一三九三），定天下都司衛所，共計在京留守司一，在外都指揮使司十七，行都司四，下轄內外衛三百二十九，獨立的守禦千戶所六十五。軍隊總數約一百二十一萬餘。依「居重馭輕」原則，京師駐軍多至四十八衛，約二十餘萬，占全國六分之一。

衛所又有實土和非實土之分，一般衛所及其屯田，雖在各省與京師境內，但不屬地方政府管轄，亦不理衛所城或衙門外民政，是為非實土衛所。洪武初，曾罷部分邊境州縣，將其地與人民交給衛所，此地衛所遂兼理軍民事務，是為實土衛所。遼東都司及陝西、四川行都司轄下衛所，全係實土，萬全都司大半為實土衛所，陝西、四川、湖廣、雲南、貴州五都司，亦有實土衛所。另有邊疆地區衛所，長官由當地民族首領兼任，則為有別於實土和非實土之羈縻衛所。

軍餉的來源

衛所軍士主要職務為戰鬥與駐防，為解決軍糧問題，須撥出一部分軍士屯種；於是有屯田與守禦的分工，一般是「邊地三分守城，七分屯種；內地二分守城，八分屯種」。洪武二十一年（一三八八）十月，更定屯田法：「凡衛所係衝要都會及王府護衛軍士，以十之五屯田；餘衛所，以五之四。」洪武二十五年（一三九二）二月，又令天下衛所軍卒「務盡力開墾，以足軍食」，改以「十之七屯種，十之三城守」。屯軍受田一份為五十畝，官給耕牛、農具，年納屯田子粒一斗。洪武末，軍屯面積多達八十九萬三千一百九十四頃，為全國官民田總數的一三％；明太祖因此大為高興說：「吾京師養兵百萬，要令不費百姓一粒米。」

軍費，除由軍屯子粒供給之外，主要由政府稅糧收入中的民運糧支應。所謂「民運糧」，是由農民運稅糧到邊區去補充軍需供應，「山東東給遼陽，北給北平；河南北供山西，西入關中」。但在交通不便的時代，向邊地運輸糧餉，「道途險遠，民力艱難」；軍需還是「常以不足爲憂」。政府不得不另想辦法，而有令犯罪的人輸粟，和獎賞運米的人官爵等辦法，不過數量有限，並不足以濟急。

鹽糧交換的「開中法」：軍餉來源的補充

爲補軍屯與民運糧之不足，明廷乃仿宋元「入粟中鹽法」，建立「開中法」，將絕大部分向灶戶收來的鹽課，與商人交換軍需用品。開中法最早實行於山西。洪武三年（一三七〇）六月，山西行省奏稱：「大同糧儲，自（山東）陵縣、（河北）長蘆運至太和嶺，路遠費重」；因此請「令商人于大同倉入米一石，太原倉入米一石三斗者，給淮鹽一引，引二百斤。商人鬻畢，即以原給引目赴所在官司繳之。」這個辦法，一方面解決了沿邊軍儲問題，一方面也解決食鹽運銷問題，可謂一舉兩得。經明太祖批准後，很快地推廣實施。到洪武二十年代，全國各鹽場，除福建外，都加入開中陣營；實施的地點，也由北方沿邊諸布政司，擴及西南邊境。

明代前期的開中法，在供給邊儲方面，究竟發生過多大的作用？一般史書中，都沒有具體的數據記載。連明代後期，大臣們討論開中法時，也都是籠統地說：「當時邊儲貯足，而戶曹轉充，有以也。」從明代前期邊防的鞏固與屢次征戰的勝利來看，依賴開中法充分供應軍需補給，應該是主因之一。例如洪武初年，貴州衛所需軍糧七萬餘石，當地征糧每年只得一萬二千石，不夠的部分，就是以納米中鹽法來補充。洪武五年（一三七二），由於「納哈出覘伺欲撓邊」，爲「儲待以俟征討」，曾命戶部募商人於永平衛鴉紅橋納米中鹽。十五年（一三八二）征討雲南時，以「兵食不繼」，亦令商人往雲南中納鹽糧以給之。

商人開中鹽引，其糧米主要來自內地，但從江南等盛產糧米之鄉，買米前往邊倉上納，不但運費昂貴，而且旅途勞累。爲免搬運之苦，只有另想辦法。有的商人就在當地收買糧草上納，例如甘肅地區，在正統初年，即因「中鹽商賈多就彼買米，以致穀價湧貴」，使政府不得不命令陝西布政與按察二司官，前往蘭縣巡視，「遇有中鹽者，務令他處載糧赴邊上納」。邊區本有軍屯、民屯，軍民於輸納賦課外，若有餘糧，自然可賣給鹽商。而且宣德以後，軍官勢要已多侵占軍衛屯田，役使軍士，在邊區私營農場。其生產所得，往往也賣給鹽商，供其就近上納。例如宣德年間，寧夏、陝西總兵官甯陽侯陳懋即「私役軍士，種田三千餘頃」，其「歲收之粟，召商賈收糴中鹽」。

此外，又有商人以重資招民於邊地開墾，「自藝菽粟，自築墩臺，自立保伍」，以所獲菽粟，就近上納，謂之「商屯」。開中法的實施，遍於全國各邊區與內地，但一般談到商屯，均指北方邊區而言。邊塞地區，由於氣候寒冷乾燥，農田的生產力雖遠較內地為低；但以宣府、大同一帶而論，一年之中仍有四個月的平均溫度在攝氏二十度以上，年雨量也平均在二百至四百公釐之間，為溫帶草原氣候，是以麥類、雜糧為主要作物的春麥一穫區。據《明宣宗實錄》記載：「大同之地雖寒，原野平曠，所種粟麥有收。」因此，這個地區是可以實施商屯的。宣化地區的農田就由山西商人招山西人前往傭作，「秋去春來，如北邊之雁」。尤其明代前期，「邊備振舉，虜不敢深入」，「富商因得以私財募人開墾塞下，輸納鹽糧」。這就是標準的商屯形式。此外又有一種變形的商屯，它不是由商人自己經營，而是由商人資助沿邊軍民耕作，於秋收時計息分其菽粟，以供上納。據《明穆宗實錄》的記載，明初商人中鹽，例於各地上納本色謂之「飛挽」，其利甚大。有的商人便對「軍士之有屯田而貧不能耕者」，「資以牛種，至秋成，計所得之息，分其粟而輸之官」。分粟的比例，據陳祖綬《淮鹽紀事》說是「三七分穫，邊兵穫三分」，「富商穫七分」；商人以所得之粟，「輸入儲司」，以換取「實收倉鈔」，詣請戶部行運司關引支鹽。

推動商屯的結果，使「邊地盡墾」，而「野無不耕之田」；「塞下粟充溢」，而「市無甚貴之粟」。在「歲時屢豐，菽粟屢盈」的情況下，糧價日落，至天順成化年間，甘肅、寧夏地區，粟一石易銀二錢，比洪武年間每石便宜了一錢二分。因此，「邊廷露積，士飽馬騰」，對邊地軍需供應，發生極大的作用。並且由於「軍民雜耕」，軍屯與商屯「連結堡塞」，平常則「屯種自營」，「且種且守」，敵至則皆「入城堡」，「闔眾備禦」，互相保障，守望相助；不但「可以助耕」，而且「可以禦虜」，既保證了邊地的安全，又使農業生產得以順利發展。造成「飛挽利饒，屯糧多獲」的好景象。於是「塞上人煙稠密」，「殷富之風比於內地」，例如固原本爲「荒涼之地」，即因此「變爲繁華」。可見開中商屯對邊地的開發產生了積極的作用。

由於有關商屯的資料有限，明朝初期尤其洪武年間的史料，完全闕如，其後相關史料大多是嘉靖以後，人們討論開中屯田時所追記，且皆爲原則性或概括性的敘述，缺乏具體的記載，而引起人們對商屯制度的懷疑。尤其洪武時期，嚴格執行里甲與路引制度，人民不能隨意移徙，所有人民的移徙均由政府規劃，軍方執行，似乎不可能有商招民組成屯墾隊，前往邊區建立商屯。商屯可能是嘉靖年間軍餉緊急，士人託古改制想當然建構的「理想」論述。

北元的威脅與明廷以攻為守的戰略

國內經濟發展，必須要有安定的環境，安定端賴國防鞏固，免受內憂外患侵擾。明初，威脅大明國防的主要力量，是剛退到塞外的北元政權，從遼東到甘肅北部，沿邊均有蒙古軍隊駐紮，「忽答一軍駐雲州，王保保一軍駐沈兒峪，納哈出一軍駐金山，失喇罕一軍駐西涼；引弓之士，不下百萬眾也，歸附之部落，不下數千里也，資裝鎧仗，尚賴而用也，駝馬牛羊，尚全而有也」，隨時準備捲土重來。而邊塞地區，又住著許多蒙古軍民，隨時有爲北元作內應的可能。

對付蒙古北元的威脅，明太祖採攻勢。洪武三年（一三七〇），兵分二路：西路由徐達領軍，出西安，搗甘肅定西，大敗王保保，保保僅與其妻子數人得脫，逃至北元首都和林；東路由李文忠領軍，出居庸關，入沙漠，攻克元主所在之應昌（今赤峰附近），當時元順帝已病死，太子逃往和林，元主后妃以及太孫買的里八剌被俘，兵民五萬餘降。北元雖受重創，仍積極整軍，不時侵擾，如洪武六年（一三七三），王保保兵至大同；八年，納哈出寇遼東；十一年、十三年、十四年、二十年，北元均不斷寇邊。於是，洪武二十年（一三八七），太祖命藍玉爲征虜大將軍領軍深入沙漠。二十一年三月，追至捕魚兒海（今貝爾湖），大敗北元第三任皇帝脫古思帖木兒，俘其次子天保奴等三千餘人，軍民七萬七千餘人，脫古思帖木兒逃至土剌河，爲也速迭兒襲殺，北元幾近覆亡，朝臣部將紛紛歸降大明。

永樂元年（一四〇三），第五任皇帝坤帖木兒遭非元室後裔鬼力赤弒殺，鬼力赤自稱可汗，北元正式覆亡。自此，明人稱東蒙古爲「韃靼」，西蒙古爲「瓦剌」，韃靼與瓦剌互相攻殺，無力對抗大明。

北邊防線的建立與邊民內徙及移民實邊

爲鞏固北邊邊防，明太祖在東部邊防，以大寧（今赤峰市南部）的北平都指揮使司爲中心，東與遼陽的遼東都指揮使司，西與大同的山西行都指揮使司相呼應，結合設在元上都的開平衛，向西到河套地區和林格爾的雲川衛、榆林的東勝衛，再向西延至甘肅嘉峪關，構成長城外的北邊防線。沿邊廣置衛所，繕修城池，訓練士卒，以鎮邊疆。

鞏固邊防的另一工作是調整邊區人口結構，內徙沿邊蒙古軍民，以防其爲北元內應。洪武七年（一三七四）下令：「其塞外夷民，皆令遷入內地」，「官屬送京師，軍民居之塞內」。如洪武四年（一三七一）六月，徙北平山後之民三萬五千八百戶，十九萬七千零二十七口，散處內地衛所府縣，籍爲軍者給以糧，籍爲民者給田以耕。內徙軍民留下的邊地，則設置衛所和移徙內地民戶實邊，如洪武五年（一三七二），廢寧夏府，盡徙其民於陝西；改置寧夏衛，遷齊、晉、燕、趙、周、楚、吳、越等「五方之民實之」。

塞王守邊

鞏固邊防的另一措施，是仿元朝宗王出鎮制度，分封十二個兒子爲親王，開府於險要的邊塞，稱爲「塞王」。瀋王在瀋陽，韓王在開原，遼王在廣寧，寧王在大寧，燕王在北平，齊王在開平，谷王在宣府，代王在大同，慶王在寧夏，肅王在甘州（張掖），晉王在太原，秦王在西安。塞王均擁兵三個護衛，約萬餘人，實際上所領軍隊遠在此之上，如寧王號稱「帶甲八萬，革車六千」，還可節制邊將，屢次將兵出塞大敗北元軍隊。明太祖對於塞王鎮守邊塞，非常滿意地說：「朕無北顧之憂矣！」國防的鞏固，人民解脫元末戰亂帶來生靈塗炭之苦，是實現建國宣言「民安田里」的保證。

親王分鎮地方

爲控管地方，明太祖二十六子，除長子朱標封皇太子，幼子朱楠夭折、九子朱杞受封次年卒外，其他二十三子皆封親王，仿元代宗王出鎮制度，十二位親王爲塞王守邊，其他十一親王分鎮國內重地：開封周王、武昌楚王、青州齊王、長沙潭王、兗州魯王、荊州湖王、成都蜀王、安陸郢王、洛陽伊王、雲南岷王、南陽唐王。各擁護衛三，「甲士，少者三千，多者至萬九千人」，皆賦予監督地方守鎮兵權力，「遇有警急，其守鎮兵、護衛兵，並從王調遣」；諸王爲皇帝在地方的政治代表和軍事代表，確保國內安定。

群雄及其部眾的安頓：分而治之

至於內憂方面，遠不如外患的蒙古威脅大。對於掃平之群雄及其部眾，則採分而治之的移徙政策，如移泰州、高郵的張士誠將士，往湖廣潭州、辰州、沔陽州；移方國珍部隊往濠州。又如洪武元年（一三六八）六月攻下大都後，九月即下令：「徙北平在城兵民於汴梁。」洪武四年（一三七一）十二月，籍方國珍所部溫州、台州、慶元三府

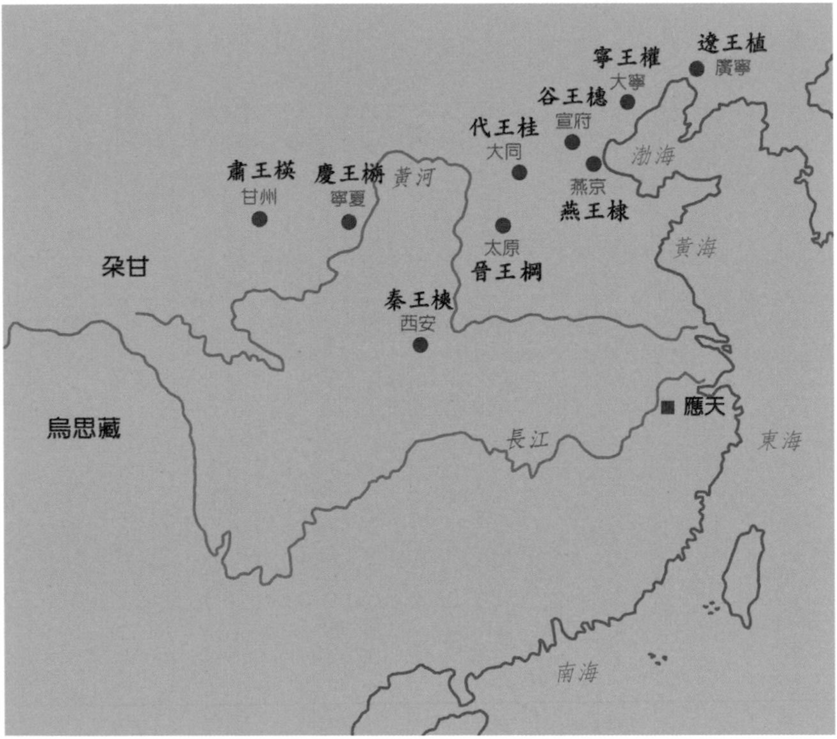

圖 2-3　明初塞王守邊圖。

軍士及蘭秀山無田糧之民嘗充船戶者，凡十一萬一千七百三十人，分隸各衛爲軍。對蘇、松、嘉、湖、杭等江南地區擁護張士誠的富民和大地主，更屢次移徙，大多遷往明太祖的老家鳳陽去開荒，不許私自回鄉。陳友諒子陳理、明玉珍子明昇則送往高麗，置之今濟州島之耽羅。目的在使這些群雄的舊勢力離開其老家，失去原有的財富和社會或政治地位，不致成爲威脅明朝穩定的力量。

西南邊疆的安定：土司羈縻與衛所鎮守

至於西南少數民族的「猺賊」「洞蠻」等，明朝政府處理的方式，則大不同於對蒙古的征伐和內徙，而是沿襲元代行之多年的土司制度，以羈縻之。在險要之地設衛所鎮壓，並加強漢化。

移徙在處理西南少數民族問題上，並不占重要地位。《明太祖實錄》中，僅有五條內徙的記載，一爲湖廣「洞蠻」，一爲廣西溪洞之民，一爲廣東「猺賊」，一爲岷州衛「番寇」，總共只有一千七百八十人。另一爲定雲南土官犯罪者遣戍北平之例，土官人數有限，犯罪者更有限。移徙人數不多，頂多應不超過五千。洪武二年（一三六九），平定廣西洞蠻之後，中書省臣建議：「宜遷其人內地，可無邊患。」明太祖不贊成說道：「溪洞猺獠雜處，其人不知理義，順之則服，逆之則變，未可輕動。今惟以兵分守要害，以鎮服之，俾之日漸教化，則自不爲非。數年之後，皆爲良民，何必遷也！」

明太祖批駁中書省臣內徙少數民族的建議。處理西南少數民的主要辦法，是反過來，將內地軍民移徙雲貴一帶，分守要害，就地屯墾。移徙對象，或爲臨近省份的丁多民戶，或爲罪犯，或爲內地軍隊及其家屬。他們每擇險要之地，樹柵置堡，「每百里置一營屯種」，「每營軍二萬，刊其道傍林莽有水草處，分布耕種」，「以備蠻寇」。如洪武二十一年（一三八八），傅友德等將兵道過平夷（今雲南曲靖市富源縣），以其山勢峭險，宜築堡駐兵屯守；遂遷其山民，往居卑午村。留兵千人，樹柵置堡，建平夷千戶所。屯堡與屯堡間，興修道路，維持交通暢通，以便有事故時，能迅速調派衛所屯堡軍隊，平定動亂。

沿海衛所城的興建與海防

至於沿海，則須防元代已常來擾之倭寇。朱元璋掃平群雄，建立明朝。群雄之中，方國珍的部隊，雖然被招撫，但仍有部分逃入海中，與倭寇相呼應，擾亂東南沿海。例如洪武二年，倭寇侵擾福州府福寧縣境；三年六月，倭寇「寇福建沿海郡縣」；五年六月，寇福州寧德縣；五年八月，寇福寧縣，殺掠居民三百五十人，燒毀房舍千餘家。福建沿海州縣盡被倭寇侵害，「倭寇所至，人民一空」，人民生活恐慌，爲防備倭寇，「使沿海之民，自以樂業」，除增加軍隊戍守外，在要害之地築城防衛，更是重要對策。劉基針對築城防的必要性，曾作〈築城說〉說明，他以元末的歷史教訓爲證：「君不見杭州無城賊直入，台州有城賊不入。」於是，洪武二十年（一三八七），明太祖派江夏侯周德興到福建從事海防建設，「築城一十六，增置巡檢司四十有五，分隸諸衛，以爲防禦。」沿海設衛所，廣修城池，從遼東至廣東一萬四千多里的海岸線，洪武年間至少建衛五十八，千戶所八十九，巡檢司二百，城池寨堡烽堠墩臺一千餘，駐守海防軍四十餘萬。每衛配置戰船五十艘，千戶所二十艘，百戶所二艘。

明太祖擔心沿海居民出海與方國珍、張士誠及倭寇勾結，實施海禁政策，「禁瀕海民不得私出海」。甚至將濱海島嶼居民內徙，如洪武二十年（一三八七），內徙廣東、福建、澎湖等濱海島民，《明太祖實錄》載，是年六月，「徙福建海洋孤山斷嶼之民，居沿海新城，官給田耕種」。又「廢寧波府昌國縣，徙其民爲寧波衛卒；以昌國瀕海民嘗從倭爲寇，故徙之」。

明初，人民在短短二三十年內，收拾元末戰亂的殘局，恢復及發展社會與經濟，成效卓著。明太祖鞏固國防與維繫治安政策與制度規畫的卓越，治國方略執行的成功，提供人民從事農工商業的安定環境，保證了社會經濟的迅速復興。

四、「民安田里」的實現：〈教民榜文〉的理想世界

明太祖心目中，帝王乃得天命的「天下父」，「天下之民皆子女也，其安與否，豈可不知？」「朕奮起布衣，以安民爲念。」其所執行的經濟政策和國防政策均爲「使民安田里，足衣食」。明太祖出身窮苦農民家庭，經歷艱辛苦難，深知小農的理想是「足衣食」的安居生活。

改善生活，小農一己之力有限，得靠群力，得靠國家的力量；群力能發生作用得有組織。而國家執行政策，「軍國之費，所資不少，皆出於民」。於是，在農村的自然村的基礎上，建置人爲的里甲組織，便於動員民力互助與徵收軍國之資，以維繫社會秩序。

里甲組織與戶籍制度

以一百一十戶爲里甲，一里甲之中十戶爲里甲長戶，餘一百戶爲十甲，甲凡十戶。城中曰坊，近城曰廂，鄉都曰里甲。每年由里甲長一人帶領甲首十人，管攝一里甲之事，如統計丁口、財產變遷，催辦錢糧，出辦上供物料及支應官府歲經常泛雜支，分派傜役督促生產，調理糾紛。十年輪流一遍，輪到應役的稱「現年里甲」，不應役的稱「排年里甲」。明朝男子十六歲成丁，六十歲免，里甲長戶推里甲中丁糧多者爲之，丁多者係男丁多，田

賦多者係田產多；里甲中事務由丁多糧多的里甲長戶爲之，即由里甲中較富者領導。地方事務由財力較富、有恆產者帶領辦理，是明太祖的管治政策。

又參考元朝戶計制度，全國人民各以其職業定其戶類，大致分爲軍、民、匠、灶等類。各戶類不得混亂，「務在各守本業」。所有人民編入里甲，不但軍戶、匠戶、灶戶等特種勞役戶不得自由遷徙，以便調遣服役，而且「醫者、卜者，土著」也「不得遠遊」；離家百里之外，必須向政府申請路引，否則「軍以逃軍論，民以私渡關津論」。路引就是通行證，不能冒名或轉借他人，不准官員富豪勢要利用權勢通同作弊擅發路引。關卡查驗路引不准無引私自放行。在限定時間內，辦完事，就要繳交原發路引，並向當地里甲、老人稟報。因此，全國人民只能生活於里甲，安於里甲。

里甲、里甲老人與申明亭、旌善亭：〈教民榜文〉的儒家理想和諧社會

里甲不僅是管治組織，又是人民互助組織，「民凡遇婚姻、死葬、吉凶等事，一里甲之內，互相賙給，不限貧富，隨其力以資助之」，「凡出入作息，鄉鄰必互知之」。

對於怠於耕作、隳於修行、流於遊惰者，村里勸勉督責。每村置一鼓，凡遇農種時月，「清晨鳴鼓集眾，鼓鳴，皆會田所，及時力田」。每里甲選年高有德行者一人，謂之「耆宿」或「里老人」，督責怠惰者，規定：「里甲老縱其怠惰不勸督者，有罰。」每鄉里

甲各置一木鐸，選年老或瞽者，每月六次持鐸，巡行於道路上，宣布號令曰：「孝順父母，尊敬長上，和睦鄉里，教訓子孫，各安生理，毋作非爲。」

這就是刊刻於〈教民榜文〉的「六諭」，後來清朝採行，並傳播於朝鮮、琉球、日本，成爲東亞理想社會規範。

里老人又負責「質正里中是非」。鄰里甲之間，若有糾紛，「憚訟而懷居」，盡量由耆宿、里甲老人調解，「若戶婚、田宅、鬥毆者，則會里甲胥決之，事涉重者始白於官」。未經里甲斷決而直接告官，以「越訴」論罪，笞五十，仍發回里甲，由里老人斷問。盡量做到「必也使無訟」，以合乎儒家理想的和諧社會治國理念。

各鄉里甲社又普建申明亭，「凡境內人民有犯，書其過名，榜於亭上，使人有所懲戒」，「毋作非爲」。又建旌善亭，「申明善惡，以勸懲天下」，「錄有司官善政著聞者」及表揚「民之孝子順孫、義夫節婦及善行之人」。在安定的農村經濟環境中，以教化的力量維繫善良的社會風氣，「孝順父母，尊敬長上」，「教訓子孫」，「敦尚樸素」。明代地方志書多記明初鄉里甲社會：「丈夫力耕稼」，「女子勤紡績蠶桑」，「各安生理」；「衣不過細布土縑，仕非達官圓領，不得輒用紵絲」；「士人之妻，非受封，不得長衫束帶。居室無廳事，高廣惟式」；「相與恭讓誠信」。

以有恆產良民治良民：糧長

明初，稅糧催取不由地方政府負責，而由糧長督里甲長、甲首催收。以田賦萬石的地方爲一區，每區設正副糧長三名，以區內丁糧多者爲之，編定次序，輪流應役，周而復始。糧長制並非全國通行，而推行於江南、東南戶口賦稅繁劇地區，戶口稀賦少的地區不設糧長，仍由里甲長督辦稅糧。

糧長督其鄉賦稅之催徵、經收和解運，任務重大，非財力富厚者莫辦，有些窮區無財力富厚大戶，常由鄰區大戶出任糧長。明太祖稱之爲「以良民治良民」，是以有恆產之「良民治良民」；有恆產者有恆心，是辦事的保證。糧長督辦稅糧完成，須赴京師戶部銷注，明太祖往往召見。《明太祖實錄》載洪武十四年二月，「浙江、江西糧長一千三百二十五人，輸糧於京師，將還，上召至廷，諭勞之，賜鈔爲道里費。」甚至有不少糧長因召對語合而致身顯宦者。

前沿的黃冊制度：十年一度的人丁事產普查

爲管理人戶，洪武三年（一三七〇），建立戶帖制，並派軍隊到各地去「點戶」，清查逃隱。洪武十四年，「命天下郡縣編賦役黃冊」，每十年執行普查一次，各戶將戶主鄉貫、姓名、年歲和全家丁口、事產（包括田地山塘面積，應交夏稅、秋糧數額，住宅間數，牲畜頭數），依舊管、新收、開除、實在等四柱式開寫，以便掌握十年間戶籍變遷，核實徵發賦役。各戶報表付該管甲首，彙交里長，造成文冊，是為草冊；經州縣查對無誤，再造正冊。草冊留里甲。正冊一式二份，上繳縣府，一為存留冊，用青紙，存於司府州縣，一進呈冊，為正本，用黃紙面，因此稱「黃冊」。縣、府、司彙整文冊後，分別造總冊。進呈之黃冊由各布政司「委官一員，率各府州縣官親賚，俱限年終進呈」，貯於南京後湖的黃冊庫。後湖就是玄武湖，黃冊庫分布在湖心群島上，四面環水，不易受干擾，又可避火災，是收藏檔案的理想地方。

終明之世，每十年一次攢造黃冊，累積黃冊正本當在二百萬本以上，如今遺存極少，散佚與損毀殆盡於明清之際的戰亂。這個每十年一次規模宏大的全國戶丁、事產普查制度，實施於六百年前的大明，更是走在時代的前沿；十八世紀以後歐美才普遍採行，兩岸中國也是一九五〇年代中期才首次實施。

魚鱗圖冊：明確地權與均平賦役的地籍文書

明太祖既清查戶口，編造黃冊，又「命戶部核實天下田土」，攢造魚鱗圖冊，為地籍文書，以定田賦與土地所有權。大明建國之初，洪武元年（一三六八），派國子監生周鑄等一百六十四人往浙西核實田土。其後，各地陸續由糧長「集里甲、耆民，躬履田畝，以量度之，圖其田之方圓，次其字號，悉書主名及田之丈尺、四至，編類爲（地籍）冊」；以圖所繪，狀若魚鱗，故號「魚鱗圖冊」。洪武二十年（一三八七）二月，浙江布政使司及直隸蘇州等府縣完成丈量，首進魚鱗圖冊。

明確地權與均平賦役。魚鱗圖冊制度下，土地買賣，父子兄弟分家，須到官府登記，過割地權及田賦。而且地權確定，便於政府依田主家田土訂其田賦，又依其丁田多寡，訂其戶等，徵發徭役；避免「富民畏避徭役，往往以田產詭託親鄰、佃僕」的「鐵腳詭寄」之弊。有利於均平賦役，減少田土糾紛，和睦鄉里。

明太祖的建國理想在實現「民安田里」，使人民不怠惰，「各安生理」，「及時力田」；家庭之中，「孝順父母、尊敬長上」，「教訓子孫、毋作非爲」；里甲之中，「互相賙給」，「和睦鄉里」。「天命去留，人心向背，皆決於此」，而朱家的大明國祚之生生不息也決於此。明太祖的施政，即致力於此。

五、實現「民安田里」的管治體制：強而有力的中央集權君主專制政府

明太祖「驅逐胡虜，恢復中華」，創建大明皇朝，鞏固國防、維護治安，恢復與發展社會經濟，使人民脫離元末戰亂帶來的痛苦，安居樂業。如此宏大的事業，千頭萬緒，能

在短短二三十年完成，端賴大明開國政治、軍事、社會與教育文化制度的宏偉規劃。不但契合結束元末戰亂的開國與建國需求，而且為大明皇朝生生不息，建立長治久安的宏規。

明初沿襲元制的缺點：「權專於一司」與「事留於壅蔽」

建國大業的推進，需要一套權力集中、指揮自如的統治機構。明初，各級政府機構和制度，基本上沿襲元朝。中央設中書省，總領全國政務；大都督府，統領全國軍隊；御史臺，負責監察。地方設行中書省，總管一省政務。幾年實踐下來，明太祖發現這一體制並不理想。元朝既然以「紀綱不立，主荒臣專，威福下移」而衰亡，明初制度沿襲元朝，自然承襲元制的缺點。中央與地方皆有「權專於一司」與「事留於壅蔽」的弊病，中書省丞相權力過大，而且臣民「不得隔越中書奏事」，遂使皇帝「不能躬覽庶政，故大臣得以專權自恣」。地方上，行中書省總攬地方民政、財政，甚至曾短期地「軍國重事無不領之」，權力也過大。若不改革，難免重蹈元朝覆轍。

地方政制的改革：廢行省與都布按三司分立

改革先從地方政制的政軍分離開始。洪武二年（一三六九）、三年，直屬中央中書省的全國各行省相繼成立時，即於各省設置都指揮使司，直屬中央的大都督府，是為行府。

於是，省級政府政務與軍務分離。另外，建國以後，各省又設提刑按察使司，掌管監察和錄囚等事務。因此，早在洪武九年（一三七六）夏六月改行中書省爲承宣布政使司之前，行省主管民政與財政，行府主管軍務，按司主管司法和監察，地方政府三權並立體制已經形成。

省級首長的官品，由行省左右丞的正二品降爲布政使的從二品，行省平章的從一品降爲都指揮使的正二品；省級體制下降。明太祖在〈承宣布政使誥〉云：「所以承者朕命也，宣者代言之也。」洪武九年的改革，不只是一般所云省級政府政務、軍務、司法監察三權並立制的確立，而且是宣示地方省級政府從此直承皇帝意旨，不再是中書省的派出機構；是爲洪武十三年（一三八〇）廢中書省作準備。地方政制改革，省級政府權力一分爲三，「權不專於一司」，「彼此頡頏」，都、布、按三司互相協作，互相牽制。地方長官不能專權，而長官官品下降，更顯省級權力機構體制的下降；地方遂難與中央抗衡，「事皆朝廷總之」。地方割據之事根本無從發生，中央集權專制政體因此確立。

爲避免地方官員與在地勢力結合，明朝任官又有地域迴避制度。洪武元年頒布的《大明令》規定：「流官注擬，並須回避本（鄉）貫」。洪武十三年（一三八〇），胡惟庸黨案發生後，鑒於淮西勛貴集團的地緣關係結合，明太祖更重視官員本鄉貫的迴避；於是有任官北南、東西的更調，規定：「命吏部以北平、山西、陝西、河南、四川之人於浙江、江西、湖廣、直隸有司用之，浙江、江西、湖廣、直隸之人于北平、山東、山西、陝西、河南、四川、廣東、廣西、福建有司用之，廣西、廣東、福建之人亦于山東、山西、陝西、河南、四川有司用之。」但許多官員不願遠離本土家鄉而缺任，即使到任，又有水土不通、民情不習等問題，尤其北人到南方任職，更有語言不通的困難。後來雖然不再嚴格執行南北東西更調，但迴避本鄉貫是一直執行的。如此，終明之世，地方割據之事根本更無從發生。

洪武九年（一三七六），改行省爲布政使司時，全國除南京外，有浙江、江西、福建、廣東、廣西、湖廣、四川、山東、河南、陝西、山西等十二布政司。洪武十五年（一三八二），雲南入版圖，置雲南布政司。永樂元年（一四〇三），陞北平布政司爲北京。五年，交阯入版圖，置交阯布政使司。十一年，平思州、思南亂，置貴州布政使司。宣德三年（一四二八），棄交阯，罷交阯布政使司。從此全國地方行級單位確立爲南、北京兩直隸及十三布政使司。另外在邊疆地區設軍政合一的準省級軍事單位：遼東都司、奴兒干都司、烏思藏都司和朵甘都司，及赤斤、安定、阿端、曲先、罕東、哈密等六衛；構成大明皇朝的疆域。即使不計羈縻之地，至少也有六百五十萬平方公里，同時代的世界最大強國。

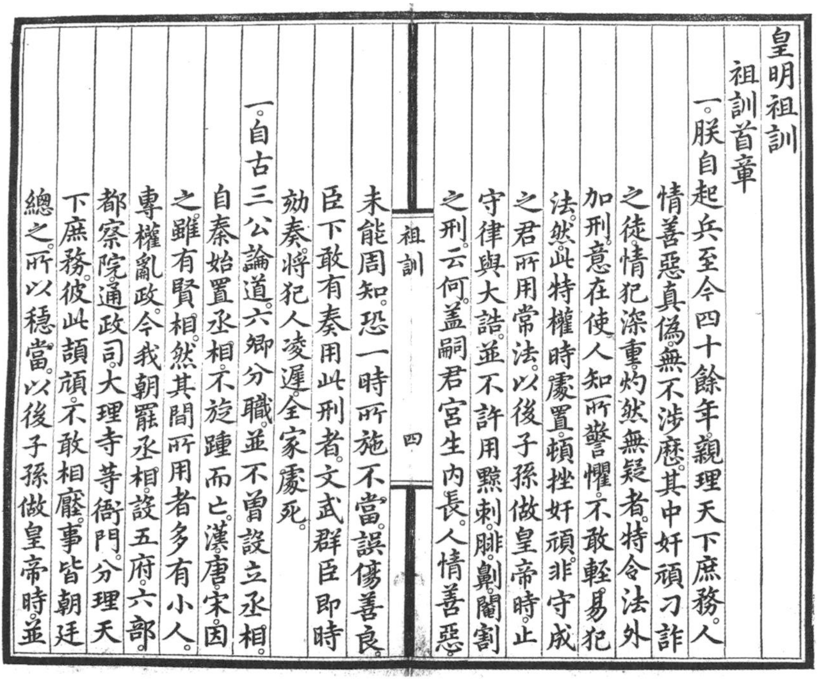

皇明祖訓

祖訓首章

一。朕自起兵至今四十餘年。親理天下庶務。人情善惡真偽。無不涉歷。其中奸頑刁詐之徒。情犯深重。灼然無疑者。特令法外加刑。意在使人知所警懼。不敢輕易犯法。然此特權時處置。頓挫奸頑。非守成之君所用常法。以後子孫做皇帝時。止守律與大誥。並不許用黥刺腓劓閹割之刑。云何。蓋嗣君宮生內長。人情善惡

祖訓　四

未能周知。恐一時所施不當。誤傷善良。臣下敢有奏用此刑者。文武群臣即時劾奏。將犯人凌遲。全家處死。

一。自古三公論道。六卿分職。並不曾設立丞相。自秦始置丞相。不旋踵而亡。漢唐宋因之。雖有賢相。然其間所用者多有小人。專權亂政。今我朝罷丞相。設五府六部都察院通政司大理寺等衙門。分理天下庶務。彼此頡頏。不敢相壓。事皆朝廷總之。所以穩當。以後子孫做皇帝時。並

圖 2-4　《皇明祖訓》書影：廢丞相。

中央政制改革之始：通政司與「禁奏事關白中書省」「事不留於壅蔽」

中央政制改革，始於重訂奏疏公文收發流程。明初襲元制，中書省居於國家權力核心地位，「凡事必先關報，然後奏聞」；胡惟庸「總中書之政」，「內外諸司封事入奏，惟庸先取視之，有病己者輒匿不聞」，而生「壅蔽之害」。

洪武十年（一三七七）六月，明太祖下令：「天下臣民，凡言事者，實封直達朕前。」七月，置通政使司，掌

出納諸司文書。從此，各方奏疏不再直接送至丞相府，先送通政司，然後送達御前，經皇帝批示，再經通政司分送中書省及內外諸司。十一年三月，命禮部定奏式，確定公文處理流程，更申明「禁奏事關白中書省」。經此改革，中央政府開闢內外諸司直接向皇帝報告的管道，皇帝直接處理內外諸司政事，一切政事可越過中書省；丞相失去總攬政務的權力，不再是秦漢以來傳統的「副天子」。在新的中央政制體系中，中書省已無存在必要。

中央政制改革之主體：廢除丞相「事皆朝廷總之」

洪武十三年（一三八〇）正月，明太祖藉胡惟庸「謀危社稷」的謀反案，廢除中書省和丞相制度，就是中央政制改革的必然結果。廢除中書省十五年後，明太祖更諭令：「嗣君並不許立丞相，臣下敢有奏請設立者，文武群臣即時劾奏，處以重刑。」中國歷史上實行一千五百餘年的丞相制度就此終結。

中央政制的改革，「罷中書省，陞六部」，尙書由正三品升爲正二品；「改大都督府爲五軍都督府」，「以分領軍衛」。新的政制，一切政務由皇帝親理，前、後、左、右、中五軍都督府，吏戶禮兵刑工六部，及都察院、通政司、大理寺並稱「九卿」，「分理天下庶務」，各衙門「彼此頡頏，不敢相壓」，相互制衡。《皇明祖訓》說：「事皆朝廷總之，所以穩當。」「朝廷」即皇帝，各衙門分別對皇帝負責，事權皆皇帝總攬；君主獨裁政體於是建立。

君主獨裁體制：「事必躬親」「勞神太過」

廢相之後，皇帝兼理丞相事務，有如董事長兼總經理，天下事務繁多，平均每日處理奏章二〇八件、事務四二四件。皇帝事必躬親，「勞神太過」，乃有洪武十三年（一三八〇）四輔官與十五年殿閣大學士先後設置，備顧問，以分君之勞。但這是試驗性質，四輔官設置一年即罷；殿閣大學士名存實亡，未成定制，卻是永樂以後發展成內閣制的雛形。

孟子曰：「徒法不足以自行」，制度是死的，人是活的，制度上雖不設丞相，備顧問的大學士，儘管品秩不高，仍能衍生爲實際上的宰相。無宰相之名，而具宰相之實。《明史·職官志》云：「迨仁、宣朝，大學士以太子經師恩，累加至三孤，望益尊。而宣宗內柄無大小，悉下大學士楊士奇等參可否。」「自是，內閣權日重，即一二吏兵之長，與執持是非，輒以敗。」君主獨裁體制下，一切決定於帝王本身，這個實際的相權是帝王自己支撐起來的；在君主的支持下，大學士沒有宰相的名義，卻有宰相的實權。六部尚書的品秩雖比殿閣大學士高，在決策過程中，六部尚書反而低於大學士。尤其當大學士由六部尚書兼領，大學士權位更是高漲，愈到明代後期愈明顯，那時的皇帝往往不親自處理政務，權力自然旁落。《明史·職官志》云：「至世宗中葉，夏言、嚴嵩迭用事，遂赫然爲眞宰相，壓制六卿矣。」明太祖廢相，建立君主獨裁，關鍵在君主勤政，事在人爲，太祖的後代子孫不爭氣，其苦心改革政體，遂走了樣。

中央外廷：六部九卿，分理庶務

改革後的六部代替中書省爲國家最高行政機構，六部長官爲尚書，正二品，次官侍郎正三品。各部下設清吏司若干，各置郎中、員外郎、主事爲屬官。吏部「視五部爲特重」，是爲「六部之首」，總掌天下官吏銓選、勳封、考課之政令。戶部，總掌天下戶口土田之政令。禮部，總掌制誥、天下禮儀、祠祭、宴享、貢舉之政令。兵部，總掌天下武官勳祿、品命之政令，山川險易之圖，廄牧、甲仗之數。刑部，總掌天下之刑法及徒隸勾覆、關禁之政令。工部，總掌天下百工、屯田、山林川澤之政令。

中央政府的監察機關是都察院。洪武初年，沿襲元朝置御史臺。洪武十三年（一三八〇）正月罷中書省，五月罷御史臺。十五年十月，設立新的中央監察機關——都察院，以監察都御史爲長官，正七品，品秩太低；遂於十六年六月，設左右都御史爲長官，正三品；十一月，陞正二品，與六部尚書品秩相同。都察院爲天子耳目風紀之司，職司監督行政與軍事機關。其下設十三道監察御史，每省設一道，每道設七至十一人，共一百一十人。其品秩不高，正七品，明太祖推行「以小制大」政策，賦予御史監察大官之權事，代天子巡狩，按臨所至，小事立斷，大事奏裁；甚至可不受都察院長官都御史節制，「凡政事得失、軍民利病，皆可直言無避」，「事得專達」御前，「都御史不得預知」，亦「權不專於一司」事例。明初承宋元舊制，又設置吏、戶、禮、兵、刑、工六科，「稽察六部百司之事」，側重審核皇帝批覆過的章奏和下發的詔旨，「有失，封還執奏」。六科都給事中正七品，給事中從七品，與監察御史相同，亦為「以小制大」，官品雖低卻可與聞大政，彈劾高官，向皇帝建言；與御史合稱「科道官」「言官」。

中央審判機關為大理寺，職司「平理庶獄」，「審讞平反」，與刑部、都察院合稱「三法司」凡重大案件，必由三法司會審，俗稱「三堂會審」；初審以刑部、都察院為主，覆審以大理寺為主。

中央機構除九卿外，尚有翰林院。明太祖起兵，稱吳王之初即置翰林院，學士正三品，侍講學士正四品，「承制草詔」「考議制度，詳正文書，備天子顧問」，如陶安任學士，「凡國家制度、禮文之事，多安所定擬」。但廢中書省後，學士降為五品，仍令「考駁諸司，奏啓以聞」。

太常寺，正三品，掌祭祀禮樂事務。

光祿寺，從三品，提供祭品及筵宴酒食。

太僕寺，從三品，掌馬政。

鴻臚寺，正四品，掌朝會、賓客、吉凶禮儀。

欽天監，正五品，掌察天文、定曆數與推步、占候之事。

太醫院，正五品，是皇家御用醫療機構，並主管全國官方醫藥機構，培訓醫務人才。

分大都督府為五軍都督府：「權不專於一司」

朱元璋起兵之初，沿用元制，置樞密院，爲最高軍事領導機關，朱元璋自領院事。至正二十一年（一三六一），改樞密院爲大都督府，掌軍令，「節制中外諸軍事」。洪武十三年（一三八〇）正月廢中書省，同時，分大都督府爲前、後、左、右、中五軍都督府，大都督府一分爲五，分而治之，使軍權不專於一個機構。各都督府以左、右都督爲長官，品秩與大都督府大都督同爲正一品。

在京師與各省衛所，由五軍都督府分管，「權不專於一司」，以收分而治之的效果。但「上十二衛爲天子親軍者不與焉」。軍權由五軍都督府與兵部分掌，五軍都督府管兵籍，有統兵之權而無出兵之令；兵部掌兵政，管軍官銓選，有出兵之令而無統兵之權。「征伐則（皇帝）命將充總兵官（佩將軍印以往），調衛所軍領之，既旋則將上所佩印（於朝廷），官軍各回衛所」，「大將軍單身還第」；「權皆出於朝廷，不敢有擅調」。軍權分而治之，有如「犬牙相制」；既可防備將領擅調兵力，避免悍將跋扈和驕兵叛變政變，又使軍權不專於任何一個單位，而集中於皇帝一人，保證皇權穩固。

內府：宦官機構各司其職

明太祖雖對使用宦官有戒心，認爲：「此輩自古以來，求其善良千百中不一、二見。若用以爲耳目，即耳目蔽矣；以爲腹心，即腹心病矣！但宦官「備使令」，仍然需要。吳元年（一三六七），始設內使監、御用監和御馬監。洪武以後，增至七監。洪武三十年（一三九七），定爲十二監二司七局三庫，監爲正四品衙門，司、局、庫爲正五品衙門。

監有十二：

神宮監，掌灑掃太廟殿庭廊廡，職責與外廷太常寺相關。

尚寶監，掌御寶璽、敕符、將軍印信。

孝陵神宮監，掌灑掃殿庭及栽種果木蔬菜之事。

尚膳監，掌供養奉先殿並御膳與宮內食用之物，及督光祿司供奉宮內諸筵宴飲食之事。

尚衣監，掌御用冠冕、袍服、履舄、靴襪之事。

司設監，掌御用車輿、床榻、衾褥、帳幔諸事。

內官監，原爲內府首監，內閣制成立後，讓位給司禮監，掌皇城供給爲主，掌內史名籍，總督各職，凡差遣及缺員，具名奏請。

司禮監，由典禮紀察司發展而來，掌皇帝文書、印璽、宮內禮儀及糾察內官人員違犯禮法者等事。內閣制確立後，獲得參與機務職權，以代皇帝「批紅」，上升為「十二監」之首，成為內廷權力最大之機構。提督太監，掌督理皇城內一應禮儀、刑名及管束長隨當差內使人等，關防門禁。掌印太監，掌理內外章奏及御前勘合。秉筆太監、隨堂太監掌章奏文書；永樂、宣德以後，內閣制形成，因代皇帝照閣票批紅得專朝政。所屬內書房，掌收通政司每日所封奏章；宣宗設的內書堂為小內使讀書之所。

御馬監，掌御馬及諸進貢並典牧所關收馬騾之事。其後，又因掌兵符令旗，而與外廷兵部相酹；因掌四衛勇士營，而與外廷都督府相抗；因掌草場，明代中期又掌皇莊、皇店，是內廷的戶部。

印綬監，掌誥券、貼黃、印信、選簿、圖畫、勘合、符驗、信符諸事。

直殿監，掌灑掃殿庭、樓閣、廊廡及宮城門晨昏啓閉關防出入之事。

都知監，掌內府各監行移一應關支勘合。

司有二：

鐘鼓司，掌祭樂及御樂，並宮內宴樂，與更漏、早朝鐘鼓諸事。

惜薪司，掌宮內諸處柴炭之事。

永樂以後，增掌造草紙的寶鈔司及掌沐浴的混堂司。

局有七：兵仗、內織染、針工、巾帽、司苑、酒醋麵、銀作。永樂以後增浣衣局，其職責與外廷工部相對應。

庫有三：內承運、司鑰、內府供用。

十二監與四司八局，即所謂的內府「二十四衙門」。

明太祖雖一再引漢唐宦官專權之弊以爲戒，另一方面，卻不斷擴充其機構，加重其權勢。雖說「內臣不許讀書識字」，實際上，司禮監前身典禮紀察司，據洪武十四年（一三八一）《祖訓錄》所載其職權爲「欽紀御前一應文字，凡聖旨裁決機務已未發放，須要紀錄親切。」《明太祖實錄》又載內官監「所掌文籍以通書算小內使爲之」。顯然宦官爲執行其記錄職務，必須識字，並通書算，頂多「不知義理」而已。

雖說明太祖一再頒布宦官參與政事的禁令，如「內官毋預外事，凡諸司毋與內官監文移往來」。然明朝內府「二十四衙門」在洪武末年至永樂年間已確立，其中不少監司局庫職權與外廷六部九卿所司相關，顯然其意在建立一套與外廷抗禮的內廷機構，實現政制改革的原則：各衙門「彼此頡頏，不敢相壓」，達到「事皆朝廷總之」，使得皇朝統治「所以穩當」。

內外官吏任職迴避

爲防止官員結黨營私，威脅皇權之運作，明太祖又規定官僚系統的任職迴避。洪武元年（一三六八）規定：親屬迴避的範圍限於三代之內，「凡父兄伯叔任兩京堂上官，其弟男子侄有科道官者」對品改調；「內外官屬衙門官吏，有係父子兄弟叔侄者，皆從卑回避」。

洪武二十六年（一三九三）規定：凡戶部官「不得用浙江、江西、蘇、松之人」，又凡戶部吏「不許用江、浙、蘇、松人」；「以其地多賦稅，恐飛詭爲奸也」。

《大明律》明確規定：司法官吏受理狀告，凡與訴訟人有服親、姻親、師生關係者，都要迴避；「違者笞四十，若罪有增減者，以故出入人罪論」。

第三章

創業維艱——明太祖的治國方略與大明的立國宏規（下）

（洪武元年—洪武三十一年，一三六八—一三九八）

徐泓

一、禮法並用：社會與國家管治體制的工具

社會與國家管治體制的運作，必須有規矩可循。明太祖認為元朝衰亡，「天下騷亂」，主因是「紀綱不立」，「貴賤無等，僭禮敗度」，「法度不行，人心渙散」；「建國之初，當先正紀綱」。「禮法，國之紀綱；禮法立，則人志定，上下安。建國之初，此為先務。」「禮者，國之防範，人道之紀綱」，是「朝廷所當先務」，實行禮治，施以道德教化，則尊卑定，貴賤辨，等威明，長幼敘，宗族和；社會秩序因此安定而「民和」。然禮治有時而窮，則輔之以法治，「齊之以刑」，使破壞「民和」社會秩序的頑民就範。禮法須並用，社會與國家管治體制始能生效；明太祖建國之初，即建立各種禮儀制度和道德規範「以導民」，制定各種律令「以繩頑」。

禮治：明教化

明太祖認為治民以道德教化為本，但君主與官吏自身更應「先自治」，君有君德，官有官德。所謂君德者，人君須有「本於愛民」的「仁厚之德」，「不盡人之財」，「不盡人之情」，「不以吾之所欲而妨人之所欲」。所謂官德者，為官「當勤於政事，盡心於民」，「務在安輯民人，勸課農桑」，「守己廉而奉公法」。權貴更應「居安不忘警戒，盈滿常懼

驕縱，兢兢業業，日愼一日」，「敬謹爲受福之本，驕怠爲招禍之原」。爲此明太祖敕撰《存心錄》、《昭鑒錄》、《資世通訓》、《臣戒錄》、《紀非錄》、《醒貪簡要錄》、《爲政要錄》、《世臣總錄》等，令官員權貴研讀。

制禮作樂

明太祖建國，摒棄元朝蒙古禮樂制度，恢復華夏傳統禮制，「凡官民男女衣冠服飾，悉復中國之制」，並結合明初現實，制禮作樂。吳元年（一三六七）即「首開禮、樂二局」；洪武三年（一三七〇），《大明集禮》成，通五十卷，其書以吉、凶、軍、賓、嘉、冠服、車輅、儀仗、鹵簿、字學、樂爲綱。「凡升降儀節、制度、名數，纖悉備具」。禮制是依「辨貴賤，明等威」的原則而定的，官員相見行禮得依品秩高下分尊卑，官員外出乘馬或乘轎和隨從人數，也依官品而別。至於官民飲食、衣服、房舍、器用、車輿等，也是官民有別，貴賤有等差。庶民房舍不過三間，不得用斗拱、彩色。其男女衣服，不得用金繡、錦綺、紵絲、綾羅，止用紬絹素紗；首飾釧鐲，不得用金玉珠翠，止用銀；靴不得裁製花樣、金線裝飾。又製作區分士人與其他身分的衣帽，使士人巾帽與胥吏明顯不同。立法禁止「僭禮敗度」，「違者罪之」。明初，「百姓初脫亂離之苦」，社會經濟尚待復興，生活水準較低，「凡百用度取給而止，奢僭甚少」，沒有能力僭越禮制，「中間奢僭犯禮者，不過二三豪家」。在一定程度上，實現「望其服而知貴賤，睹其用而明等威；此上下辨而民志定」的理想社會。

禮制中的喪服制改革，載在《孝慈錄》，特別突出對母親的敬愛，爲嫡母、生母、繼母、慈母和養母皆服斬衰，與爲父服喪一樣。而改歷代天地分祀於都城北郊方丘與南郊圜丘，「即圜丘舊制，而以屋覆之，名曰大祀殿」，行天地合祀之典，應是出於對母親敬愛與對父親同的想法；天是父，地是母，父母不應分祀，且舊制圜丘明顯大於方丘；合祀天地，以顯對天地、對父母的同等敬愛，彰顯其孝治天下。

禮用以辨異，別貴賤等級，但因此產生上下矛盾，需緩和，就得用樂言其和。故治國得禮樂並用，相輔相成。明太祖認爲元朝衰亡在於：「古樂俱廢」，「惟淫詞、豔曲，更唱迭和；又使胡虜之聲與正音相雜，甚者以古先帝王祀典神祇，飾爲舞隊，諧戲殿廷，殊非所以道中和崇治體也！」於是，新製雅樂樂章，屛去一切流俗諠譊淫褻之樂，頗協音律，有和平廣大之意。

制法以繩頑：反貪腐為主的《大明律》與《御製大誥》

明太祖說：元朝沒有《唐律》那樣的法典，「所行通制、條格之書」，「民間知者絕少，是聾瞽天下之民，使之不覺犯法也」。吳元年（一三六七），命李善長等詳定《律》、

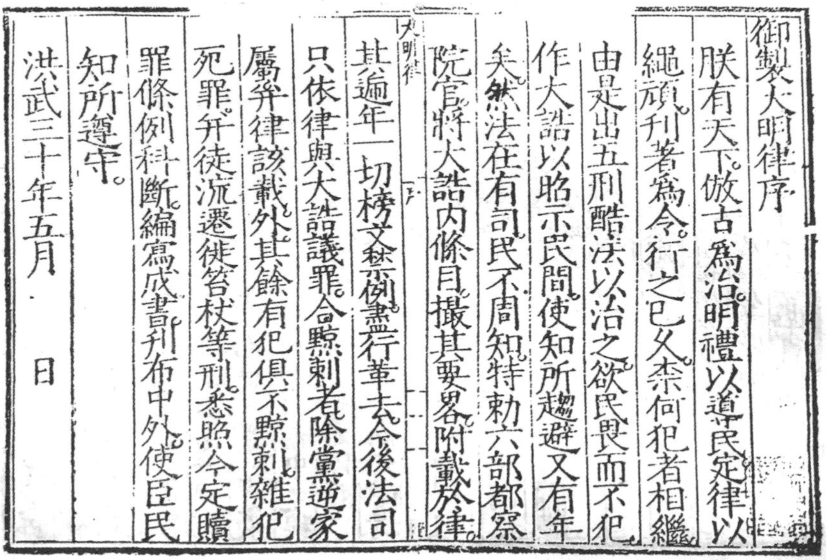
御製大明律序
朕有天下倣古爲治明禮以導民定律以
繩頑刊著爲令行之已久奈何犯者相繼
由是出五刑酷法以治之欲民畏而不犯
作大誥以昭示民間使知所趨避又有年
矣然法在有司民不周知特勅六部都察
院官將大誥内條目撮其要略附載於律
大明律
其遞年一切榜文禁例盡行革去今後法司
只依律與大誥議罪合黥刺者除黨逆家
屬并律該載外其餘有犯俱不黥刺雜犯
死罪并徒流遷徙笞杖等刑悉照今定贖
罪條例科斷編寫成書刊布中外使臣民
知所遵守
洪武三十年五月　日

圖 3-1　〈御製大明律序〉，收入《續修四庫全書》史部政書類。

《令》，刊布中外。又恐民一時不能盡知法意，或有誤罹於法者；又編行《律令直解》，取民間所行事，類聚成編，直解其義，頒之郡縣，使家喻戶曉。其後，感到《律》、《令》尚有「輕重失宜，有乖中典」之處；於是，君臣學習討論《唐律》，參考《唐律》，於洪武七年（一三七四），編成《大明律》三十卷六百零六條，頒行天下。洪武九年（一三七六），又修訂其中未當者，重編爲四百四十六條的《大明律》。開國之初，明太祖主張「從輕典」，「去煩就簡，減重從輕」，這是洪武時期定罪量刑最輕的法典。

洪武十年（一三七七）以後，政治形勢改變，先有十三年（一三八〇）

事涉「謀反」之胡惟庸黨案，十八年（一三八五）又有嚴重的「盜官糧」郭桓案；明太祖說：「比年以來，職內外者，相爲朋比，有司尤爲失職。」應對新情勢，「世輕世重」，亂世要用重典，原有量刑輕的《大明律》不足應付「奸頑刁詐之徒，情犯深重灼然無疑者」；一向痛恨貪守的明太祖「特令法外加刑，意在使人知所警懼，不敢輕易犯法」，而有洪武十八年和十九年（一三八六）《御製大誥》初編、續編與三編及二十年《大誥武臣》的頒行。洪武二十二年（一三八九）又有重修的《大明律》，加重對「十惡不赦」的處罰，尤其對危及皇權的謀反、謀大逆，不分首從，皆施以笞杖徒流死五刑之外的酷刑——凌遲。連坐範圍也較《唐律》和元律爲寬泛，《唐律》「男夫年八十及篤疾」可免罪責，元律「子異籍不坐」；明律則「不限籍之同異，年十六以上，不論篤疾、廢疾皆斬」。

但洪武二十六年（一三九三）藍玉黨案結束後，已無內憂，朱氏大明政權鞏固；明太祖乃於洪武二十八年（一三九五）改變其用重典的政策，宣布「法外加刑」，只是「治亂世，刑不得不重」的「權時處置，非守成之君所用常法」；「嗣後」「不許用黥刺剕劓閹割之刑」。次年，又同意皇太孫朱允炆建議，修改《大明律》過於苛重條文七十三條。洪武三十年（一三九七），頒布改訂後的《大明律》，並擇取《大誥》若干相關條目，合併爲《大明律誥》。

比較《大明律》與《唐律》，清末法制史家薛允升認爲：「大抵事關典禮及風俗教化

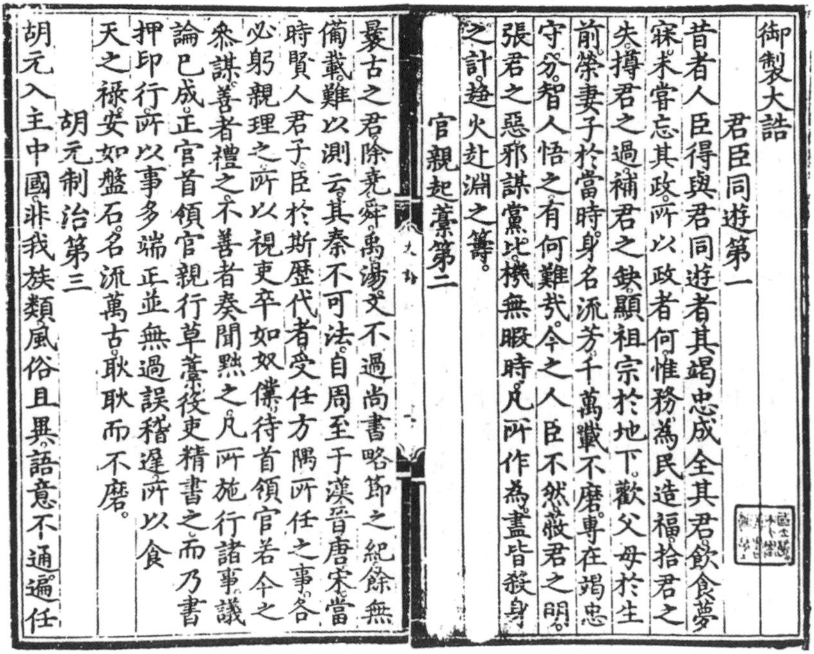

御製大誥

君臣同遊第一

昔者人臣得與君同遊者其竭忠成全其君飲食夢寐未嘗忘其政所以政者何惟務為民造福拾君之失撙君之過補君之缺顯祖宗於地下歡父母於生前榮妻子於當時身名流芳千萬載不磨專在竭忠守分智人悟之有何難哉今之人臣不然蔽君之明張君之惡邪謀黨比幾無暇時凡所作為盡皆殺身之計趨火赴淵之籌

官親起稾第二

曩古之君除堯舜禹湯文不過尚書略節之紀餘無備載難以測云其秦不可法自周至于漢晉唐宋當時賢人君子臣於斯歷代者受任方隅所任之事各必躬親理之所以視吏卒如奴僕待首領官若今之参謀善者禮之不善者奏聞黜之凡所施行諸事議論已成正官首領官親行草稾後吏精書之而乃書押印行所以事多端正並無過誤稽遲所以食天之祿安如盤石名流萬古耿耿而不磨

胡元制治第三

胡元入主中國非我族類風俗且異語意不通遍任

圖 3-2　《御製大誥》，收入《續修四庫全書》史部政書類。

等事，《唐律》較《明律》為重，盜賊及有關帑項、錢糧等事，《明律》又較《唐律》為重。」這是配合明太祖嚴格管治官吏和抑制貴族的政策。《明律》較《唐律》新增二十七條死罪，其中大部分在懲治官僚及貴族；在〈刑律〉中特設〈受贓〉一篇，其中詳盡規定對於「官吏受財」、「坐贓致罪」、「有事以財請求」、「在官求索借貸人財物」、「家人求索」、「風憲官吏犯贓」、「因公擅科斂」、「私收公侯財物」、「剋留盜贓」、「官吏聽許財物」等貪汙腐敗的懲罰。

明太祖鐵腕執法懲貪，不避親故，連親侄子和女婿也處死，法不徇私；薛允升因此評《明律》「不知禮臣」。

但《明律》也有比前朝律法較輕的一面，如「贖刑」的規定較前朝寬鬆，從笞杖刑等雜犯大小之罪都可以用贖，而且犯人身分不限，「諸色人等」均可贖免刑罰的執行。值得注意的還有，《大明律》雖較前朝加重嚴懲謀反、謀逆，但與前朝不同的是取消對沒有實跡「無故謀遞」或「口除欲反之言」相應的法律規定。並且配合朝廷以孝治天下，注重禮治教化，《明律》還特設「僧道拜父母」條，規定：「凡僧、尼、道士、女冠，併合拜父母、祭祀祖先；喪服等第，皆與常人同。」

法外用刑：頒行《御製大誥》反貪反腐與加強社會管理

三編《大誥》主要的內容是懲治官民犯罪與加強社會管理，以治官爲主，治民的比例不高。懲治犯罪的重點在對官吏貪汙受賄、司法犯罪和瀆職失職的處治，針對的主要是貪汙腐敗的官員與將領，不是無辜的百姓和士兵。許多條目是明太祖對臣民的訓誡，表述其「治亂世用重典」的理念，勸諭臣民如何趨吉避凶，既是對臣民的「明刑弼教」，也是對奸頑的懲戒和警告。

由於《大誥》頒行起因於郭桓案，《御製大誥》初編與郭桓案相關者十一條，占全編一五%；續編、三編各有三條。通過郭桓案進一步整肅吏治，《大誥》二百三十六條中有一百五十五條爲懲治官吏貪腐案件，占全編六六%。其量刑之重，用刑之酷，是遠超過《大明律》的「法外用刑」；恢復並增添的肉刑，多至三十餘種，比如：族誅、凌遲、梟令、極刑、墨面文身、挑筋去指、刖足、閹割爲奴、人口遷化外、棄市等。如有司濫設官吏或解物之際賣富差貧，《大明律》是杖一百，囚三年，《大誥》卻處族誅；又如沉匿卷宗和收糧違限，按《大明律》止杖一百，《大誥》皆用凌遲。輕罪重罰的結果，遂使官吏極端畏法，吏治有所澄清；《明史・循吏列傳》云：「一時守令畏法，潔己愛民，以當上指，吏治煥然丕變矣。」

爲加強對官員的管控，明太祖又鼓勵人民監督官員，在《大誥》中，多次要求百姓奏告優秀官吏和貪贓不法官吏，甚至百姓可綁縛不法官吏赴京上告。如《大誥續編・如誥擒惡受賞》載常熟縣吏顧英害民甚眾，縣民陳壽率弟與甥三人，擒顧英，執《大誥》赴京面奏。明太祖「嘉其能，賞鈔二十錠，三人衣各二件」，「免雜泛差役三年」。對於下鄉擾民的官吏，《大誥續編・民拿下鄉官吏》云：「有等貪婪之徒，往往不畏死罪，違旨下鄉，動擾於民。今後敢有如此，許民間高年有德耆民，率精壯拿起京來。」號召人民協助監督地方政府。

《大誥》又用於社會管理，在《大誥初編》中，明太祖將臣民分爲「富豪之家」、「中等之家」和「下等之家」。明太祖雖利用富豪之家任里甲長和糧長，管理里甲和收解稅糧，並要他們承擔較重的徭役，如庫子、如塘長、如解戶等。但明太祖從親身經歷，深知富豪之家經常利用權勢武斷鄉曲，逃漏稅糧，規避差役等。《大誥初編・民知報獲福》云：「富者田多詭寄，糧稅灑派他人，中者奸頗少同，下者田無可恃，歲被靠損者有之。」因此，豪強之家是《大誥》社會管理的重點。一方面以道德教諭，要他們改邪歸正，安分守己，按時交納賦稅，正當差役，否則會「造罪陷身」，「傾家覆產」。一方面以嚴刑峻法，打擊違法，加強限制和管理。如對富民逃稅者，處以「全家抄沒」，「遷發化外」；對「妄告水災」，將熟田冒作荒田的地主，「著修城一百五丈」；對「擾害鄉民，欺壓良善」的豪強，「於本貫梟令，家財入官，田產籍沒，人口流移」。洪武十八年（一三八五），郭桓案發，對交通官府隱漏稅糧的富民豪強，嚴厲處置，「民中豪以上皆破家」。

《大誥武臣》三十二條，更針對軍官犯罪，多是軍官酷害士兵的案例，如「冒支軍糧」、「餓死軍人」、「科斂害軍」、「打死軍人」、「私役軍人」、「奸宿軍婦」、「監工賣囚」、「剋落糧鹽」等事例，反映出軍隊管理問題的嚴重性。但由於明初征戰需要官軍，一般處罰較對文官動則處死爲輕，重刑和法外用刑並不多有。如冒支軍糧、剋落軍餉，不過「貶去雲南充軍」，但有侵吞月糧導致軍人餓死者，則「亂槍殺死」。不同於《大誥》三編主要在懲治，《大誥武臣》則主要是訓誡教諭，明太祖用口語，苦口婆心、嘮嘮叨叨，反覆地說：「這文書各家見了呵！父母妻子兄弟朋友怎麼勸誡，教休做這等惡人，合著天理人心行。卻不好有一等官人家父母妻子兄弟，一同害人，滿家兒無一個發仁心的。似這等全家兒壞了的，也好些個。文書里甲說得明白，一件件開得分曉，若還再如此害軍，便是自己犯了又犯。一般難說你不曾見文書。」

《大誥》另一社會管理重點，爲懲治遊民和不務生理者。明太祖心目中的理想社會是「士、農、工、商皆專其業」，「國無（遊手好閑）遊民」，才能「人安物阜，致治雍熙」。《大誥續編・互知丁業》云：「市村絕不許有逸夫。」「若一里之間，百戶之內，見《誥》仍有逸夫，里甲坐視，鄰里親戚不拿，其逸夫者，或於公門中，或在市閭里甲，有犯非爲，捕獲到官，逸民處死，里甲四鄰，化外之遷，的不虛示。」而且加強管理路途客舍，《大誥續編・辨驗丁引》云：「一切臣民，朝出暮入，務必從容驗丁。市村人民，舍客之際，辨人生理，驗人引目。」對住宿客人，客舍旅店要辨認其職業，驗明路引；以免沒有戶口的黑戶逸夫，危害地方秩序。

《大誥》用於社會管理，還有一重點，是對吏員衙役的管理，《大誥續編》八十七條中，相關條目近半。吏役爲官民交接樞紐和地方政府事務主要承擔者，吏員是地方衙門的公務員，主要從事文案工作，有俸祿和優免。衙役是因事僉派，在官府勤雖差遣，無俸祿，無優免。「諸司衙門官吏、弓兵、皀隸、祗禁，已有定額，常律有規，濫設不許」。但明初各地方政府違法濫設者多，往往用不務正業的逸民擔任吏役，因承擔官府各項業務，在征解錢糧、解運物品和管理倉廒時，舞弊擾民，貪贓枉法。明太祖爲整治吏役危害，使用肉刑懲治犯罪，頒布峻令防範。《大誥三編》所記吏役量刑處置案件十八起，死罪八起，凌遲、極刑、梟令五起，墨面紋身、挑筋去指、去膝二起，斷手斷足三起，杖斷流入雲南一起。爲減少吏役犯罪，明太祖又在《大誥》中一再施以道德教諭，尤其注重從吏員親屬入手，《大誥續編．戒吏卒親屬》有云：「嗚呼！戒之哉，毋爲民害。良心發於父母，嘉言起於妻子，善行詢於弟兄。凡走卒、簿書之家，有此三戒，害民者鮮矣。」

明太祖要求全國人民、官吏、官軍、士子誦讀，從國子監到天下府州縣學、衛學，講讀《大誥》爲必修課程，不但人手一本，而且令鄉里甲社學皆置塾師，「聚生徒教誦，講讀《御製大誥》」。洪武三十年（一三九七）五月，全國師生十九萬三千四百餘人，齊聚京師，講讀《大誥》，蔚爲空前壯舉。甚至爲鼓勵全民講讀《大誥》，洪武十八年（一三八五），「令一切官吏諸色人等，戶有一本、若犯笞杖徒流罪名、每減一等。無者、每加一等。」洪武二十八年（一三九五），又重申「法司擬罪，許引《大誥》減等。」明代中期，民間已不講讀《大誥》，甚至「學校生儒見此書者亦鮮也」，但「引《大誥》減等」，仍然實行。留存至今的四川地方刑案，就有不少嘉靖年間「俱有《大誥》減等」的案例，有依律「杖八十」而減等為「杖七十」，「杖一百、流三千里」而減等為「杖一百、徒三年」。

二、恐怖鎮懾功臣與官吏：掃除皇權的威脅

明太祖興大獄，殺功臣、殺貪官，剛猛治天下；太子標勸諫說：「陛下誅夷過濫，恐傷天和。」太祖把一條棘杖丟在地上，命太子撿起來，棘杖上全是刺，不好拿，太子面有難色。太祖就說：「棘杖有刺，你不能拿吧！如果我先把上面的刺刮掉，不就好拿了嗎？我殺的都是壞人，把一切障礙都清除後，好讓你當這個家。」這個故事載在弘治、正德年間，與祝允明、唐寅、文徵明並稱「吳中四才子」的徐禎卿所撰《翦勝野聞》，是記明洪武年間事蹟的野史，不一定可靠；然其反映的是：明太祖為掃除一切對皇權的威脅，而大殺功臣和官吏，恐怖鎮懾，倒是歷史事實。趙翼《廿二史劄記》更明白指出：「明祖則起事雖早，而天下大定，則年已六十餘，懿文太子又柔仁，懿文死，孫更孱弱，遂不得不為身後之慮；是以兩興大獄，一網打盡。」

整治官僚集團

明太祖所興大獄，分兩類，一爲針對政府官員貪瀆腐敗的空印案和郭桓案，一爲針對功臣、權臣和宿將違法犯罪的胡惟庸案、李善長案和藍玉案。朱永嘉教授說：這些大獄案的共同特點，是針對貴族官僚統治集團，不是針對民眾。在君、臣、民這三者之間，歷代王朝都是君臣結合以治民；明太祖則以整治官僚集團來穩定王朝的統治，甚至一度想君民結合來整治官僚隊伍。這是歷代統治者中少有的現象，應該與朱元璋早年的經歷及其布衣情結有關。

元朝以吏治國，吏治極其腐敗，汙吏舞文弄法，贓私於權門而用，元之失天下以此。明太祖說：「備知此矣！」於是，大力整頓吏治，「其立法未嘗不嚴，而用法未嘗不審，然贓吏貪婪仍舊。」洪武四年（一三七一），「杭州飛糧事覺，逮繫百餘人」，明太祖十分重視，派刑部尚書端復初前往審理，「知府以下皆服罪」。這個嚴重的違法亂紀案件，使朱元璋甚爲震驚，爲堵塞官吏作奸貪汙，在財政管理制度上規定：每年各行省、府、縣都得先將帳目匯總造冊兩份，在兩份冊縫上蓋上地方官吏的印章，然後由計吏帶一份到戶部，「核錢糧、軍需諸事」，戶部據此審核，縣必合府，府必合行省，行省必合戶部，數目完全符合者，才准許報銷結案；錢穀數字對不攏，稍有差錯，報銷帳目冊就駁回，重新塡造。被戶部駁回者，主印官吏就應該追查帳目差錯，重新塡造後，蓋上印章。然一般計吏常以失誤和道遠爲藉口，預先帶有蓋過官印的空白文冊，遇有部駁，隨時更改塡造，謂之「空印」。由於空白帳冊所蓋的騎縫印，只在會計計帳上有效，而沒有其他官方用途；因此，戶部從來就默許此潛規則。洪武九年（一三七六），事發，明太祖大怒說道：「如此作弊瞞我，此蓋部官容得，所以布政司敢將空印塡寫。尚書與布政司官盡誅之。」於是，「凡主印官吏及署字有名者，皆逮繫御史獄，獄凡數百人」，方孝孺的父親濟寧知府方克勤即在其中，死於洪武九年十月二十四日。

郭桓案發生在洪武十八年（一三八五），御史告發北平布政、按察二司的官吏李彧、趙全德和戶部侍郎郭桓等通同作弊，盜官糧，《御製大誥．郭桓造罪》說只是「略寫七百萬（石）」，但《大誥》相關條目，尚有納贓鈔、盜金銀寶鈔，統計貪汙總數額之大，折米糧應爲「二千四百餘萬石」，只比洪武二十四年（一三九一）全國歲收稅糧「麥米豆穀二千六百一十萬五千二百五十一石」，少二百萬石而已。明太祖下令法司拷訊，供詞牽連各布政司官吏，入獄被殺者數萬人，中央自禮部尚書趙瑁及六部的左右侍郎及諸司多不能倖免，皆棄市、處死；核贓所寄借遍天下，中人以上豪家，大抵皆破產。明太祖重典肅貪，官員警戒恐懼，方孝孺說：「是時，郡縣之官雖居窮山絕塞之地，去京師萬餘里外，皆悚心震膽，如神明臨其庭，不敢少肆。」郭桓案發生後，整頓會計制度之一，係從此所有財務會計報表，稅款、錢糧數字的書寫，一律改用大寫「壹貳叁肆伍陸柒捌玖拾佰仟」，以避免誤讀或篡改，至今華人銀行存款、取款單上，多仍沿此規定書寫。

誅除淮西勛貴：胡惟庸案與藍玉案

明太祖起兵，幫他打天下的，主要是老家附近的淮西人，大明建國之初所封功臣，封公六人，盡是淮西人；封侯二十八人中一半是淮西人。並且通過與淮西功臣聯姻，或娶功臣女爲媳，或下嫁公主於功臣之子，用以籠絡淮西功臣。爲保朱家子孫永坐江山，明太祖認爲宋太祖解除諸將兵權是「功在社稷」的；於是，建國以後，處理淮西功臣宿將就成爲重要事項。一方面，製作鐵榜申誡公侯，不得欺壓人民，強占官民田產，其管庄人等「不得倚勢在鄉欺毆人民，違者刺面劓鼻，家產籍沒入官」。另一方面，在中書省和六部安置非淮西官員，如任楊憲爲丞相，以制衡淮西勛貴之在位者。胡惟庸即淮西人，他曾對淮西元老李善長說：「楊憲爲相，我等淮人不得爲大官矣。」明太祖又重用劉基、宋濂、章溢、胡深等浙東儒士爲顧問，創設典章制度，也引起淮西勛貴忌恨，明太祖曾對劉基說李善長「數欲害汝」。可見明太祖熟知各大臣勛貴的集團勢力，居間操作，分而治之。但劉基被胡惟庸毒死後，浙東儒士集團已被清除殆盡，剩下的非淮西官員集團權小勢孤，淮西勛貴功臣集團權勢鼎盛，明太祖頗感受威脅。

胡惟庸得到淮西集團定遠同鄉大老李善長的提拔，又與李家結親，將姪女嫁給李善長侄子；仕途順暢，一路從太常司少卿，洪武六年（一三七三）做到右丞相。他又極力拉攏淮西武將，儼然成爲淮西官僚集團重要領袖，進而拉攏非淮西官僚，如左丞相汪廣洋、左御史大夫陳寧等。後來，汪廣洋被貶，胡惟庸獨專相權，「即上所問，能強記專對，少所遺」，明太祖「大幸愛之」；因此，大權在握，「專肆威福，生殺黜陟，有不奏而行者」；樹權結黨，徇私枉法，打擊異己。

明太祖已察覺胡惟庸的野心，據《明太祖實錄》所載：不久，胡惟庸子在市街上策馬狂奔，馬撞車不治而亡，胡惟庸竟怒殺馬車夫。明太祖怒，「命償其死」，更不滿胡惟庸所爲。而胡惟庸亦以明太祖廢行中書省和「禁奏事關白中書省」感到相權遭削奪的危機；因而謀起事，「陰告四方及武臣從己者」。洪武十二年（一三七九）九月，占城使臣入貢，中書省未及時呈報，爲宦官告發。明太祖藉此怒責中書省臣，胡惟庸與汪廣洋委過於禮部，禮部又委過於中書省；於是，明太祖「盡囚諸臣，窮詰主者」。十二月，御史中丞涂節又揭發胡惟庸毒死劉基之事，且云：「廣洋宜知狀。」汪廣洋矢口否認，被貶往海南。途中賜敕誅之，其妾亦自殺。此妾乃籍沒入官陳姓知縣之女，依規定只配給功臣之家而不給文臣；於是，嚴加追查，「取勘出胡惟庸等並六部官擅自分給，皆處以重罪」。洪武十三年（一三八〇）年正月初二日，涂節又告發胡惟庸與陳寧陰謀造反；同時，御史中丞商暠，亦作類似的揭發。初五日，即處死胡惟庸和陳寧。藉此，明太祖於正月十一日，廢除中書省和丞相制度；從此，「勳臣不與政事」，淮西勳貴不得再擔任行政職務，只能領兵作戰。

胡案罪名擴大，從「謀危社稷」到「謀反」。其最初罪狀爲：「竊持國柄，枉法誣賢，操不軌之心，肆奸欺之蔽，嘉言結於眾舌，朋比逞於群邪，蠹害政治，謀危社稷。」雖云「謀危社稷」，但未舉具體事實，似乎不足以牽蔓勛臣，最初牽連大臣只有宋濂孫宋慎和浦江鄭氏家族等牽連不廣。明太祖就藉此案，以一些大臣的違法事件，擴大對淮西勛貴及其子弟的誅殺；採取捕風捉影手段，不斷擴大胡惟庸的罪狀。洪武十九年（一三八六），於《大誥三編》中提及「指揮林賢當在京隨駕之時，已與胡惟庸交通結成黨。」又於洪武二十八年（一三九五）所頒《皇明祖訓》提及：「日本雖朝實詐，暗通奸臣胡惟庸謀爲不軌。」

洪武二十三年（一三九〇）五月，又以所謂「封績通元」，攀出李善長。《明太祖實錄》載：「胡惟庸謀亂，密遣元臣封績使於元主，及惟庸誅，績懼不敢歸。後，永昌侯藍玉敗元兵於捕魚兒海，獲績，善長匿不以奏。」於是監察御史劾奏，偵辦結果，查出李善長保薦胡惟庸出任太常少卿，收受胡惟庸黃金三百兩。又查出：「及惟庸欲謀反，善長陰遣家奴耿子忠等四十人從惟庸。」及吉安侯陸仲亨、延安侯唐勝宗、平涼侯費聚、南雄侯趙庸、河南侯陸聚、宜春侯黃彬、豫章侯胡美、滎陽侯鄭遇春等，「皆與惟庸、善長結爲黨比，嘗謀約日爲變」。結果年已七十七，位居開國功臣之首的李善長遭賜死，妻與弟侄家口七十餘人全遭誅殺，家產「籍沒六萬金」。

從胡惟庸案到李善長案，牽延十年，株連甚廣，大量功臣宿將被殺，列入胡黨公侯達二十二人，其中淮西籍的十二人，占五四．五％。頒布《昭示姦黨錄》一、二、三錄，歷數其罪狀。「時，四方仇怨相告訐，凡指爲胡黨，率相收坐重獄」，死者三萬餘人。

洪武二十四年（一三九一），解縉代虞部郎中王國用爲李善長申冤云：「生封公，死封王，男尚公主，親戚皆被寵榮；此人臣之分，極矣，志願亦已足矣，天下之富貴無以復加矣。」「未有平居晏然，都無形跡，而忽起此謀者也，此理之所必無也。」明太祖「雖不能用，亦不罪也」；可見他也知道這是冤假錯案，只是拉不下臉來。

胡惟庸案消除相權與皇權的矛盾，鏟除淮西勛貴的核心人物；藍玉案則消除軍權與皇權的矛盾，鏟除仍在邊地駐防的開國淮西武將，也標識著淮西勛貴的最後覆滅。

明太祖爲削減武臣的力量，除頒布《大誥武臣》訓誡武臣：要守紀律，撫軍士，立勛業，保爵位，並下令禁止武臣干預民事。在誅殺李善長後，即「以公侯年老，賜其還鄉」，遣送回鄉武將有七公二十四侯，各設百戶一人，統率其軍以衛護之，以公侯皆賜鐵冊，而名「鐵冊軍」，名爲衛護，實則監視。

當時武臣多違法亂紀，而以涼國公藍玉爲最。藍玉與李善長同鄉，亦定遠人，是開平王常遇春姊夫；高大威武，臨陣勇猛，所向克捷，由管軍鎮撫升至大都督府僉事。從傅友德入川，平明昇；從徐達北征，敗元軍；同沐英討西番洮州；所向皆捷，封永昌侯。洪武十四年（一三八一），出征雲南，「玉功爲多」。洪武二十年（一三八七），與馮勝征納哈出，雖以接待納哈出違反太祖「因俗而治」的民族政策，幾乎壞了招降納哈出大事，然太祖仍拜藍玉爲大將軍。洪武二十一年（一三八八），率十五萬大軍北伐，深入沙漠，至捕魚兒海，大獲全勝；太祖「比之衛青、李靖」，封涼國公。當時，第一代開國名將相繼去世，藍玉儼然是明太祖棟樑大將，天下強兵悍將大多出其帳下。

藍玉「素不學，性復狠愎，見上待之厚，又自恃功伐，專恣暴橫，蓄莊奴假子數千人，出入乘勢」。其後，又奉命經營西北邊防，征西番罕東，卻不經太祖許可，「違詔出師」。西征還，「意覬升爵」，不滿太祖只命他爲太傅，未命他所要的太師，太祖怒其無禮。藍玉遂以爲「上疑我矣」，而召親信鶴慶侯張翼、普定侯陳桓、景川侯曹震、舳艫侯朱壽、東莞伯何榮、都督黃輅、吏部尚書詹徽、侍郎傅友文及諸武臣曾爲藍玉部將者，欲謀反。洪武二十六年（一三九三）二月，爲錦衣衛指揮蔣瓛告發，「命群臣訊狀具實，皆伏誅」。

是時，皇太子朱標才剛去世，明太祖已六十五歲，擔心才十六歲且性格仁柔寬厚的皇太孫允炆不能駕馭「驕蹇自恣」、桀驁不馴的功臣宿將；爲皇太孫帝位的穩固，決定興大獄，開殺戒，鏟除嚴重威脅朱家皇朝的開國老將。經酷刑審訊，涉案要犯，皆滿門抄斬，誅殺一公、十三侯、二伯，「族誅者萬五千人」。明太祖詔輯案犯口供為《逆臣錄》，刊布天下，公侯大臣官員之外，「所載番僧、內豎、豪民、賊隸累累至數千人」。

經過胡、藍兩次大獄，所屠戮近五萬人，眞是「殺人如滅螻蟻」，而且「禍不止于一身，刑必延乎親友」。待把這些能臣、悍將、勛貴殺戮殆盡，明太祖才放心，七個月後，洪武二十六年（一三九三）九月初十日，頒布「赦藍黨胡黨詔」：「除已犯已拿在官者不赦外，其已犯未拿及未犯者，亦不分藍黨、胡黨，一概赦宥之。」為安撫不構成威脅的尚存退休武臣，洪武二十九年（一三九七）九月，詔「天下致仕武臣入朝。至是，至京師凡二千五百餘人，咸賚之。」「所賜薄物，以資養老，爾等還家，撫教子孫，以終天年。」但藍案之後，「元功宿將相繼盡矣」，「開邊之猛將盡矣」，「勇力武健之士，芟夷略盡，罕有存者」。迨靖難兵興，建文朝廷因此乏強將以抗燕王之師。王崇武先生曰：「設非太祖誅功臣，成祖之能否起事未可知。」這是明太祖為子孫計，興胡藍之獄，所始料不及的。

思想文化統制：文字獄

明太祖知道統治靠嚴刑峻法，「其用蓋有時而窮」；「本於心」的「道德仁義」，才是「其用無窮」的「垂憲萬世的好法度」。因此，提倡儒學，崇孔孟之道，便是明太祖思想文化統治政策的核心。然而孔孟思想是秦漢皇帝制度之前產生的，對於君主與臣民關係，是相對的。孔子說：「信如君不君，臣不臣」；孟子更進一步說：「民爲貴，社稷次之，君爲輕。」「聞誅一夫紂也，未聞弒君也。」明太祖雖信守儒家安民爲本的治國理念，但他尊崇的儒學，卻是秦漢以後，經帝王獨尊思想改造的「三綱五常」；君主是父，臣民是子，君臣是父子的絕對關係，不是孔孟講的朋友相對關係。當明太祖讀到《孟子・離婁》：「君之視臣如犬馬，則臣視君如國人；君之視臣如土芥，則臣視君如寇讎。」便說此「非臣子所宜言」。後世傳說明太祖還因此大怒曰：「使此老在今日，寧得免焉？」洪武五年（一三七二），「遂命罷配享」，將孟子排除在孔廟之外。並且命劉三吾主持整理《孟子》，刪去不合適的部分八十八章，占全書三分之一；洪武二十七年（一三九四）編成《孟子節文》，由國子監刊行。刪去的篇章，「課試不以命題，科舉不以取士」。

明太祖爲達到文化思想統制，又有所謂的「文字獄」。今人對此事的瞭解來自趙翼《廿二史札記・明初文字之禍》，以明太祖「其初學問未深，往往以文字疑誤殺人，亦已不少」。一九三〇年代起，知識分子不滿蔣介石國民政府的思想文化統制，如顧頡剛、吳晗等，「借古諷今」地引用〈明初文字之禍〉，多加論述；於是，明太祖大興文字獄迫害士人，成爲定論。其實〈明初文字之禍〉主要根據《朝野異聞錄》、《閑中今古錄》等明代中期以後出版的野史，離明初洪武已一、二百年，且其中記載互相牴牾，甚至是杜撰的故事不少。現代學者陳學霖、王春瑜等均有專著，一一澄清，認爲「現存有關明初文字獄史料不宜輕信」。例如說：杭州府學教授徐一夔因上賀表稱讚明太祖「光天之下，天生聖人，爲世作則」，明太祖覽之大怒曰：「生者僧也，以我嘗爲僧也。光則薙髮也，則字音近賊也。」遂斬之。其實徐一夔死於建文二年（一四〇〇）以後，而明太祖在自撰的〈皇陵碑〉、〈紀夢〉等並不諱言其爲僧之事。〈明初文字之禍〉所提其他人物及其事例，大多類此。

但若據此即推翻明太祖興文字獄的論斷，似乎又矯枉過正。明初的確有不少士人，因文字遭難，如高啓曾爲魏觀撰寫〈郡治上梁文〉，其中用「龍蟠虎踞」等句形容這棟張士誠住過的房子，觸怒朱元璋，一併被腰斬於金陵。王彝等眾多文化名人亦慘遭殺戮。此源於士人對大明開國並不擁戴，「不樂仕進」，拒絕出任新朝官職，因而引發以文字爲藉口的獄案。明太祖《大誥三編》說明了眞正的原因：「『率土之濱，莫非王臣。』成說其來遠矣，寰中士夫不爲君用，是外其教，誅其身而沒其家，不爲之過。」

三、薦舉、科舉、貢監與吏員：人才薦舉培養與官員的選拔

填補屢興大獄的官員缺額

明太祖建國以安民爲本，採用薄賦政策，稅率不過生產所得的五%，財政收入短小，不能維持大政府的開支；因此，只能建立一個小規模的政府。洪武四年（一三七一）十二月，據吏部的統計，全國府一百四十一，官八百八十；州一百九十二，官五百七十二；縣一千零一十三，官三千零四十一；「天下府州縣通一千三百四十六，官四千四百九十三」。洪武十四年（一三八一）後，平雲南，全國統一，中央與地方官員額漸增至二萬四千六百八十三人。這個官額並不算多，明代疆域比宋大，人口比宋多，官員額數卻比宋還要少約三分之一。

明太祖爲反官員貪腐和反勛貴欺壓人民，屢興大獄，殺死官員數額甚大：空印案「數百」，郭桓案「數萬」，胡惟庸和李善長案「三萬餘」，藍玉案「族誅萬五千」；總數已超過全國官員人數二萬四千六百八十三人甚多，即使扣除罪犯家屬，官員被清洗的人數，仍然相當驚人，至少是全國官員總數的一半以上。本來在政權轉移新舊兌換之際，新建政權就需要大量新官員，幾次大獄後，更要填補大量官員缺額；人才的培養和官員的選拔，是明太祖面臨的大挑戰。

薦舉

明初，官吏選用，薦舉、科舉、吏員三途並用。明太祖起兵以來，建國之初，百廢待舉，官司乏人，「所需者文武材能」，許多幹才都是通過薦舉而來，是洪武時期用人選官的最主要途徑。至正二十四年（一三六四），還訂下薦舉的標準：「其郡縣官年五十以上者，雖練達政事而精力既衰，宜令有司選民間俊秀年二十五以上、資性明敏、有學識才幹者，辟赴中書，與年老者參用之。十年之後，老者休致，而少者已熟於事。如此，則人才不乏，而官使得人。」洪武年間，屢次責成各級官府薦舉賢才，洪武六年（一三七三）停開科舉後，更「專用辟薦」。洪武十三年（一三八〇），命吏部銓次各處所舉儒士及聰明正直之人，皆授以官，「凡十一人」。十九年（一三八六）八月，「命吏部選取直隸應天諸府州縣富民子弟，赴京補吏；於是與選者，凡千四百六十人」。二十一年（一三八八）八月，命：「六部、都察院、通政司、大理寺等官，各舉文學幹濟之士。」二十二年（一三八九）八月，詔：「天下府州縣各舉高年有德、識達時務、言貌相稱、年五十以上者一人。」全國府州縣約一千五百，各舉一人，這一年就薦舉一千五百人以上。二十三年（一三九〇）五月，興李善長獄，包括連坐官員達「族誅萬五千」；為補缺額，六月，吏部選天下耆民有才德、知典故者，授以官，「凡四百五十二人」；十一月，「選耆民百六十七人，授府州縣官，俾歷事於諸司」。《明太祖實錄》載：洪武二十三年（一三九〇），「是歲，選天下耆民才智可用者，得千九百十六人」。明太祖又認爲富民「生長田里之間，周知民事，其間豈無才能可用者！」於是，洪武三十年（一三九七）四月，戶部籍得浙江等九布政司直隸應天十八府州，田贏七頃的富戶，共一萬四千三百四十一，製作名冊，藏於印綬監，明太祖說要「以次召至，量才用之」。明太祖另外還屢發求賢詔令，派使臣分行天下求賢才。如十五年（一三八二）正月，命禮部遣使往福建、湖廣、江西、浙江四布政使司及直隸府州，「選善書者，凡得千九百一十人」。

薦舉授官不論資格只問才能，不論出身，不分族群，「有才能者一體擢用」，出任官職亦不拘，「由布衣登大僚者，不可勝數」，中央六部、都察院、翰林院及地方府州縣官均有之。開濟，初爲國子助教，洪武十四年（一三八一），御史大夫安然薦其才，召拜刑部尚書；王岦以禮部尚書任昂薦遂召用戶部郎中，尋升刑部尚書；張經道，洪武十二年（一三七九），以博學薦授兵部總部員外郎；劉三吾，通政使茹瑺薦之授左春坊左贊善；吳沉，用薦授翰林院待制；朱善，洪武初爲郡學教授，八年（一三七五）被薦除翰林院修撰；黃政，用薦爲僉都御史；孟文，以耆民選署陝西布政使司事。

科舉

建國之初，「設官需才」。明太祖於吳元年（一三六七）正月，設文、武科取士：「其應文舉者，察其言行，以觀其德；考之經術，以觀其業；試之書算、騎射，以觀其能；策以經史、時務，以觀其政事。應武舉者，先之以謀略，次之以武藝。俱求實效，不尚虛文。」洪武三年（一三七〇），正式開科舉取士。最初設想：「中外文臣皆由科舉而選，非科舉者，毋得與官。」因官司缺人，乃下令連試三年鄉試，京師直隸府州貢額一百名，河南、山東、山西、陝西、北平、福建、江西、浙江、湖廣各四十名，廣西、廣東各二十五名，共錄取舉人五百一十名於次年進京會試，錄取進士一百二十名。但洪武四年、五年兩科進士後，就停開。因爲明太祖發現：「今有司所取，多後生少年，觀其文詞，若可與有爲，及試用之，能以所學措諸行事者甚寡。」於是，洪武六年（一三七三），停開科舉，直至十五年（一三八二）八月，才決定復設科舉。十七年（一三八四）三月，重定「科舉成式」，從十八年（一三八五）開始，每三年舉行一次「大比」，定在子卯午酉年秋八月，故曰秋闈，是爲鄉試。鄉試次年春，丑辰未戌年春二月會試，故曰春闈。會試出榜後兩三天，即三月初一日爲殿試日。洪武時期會試額數無常，均臨時奏請，最多是洪武十八年（一三八五）乙丑科四百七十二名，最少是洪武二十四年（一三九一）辛未科三十一名。「殿試免黜落」，只是就會試錄取者區分一甲狀元、榜眼、探花，二甲進士出身，三甲同進士出身而已。

明代會試取士，「不分南北」，劉三吾等主持洪武三十年（一三九七）丁丑科會試，錄取宋琮等五十一人；殿試一甲三人，皆南人，「大江以北無登第者」；落第考生上疏言：「三吾等南人，私其鄉。」明太祖大怒，劉三吾以年老，戍邊；其他考官或磔殺，或充軍，甚至狀元和探花也被殺。明太祖親自閱卷，取任伯安等六十一人，殿試一甲取韓克忠、王恕、焦勝，皆北人。整個洪武時期，七科進士八百六十七名，南人六百二十名，占七一%。其實，當時南北經濟和文化水平差異甚大，舉子應試能力高下不同，科舉考試錄取舉子，南北懸殊，必然之事。

但從統一的大帝國而論，科舉所掄人才，晉用為政府官員，應來自全國各地，統治基礎才能鞏固；明太祖要做天下的皇帝，大明皇朝屬於全國人民，不是南方人的，更不是淮西人的。丁丑科場案發生後第二年，明太祖逝世，沒來得及處理這個問題。建文、永樂也未處理，此期間，九科進士一千九百三十八名，南人一千六百二十一名，占八三・六%；南北榜差異和南北士子的矛盾，較洪武年間更大。洪熙元年（一四二五），楊士奇因此建議：「科舉須兼取南、北士」，「試卷例緘其姓名，請今後於外書南、北二字，如一科取百人，南取六十，北取四十」。南北榜風波，經此次調停，才告平息。

洪武年間，科舉考試舉辦七次，產生舉人每榜約三千八百人。明代舉人與宋代不同，宋代舉人無任官資格，明代考不上進士的舉人也可「赴京聽選」，由吏部文選司分發任官。則科舉一途，在洪武年間，共選拔四千六百六十七名人才，平均每年約填補中央與地方官員員額約一百五十名，在整個明朝政府中占的數量比重並不太大。但是科舉出身的官員，升遷起步較占優勢，如洪武十八年（一三八五）的一甲三名進士皆入翰林院，分任修撰和編修，二甲、三甲又能出任「觀政進士」，在翰林院、承敕監等近侍衙門觀政實習的，又稱「庶吉士」，是晉升高官必備的資歷。明代中期以後，內閣首輔幾乎成爲實際的宰相，明正統以後有慣例：「非進士不入翰林，非翰林不入內閣。」庶吉士甚至號稱「儲相」。其他在六部、都察院、通政司、大理寺等衙門觀政，「諳練政體」之後，必然爲各衙門「擢任之」。

貢監

明太祖建國後，亟需人才；他不滿於科舉取士與薦舉人才之不足，而注重從學校中培養新官員的預備隊。貢即貢生，是地方府州縣學生員，經考試保送國子監肄業。最初規定：每府州縣學每年選貢生一人，後改爲府學歲貢二人，州學二歲貢三人，縣學歲貢一人。總計全國每年保送入國子監者約六百人，多至一千二百人，是爲民生，乃國子監生主要來源，較品官子弟、土司子弟及外國留生爲多。

明太祖建國之初，即沿襲中國歷代傳統，設太學或國子學（監）。至正二十五年（一三六五），以元集慶路學設國子學，「聚天下英才以教育之，期爲國家用」。其後，因學生

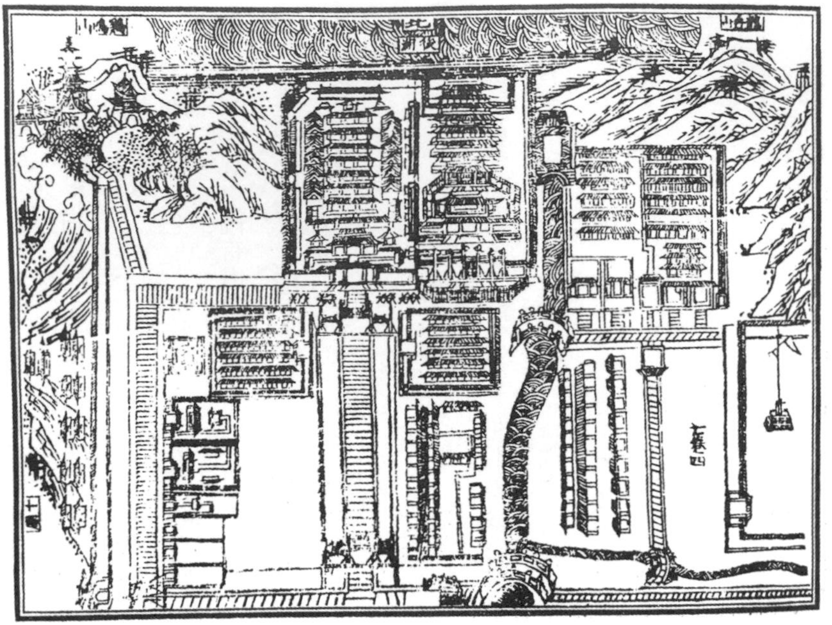

圖 3-3　南京國子監校園，出自《南雍志》，收入《續修四庫全書》史部職官類。

人數大增，校舍、齋舍不敷使用，遂於洪武十四年（一三八一）詔改建新校園於雞鳴山之陽。「自經始以來，車駕臨視者數次，規摹閎壯，前代所未有」。學生人數之多，多至八千一百二十四人，也是前代所少的。是大明皇朝晉用官員的主要途徑之一。

爲訓練監生熟悉政事，在校讀書學習之外，還選國子生較年長者到中央政府各部門實習（歷事），如洪武二十八年（一三九五），增設刑部所屬十二部主事各二人，即以國子生歷事者爲之。二十九年（一三九六），吏部選國子生年三十以上者，「分隸諸司練習政事」，考其勤怠，能者擢用之。

監生地位與舉人相似，可參加會試或直接任官。一般出任六品以下官，如給事中、承敕郎、中書舍人、大理寺左評事、殿廷儀禮司序班、監察御史、布政使司左右參議、按察司僉事、知府、知州、知縣和府州縣學教諭等。洪武十九年（一三八六），因郭桓案清洗大量官員，導致官員缺額，即擇監生千餘人送吏部，除授知州、知縣等職。洪武二十六年（一三九三），在李善長與藍玉案後，官員又有大量缺額，擢國子生六十人分別出任福建、浙江、山東、北平、河南、四川、山西、陝西、江西、廣西、湖廣等省布政使、參政、參議，按察使、副使和僉事。

國家重大政策往往派遣監生去執行，如糧長制度糧區的設定，田畝丈量與魚鱗圖冊的編繪，後湖黃冊庫黃冊的清查，巡視流民，派赴衛所講說《武臣大誥》，赴布政司考校諸司案牘、勾稽吏牘等。

明太祖數次親臨講《尚書》〈大禹謨〉、〈皋陶謨〉、〈洪範〉等篇，並對監生視如己出。因此，當國子監生任官犯法，處罰不如一般官員重，而且給予改過自新機會。明太祖說：「進士、國子生皆朝廷培養人材，初入仕，有即麗於法者，雖欲改過，不可得。遂命：凡所犯，雖死罪，三宥之。」「朕念爾年少，更事未多，特宥還職。爾其改過自新，力行為善，庶有立於將來。」

吏員

吏員是各級政府辦事的公務員，有來自地方服傜役中的職役者，有監生考試不「中式」者，如洪武二十七年（一三九四），「令生員入學十年之上，學無成效，送部充吏」。洪武三十一年（一三九八）正月，再試寄監下第舉人，「不中者八十七人爲州吏目」。

傳統上，官員與吏員截然二途，只有官員被貶爲吏員，沒有吏員能升爲官員的。但明初需才孔亟，用人不論出身；吏員也可薦舉爲官員，爲中國歷史上少見。洪武十六年（一三八三）薦舉令云：「命各府選舉儒士、吏員練達時務、諳曉治體、善於詞命者，或三四人，或一二人，赴京錄用。」吏員升任官員者，不少以實際工作能力和業績出眾，而進升高官。顧炎武云：「太祖初設科舉，嚴斥吏胥，又詔凡選舉毋錄吏卒之徒。然嘗與群臣言，吏卒中，未嘗無正直之人；顧上所以陶鎔成就之者何如爾！」（《日知錄》卷十七〈通經爲吏〉。）「由掾吏顯者，如滕懋德、張度、胡禎、徐輝、李友直、李信、徐晞、李質、郎本中、萬祺，俱累官至尙書；王鍾、劉本道、李亨、陳寧、汪河、葉春、王春、劉敏、王詔、吳復，俱累官至侍郎；樂韶鳳，累官至祭酒；呂本，累官至太常卿；楊時習、汪懋，俱累官至大理卿；黃政，累官僉都御史；余節，累官御史中丞；張苗，累官通政使；赫郁，累官光祿卿；平思，累官陝西左參政。蓋其時，資格未行，選用之途尙廣。」（《欽定續通典》卷二十二〈選舉六〉。）

明太祖也注意技術人員的培養與進用，洪武二十六年（一三九三）令：「凡天文地理、醫藥、卜筮、師巫、音樂等項藝術之人，禮部務要備知，以備取用。」洪武三十年（一三九七）四月令：「軍民有一才一藝者，得自陳效用。」

並且制定技術人員的培養、選拔和管理辦法。凡醫士俱以父祖世業代補，或令在外訪保醫官、醫士以充。天文生俱以世業子弟習學，考選分撥各科；其年六十以上者，嫡男許告替補。無嫡男者，族丁許告習學。同時襲用元朝擢熟練技術人員為官吏政策，選拔優秀人才任職。後來不少工匠因此步入仕途，升為高官。如工部尚書徐泉，工部侍郎蒯祥、蒯義、蒯鋼、郭文英、楊青、陸祥等出身木工、瓦工或石工；禮部尚書許紳、侍郎蔣宗武等出身於醫；禮部侍郎蔣宗武、康永韶等出身於天文生。中國歷史上，像明代這樣，從工匠、醫士和天文生選拔人才任職，官至尚書、侍郎，並不多見。

明太祖用人任官，有薦舉、科舉、貢舉和吏員，途徑多元，不似後代基本上趨於科舉一途。而且不論出身，不分族群，「有才能者一體擢用」。建國之初，百廢待舉，其後整頓官僚和勛貴，屢興大獄，亟需補充官吏缺額，均能順利因應。在明太祖中央集權君主獨裁體制下，整個官僚體系完成復興農村與社會生產力，支援鞏固國防的軍事行動，實現「民安田里」的治國理想，得歸功於明太祖靈活而多元的人才薦舉培養與官員選拔制度。

四、「同生天地之間」的民族政策與「不征之國」的天下秩序

明太祖在國內實現「驅逐胡虜，恢復中華」和「民安田里」的理想，但對於仍留在國內和歸附的「胡虜」及新附的「西南夷」等少數民族，該用什麼政策來處理。新建的大明皇朝與周邊的民族和國家該如何相處，如何建立這個以大明爲中心的天下秩序，是明太祖及其臣民要面對的。

「同生天地之間」一視同仁的民族政策

明太祖起兵，雖然最後高舉「驅逐胡虜，恢復中華」的「民族主義」大旗，但這個「民族主義」並非近代基於種族的民族主義，而是基於文化的「華夷之辨」。因此，明太祖能接受「天命眞人於沙漠」而入主中國的「大元」，而將元世祖忽必烈入祀歷代帝王廟。在〈諭中原檄〉提出「驅逐胡虜」的同時，就聲明：「蒙古、色目，雖非華夏族類，然同生天地之間，有能知禮義，願爲臣民者，與中夏之人撫養無異。」

洪武元年（一三六八）八月，又在〈大赦天下詔〉重申：「蒙古、色目人既居我土，即吾赤子，有才能者，一體擢用。」

大明皇朝，「天下一統」，作爲「天下共主」的明太祖，當然要對於「同生天地之間」

的少數民族，一視同仁，「與中夏之人撫養無異」，「有才能者，一體擢用」。

「因俗而治」及施行教化並行的少數民族政策

少數民族多元，不但北方有蒙古，東北有女眞，西南更爲繁多，有苗、傜、侗、傣、彝、回等，明太祖一方面希望少數民族「服我中國聖人之教，漸摩禮義」，要以設學校，讀詩書，助其向化。一方面，提出「因俗而治」的政策。對於北方蒙古族，明太祖說：「凡治胡虜，當順其性。胡人所居，習於苦寒；今遷之內地，必驅而南，去寒涼而即炎熱。失其本性，反易爲亂。不若順而撫之，使其歸就邊地，擇水草孳牧，彼得遂其生，自然安矣。」

洪武七年（一三七四）下令：「其塞外夷民，皆令遷入內地」，「官屬送京師，軍民居之塞內」。這個政策，一方面可減少蒙古入侵時，邊民作內應的危險；一方面使「夷民」與漢人雜居，以漢文化同化之，逐漸消除民族間的隔閡與矛盾。所以，明太祖在洪武十一年（一三七八）二月，闡述爲何改變先前使胡人「歸就邊地」的說法時說：「人性皆可與爲善，用夏變夷，古之道也。今所獲故元官并降人，宜內徙，使之服我中國聖人之教，漸摩禮義，以革其俗。」

「因俗而治」仍是主要的民族政策。《大明律》中對非漢族的事務也有規定。對於「化外人」的少數民族，「同類自相犯者，各依本俗法」，只有「異類相犯者，以法律論」。顯然對少數民族內部法律事務，大明朝廷採行放任其自主的政策。

至於漢族與非漢族中的蒙古、色目人的婚姻，《大明律》也有規定：「凡蒙古、色目人，聽與中國人爲婚姻。」但「務要兩相情願」。另一方面卻爲防止蒙古、色目人「種類日滋」，「不許本類自相嫁娶」；事實上蒙古、色目人又可引用「與中國人爲婚姻，務要兩相情願。」不履行其「不許本類自相嫁娶」。有此內在矛盾，此法恐難徹底實行。至於元俗的「同姓、兩姨姑舅爲婚，弟收兄妻，子承父妾」，明太祖在《大明律》中以死刑罰禁，但對於已依「胡俗」成親，「兒女已成行列」，只能「不咎既往」，但「今後若有犯先王之教，罪不容誅」。

對西南少數民族的政策

明太祖說：「溪、洞、猺、獠雜處，其人不知理義，順之則服，逆之則變，未可輕動。」堅持其「因俗而治」的政策，採用土司制度羈縻。授少數民族部落首領以官職，歸於布政司系統的爲土府、土州；歸於都指揮使司系統的有宣撫司、安撫司等土官或土百戶、土千戶等羈縻衛所。土官有雙重身分，對其內部仍是部落首領，依其俗而治；對外是大明政府官員。與內地不同的是，土官不是流官，是世襲的世官，而且土民不當差，不納糧，只是土官定期朝貢而已。不過在《土官底簿》土官授職之時，表面上必稱其非世襲，以示中央對地方管控的權威。

在政治管理外，又輔以軍事彈壓，「以兵分守要害，以鎮服之」：將內地軍民移徙雲貴一帶，分守要害，就地屯墾。每擇險要之地，樹柵置堡，「每百里置一營屯種」，「每營軍二萬，刊其道傍林莽有水草處，分布耕種」。衛所與屯堡，聯以驛路，相互呼應，「以備蠻寇」。

明太祖認爲「安邊之道」的少數民族政策，是推行教化，「用夏變夷」，「以革其俗」，「俾之日漸教化，則自不爲非。數年之後，皆爲良民」。教化要先從土官子弟著手，明太祖要求各土官子弟入國子監讀書，「使知君臣父子之道，禮樂教化之事。他日學成而歸，可以變其土俗，同於中國」。在土司管轄下，普設學校，要求：「雲南、四川邊夷土官皆設儒學，選其子孫弟侄之俊秀者以教之，使之知君臣父子之義，而無悖禮爭鬥之事。」到明代中葉，儒學已遍布西南地區土司境內。

明朝的民族政策，一方面，認定所有民族皆「同生於天地之間」，「即吾赤子」，「有才能者，一體擢用」。一方面，又承認民族的差異，要「因俗而治」，如「同類自相犯者，各依本俗法」。但也希望藉教化，泯除民族間的差異，在少數民族地區廣設學校，「變其土俗，同於中國」，「數年之後，皆爲良民」。這是明太祖依其主觀願望訂的政策。

「不征之國」的天下秩序

大明建國，「合天下於一」，即遣使四出，宣告大一統王朝的建立，通好各國。明太祖說：「自古天下有中國，有外國。」他的天下不等於只有「中國」，還包含「外國」，外國與中國同生於天地之間，有其獨立存在的地位。對於外國應該「從其自為聲教」，中國不能也不必征討外國，不必把外國變成中國的一部分，中國只要「修兵自固，永安境土」。這就是明太祖在《皇明祖訓・祖訓首章》標舉大明鄰近十五國為「不征之國」的理論基礎。

明太祖諄諄告誡子孫說：「四方諸夷，皆限山隔海。僻在一隅；得其地不足以供給，得其民不足以使令。若其自不揣量，來擾我邊，則彼為不祥。彼既不為中國患，而我興兵輕伐，亦不祥也。吾恐後世子孫，倚中國富強，貪一時戰功，無故興兵，致傷人命，切記不可。但胡戎與西北邊境，互相密邇，累世戰爭，必選將練兵，時謹備之。」

大明皇朝以「不征」為國策，結合市舶貿易，以朝貢貿易體制，建立和平的天下秩序，外國來朝貢者，「則以恩禮待之」。在「不征」之國策指引下，即使鄭和率大艦隊七下西洋，只為維護海上航線安全，不占外國一寸土地，與十五世紀以來歐人地理大發現，在亞非拉遍地侵占別國土地，建立殖民帝國，完全不同。並且以「興滅國，繼絕世」的原則，協助鄰邦，安定天下秩序。永樂帝處理安南之交阯建省與獨立，萬曆帝派兵入朝鮮

「抗倭援朝」等，均爲重要的事例。

洪武帝在《皇明祖訓・祖訓首章》宣示的「不征之國」國策，要求子孫不侵略鄰國，不干涉鄰國內政。建立「朝貢體制」，以經濟互利，維繫國際政治與外交關係。從而建立當代天下的和平秩序，實可爲今後追求世界新秩序的借鏡。

五、「今得萬物自然之理，其奚哀念之有」：明太祖的功過

孤苦伶仃的朱重八，從皇覺寺的小和尚，歷經「身如蓬逐風」的漂泊，成爲濠州紅軍統帥郭子興親兵的朱元璋，率其淮西親信向定遠發展成朝氣澎湃的革命隊伍，渡江取集慶，以爲革命根據地。北有大宋小明王龍鳳政權擋住元兵的南下，在東有張士誠，西有陳友諒的夾擊下，以「高築牆，廣積糧，緩稱王」政策指引，低調地發展到浙東。得到浙東儒士的幫助，逐漸將紅巾軍農民政權蛻變爲傳統的皇朝政府。西敗陳友諒，東平張士誠，進而南征北伐，完成統一大業，創建以《易經》「大明終始」經義爲名的「大明」皇朝。

建國理想「民安田里」及其實現

由於他起自農村，身受農民生活貧窮之苦，終身爲實現「民安田里」而奮鬥。以恢復

和發展社會生產力的政策，及促成政策執行成功的政治體制和法律規範，創造保證政經體制能正常運轉的安定環境，鞏固大明的國防和建構和平的天下秩序。明太祖建立的整套制度，展現其立國宏規與治國方略，爲歷史上罕見。順治皇帝因此稱讚明太祖說：「歷代賢君莫如洪武」，「洪武所定條例章程、規劃周詳。朕所以謂歷代之君、不及洪武也。」康熙帝更稱讚「洪武乃英武偉烈之主，非尋常帝王可比」，大明皇朝「治隆唐宋」。爲實現理想，明太祖「憂危積心，日勤不怠」。一個做皇帝的人，不僅「平日無優伶暬近之狎，無酣歌夜飲之娛」，甚至連睡眠時間都不夠，睡也睡不好。傳說他自作的一首詩說得最眞切：「百僚未起朕先起，百僚已睡朕未睡；不如江南富足翁，日高五丈猶披被。」

避免前朝的錯誤

《明史紀事本末》頌明太祖之功業云：「觀其懲宦寺之失而禁內官預政，懲女寵之禍而戒母后臨朝，懲外戚之亂而令不封后家，懲藩鎭之變而制武臣不預兵食，禍本亂階，防維略盡。至于著律令，定典禮，置百官，立宗廟，設軍衛，建學校，無不損益質文，斟酌美備。」

的確，明代無藩鎭及武臣干政，亦無母后與外戚干政之事。

剛猛治國之弊

但明太祖禁宦官預政，卻仍重用宦官，雖然他制得住宦官，但後世皇帝不如他勤政，事多委之宦寺，遂啓後代宦官之干政亂政。而明太祖爲反貪反腐及箝制武臣，大興獄案，清洗官僚體系，殺人和族誅數萬，人心惶惶，不樂仕進。由左僉都御史嚴德珢故事，可見一斑。嚴德珢因病辭職，「帝怒，黥其面，謫戍南丹」。宣德年間，嚴德珢述前事，因言：「先時國法甚嚴，仕者不保首領，此敝冠不易戴也。」講完還北面拱手，連稱：「聖恩！聖恩！」還有明太祖封建諸子以塞王守邊和分鎮，來屏藩皇室，卻事與願違，加以興藍玉案，使元功宿將皆盡，遂有靖難之變，而建文帝乏良將以制燕王之師，釀成建文帝及方孝孺、鐵鉉等慘案。

〈遺詔〉總結自己一生

洪武三十一年閏五月初十（一三九八年六月二十四日），明太祖逝世，其〈遺詔〉總結自己一生，說得眞誠感人：「朕受皇天之命，膺大任於世，定禍亂而偃兵，安民生於市野，謹撫馭以膺天命，今三十有一年。憂危積心，日勤不怠，耑志有益於民。奈何起自寒微，無古人博智，好善惡惡，不及多矣。今年七十有一，筋力衰微，朝夕危懼，慮恐不終。今得萬物自然之理，其奚哀念之有？皇太孫允炆，仁明孝友，天下歸心，宜登大位，以勤民政。中外文武臣僚同心輔佐，以福我民。凡喪葬之儀，一如漢文勿異。布告天下，使明知朕意。孝陵山川，因其故，毋所改。」

尤其值得一提的，歷代雄才大略的君王如秦皇、漢武，均自誇偉大，不捨人生，並作出許多追求長生不死的蠢事，明太祖卻能自謙「無古人博智，好善惡惡，不及多矣」，並且說已悟「得萬物自然之理」，能活到七十一歲高齡，「其奚哀念之有？」

圖 3-4　明太祖晚年畫像。臺北國立故宮博物院提供。

「天假其私以行其大公」：明太祖功過

明太祖在位三十一年，「憂危積心，日勤不怠，耑志有益於民」，終能「定禍亂而偃兵，安民生於市野」，更是歷代皇帝罕見的。其治國雖然剛猛，屢興大獄，功臣官僚死者無算，亦爲歷代罕有，但其意在掃除實現「民安田里」之障礙。孟森先生認爲這是明太祖鑑於元末以來吏治敗壞，官吏欺壓百姓，不得已而用重刑整頓吏治。在「民權不張」的時代，如果「不能使官吏畏法」，官吏便會「既豢民膏，復以威福肆於民上，假國寵以殃民」，這是「國家豢千萬虎狼以食人」。所以，除非有「眞實民權，足以鈐束官吏」，就「不能怨英君誼辟之持法以懾其志也」。當然，受時代的局限，明太祖一生的作為，既為使人民快速脫於元末戰亂之苦，安居樂業於田里，也是為鞏固和永續朱家的大明皇朝。於公於私，套一句王夫之論秦始皇的名言，這也可謂是「天假其私以行其大公」。

第四章

基調與變奏——洪武體制的持續調整

（建文—天順朝，一三九九—一四六四）

王鴻泰、邱澎生

洪武三十一年（一三九八）閏五月十日，朱元璋過世，由於皇長子朱標早於洪武二十五年離世，二十一歲的皇太孫朱允炆，便依據遺詔繼位，訂於明年改元建文。在改元之前，建文皇帝即於洪武三十一年八月展開「削藩」政策，建文元年（一三九九）六月基本部署妥當，準備逮捕當時藩王勢力最大的燕王朱棣。建文元年七月，燕王朱棣號稱要「清君側」以及誅「奸臣」而發動「靖難」之役，雙方激戰並對峙於河北、山東等地，這場長達四年的內戰使華北百姓流離失所並傷亡慘重，史稱「燕王掃北」。建文四年（一四〇二）六月，燕王攻破南京，皇宮火起，建文帝「不知所終」，朱棣繼天子位，定次年為永樂元年（一四〇三）。

朱棣即位為明成祖，改年號永樂（一四〇三—一四二四），開啓了以「篡位」為政權基礎，但卻又在政治、外交與文化學術方面成就非凡的「永樂之治」，期間還包括了鄭和船隊「七下西洋」等重大歷史事件。永樂朝統治結束之後，歷經仁宗（改元洪熙，一四二五）與宣宗（改元宣德，一四二六—一四三五）兩朝治理成績不錯的所謂「仁宣之治」，繼之以英宗（改元正統，一四三六—一四四九），但英宗於正統十四年（一四四九）八月十五日發生了「御駕親征」但卻戰敗遭到俘虜的「土木堡之變」大危機，改由景帝（又稱代宗，改元景泰，一四五〇—一四五六）登基，後來又發生英宗復辟，改元「天順」（一四五七—一四六四）。這一系列政局變化與期間的社會經濟情況，是本章所要討論的內容。

本章討論「由永樂到天順」大約六十年間（一四〇三—一四六四）的明朝社會經濟以及政治外交，其中涉及政府施政部分，雖然是在朱元璋奠定所謂「洪武體制」基本架構之下運作，諸如政府積極支持荒地復耕與興修水利、努力維持國內交通安全，並制訂相對公平的賦稅與徭役制度、頒布足以保障民眾財產安全的法律，並嚴懲全國貪官汙吏，希望一般民眾能夠獲得更好的生計與財產安全。不過，相對於洪武體制開創的「基調」，則是永樂派出鄭和船隊「下西洋」、積極開展朝貢外交體系等一系列政策，便有如一場針對外交與國防政策相對「保守」的洪武體制，在永樂一朝進行了某種「變奏」。而由宣德皇帝結束第七次「下西洋」，則可視爲是明朝外交與國防政策重新回歸到原先的洪武體制「基調」。不過，若是仔細檢視永樂到天順年間的社會與經濟政策調整，則其實也已伴隨十五世紀前期的人口增長、社會經濟變動等因素，對洪武體制做了許多調整而還是出現不少「變奏」。

一、打造永樂體制

朱棣發動靖難之變，領軍對抗中央政府，四年間經歷無數大小戰役，最終以武力攻入南京，取代惠帝，成爲大明帝國皇帝，年號永樂。

朱棣登基後革除建文年號，意圖抹去其治績與相關記憶。然終究難以隻手遮天，建文記憶仍陰魂不散，尤其燕軍入京時宮中火起，帝后不知所終，有關他出走流亡的傳聞仍在民間滋長。至明中期時，或眞或假的建文朝記載也陸續浮現，後來更有《致身錄》、《從亡隨筆》之類描聲繪影的建文流亡故事，公然流行坊間，這些著作大概都出於後人編造，卻也反映建文記憶常在人心，而永樂政權的合法性，一直受到質疑。或許也爲了證明自己政權的合法性，永樂帝在位期間積極有爲，尤其在對外關係上，他以武力爲後盾，出兵征討或遣使招撫，建立起一個以大明爲中心的天下秩序與朝貢系統。

永樂政權出於篡逆，卻又成就非凡，所作所爲頗具爭議性。清代官方所修之《明史》在〈成祖本紀〉中，總結朱棣之所爲道：「文皇少長習兵，據幽燕形勝之地，乘建文孱弱，長驅內向，奄有四海。即位以後，躬行節儉，水旱朝告夕振，無有壅蔽。知人善任，表裡洞達，雄武之略，同符高祖。六師屢出，漠北塵清。至其季年，威德遐被，四方賓服，受朝命而入貢者殆三十國。幅員之廣，遠邁漢、唐。成功駿烈，卓乎盛矣。然而革除之際，倒行逆施，慙德亦曷可掩哉。」誠然，永樂皇帝無論內政外交、文治武功，俱有可觀，確立明王朝的和平統治與統治模式。朱元璋削平群雄之後，各種威脅大明政權的勢力都還在持續活動中，直至洪武末期，朝廷都還未能停止軍事行動，尤其中原周邊地區，不時有各種叛亂、騷擾事件，移出長城的蒙古各部族，依然是明王朝之莫大威脅。此種統治危機，直至成祖得位後，才完全解決。而且，永樂朝之武功，遠邁前代，繼續且完成四境之平服工作外，更派兵遠征，擴張領土，遣使威服海外。乃至，朱棣個人以九五之尊，一再親自率軍遠征漠北，最後病逝於征途中，其軍事表現實古今罕見。因此，歷經永樂朝二十載之積極經營，大明帝國乃得威加異域海外，確立天朝之權威氣勢。對外確立大明帝國之天朝威勢外，永樂朝在內政上也深具承先啓後、奠定帝國統治之歷史意義。大明王朝之國家治理，雖在洪武時已初具統治規模，但猶多尚待進一步規劃者，例如廢相之後，決策中樞如何運作，直至永樂時，才形成內閣體制以代相職，致成後世之統治模式。洪武之制至建文朝乃多有更改，永樂重返洪武體制，且接續之、擴充之、落實之，從而奠定大明王朝帝國規模與統治形態。

誠如清修《明史》所言，永樂帝之雄武不輸太祖，他在位二十二年，五次親征漠北，遣大軍征伐安南，派鄭和六下西洋，這些都是規模盛大的軍事行動，如此極力擴張軍威，除國防考量外，也爲了建立大明帝國的威嚴，藉此進一步落實朝貢體系，重建天下秩序，促進大明威名遠播海外。爲此，永樂九年（一四一一）也在東北的黑龍江、烏蘇里江一帶，設立奴兒干都指揮使司，招撫羈縻當地漁獵維生的原住民族，並派女眞族宦官亦失哈爲欽差，多次前往巡視，宣諭聖旨，且於永樂十一年（一四一三）左右修建永寧寺，立碑爲記，中言：「惟東北奴兒干國，道在三譯之表，其民曰吉列迷及諸種野人雜居焉。皆聞風慕化，未能自至。……是以皇帝敕使三至其國，招安撫慰……依土立興衛所，收集舊部人民，使之自相統屬。」可見永樂帝爲遂行其天下秩序，威及遠方野人，故設奴兒干都司，其意在懷柔遠人，並非軍事統治機構。此外，帝國西陲青藏高原一帶，也設有烏斯藏行都司、朵甘行都司，大概也都屬羈縻性質。《明史》所謂：「威德遐被，四方賓服」並非虛言。只是如此窮兵黷武，也造成國家極大的負擔，後世終究難以爲繼。

除開國創制的太祖皇帝外，永樂帝是最爲雄才大略，對大明帝國之國防大勢與國運發展影響最巨者，他對太祖皇帝的國防部署做了相當大幅度的更動，這造成政治與軍事格局的重大改變，也爲帝國危亡埋下禍根。

遷都北京

朱元璋由淮西進入江南是其成功關鍵，占據南京是其建國重要基礎，然歷來統一王朝多建都中原，洪武帝對建都南京，一直不是很滿意，時有遷都之念。洪武初期曾在其故鄉鳳陽營建中都，洪武後期又考慮遷都關中，最後都放棄。朱棣爲燕王時，長駐北平，靖難成功後，永樂初年即有大臣建議以北平爲陪都，朱棣因此改北平府爲順天府，稱爲行在，也開始移民充實其戶口。永樂四年（一四〇六）下令修建皇宮與城垣，之後更在附近的昌平縣修建自己的陵寢，也隨之開鑿貫通南北的運河。永樂十四年（一四一六），正式召集大臣宣布遷都事宜，群臣不乏反對者，皇帝則強力彈壓反對聲浪，倡言抗議者將以妖言律治罪。永樂十八年（一四二〇），北京城與皇宮建成，皇帝正式下詔遷都，南京仍保留首都地位與六部機構，自此大明王朝施行兩京制度。

唐末以來，中國經濟重心南移，至宋代時，江南低地開發完成，成爲最重要的經濟中心，文化也最爲優越。明初建都南京，則更顯偏重江南，間接促使北方的邊緣化。永樂遷都北京乃對此情勢有所調整，即政治與軍事中心設在北方，而以運河聯通經濟與文化重心的江南，對帝國而言，確實具有平衡南北的作用，日後運河也就成爲大明帝國最重要的流通動脈，沿線發展出一些相當繁華的市鎮，《金瓶梅》即以此爲場景。另外，事關首都糧食供應的漕運問題，也成了軍政與民政交接的重要業務。相對地，遷都初期，南京在短時內大量軍政人員遷走，頓失政治資源，一度極爲蕭條，直至成化、弘治時期，江南商品經濟漸趨發達後，才又再度呈顯繁榮景象。另一方面，遷都北京，也等於將帝國置於前線地帶，帝國大患的游牧部族，一旦突破長城防線，即可在短時內長驅直入，兵臨首都，亡國只在旦夕間。大明帝國也確實出現兩次蒙古部族入侵，直逼首都的危機。遷都約三十年後，發生土木堡事變，當時就有人疾呼應該緊急遷都，以免亡國。

北邊國防

大明王朝之建立本是經由驅逐蒙元政權而來，被迫退回草原區的北元政權，仍不時南侵，對明帝國構成極大威脅，只是其政權內部也不穩定，黃金家族已不能強力控制整個游牧部族，他們大致分裂爲三個集團：韃靼、瓦剌、兀良哈，他們彼此互爭地盤或聯合南侵。大明王朝則對之高壓懷柔並用，或者授官羈縻，許以貢市，或以大軍征伐，迫使遠遁。

太祖皇帝對北方國防的部署主要是設立幾位藩王擁重兵加以監控鎮守，如：以燕王鎮北平、谷王鎮宣化、寧王鎮大寧、遼王鎮廣寧、秦王鎮西安、晉王鎮太原……。然而到建文時，明廷覺得這些擁兵鎮邊的藩王尾大不掉，已對皇權構成威脅，因而有削藩之舉，卻也激發燕王的「靖難」。篡位成功後，北方國防有大規模的更動，北境的藩王被遷移或削弱兵權，已無法發揮鎮守功能。永樂帝爲了防禦北方游牧民的南侵，尤其，東北地區的藩王都已撤回內地，特別是寧王被遷至南昌，他在灤河與遼河之間的鎮地，成了兀良哈——朵顏、泰寧、福餘三個羈縻衛的伸展空間，他們趁虛而入南下游牧，有時甚至結合其他蒙古部族，侵擾大明，永樂帝雖刻意籠絡羈縻，設奴兒干都司加以招撫，卻難以使之全然歸順，動用武力也屬不得不然。整體而言，建文及永樂初期將鎮守北方的藩王撤離後，北元及游牧部族更得長驅南下，直接侵擾大明，永樂帝也因此即位一段時日後，遣將出兵乃至一再御駕親征漠北，意圖以軍事力量威嚇北方游牧部族，使不敢南下。

親征漠北

永樂七年（一四〇九）韃靼殺明朝使者，皇帝因此派大將邱福率兵十萬北征，卻中伏覆沒。隔年永樂帝調集五十萬大軍御駕親征，此征大敗韃靼可汗本雅失里及當權的阿魯臺，迫使臣服。蒙古本部韃靼遭遇挫折後，西邊的瓦剌卻乘勢坐大，因此永樂十二年（一四一四），明帝又再度親征，重挫瓦剌，使之退縮一段時日。瓦剌被擊勢挫後，韃靼又漸強勢，不再順從明朝，拘禁明使節，劫掠邊境，甚而圍攻明軍重鎮，殺死指揮官。於是永樂二十、二十一、二十二年，永樂帝連續三次率軍親征，而最後一次征伐，皇帝在班師回程途中病逝。這些征伐打壓游牧民族的勢力南下，有一定的成效，尤其前兩次分別征討韃靼與瓦剌，確實讓他們一度勢衰，然而之後連年出兵攻擊韃靼，蒙方首領阿魯臺避其鋒芒，導致明軍殊乏戰功，只是徒然耗損國力。以致論者多以爲永樂最後三年的出征得不償失，並無必要。

事實上，永樂朝大臣對其一再出征，已多有反對者。因爲皇帝的御駕親征常是大規模的軍事動員，人員與糧草的大量耗費，傷亡撫恤都讓國家元氣大傷。永樂十九年（一四二一），皇帝下令籌備第三次的北征戰務時，戶部、兵部、工部與禮部尚書，都極力勸止，告以費用不足，深獲信任的戶部尚書夏原吉且言，連年興兵，多無功而返，軍馬儲備已耗損十之七八，加以災荒不斷，國家已內外交困。況且聖體違和，也需調養。然而意志堅強的皇帝不聽勸言，嚴懲勸止大臣，隔年還是執意出兵。往後且連年出征，終於駕崩途中，而北虜問題還是沒能真正解決，大明軍隊卻有師老兵疲之態，以致二十幾年後，發生土木堡之變，蒙古軍隊兵臨京城，大明帝國險些傾覆。整體而言，永樂帝之連年征戰終究未能眞正遏止蒙古部族之南侵意圖，大明邊境還是不時有騷擾事端，「北虜」問題要差不多不一百五十年後，到隆慶朝「俺答封貢」，才眞正以議和互市的方式獲得解決。

二、政治文化建構與文化政治操作

永樂皇帝意圖建立之政權不只是一個軍事強權與專制政體，其所意欲經營之帝國氣象，乃有更勝於此者，所謂「威德遐被」，除直接之權力操作與展現，出兵以相脅或耀武以揚威外，如何透過文教政策，遂行文德之治，更是永樂朝之歷史任務。蓋太祖馬上得天下之後，以「正統」繼承人自許之「太宗」皇帝（朱棣），卻不能只是馬上治天下，如何在文治上有所表現，更屬統治要務，故其文教政策，並非只是政權的點綴而已，而是永樂朝的政治核心。永樂皇帝下令編輯《四書大全》、《五經大全》、《性理大全》與《永樂大典》等龐大的文化工作，本是引人注目之事，清代編輯《四庫全書》時，館臣就譏刺這是利用學術來粉飾篡位之大惡。固然，永樂帝之文教作爲，私心不無掩飾慚德之意。不論其用心如何，這可以說是一套規模相當宏偉的文化工程，它建構出一套「聖王」的意識形態，統一了道統與政統，這種政治文化發揮極大的作用，規範明朝前半期的學術文化發展。

據說朱棣的頭號軍師姚廣孝在靖難發動之初，就請求燕王：「南有方孝孺者，素有學行，武成之日，必不降附，請勿殺之，殺之則天下讀書種子絕矣。」這意味方孝孺是當時聲望最高的儒者，可說是文化正統的代表。朱棣軍隊進入首都南京時，也確實想勸方孝孺降服，卻終於無法勸服，反而大肆誅殺方氏親族與門生故舊。如此一來，文化正統斷喪己手，只能設法自行重建。這是個相當龐大的文化工程，一環接著一環，最後完成了政統與道統的結合，永樂帝將自己扮演成「聖王」，逝世後，也被尊爲「文皇帝」，肯定其文化建設的卓越成就。

編纂《永樂大典》

永樂元年（一四〇三）七月，皇帝指示翰林學士解縉：「天下古今事物，散載諸書，篇帙浩穰，不易檢閱。朕欲悉采各書所載事物類聚之，而統之以韻，庶幾考索之便如探囊取物。……爾等其如朕意，凡書契以來經史子集百家之書，至于天文地志陰陽醫卜僧道技藝之言，備輯為一書，毋厭浩繁。」這個編書令的下達可視為文皇推行文治付諸實踐的啓動號令。解縉受令後，動員將近一百五十人，工作約一年，終於成書，名為《文獻大成》。不過，永樂帝翻閱後，認為此書並不完備，下令重修。新的編輯計畫，極力擴大參與規模，投入其中之官員人數倍增，取材範圍更廣，乃至特意下令禮部多方徵求人才，且選拔各級學校學生擔任繕寫工作。參與此編輯工作者達數千人，因此必須「開館於文淵閣」，這已經不只是翰林院一般性的編纂工作，而擴大為一項全國性的龐大文化工程了。這在當時已視為是文化盛事。這就是《永樂大典》的編輯。這個文化工程，歷時約三年，至永樂五年（一四〇七）十一月始完成：「書凡二萬二千二百一十一卷，一萬一千九百五本，更賜名《永樂大典》。」而其成效，乃如《萬曆野獲編》所言：「其書為古今第一浩繁。」誠然，放眼整體人類文明史，《永樂大典》也是一項令人驚嘆的文化工程，足可表徵大明帝國傲人之文化成果。

《永樂大典》的編輯，皇帝的初衷只是希望編出便於檢索的工具書。然而，在編輯過程，文皇想法漸有轉變，已超出原來工具書之設定，尤其初編工作完成後，他更希望編出一套可以聚合全部知識、集學術大成的巨著。甚至可以說，此時文皇已試圖藉此編輯工作，對自古以來所有的文化進行總整理，且加以統合成一學術體系。在此書完成後，文皇

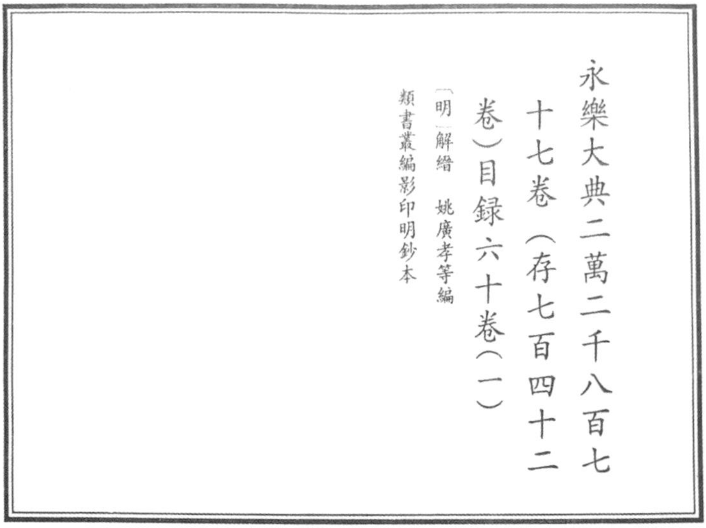

永樂大典二萬二千八百七十七卷（存七百四十二卷）目録六十卷（一）

〔明〕解縉　姚廣孝等編

類書叢編影印明鈔本

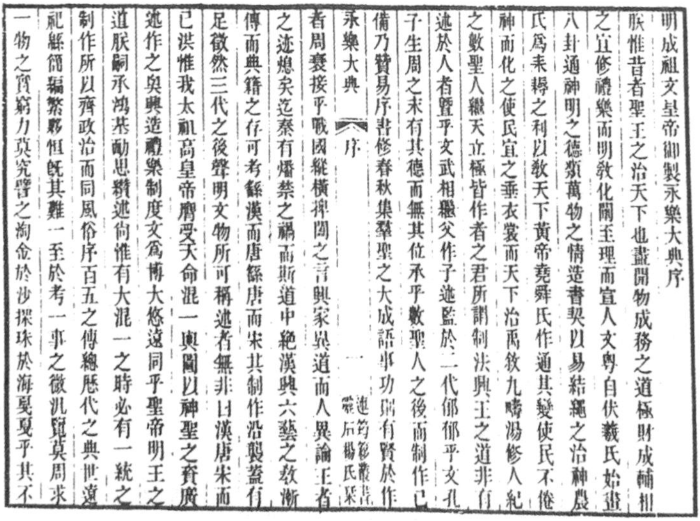

明成祖文皇帝御製永樂大典序

朕惟昔者聖王之治天下也盡開物成務之道極財成輔相之宜修禮樂而明教化闡至理而宣人文粤自伏羲氏始畫八卦通神明之德類萬物之情造書契以易結繩之治神農氏爲耒耨之利以教天下黄帝堯舜氏作通其變使民不倦神而化之使民宜之垂衣裳而天下治禹敘九疇湯修人紀之數聖人繼天立極皆作者之君所謂制法興王之道非有述於人者暨乎文武相繼父作子述監於二代郁郁乎文孔子生周之末有其德而無其位承乎數聖人之後而制作已備乃贊易序書修春秋集羣聖之大成語事功賢於作

永樂大典　序　一　連筠簃叢書　靈石楊氏栞

者周衰接乎戰國縱横捭闔之言興家異道而人異論王者之迹熄矣迄秦有燔禁之禍而斯道中絶漢興六藝之教漸傳而典籍之存可考繇漢而唐繇唐而宋其制作沿襲蓋有足徵然三代之後聲明文物所可稱述者無非曰漢唐宋而已洪惟我太祖高皇帝膺受天命混一輿圖以神聖之資廣述作之與興造禮樂制度文爲博大悠遠同乎聖帝明王之道朕嗣承鴻基勔思纘述尚惟有大混一之時必有一統之制作所以齊政治而同風俗序百五之傳總歷代之典世遠祀緜簡編繁夥恒既其難一至於考一事之微汎覽莫周求一物之實窮力莫究譬之淘金於沙探珠於海艱艱乎其不

圖 4-1　《永樂大典》書影，收入《四庫全書存目叢書補編》。

帝更認定這是太祖禮樂文化的延續，其意義乃在統一學術，闡明聖道。如此，《永樂大典》的編輯意義被無限上綱，成爲具有「神聖性」的工作，是永樂朝禮樂之治的重要標誌。事實上，書名從「文獻大成」到「永樂大典」之改變，也多少反映出文皇對此書意涵的設定已經有所轉變：他意圖使之由學術的集大成，進而成爲永樂朝推行聖道的表徵。

四書、五經、性理大全

永樂帝的另一項影響更廣大深遠的文化事業是三大部儒學經典——《四書大全》、《五經大全》、《性理大全》的編輯。這三部大全的編輯建立了「正統儒學」的內涵，統合並規範士人的思想。

永樂十二年（一四一四），皇帝諭示翰林學士胡廣等：「五經四書皆聖賢精義要道，其傳註之外，諸儒議論有發明餘蘊者，爾等采其切當之言，增附於下。其周程張朱諸君子性理之言，如太極、通書、西銘、正蒙之類，皆六經之羽翼，然各自爲書，未有統會，爾等亦別類聚成編，二書務極精備，庶幾以垂後世。」下令開館東華門外，命胡廣總理此事。這個整理儒學、統會儒學註疏與議論的工作，歷經將近一年的編輯，最後編成《五經大全》、《四書大全》、《性理大全》三部大全之作。永樂帝自即位初期，即不斷表示有意施行禮樂，開展聖王之道，這種政治文化的建構，至此更進一步發展爲文化的政治，以政治力量直接來處理文教問題，皇帝直接指示統整聖賢言論，目的是在統一學術。

確立儒學正統

大全編成後，事隔一年半左右，朝廷下令「頒五經、四書、性理大全書于六部，併與兩京國子監及天下郡縣學」，皇帝且指示主管教育之官員：「爾禮部其以朕意曉諭天下學者，令盡心講明，毋徒視爲具文也。」此後三部大全透過官方的儒學教育系統，傳遞至於統治教化所及之處，成爲士人知識學習上最基本、最權威的讀本，可說是欽定的教科書。如此，內在上將學術定於一尊，有消除歧異、統一思想之效；外在上，則有科舉制度相配合，作爲科舉考試之基本乃至全部內容，一般士人乃多爲所牢籠，難逾此限。顧炎武認爲大全的編輯造成經學研究的全面衰微，乃至具實學意涵之經學已爲士人所廢棄，所謂「經學之廢實自此始」。如此痛詆大全之過，或許不免過激，不過，大全的編輯與推行，成爲大明帝國一般士人之教育與科考的標準教材，確實對學術發展影響極大。大全編成前後，程朱傳註由「參考」轉爲「專主」，學術乃由「多元」歸於「一尊」，眾聲喧嘩成單音獨唱。是故，文皇之編修大全，意圖整合學術，眞可謂成果斐然，蓋其已完成帝國學術的「正統化」——此舉使程朱傳註成爲正統儒學，由此造成儒學的正統化。

文皇所建立起來的正統儒學，其權威性籠罩明代前期，直至弘治、正德年間（一四八八－一五二一），隨著出版業的發達與博古之風的流行，士人的閱讀範圍逐漸逸出於大全之外，大全的壟斷性與權威性漸漸動搖。直至王陽明開始講學以後，更有決定性的改變，程朱的正統性始遭受嚴重挑戰。縱觀明代學術史略可謂：文皇透過大全的編修，極有效地建立了學術正統，此儒學正統之權威性，在成化之前，約一甲子時間內，無敢稍有異議；弘、正之間，其權威性略有動搖，然近百年時間內，依然是深具權威性。直至王學興起，講學四處流行，學術風氣大變，文皇所建立之正統儒學，才趨於瓦解。

文皇爲建構其政治文化，積極推行儒學的正統化，意圖藉此強固其政權之正統性，乃至神聖性。這個成功的文化政治的操作爲大明帝國建立起一極具權威性之學術正統，此學統至少維持百年之久，主導明朝前期的學術思想，整體士人的知識與思維都籠罩在此正統儒學下，所誦所論，都框限在此範圍內，不敢稍有質疑，略見異議，只能遵從發揮。整體社會文化的發展，基本上也俯從於朝廷正統文化的統制下。

三、強人主導的軍事體制的終結：仁宣之治

大明王朝在洪武－永樂期間，大致可說是由強人主導的軍事體制下，統治者幾乎凌駕於官僚體制之上。永樂帝在位二十二年，政治的運作基本上是以皇帝爲中心的強人體制，

永樂帝本身無論在性格表現上或實際作爲上，都扮演著極爲強勢的強人角色，政治的決策、人事的安排，乃至官員的任用獎懲，率由己意，生殺予奪甚而挾以暴怒地任性而爲。永樂十九年（一四二一）皇帝準備第五次親征漠北，令戶部尚書夏原吉召集禮部、兵部、工部尚書會商，大家一致認爲不宜出兵，以經費不足勸阻之；成祖大怒，嚴懲相關大臣，兵部尚書方賓懼而自殺，夏原吉也被下獄抄家。最後，皇帝還是不顧一切領軍北征，終於無功而返。永樂二十二年（一四二四）七月中旬，朱棣在班師回朝途中身感不適，昏迷三日後，病死途中。歷史由此翻入另一新頁，進入所謂的「仁宣之治」，暴烈的政治氛圍趨於和緩，或亦可謂這是強人體制的過渡階段。

永樂二十二年（一四二四）八月仁宗繼位，大學士楊士奇在登極詔書中宣布大赦天下，蠲免拖欠稅糧，停罷多項採辦與課徵，並令「下西洋諸番國寶船，悉皆停止。」這在相當程度上，可說是對永樂朝的政策修正，在此之前，國家強力動員，連年出兵大漠，派八十萬大軍征討安南，派遣鄭和下西洋，大力建設北京，疏通運河，以至首都全然北遷，這都是耗費大量物資民力的事，也因此忠誠爲國的大臣，諸如三楊（楊士奇、楊榮、楊溥）、夏原吉等人，在經歷了永樂朝的大肆動員後，也多有與民休息的建議，而新帝也樂於聽從這些建議，嘗試改變政治氣氛，讓帝國轉向穩定和平之路。

仁宗即位，即有意終結永樂朝過度動員的軍國體制，與民休息。只是備位二十年的朱高熾，君臨天下不到一年（二百九十六天），諸多體恤民情的仁政，只是揭開序幕，還來不及大規模展開，皇帝就已駕崩而去。所幸其子朱瞻基，頗能延續其政。明朝皇帝大多在不滿二十歲時就即位（如英、憲、孝、武、世、神、熹、思諸帝），宣德帝即位時已二十六歲，算是大明諸帝中少數熟齡登基者。年齡成熟外，他也有很好的軍政歷練，早年就隨祖父永樂帝北征蒙古，得以近旁觀察實習如何領軍治國，他算是被刻意培養的「太平天子」。不過，他即位不久，就面臨叔叔朱高煦的叛亂，他接受楊榮、夏原吉等大臣的建議御駕親征，在氣勢上強壓對手，天威震懾下朱高煦很快就投降，亂事迅速平息。除此政權交接時，速戰速決的動亂外，宣德時期大抵為昇平之世，北邊蒙古偶有擾邊行動，明廷採安撫政策，未演成軍事衝突。永樂大軍征伐安南，併為行省，卻難以有效統治，不時發生民變，至宣德時，終於完全撤守。宣宗本性不無兇暴之氣，不過，在位期間大致都能維持仁君形象，甚至可以說他是刻意在營造昇平和樂的時代氛圍，這表現在他對張太后的特意尊重。不時向太后請安，並報告朝政，太后成為護持安民政策的穩定力量。

女中堯舜張太后與太平歲月

張太后為仁宗之妻，歷經洪武、永樂、洪熙、宣德、正統諸朝，自世子妃、太子妃至皇后，以至於太后、太皇太后，幾經重大的時勢變遷，雖深處宮中，卻扮演極佳的調劑輔佐角色。永樂帝性格強悍，脾氣暴烈，對個性仁厚的長子朱高熾（後來的洪熙帝）時有不滿，而偏愛個性與他相近的次子朱高煦；因此，在傳位問題上有些舉棋不定，且不時對長子爆發怒氣。張氏在父子風暴中，常能居間協調，取得皇帝歡心，間接穩固朱高熾的太子地位。宣宗即位後，她成了太后，更是重要的穩定力量。《明史》載：「宣德初，軍國大議多稟聽裁決。」事實上，業已成年且成熟的宣德帝，特意尊崇太后，是表態他有意遵循仁宗的政治方向，同時也刻意藉孝順太后來營造慈愛溫情的時代氣氛。他是大明歷來文化素養最高的皇帝，書畫造詣甚高，其實也擅長政治表演藝術。

宣德三年（一四二八）二月十五日，皇帝陪太后張氏遊西苑，皇后皇妃皆隨同陪侍，皇上親自扶著太后的轎子，登上萬歲山，皇帝奉酒祝壽，並獻詩歌頌聖德，太后甚感愉悅，諭示皇帝：如今天下太平，使吾母子得享此樂，這是祖宗的恩賜，天下百姓也都是上天與祖宗之赤子，人君應盡力保護百姓，勿使他們陷於饑寒，如此才能讓今日的歡樂綿延長久。這則記載出自實錄，可說是史官有意突顯的歷史剪影，它顯示一種和平的時代氛圍，尤其相對於此前未久之永樂朝的肅殺暴烈氣氛。張太后可說是個時代變遷的見證人，她看似一般的諭示，事實上意涵著深切的期許，希望大明王朝就此走入安息養民的新階段。

宣德五年（一四三〇）皇帝陪太后出城謁陵，更是場規模不小的公開展演活動。《明宣宗實錄》以慶典的歡樂筆調，連篇累牘地記錄這長達半個月的行程：

（宣德五年二月二十四日）乙未，上奉皇太后，率皇后謁長陵、獻陵，車駕發京師。……上躬櫜鞬騎導皇太后輦至清河橋，下騎扶輦，既渡橋上復乘騎，時畿甸之民迎拜夾道瞻望，感悅山呼之聲震動林野。……丁酉（二十六日）駐蹕陵下，昧爽，上侍皇太后率皇后謁長陵、獻陵。車駕還營，陵旁居民老稚迎拜於道，……於是上奉皇太后過視道旁農家，皇太后召其老婦問所業及安否，其婦女老稚皆歡喜踴躍應對，質朴如家人然。皇太后喜賜鈔帛布飲食，皆歡躍感戴，民有進疏食酒漿者，皇太后嘗之，舉以與上曰：「此農家食也，當知之。」車駕還營，命禮部凡陵旁民家皆賜鈔八十錠……丙午（三月六日）清明節，上奉皇太后率皇后祭長陵、獻陵。……丁未（七日）駐蹕陵下，上以謁陵昭荷神貺，本於皇太后誠孝所感，製〈大德頌〉以進。戊申（八日）上奉皇太后率皇后還京師，道中上遙見耕者，以數騎往視之，下馬，從容詢其稼穡之事，因取所執耒耜三推，耕者初不知為上也，既而中官語之，乃驚躍，羅拜呼萬歲。……皇太后語上曰：「今日於道中覩生物暢茂，農家長少咸趨所業，吾心樂之，皇帝試作賞春之賦以道吾意。」上立草以進，皇太后覽之喜曰皇帝其知吾心也。己酉（九日）車駕至京城，文武百官軍民耆老及四裔朝貢之使皆出迎，自都門至清河道路相屬，望車駕至，皆拜稽呼萬歲（《明宣宗實錄》，卷六十三、六十四）。

相較於永樂帝勞師動眾的御駕親征，這樣的謁陵活動規模遠非可比，甚至可謂形同「兒戲」。不過，這卻可說是另一種政治文化的塑造，而且正可和永樂的親征作對比——戰爭與和平對照。其實，距離上次永樂出征，也還不到十年的時間，相信北京周遭的百姓，有不少人對永樂軍隊出城的盛況應該還印象深刻，而宣德帝親征漢王反叛之事，更事隔未久，想必百姓們已慣性認爲：皇帝出城就是帶兵出征。這次的謁陵活動，一洗之前印象，至高權力的形象，由威武大帝轉成慈母孝子。

仁宣文治

所謂仁宣之治，可以說就是大明王朝由武力定天下，轉而進入「文治」社會的時期，而所謂文治當然不只是一種表演。事實上，宣德朝也確實將永樂朝大事開張的戰爭行動，一一加以終結。除了北方不再出兵征伐北元外，南方僵持一段時日的安南戰事，也以撤兵收場。出兵北元可說是爲了穩固大明政權，有其戰略上的意義。然而，討伐獨立王國安南，將之併爲州縣，且大肆收括其民人、物力、珠寶，則可說已是一種好大喜功的擴張行動，而這樣的擴張激起的反彈也成爲國家的重大負擔。

安南於洪武元年即奉表來朝，成爲大明藩屬國，政權獨立而不太穩定。然而自永樂初明朝就愈陷愈深地捲入其政爭，永樂四年（一四〇六），大明發動八十萬大軍征討安南，經過相當慘烈的戰事，隔年終於殲滅安南主力，永樂帝也就此將安南改爲交阯，納入帝國版圖。據《明史・外國傳》載：永樂六年（一四〇八）六月，主將張輔班師回朝：「上交阯地圖，東西一千七百六十里，南北二千八百里。安撫人民三百一十二萬有奇，獲『蠻人』二百八萬七千五百有奇，象、馬、牛二十三萬五千九百有奇，米粟一千三百六十萬石，船八千六百七十餘艘，軍器二百五十三萬九千八百。」

這場本爲主持正義的戰爭，最終演變成侵略性的征服，接著是長達二十年的不穩定統治。

永樂帝對安南的軍事征服，將之納入版圖後，卻不能順利遂行統治。事實上，成爲大明州縣之後，安南人並不接受統治，不斷組織軍隊進行抗爭，因此永樂六年（一四〇八）張輔班師回京後，又一再被派回來領軍鎮壓，而他雖軍功卓著，卻始終未能完全平息亂事。這當中固然與此地的情勢複雜有關，不過永樂帝派宦官馬騏至此監軍，而以採辦名目，毫無節制地搜刮財物，也是造成民心不服的要因。安南不斷的動亂與鎮壓，已經成爲帝國極大的負擔，而且是個進退兩難的局勢。如何處理安南問題，已成了帝國的朝政難題。宣德帝即位後，大抵確定方向，打算撤軍安南，恢復其藩國地位，不過，朝中卻也有不同意的聲音，尤其曾經四度征伐安南的名將張輔，力持再戰。幾經波折後，宣德二年（一四二七），採用「漢棄珠崖，後史榮之」的主和派意見，雙方達成和議，明軍撤出，安南再成自治之藩屬國，黎利稱帝，建立「後黎朝」，國號「大越」。雖然過程中，大明帝國威儀不免有損，但宣德帝頗識大體地，讓國家走出這個沒完沒了的戰爭泥淖，可說是相當明智的抉擇。此後，大明帝國大體處於和平穩定階段，直至幼年即位的英宗皇帝，冒然御駕親征，演成土木堡之變。

宣德時期可說是大明王朝走出強人體制，放鬆軍事動員，而走入和平的「盛世」。然則，盛世景象下卻也有不少嚴重內憂外患問題蘊藏其中。其中最値得注意的是流民的問題，已漸漸浮現出來。而這些問題，也因爲皇帝的英年早逝而未能緩解，十幾年間，劇情急轉直下，帝國由太平盛世轉至危急存亡。

四、幼帝老臣與野心太監：正統帝、三楊與王振

宣德帝在位十年，以三十八歲之齡英年早逝，繼位的朱祁鎮，登極時年僅九歲（實齡不足八歲），他是大明王朝第一個幼年即位者，當時張太后仍健在，而升格爲太皇太后，她與還在朝輔政的三楊，成了穩定的力量，只是他們都已年紀老邁。老臣環伺下的幼帝，其心已別有所屬。

實際上，正統朝越來越獲得皇帝信任倚重的是正値壯年的宦官王振，他確實頗有主

見，且積極有爲。而更重要的是，他是朱祁鎮的東宮舊人，且他入宮前曾爲儒學教官，有一定的知識教養與社會歷練；因此，年幼的太子，自始即對之有崇仰與信任之心，此情終身未變。這是他最重要的政治本錢，新帝即位後，朝中輔政大臣，乃至太皇太后都很快就發現這個事實，且頗感憂慮，卻已勢所難挽。

萬曆時成書的《皇明書》中載：張太皇太后有次在便殿中召見三楊等顧命大臣，他們入殿時，發現皇帝也在，而現場氣氛肅殺，女官挾帶刀劍侍立兩旁，后先感謝五大臣的全心輔政，接著教誨皇帝，行事應得輔臣贊決。皇帝答應後，又宣王振入伏殿下，太后變臉指責他：「汝侍皇帝起居多不法，今賜汝死。」於是「女官加刃振頸，振叩頭稱萬死，上跪請，諸大臣皆跪」。最後，王振在大家的求情下，逃過一命。這則描聲繪影的記載或非全然寫實，不過可能也非全然虛構。《皇明書》中亦載：「振乃導上日騁於騎射角逐，太后嘗召欲殺之，賴上及輔臣救而免。」推想王振在正統初年即已備受寵信，因被授以秉筆太監之職，而他也想藉此有所作爲，嘗試引導皇帝建立武功，張太后與五大臣都對此破壞和平穩定的企圖深感不安，意圖阻止，卻也難以完全壓制。僵持至正統七年（一四四二），張太皇太后離世，王振「遂擅權作威福」。

王振可說是大明王朝宦官之禍的肇始者，這固與他個人特能得到幼帝英宗的信任有關，不過明朝宦官之擅權，則有更早之淵源。明洪武時雖對使用宦官有戒心，嚴禁宦官干政，有禁其讀書識字之說，但實際上仍用識字和通書算的宦官「備使令」。朱棣靖難曾得宦官之助，故永樂朝乃多重用宦者，使之出使專征，監軍分鎮，領廠衛刺探官民隱私，以特殊管道參與政事機務，可說已屬皇帝權力的延伸。仁宣時雖略加節制其權，卻未眞正改變此情勢，甚而宣德帝更成立內書堂，令大學士教小內侍讀書，無異培育並鼓勵其參政論事。司禮監的內書房掌收通政司每日所封奏章，入掌司禮監的王振因此能掌握朝廷內外信息參與政治，以至力抗群臣，而誘導皇出征，致成奇禍，亦可謂乃情勢使然。

五、正統土木堡之變與景泰、天順政權

張太后與三楊等名臣，共同維持大明王朝的文治盛世，自仁宣以至正統初期，如此局面尚得維持。正統七年（一四四二）張后離開人世後，歷史也迅速翻轉，風雲隨之變色，昔日和平氛圍轉瞬煙消，大明王朝與北方游牧民很快就進入一場新的鬥爭局面。

漠北瓦剌的崛起

十五世紀初，蒙古西北區部族瓦剌崛起，領袖脫歡整合各部，統一漠北，集權手中。正統四年（一四三九），脫歡之子也先繼承其位，更加積極有爲，約至正統九年（一四四四

四）左右，即在明朝北邊四處征伐，其勢力漸橫貫遼東至中亞，對大明構成極大的威脅。雙方對立情勢已近劍拔弩張地步，然大明的邊防卻積弊已深，並未因緊張情勢而振作起來。不過，雙方還維持朝貢通商的關係，只是這也滋生許多矛盾衝突。正統十三年（一四四八）年底，也先就以明朝刁難貢使、苛刻賞賜爲由，侵擾大明邊境。

正統十四年（一四四九）七月也先分道進擊大明邊境，大同明軍迎戰連連失利，王振因此倡議御駕親征，英宗在其鼓吹下，不顧兵部尚書及有識群臣的反對，親率五十萬大軍倉促出發。這是一場沒有詳細規劃的軍事行動，行軍過程任意變動，和瓦剌軍隊不期相遇，又應對失策，一錯再錯，造成軍隊莫名潰散，以致皇帝在混亂中爲敵所擄，據爲奇貨，意圖用以要脅邊將開關。所幸宣府、大同守將不爲所動，敵軍不致隨之入境，直驅京畿，然帝國亦已危在旦夕。

從土木堡之變、景帝登極到奪門之變、英宗復辟

大明官軍死傷數十萬，帝國名將張輔、兵部尚書鄺埜等五十餘名重要官員都葬身戰場，敗戰慘況傳回北京時，群臣聚哭於朝，商議如何守衛京城，卻發現京師疲弱的兵馬不足十萬，人心惶惶下，有人主張遷都。慌亂之際，兵部侍郎于謙挺身而出，力主固守北京，太后也出面召集百官，決議由郕王朱祁鈺監國，動亂局勢因此穩定下來，北京防務也

在于謙的主持下，循序展開，隨後而來的也先軍隊，終於無功而返，退回草原。大明王朝也進入景泰時期。

景泰政權本就出於迫在眉睫的危機而成立，郕王擔任監國之初，群臣就在他面前演出一場極爲血腥的武鬥，對王振不滿的官員在朝上請求誅其全族，王振黨羽錦衣衛指揮馬順出面喝斥，結果激起公憤，被當場打死，眾怒未消又打死另兩名振黨，且將三人曝屍於東安門外。郕王面對如此暴力亂局，極爲驚恐，有意走避，于謙乃加制止，引導他如何順勢穩定局面。景泰朝的權力格局，也大致由此而定，亦即皇帝在亂世中，並非以強人姿態治理國事，而信任依從具有掌控力的肱股能臣。

于謙是穩定景泰朝政局的主導者、操盤手，在其主導下，大明帝國在相當程度上，重新建立起帝國的軍事統治系統。首先是應急的北京城保衛戰。在于謙的規劃與提議下，景泰帝任命他爲提督，總領各路兵馬，他將北京城郭附近居民遷入城內，儲於通州的漕糧由來京官兵先行支取，緊急徵調過來的二十二萬軍隊，分別部署在北京城九門外。這是一場讓大明王朝轉危爲安，極爲成功的防衛戰。這場戰役主要是由于謙所規劃與指揮，參與其事之武將都聽其指揮，這開啓了明代文人領軍的新契機。大明國策本是「兵民分治，文武殊途」，然至永樂時已有文人參贊軍務，涉及兵事，不過這大多只是協助武官料理文書行政，至正統年間開始有御史參與軍事，乃至提督軍務，在軍事行動中扮演要角。于謙在北京防衛戰中，更在戰略與戰術上，都全面參與並主控大局。他是這場戰役的總司令，眞正領導指揮戰事。于謙除了部署北京防衛戰，將也先逐出京師外，也全面性整頓京師的防務工作。他重整京師防衛系統，從原有的京中三營挑出十萬精兵，分成十營重加訓練，任命兵部尙書或都御史一人爲提督，此舉開啓了明代「以文挾武」的體制。

土木堡事變後，大明面臨存亡危機，需要強人領導軍事，然而監國的郕王在性格與地位上都難以扮演此角色，於是，他全心信任于謙，委由于謙全權主持一切。于謙性格嚴毅，勇於任事，道德高超，也能力過人，在亂局中成爲穩定君心民心的中心力量，景泰時期可說就是由此強人來撐持局面。只是，他個人也站於風口浪尖上。最後，在奪門之變後，于謙終於遭到權力的反噬，全力救國使免於亡，而己身竟遭到處決。于謙有〈石灰吟〉一詩表志：「千錘萬鑿出深山，烈火焚燒若等閒。粉骨碎身全不怕，要留清白在人間。」其最終結局，亦可謂求仁得仁。

朱祁鎭被擄後，跟隨也先羈留草原約一年時間，也先本視他爲奇貨，意圖藉以要脅勒索明朝，雖然獲得些許財物，但終究未能進窺國門，最後也先也覺得這個人質用處不大，有意縱其歸國，只是景泰帝坐穩皇位後，已不樂見其兄返國，只是礙於倫理不便峻拒，唯冷淡看待，然有部分官員熱衷促動，在明廷與瓦剌間往來協商折衝，幾經波折後，朱祁鎭終於返回北京。

朱祁鎮回到北京後，被幽禁於南宮，頗受冷落。景泰八年（一四六四）正月，景泰帝重病在床，大將石亨、太監曹吉祥、御史徐有貞等人，乘機發動政變，迎立英宗復位，是爲「奪門之變」。此政變之發生實有令人生疑之處，談遷懷疑：「于少保最留心兵事，爪牙四布，若奪門之謀，懵然不少聞，何貴本兵哉！或聞之倉卒，不及發耳！」

當時，于謙還提高警覺地注意北京城的安危，而皇帝正在重病中，又沒有指定接班人，政治情勢不明朗。爲何在防務上出現如此重大漏洞，讓一千多名士兵潛入紫禁城，攻入南宮帶走重要關係人朱祁鎮？事實上，朱祁鎮應是當時最適合的皇位接任者，未經政變也很可能繼承大位。精明能幹如于謙，應不至計不及此，只是他如何考慮此問題，事前是否對政變的策動一無所知，或知而不反制，這一切都已是不解的歷史之謎。總之，于謙最後雖不幸身亡，卻「留清白在人間」，而迎立英宗者，雖曾一度享盡權位富貴，最後都也嘗到政權的惡果，留下歷史汙名。

六、從海禁到下西洋：亞洲國際秩序變動及其重建

朱元璋在洪武年間逐漸放棄了宋元以來中國政府較積極支持海外貿易的相關政策，強調國防安全不能只因爲沿海民眾對經濟貿易有需求即可以輕言放棄，從而也全盤調整了政

府對國防安全與財政需求的權衡方式，而明初外交政策也作了相應調整，後代不少學者將明初更看重國防安全而減少民間海外貿易的政策改變，極為簡化地泛稱之為「海禁」政策。但其實，這種簡化的稱呼，更多地是一種歷史的刻板印象，既無法對明初政府推行「朝貢」加上「互市」制度的全貌作比較全盤而有效的理解，更嚴重誤解了明代前期中國政府在應對亞洲國際局勢複雜變動而曾經進行的種種實際調整。

另外，在實際因應亞洲國際局勢變動，而藉由推動「朝貢」與「互市」制度而不斷調整國防、經濟與外交相關政策的同時，由永樂到宣德的二十八年之間，明政府還七次派出官方船隊到東南亞、南亞、中東與東非海外地區，開展了後代史家所稱的「鄭和下西洋」。這一系列由「鄭和下西洋」統括的政府外交與商貿活動，雖然在正統初年之後即完全停止，但其由興起到結束，其實反映明代前期政府在外交與經濟政策方面的兩次重要轉型：一次是由洪武體制的基調轉變為永樂至宣德期間的變奏，第二次是正統年間之後放棄永樂變奏而再次回歸洪武體制的基調。

國防安全與經濟利益的權衡：亞洲國際局勢變動下的「朝貢互市」制度

直至今日，「海禁」仍是許多人描述明代外交與經濟政策實施情形的刻板印象，但這遠非當時實情的全貌。如本書第二章指出，朱元璋推行的海禁政策，並非是後世史家極度簡化並片面批判的「閉關鎖國」，而其實是政府禁止人民私自出海貿易，並將海外貿易限縮並規範成爲政府壟斷的官方貿易，其具體運作方式，絕不是禁斷中外商品的所有進口與出口，而是規定海外貿易只能經由官方推行的「朝貢互市」制度來進行。這套制度具體實施的辦法爲：中央政府在寧波、泉州和廣州設立三個「市舶司」管控貿易，各國使臣必須先持有明朝中央政府事先頒發的朝貢「勘合」以及由外國政府正式出具的朝貢「表文」，這才具備「入貢」的權利；而在取得入貢權利之後，外國使節團及其在本國招募的同行商人，才能按照勘合規定的人數與貢品種類前來中國「互市」貿易。簡單說，這套「朝貢互市」制度不是人們就「海禁」字義擴大理解的任何商品進出口貿易都不存在，而是強調「先有朝貢的外交正常關係，才有貿易互市的合法資格」，這才是此套「朝貢互市」制度的基本運作框架。與此同時，政府還嚴格禁止民眾私自出海貿易，而這主要是出諸於明初政府爲了兼顧國防安全以及經濟需求這兩層因素，因而才對宋元海外貿易制度做出了制度性變革。

明朝統一中國之初，不僅日本國內政局動盪引發倭寇持續侵擾高麗與中國沿海的威脅，由元末以來仍然持續加大，而方國珍以海軍爲主的武裝力量在明初仍活躍於福建沿海，甚至還常與倭寇相互串連。簡言之，沿海來自日本倭寇與方國珍餘部這兩大勢力的威脅，在明初仍然構成政府無法輕忽的國防安全問題，不能因爲海外貿易有利沿海民眾生計或是地方權勢利益，便可坐視不理，因而明初政府才做出與宋元積極推動海外貿易頗不相同的決策。朱元璋過世之後，這項特別偏重國防安全的政策製訂與推動態度，即是永樂以迄天順年間明代前期政府推動並調整朝貢互市制度的重要背景。

明代前期朝貢互市制度的持續調整，不僅是政府爲了兼顧國防安全與經濟財政兩方面需求而不斷進行權衡的結果，也影響到政府在外交政策方面的變動。明初外交政策與元代也存在很大的差異，許多學者強調元朝外交政策是「活力四射、幅員遼闊、胸懷四海」，而明朝便顯得「缺乏世界性，與外國的深入交流不足，在亞歐大陸的舞臺上顯得不夠自信」。但這種印象恐怕也頗爲誤導人，據新近研究指出：明朝皇帝不僅「持續而慷慨地支持藏傳佛教」，並「在京師修建寺廟、資助成百上千的藏僧」；不止積極支持西藏宗教活動，明朝皇帝還對蒙古和中亞的「信仰、人物、飛禽走獸」持續展現興趣。同時，在面對北元及其繼承者的強大威脅，明代政府則「竭力使亞歐大陸的其他地方相信天命已易」，而面對外族的才智之士，明廷也努力做到「不論出身，唯才是舉」，包括「延攬並任命蒙古人爲明軍高級將領」，而蒙古人、女眞人、朝鮮人、越南人和畏兀兒人，也都可以入仕明朝爲官。總之，明朝政府一直「試圖表明自己在整個區域內都有足夠強大的軍事實力來抗衡蒙古勢力」。具體來看，無論是在東北亞或是東南亞的外交經營，明朝前期政府都曾經透過朝貢互市制度調整而做出了不少成果，並與當時亞洲國際秩序的重塑，產生微妙並且重要的互動關係。

元末以來，因爲日本國內戰亂與政局動盪，中國與朝鮮沿海都受到來自日本倭寇以及當時東亞海上出現海賊的嚴重侵擾與燒殺，這些頗爲嚴重的民眾身家財產與國防安全問題，到了明初依然未能解決。朱元璋即位，便十分用心部署並操練、輪調當時專門用於海防的衛所軍隊，還努力加強水寨、船艦等海防基礎設施。與此同時，朱元璋還多次派使者到日本，希望日本政府莫再縱容國內倭寇侵擾中國，可謂是以軍隊建設與外交工作雙管齊下，藉以解決沿海各地不斷受到日本倭寇侵擾的嚴重國防安全問題。朱元璋之後，由永樂到天順年間，政府於海島維繫的不少水寨，確實可與朝貢互市制度共同承擔起兼顧國防安全與經濟財政需求的正面作用。

明代前期政府延續經營海防體系，但後來十五、十六世紀出現海防鬆弛的弊病，加上當時國內外各類「海賊」興起與相互勾連，才讓倭寇問題再度惡化，演變成極度困擾明代後期政府的所謂「北虜南倭」巨大國防問題。明初在沿海謹慎挑選具有重要防衛功能的島嶼設置「水寨」，明人唐順之（一五〇七—一五六〇）稱讚明初海防軍隊制度運作「至爲精密」，故而可以「據險伺敵」保衛國防安全。可惜後來海防將領與士兵因爲不堪衛戍水寨的辛苦，漸漸將水寨由「海島移置海岸」，這不僅造成之後的海防漏洞，甚至還使水寨故地的險要海島拱手讓人，淪爲「海賊據以爲巢」的不利局面，唐順之感嘆：十六世紀成爲海賊走私基地的「雙嶼、烈港、浯嶼諸島」，其實「皆是國初水寨故處」。但在明朝初年，海島設立的不少水寨確實可與「朝貢互市」制度共同承擔起保障國防安全的作用。

明初重建的朝貢互市制度，維繫著當時明朝外交關係的基本正常運作。學者統計洪武朝三十一年間，明政府派出使者三十次，共計訪問過周邊十二個國家，同時，此期間也有十七國使者先後一百三十五次訪問中國。朱元璋總結他心中視爲理想外交關係的「睦鄰政策」，並將其寫入《皇明祖訓》爲所謂的「不征之國」，其基本外交指導原則爲：四方諸夷若「不自揣量，來撓我邊，則彼爲不祥」，明朝政府肯定要有能力保衛國防安全；然而，外國既然「不爲中國患」，則「我興兵輕犯，亦不祥也」，朱元璋告誡子孫繼位者不可以「倚中國富強，貪一時戰功，無故興兵，致傷人命，切記不可！」不過，也有學者指出朱元璋的外交政策在洪武朝後半期「轉而內向」，變成更加專注於國防安全的「防衛面向」，對外交關係不夠重視並在執行外交政策時有些不夠靈活，因而朝貢國數目開始不斷減少，這在日本、朝鮮乃至東南亞的爪哇諸國都特別明顯。要等到永樂即位之後，才在外交政策方面做了更積極與更靈活的有效調整。

整體說來，朝貢制度確實包括中國政府來自兩方面的務實考慮：一是可藉由勸說周邊國家進入朝貢體系而更好地保障中國國防安全；二是在中國本土朝代易主之際，可以更好地「確立新王朝正當性」。有學者喜歡嘲諷朝貢體系反映傳統中國在國際關係上唯我獨尊的自大情結，甚至呈顯出某種不切實際的片面幻想，但是，我們還是應該特別注意朝貢制度背後確實反映明太祖以至永樂皇帝對國防安全與國家正當性的兩方面務實考量，同時，也不應忘記：朝貢制度建立的基礎，就是強調中國與外國政府之間的「兩相合意」，明朝政府基本從未強迫鄰國或周邊政權到中國朝貢，更不用說是像十六世紀以後歐洲諸國到海外強占領土與收括資源。比如說日本有時也到中國朝貢，但在歷史上的大多時間其實都並不來中國朝貢。而在整個洪武年間，日本也從未到中國朝貢，明朝派出使者甚至還遭到日本九州地方政府的殺害與禁錮。直到永樂二年（一四〇四），日本政府才正式派貢使到中國朝貢，而這個轉變主要是由當時日本主持國政的大臣足利義滿（源道義）所做的政治決斷，然而，足利義滿這個決策在當時與之後的日本國內都受到不少輿論責難，甚至足利義滿死後，其兒子即拒絕向明朝朝貢，後來幾經變動，日本才又重新朝貢明朝，但自嘉靖二十六年（一五四七）之後，日本又中斷了與中國的朝貢關係。只是，面對這種朝貢外交關係的起伏變化，明朝政府看來也並不真正介意，也未曾強迫日本朝貢。畢竟，「兩相合意」才是朝貢外交關係具體制度操作的基石，這是基本史實。

永樂朝貢互市與外交的發展

洪武朝之後的朝貢互市體系有所發展，特別在永樂朝更是積極拓展相應的外交與經濟關係。中國政府之所以願意接納日本朝貢，也有保護中國沿海民眾生命財產與國防安全的重要考量，因爲日本承諾將會加強抑制國內倭寇對中國沿海的劫掠。明成祖在給日本幕府派來的朝貢「正使圭密」與「副使中立」寫有一份敕諭：「爾國王源道義，忠賢樂善，上能敬順天道，恭事朝廷，下能祛除寇盜，肅清海邦。王之誠心，惟天知之，惟朕知之。朕君臨萬方，嘉與民物，同囿泰和。亦惟爾王能知朕心，今爾將王命，遠至京師，達王悃款，敬恭使職。朕甚爾嘉，特賜勑奬勞，仍賜特果四品，爾其受之。」這份敕諭稱讚日本政府「下能祛除寇盜，肅清海邦」，指的便是源道義終於積極配合明朝自洪武以來希望日本政府協助清除倭寇爲害中國沿海的要求，而「嘉與民物，同囿泰和」，則是肯定日本政府與明朝政府都在本國實施嘉惠造福百姓的符合「天道」相關仁政。

至於明朝與朝鮮的外交關係也歷經變化。洪武年間正好歷經朝鮮由高麗王朝變爲李朝的政治變動，高麗國王王顓（一三五一—一三七四，高麗恭愍王，蒙古名伯顏帖木兒）在元朝與明朝爭鬥過程中曾經偏向明朝一方，明朝也在洪武三年（一三七〇）接受了高麗的朝貢。然而，之後高麗王朝內部政爭致使高麗國王被殺，朱元璋不禁心生警惕，雙方外交關係因此生變。朱元璋的警惕其實很有道理，因爲高麗王朝內部本來就有支持元朝乃至之後北元政權的高麗貴族勢力。在多方評估朝鮮半島政治局勢發展之後，朱元璋才於洪武十八年（一三八五）重新接受高麗納貢，其中過程有如洪武十八年正月明太祖給禮部官員的諭文寫道：「（王顓）稱臣入貢，朕嘗推誠待之，大要欲使三韓之人舉得其安。豈意王顓被弒而殞，其臣欲掩己惡，來請約束。朕數不允，聽彼自為聲教；而其請不已，是以索其歲貢。然中國豈倚此為富！不過以試其誠偽耳。今既聽命，其心已見，宜再與之約，削其歲貢，令三年一朝貢，馬五十匹，至二十一年正旦，乃貢。」

由這份諭文可以見到朱元璋仔細評量是否准許高麗重新朝貢的一些重要線索。明朝本來要與高麗在洪武二十一年（一三八八）重啓朝貢外交關係，但隨著高麗政府重新倒向北元並發兵進攻明朝遼東地區，接著在洪武二十二年（一三八九）高麗大將李成桂回師篡奪王位，並在洪武二十五年（一三九二）正式建立李朝，兩國外交關係又再度中止。等到朱棣靖難成功並向國外派出使節宣布改元永樂，李朝首先來賀，這便重新展開了明朝與李朝兩國外交關係。等到永樂帝遷都北京，因為地緣之便，兩國關係變得「更為親密，使臣往來頻繁」，兩國經貿活動在實際運作中更是逐漸突破了朝貢互市制度的基本框架，而「發展到民間貿易往來」。

明朝與高麗之間的密切外交關係，不僅受地緣鄰近因素的影響，還因為由元末到明代前期，兩國都同時面臨來自日本倭寇與海賊的武力威脅，因而有著合作打擊倭寇的共同利益。早在洪武年間，明朝的火藥與戰船技術都曾陸續傳入朝鮮。永樂之後，兩國更是發展出頗為密切的外交關係。雖然兩國交往也曾出現一些負面因素，特別是永樂年間常由宦官帶領明朝使節團赴高麗進行冊封禮儀活動，宦官需索禮物賄賂的貪得無厭以及種種無禮舉止，有時也很傷害朝鮮君民情感，如一四〇三年李朝國王設宴款待明朝使節團，即曾因為宦官黃儼等人「舉止無禮」，致使朝鮮國王甚感「不愜，促宴而罷」。這類有失禮儀與體統並令朝鮮君臣不快的場面確實有所發生，但在明朝前期，也逐漸出現由明朝士大夫率團出使朝鮮的事例，因緣際會，連帶形成朝鮮世宗大王（朝鮮王朝第四代國王，一四一八—一四五〇在位）因為當時明朝使節團不肯私收禮物，便改由朝鮮士人贈詩餞行明朝使節團，舉辦了雙方賦詩唱和的一種文化活動。明朝景泰年間，在朝鮮境內便結集出版了朝鮮與明朝雙方士大夫吟詠詩詞的專書《皇華集》，從而開創了兩國「詩詞外交」的文化交流重要傳統，奠定兩國外交關係更加能夠良性互動的堅實基礎。

洪武五年（一三七二）元月，明太祖派使節赴琉球告知明朝建立取代元朝，同年十二月《明實錄》記載了琉球「中山王察度遣弟泰期等奉表貢方物」，明太祖隨即將明代實施的《大統曆》以及織金文綺、紗羅各五匹回贈琉球使者泰期。洪武二十五年（一三九二）五月，察度獲得明太祖認可而派遣日孜每、闊八馬、仁悅慈三人進入明朝南京國子監就學成為「官生」。永樂元年（一四〇三）朱棣以「靖難」名義奪取明朝政權之後，也隨即派人往琉球進行招諭，繼察度之後取得琉球中山王王位的察度世子武寧也在朝貢中國之後襲封為中山國王。從此，琉球成為朝貢明朝次數最多的國家，日本學者秋山謙藏的《日支交涉史研究》曾經統計，終明之世，琉球總計朝貢中國一百七十一次，而朝貢次數居於第二名的安南則是共計八十九次，排第六名的暹羅是七十三次，第十名的朝鮮是三十次，第十二名的滿剌加（馬六甲）是二十三次，日本則是朝貢十九次而居於第十三名。

琉球向中國派遣留學生的制度一直持續五百年之久，這對拉近其與明朝的關係也十分具有正面作用。日本學者高良倉吉指出：琉球官派遣留學官生制度既爲琉球「育成眾多人材」，也爲中國文化傳入琉球「扮演了重要的角色」。也很值得注意的是：在察度於洪武年間向明朝朝貢的同時，明太祖即派出「閩人三十六姓」抵達琉球以協助朝貢所需之海上運輸工具。「閩人三十六姓」是個泛稱，並不特指固定的三十六個姓氏，他們基本上是擅長造船與航海技術的一批福建民眾，這些福建移民在琉球定居之後，陸續形成所謂的「唐營」或是成爲「久米村」。而當琉球其後以政府力量在中國、日本、朝鮮、暹羅（泰國）、安南（越南）、爪哇、舊港（巨港）、滿剌加（馬六甲）、佛太泥（北大年）等地展開亞洲海洋貿易的兩百多年時間裡，這些福建移民便成爲在琉球負責造船、航海、通譯以及編纂海貿公文書信的一大群專業人材。

總的來看，琉球之所以能在二百多年間開展出興盛的亞洲海洋貿易，一方面是因爲琉球借助其與明朝建立友好穩定的朝貢互市關係，使其能在中國掌握更好的商機，在中國大量購入生絲、瓷器等熱銷商品，之後即持以轉售東南亞與日本等地；另一方面，琉球也相當程度地受惠於明太祖實施的海禁政策，讓原先極活躍的中國沿海商人不再能夠積極參與亞洲海上貿易，從而給予琉球政府進行海外貿易以行銷中國、東南亞、日本各地熱銷商品的寶貴空間。儘管如此，也還是可以留意：長期掌握琉球官營海外貿易的主要人材，也仍是明初「閩人三十六姓」那批福建移民的後代。一四五八年（明朝天順二年）在琉球王宮「首里城」的正殿，開始懸掛一座「萬國津梁之鐘」，鐘上銘文先是介紹琉球串接朝鮮、中國與日本的優越交通位置：「琉球國者，南海勝地，而鍾三韓（朝鮮）之秀，以大明（中國）爲輔車，以日城（日本）爲唇齒」，銘文繼而總結了當時琉球極爲發達的亞洲海上貿易：「以舟楫爲萬國之津梁。異產至寶，充滿十方剎」，這也印證了明朝前期實施的朝貢互市搭配海禁制度，其實也構成了當時亞洲國際外交與經濟貿易秩序的基石。

明朝與東南亞的外交關係也頗爲複雜。明太祖雖然能與安南、暹羅維持比較穩定的朝貢互市關係，但在爪哇與蘇門答臘，則因爲本地政權興衰而產生較大衝突。洪武十年（一三七七）十月，明太祖派出使節團冊封位於蘇門答臘的「三佛齊」（Srivijaya）國王（唐代原稱「室利佛逝」，宋代改稱三佛齊），但三佛齊王國於元代已然國勢陵夷並且受制於位居爪哇的「滿者伯夷」（Majapahit）王國。明太祖授予「三佛齊國王之印」，有如挑戰了滿者伯夷國王在南海的統治地位，因而出兵殺死明朝冊封使團三百多人，還一併誅殺了三佛齊王室成員。明朝使節團遭到殺害的消息，慢慢傳回明朝，明太祖在洪武十三年（一三八〇）才正式向爪哇國王派來中國朝貢的使節提出嚴重警告，指責其國殺害三年前明朝派往三佛齊的冊封使團，但最後，明太祖還是選擇低調處理而不再深究，只是，明太祖決定自此拒絕爪哇再來中國朝貢，這也等於是將取消爪哇到中國互市貿易作爲一種經濟懲罰。然而，爪哇的滿者伯夷王國自此便也更能阻止南海許多國家前往中國朝貢，使得朝貢中國的南海國家後來便只剩下安南、占城、眞臘與暹羅。這種情況也如鄭永常所論證，滿者伯夷王國可謂成功保住了其在南海地區的宗主國地位，並且基本阻絕了阿拉伯與印度商船由爪哇開赴中國貿易的原先重要商業通道，致使蘇門答臘以西的印度、阿拉伯甚至東非等「西洋」各國，不再能與中國維持外交和經貿關係，洪武時代乃陷入與南海諸國外交關係「最低潮的年代」。洪武朝這種低迷的國際外交與經濟貿易局面，要等到永樂皇帝透過更加積極並且靈活有效的外交與軍事策略，才能做出有意義的實質改善。

明成祖登基伊始，即對朝貢與貿易政策作出重大調整，如《明太宗實錄》記載永樂帝作了此項宣布：「太祖高皇帝時，諸番國派遣使來朝，一皆遇之以誠。其以土物來市易者，悉聽其便。或有不知避忌而誤干憲條，皆寬宥之」，其具體的外交政策改變便是：不再制裁日本與爪哇，而針對占城控訴安南侵擾之事，明成祖也以「茲不深究」來對安南稍稍提了口頭警告，可見明成祖更想要的是盡快改善與擴大更多國家之間的朝貢互市關係，特別是要打通馬六甲海峽受到爪哇王國的強力阻絕，永樂二年（一四〇四）正月二十一日，明成祖即特別宣布「將遣使西洋諸國」，這也反映出明成祖其實要比明太祖更加理解當時南海的政治軍事局勢，並且也更有決心做出有效反擊與改變，這也是明成祖派遣鄭和「下西洋」的關鍵原因。鄭永常指出：隨著鄭和船隊以龐大海軍爲後盾而多次駛往南海與西洋各國，頗爲有效地引起許多南海國家出現倒向中國的某種「靠邊效應」，特別是明成祖還靈活結合馬六甲國王意圖擺脫暹羅王國控制的強烈心願，以明朝強大海軍實力制約暹羅王國對馬六甲王國的嚴重軍事威脅，而馬六甲王國也更積極地參與明朝的朝貢互市體系，不僅掌控馬六甲海峽這個重要通道以協助其他有意重回中國朝貢貿易的「西洋」諸國，更將馬六甲王國作爲鄭和下西洋船隊的重要軍事補給基地，配合明朝有效打擊了控制蘇門答臘舊港的陳祖義勢力，讓暹羅王國與爪哇王國都無法繼續在東南亞地區阻止其「屬國」重新與中國建立朝貢互市關係。明成祖結合馬六甲王國，制訂了足以有效節制爪哇與暹羅王國控制南海地區的外交與軍事政策，對照於明太祖顯得既消極又被動的外交與國防政策，這可謂是一種積極應對並能有效扭轉外交與國防情勢的「變奏」。

如濱下武志所指出，朝貢互市制度作爲明朝基本外交框架而展開的亞洲國際關係史，可視爲是以中國爲中心而演化出來的一整套「商路、移民路、口岸城市與商業網絡」，這套體系重新形塑了亞洲經濟圈，其中最明顯的例證，就是琉球憑藉其向明朝朝貢與互市的有利地位，在中國商人受「海禁」政策影響而無法積極參與海外貿易的背景之下，在十四至十六世紀成爲串起中國、日本、朝鮮以及東南亞諸國進行各自特色商品交換的海洋進出口貿易中心。即使西方海權勢力在十六世紀初年來到亞洲，也得要面對這套既有朝貢互市外交與經濟秩序的制約，並且必須共同參與到既有的亞洲國際秩序行列之中。不止如此，也有學者指出：朝貢互市體制其實還在亞洲「界定主流品味，創造了時尚、行爲兩者的標準」。如果比起西方貿易與外交那種「源自對（單方）最大獲利的關注」，那是一種名義上號稱平等，但其實難免不少欺凌，相形之下，明朝重建的朝貢互市體系其實並非那麼不堪。

整體來看，參與「朝貢」的國家與地區之間的外交關係，其實是與「互市」的國際貿易與商業制度相互鉤連在一起，不能簡單地只把朝貢貶抑爲中國政府作爲「天朝上國」而對外國妄自尊大以及不顧政治與經濟實際的顢頇制度。有學者指出：維繫禮制的「朝貢」，加上市場牟利的「互市」，兩者其實共同構成有異歐洲國際法的政治外交圈。在禮制框架下，中國得天子之名，外國則既能通商，又可藉以均衡國內外關係，各取所需的「朝貢」體系，其實眞比後出的歐洲「國際法」體系更加不平等嗎？或許這也是個問題。

七、鄭和船隊七下西洋：由永樂變奏到正統年間重歸基調

永樂到宣德的二十八年之間（一四〇五—一四三三）鄭和船隊的七次下西洋，每次用船大約有二百艘，包括了寶船、戰船、糧船、（運）水船等各類型船隻。七次航行的時間與主要發生事件，依序爲：第一次的永樂三至五年（一四〇五—一四〇七），包括寶船六十二艘，官兵約計二萬七千八百人，經呂宋、蘇祿、浡泥、占城、舊港（Palembang 蘇門答臘巴領旁）、滿剌加（Malacca 馬六甲）到印度古里（Calicut）。第二次在永樂五至七年（一四〇七—一四〇九），此次航行在錫蘭山立碑，碑文兼用漢字、泰米爾文以及波斯文。第三次是永樂七至九年（一四〇九—一四一一），由滿剌加再分多路航行。第四次爲永樂十一至十三年（一四一三—一四一五），航線首次到達東非的麻林（Malindi）等地區。第五次，永樂十五至十七年（一四一七—一四一九），此次航行還將東南亞、印度、阿拉伯、東非各地使節與番王帶赴北京，參加了北京舉行的定都大典。第六次是永樂十九至二十年（一四二一—一四二二）。第七次，宣德六至八年（一四三一—一四三三），船隊規模包括了六十一艘寶船以及大約軍士二萬七千五百五十人。

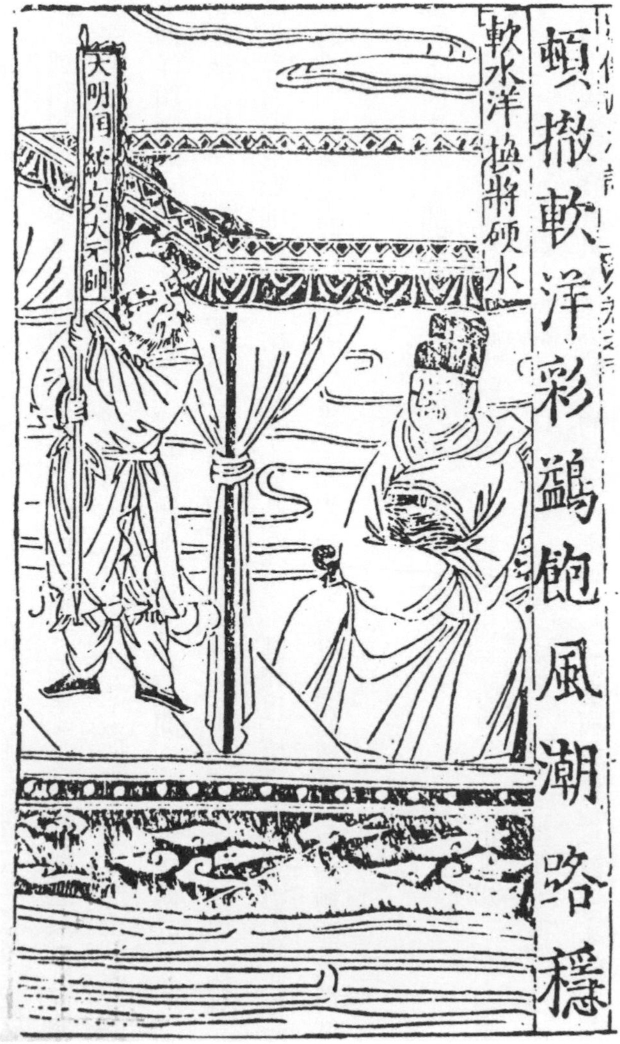

圖 4-2　晚明小說中的鄭和圖像，取自〔明〕羅懋登，《三寶太監西洋記通俗演義》，收入《古本小說集成》。

鄭和

鄭和（一三七一—一四三五？）爲雲南昆陽人，本姓馬，人稱三寶（又作三保）太監。先祖居西域，是一位「同時信仰佛教、道教和伊斯蘭教的回民」。因爲信奉伊斯蘭教，鄭和的祖與父輩皆曾到「天方」（Mecca 麥加）朝聖，受尊「哈只」（Hadj 朝聖者）。洪武十五年明軍攻取雲南，馬和遭擄爲小太監，後隨燕王征戰，成祖即位，賜姓鄭。鄭和下西洋船隊雖在宣德八年結束，但其影響則長期存在民間：「隨著隆慶元年（一五六七）朝廷准許民間前往東南亞貿易，喚醒了留存民間的鄭和下西洋的歷史記憶，激發起福建、廣東等南方沿海地區的下南洋潮」，與此同時，「鄭和也在東南亞地區漸漸演化成華僑崇拜的神明」，東南亞不少地方「留傳著諸多關於三寶太監的遺跡、遺物和種種神奇傳說」。

鄭和下西洋留下的記載

值得注意的是，率領龐大船隊出洋遠航的明代「航海家」不止鄭和一人，還至少包括王景弘、李興、朱良、周滿、洪保、楊眞、張達、吳忠，這一大批航海家的存在與貢獻，也是中國海洋發展史很值得關注的現象。鄭和船隊的參與者或是「航海家」，也留下一些寶貴經歷與親身見聞，其中包括幾部著名的專書，如馬歡的《瀛涯勝覽》（其書還有英譯本）、費信的《星槎勝覽》、鞏珍的《西洋番國志》。至於鄭和船隊留下的航海文獻與地

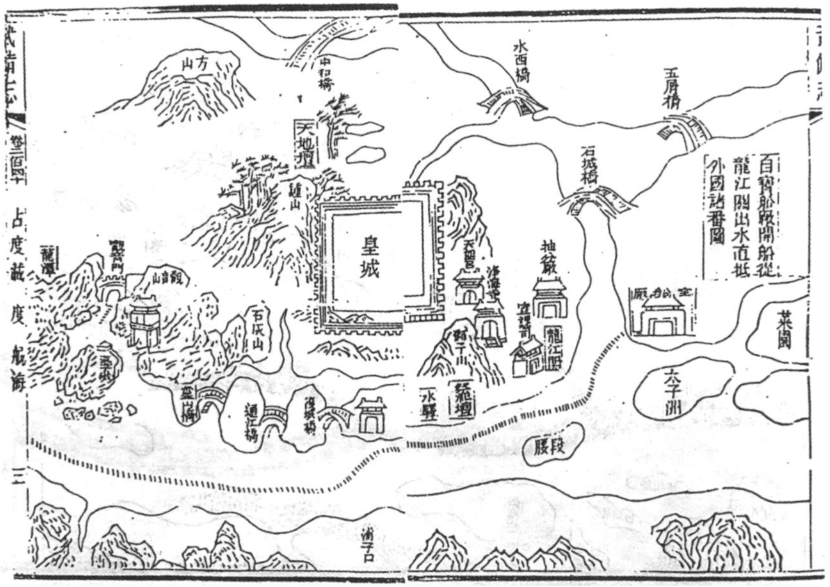

圖 4-3　位於南京的「寶船廠」是「鄭和下西洋」船隊航行的初始基地。〔明〕茅元儀《武備志》，收入《四庫全書禁燬叢書》子部。

圖，則至少包括《自寶船廠開船從龍江關出水直抵外國諸番圖》（向達將此圖整理爲《鄭和航海圖》出版）以及記載建造鄭和船艦的南京龍江造船廠的《龍江船廠志》。鄭和船隊下西洋還留下一些相關碑文，如劉家港天妃宮的〈通番事蹟記〉、長樂縣南山寺〈天妃靈應之記〉。另外，鄭和船隊參與官兵的名錄，則也有如《衛所武職選簿》殘卷等現存檔案記錄。還有一些相關小說資料也值得注意，如晚明於萬曆二十五年（一五九七）出版的羅懋登《新刻全像三寶太監西洋記通俗演義》。甚至如後代流傳的玄奘《大唐西域記》，陳垣也發現有後世版本摻入了鄭和下西洋船隊的相關記錄，記載船隊於永樂三年（一四〇五）駛入「錫蘭山」王宮所在港口時，曾經「禮請佛牙至舟」，結果此後航行雖然「歷涉巨海，凡數十萬里」，但船隻行走海上仍然是「風濤不驚，如履平地」，並且，船隊所有「舟中之人」，也都是「安穩快樂」。

支撐鄭和船隊的重要組織與科技基礎

支撐鄭和船隊的重要組織與科技基礎，至少包括四類：第一，在明朝初年之前，即已確定擁有的傳統中國航海科技基礎，其中包括羅盤、沙漏、針經以及星圖（傳統中國對標北極星，而不是太陽），同時，還有足以增強船體安全設計的「水密隔艙」。第二，明朝初年航海技術有些新發展，特別是「寶船」這類排水噸位極大的遠航船隻，有學者估計其船體可能為一四〇×五四公尺，吃水可能達到二千噸。儘管學界針對明初「寶船」實際規模與噸位仍有不同估計，但無論如何，其船型之大，確實不是同時期以及稍後的歐洲船隻所能比擬，如歐洲當時較大的威尼斯帆船，船體只是五〇×六公尺，吃水只有五十噸，兩者船體差距恐怕有四十倍。第三類組織與科技基礎，則涉及保障鄭和船隊運行而建立的後勤體系，這包括戰船以及用以運水、運糧的專屬船隊。同時，還有位於南京的「龍江寶船廠」，在此製作並修理各式應用船隻。除此之外，還得搭配用以搜集相關訊息的天文臺與日晷，以及用來訓練通譯人才的南京「四夷館」通譯學校。並且，還有一系列由太倉劉家港到沿途各國或海外地區用以支持船隊補給的諸多港口，如馬六甲的滿剌加、位於印度的古里。第四類組織與科技基礎，則是航海圖，這裡面涉及當時用以製作各類針圖或海圖的可能技術。

鄭和船隊的派遣及其七次成功遠航，其實是累積自北宋以來中國五百年的航海實力，鄭和船隊本身憑藉諸多航海科技爲基礎，並以船隊組織者本身具備的豐富航海經驗作爲「底氣」，如參與第七次下西洋（一四三一—一四三三）的鞏珍，即記錄其航行海上的親身經歷：「往還三年，經濟大海，綿邈彌茫，水天連接。四望迥然，絕無纖翳之隱蔽。惟觀日月升墜，以辨西東，星斗高低，度量遠近。皆斲木爲盤，書刻干支之字，浮針于水，指向行舟。經月累旬，晝夜不止。海中之山嶼形狀非一，但見於前，或在左右，視爲準則，轉向而往。要在更數起止，記算無差，必達其所。」所謂的「記算無差」，充分反映當時「水羅盤」與「針經」等足以作爲海洋導航工具的基本可靠性。

鄭和下西洋船隊的開銷究竟有多大？長期以來，學界苦於缺乏基本史料而一直無法估算。史籍傳說，鄭和下西洋的政府相關檔案，已於明代成化年間（一四六五—一四八七）遭到銷毀。據說明憲宗曾派太監到兵部索取下西洋的「水程資料」，兵部尚書項忠即派吏員檢索部內舊案，兵部侍郎劉大夏得知消息，立即先行調出相關檔案並將其藏匿起來。項忠爲劉大夏直屬長官，質問其何以如此做！根據劉大夏的《劉忠公遺集》，劉大夏當時如此回答項忠：「三保太監下西洋，費錢糧數十萬，軍民死者萬計。縱得珍寶，於國家何益？舊案雖在，亦當燬之，以拔其根，尚究其有無耶？」鄭永常在《海禁的轉折：明初東亞沿海國際形勢與鄭和下西洋》指出：上述劉大夏這段「費錢糧數十萬」的指責，顯然是未將造船費用考慮在內。若以明代造船費用相關史料結合鄭和船隊艦隻數量作估算，則鄭和下西洋單是造艦費用便已超過一百二十七萬兩白銀，這應該已占當時明朝國家「糧稅收入」的一〇・一九％，朝廷大臣對下西洋龐大花費所產生的焦慮因而是很可理解。

不過，大體說來，鄭和下西洋致使明代原有的朝貢貿易體制更進一步轉型成爲東亞國際體系的新規範。鄭和下西洋重塑了明太祖對許多東亞國家無法有效規範的新國際秩序，特別是諸如打擊了在蘇門答臘舊港阻礙馬六甲通航的陳祖義，以戰屈服了錫蘭山國國王亞烈苦奈兒，還有俘虜了在蘇門答臘篡位的蘇門答臘國僞王，這些基於海軍力量而來的外交與軍事事件，都強化了明代朝貢互市體制的穩定運作。如同鄭永常所作的觀察：明成祖對於日本、爪哇、暹羅等主要強敵，是以「懷柔外交」化解雙方之間的矛盾與衝突，因而「間接壓縮」了這些強勢國家的勢力範圍。更重要的是，明成祖透過鄭和下西洋船隊等軍事與外交手段，極有效地扶助了馬六甲王國的安全與穩定，這也標誌著明朝開始能夠「積極插手干預南海事務」，從而「意外成就了」馬六甲王國成爲國際貿易營運中心。在十六世紀初年葡萄牙人勢力來到南海與東亞之前，十五世紀的百年之間，亞洲海域國際秩序井然，沒有太大的軍事衝突，這可謂是鄭和率領一群中國航海家以「寶船巡航」南海與西洋的結果。鄭永常因而評論道：「鄭和的巡航在政治、軍事與貿易之間取得了平衡點，使南海及印度洋國家在不知不覺中嵌入了大明帝國的朝貢貿易體制下」，即使在鄭和下西洋結束之後仍然在百年之間發揮著積極的影響力。

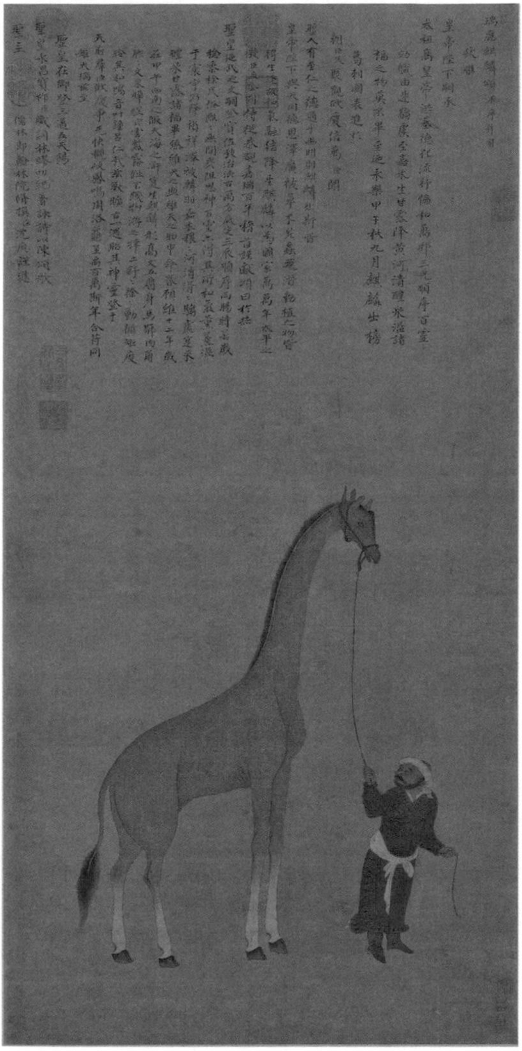

圖 4-4　明人畫麒麟。臺北國立故宮博物院提供。畫中所謂的「麒麟」，明顯即是指原本棲居於非洲的長頸鹿，此與鄭和下西洋船隊應有密切關係。

鄭和下西洋的結束：從「變調」到「重歸基調」

第七次鄭和船隊遠航之後，明朝等於基本放棄了明成祖在外交與軍事政策方面的「變奏」，沒有了海軍力量的巡航，明朝又重新回到明太祖建立的較不積極進取的朝貢貿易政策，早在明宣宗時期，海外朝貢國家數量便已開始大量減少，慢慢又重新回到洪武末年的情況。然而，即使後來鄭和下西洋船隊終止，民間卻不可能沒有「餘波盪漾」。歷經七次、歷時二十八年的鄭和下西洋，儘管明朝政府此後不再派遣大規模海軍出洋，而下西洋相關檔案也在成化年間遭到有心人的銷燬，但是，當年那麼龐大的鄭和下西洋船隊親歷者，無論是每次超過二萬人的船隊成員，乃至於參與造艦、繪圖、補給、通譯等等事務的官方與民間人員，也都很難將鄭和船隊事蹟徹底遺忘。早在宣德六年（一四三一）九月即有寧波知府鄭珞建議減緩民間「出海捕魚之禁」以利沿海民眾生計，宣宗則批駁其「知民利，而不知爲民患」、「貪目前小利，而無久遠之計」，雖然海禁依舊，但民間呼籲開放出海捕漁乃至貿易的需求只會愈來愈迫切。面對沿海居民「私下番貿易，及出境與夷人交通」，宣宗命令行在都察院「揭榜禁戢」，但在廣東沿海，已然是「海寇屢出爲患」，這種民間經濟生計的強烈需求，在鄭和下西洋船隊終止之後的百年間愈演愈烈，十五世紀後半，中國沿海的海商與海盜逐漸增多，而且兩者之間的身分差別，也愈來愈難以劃清，因爲政府抓捕厲害便成爲海盜，而各地官員接受賄賂打點便相當於海商，海禁政策的有效執行，也面臨愈來愈大的挑戰。

歐洲地理大發現及殖民

另外，不妨再作點有關「早期全球化」的中外歷史比較。鄭和下西洋（一四〇五—一四三三）的大約半個世紀之後，歐洲海外探險活動才崛起，主要包括了葡萄牙王子「航海家亨利」（Henry the Navigator, 1394-1460）在葡國西南部建立用以探勘世界的航海基地，他派出的船隊沿著西非海岸，既試圖尋找黃金，也想聯合傳說位於非洲的「祭司王約翰」以對抗處於「絲綢貿易之路」的中東與西亞回教徒。一四九一年，西班牙將土耳其人趕出伊比利半島。一五七一年爆發Lepanto海戰，威尼斯、西班牙與教皇聯盟海軍擊敗了鄂圖曼帝國海軍。

一四八六年，狄亞士（Bartholomeu Dias, c.1450-1500）船隊繞行好望角（Cape of Hope）與非洲東岸。一四九二年之後，哥倫布（Christopher Columbus, 1451-1506）航越巴哈馬群島、加勒比海島嶼以及中美洲。一四九七年，達迦馬（Vasco da Gama, 1469-1525）繞抵非洲東岸，航越了印度洋。一五一九年，麥哲倫（Ferdinand Magellan, c.1480-1521）由南美洲越太平洋關島，而於一五二一年抵達菲律賓群島，麥哲倫與菲島土酋爭鬥被殺，剩餘的麥哲倫船隊船員，自印度洋回返歐洲時已是一五二二年，象徵著人類歷史上首次有人正式完成了「全球首航」。這也構成了後來所謂「西升東降」這近五百年人類歷史的「開端」。

然而，這時其實中國的「東降」尚不顯著，而所謂「西升」也恐怕只是十九世紀之後歐洲軍事與經濟、科技強勢主宰全球之後的一場「美麗的回顧」。環顧鄭和下西洋之後半世紀的歐亞大陸實際情況，歐洲當時向外發展其實並不順利，往亞洲的貿易與交往，深深受到鄂圖曼土耳其軍事武力的強大壓制。先是一四二一年十二月鄂圖曼土耳其圍攻拜占庭，切斷了歐洲往香料群島與中國的中亞陸上絲路，並且還逐漸在埃及壟斷了歐洲與西亞、中東往東方進行的「香料貿易」。一四五三年，土耳其攻陷君士坦丁堡，滅亡了東羅馬帝國，更是震動全歐洲。

即使是一五二二年麥哲倫船隊完成的全球首航，在當時恐怕也並未爲歐洲帶來什麼眞正了不起的成就，但麥哲倫船隊何以在後來成爲人類歷史的一件「里程碑事件」？這大概仍是十九世紀塑造「西升」人類歷史故事才逐漸開展出來的吧？回到麥哲倫船隊全球首航的歷史場景，當時恐怕展現出兩種「特殊勇氣」：一是麥哲倫船隊在一五一九年（正德十四年）啓程，而於一五二二年（嘉靖元年）返航的第一種勇氣，這基本像是某種「玩命式探險」。一五一九年八月十日，麥哲倫率維多利亞（Victoria）等五艘船隻上的大約二百三十七名船員，自西班牙南端塞維亞（Seville）港啓程，而等到船隊於一五二二年返抵西班牙時，全部船員僅倖存十八人。航行在未知的大海上，需要「玩命」般的勇氣，這確實是特殊並且無與倫比。然而，還有第二種「特殊勇氣」可能現今仍然少人關注，有學者指出：當時歐洲派遣海外探險的船隊，似乎開始流行一種船隻登陸抵達即宣布「插旗占領」並向資助船隊的國王或女王「奉獻土地」的奇特舉止。如一四九二年（弘治五年）十月哥倫布在中美洲的海地登陸時，當天艷陽高照，在兩位船長的見證之下，哥倫布宣告：「他會占有這片土地，獻給他的國王和女王」，然後「他將這寫了下來」。這個舉動之奇怪，一如美國史家吉兒・萊波爾（Jill Lepore）所觀察到：「馬可・波羅在十三世紀的東方旅行時並沒有替威尼斯宣稱擁有中國的主權。約翰・曼德維爾爵士（Sir John Mandeville）在十四世紀的中東地區旅行時也沒有試圖占有波斯、敘利亞或衣索匹亞。哥倫布讀過馬可・波羅的《遊記》也讀過曼德維爾的《遊記》，他似乎在航行時也帶著這些書」，把土著已經生活在那兒的土地「獻給」歐洲君主，我登陸，我擁有，我獻出，這背後可能也反映這類冒險家另一種「特殊的勇氣」吧？無獨有偶的，當一五二一年三月十七日麥哲倫登陸菲律賓宿霧（Cebu）島，他也宣布了要將此島獻於西班牙國王菲律普，這也是「菲律賓」（Philippines）命名的由來。只是，在作此宣布的大約一個月之後，麥哲倫在四月二十一日前往菲律賓的麥丹（Mactan）島傳教，並與拉普拉普（Lapu Lapu）率領的土著發生爭鬥而身亡。

麥哲倫何以要獻島給西班牙國王？記錄麥哲倫船隊首航全球歷程的幾種現存史料，有學者認為其中「最有趣的」記錄，「莫過於希內斯．德．馬弗拉（Jiménez de Mafra）口述的航行故事」，這可視為麥哲倫船隊內部成員的親身觀察，根據希內斯．德．馬弗拉的口述：「據說，西班牙國王許諾過麥哲倫，作為探險航行的獎勵，國王將讓他永久擁有某些島嶼。不難想像的是，他也想占有宿霧島。」看來，麥哲倫將島嶼獻給國王，他也是指望自己最後能分到其中幾座吧？促成全球首航的動機，除了航向未知深海的無畏冒險精神為後人所傳頌，作為「獻地」這樣另類的第二種「特殊勇氣」，也是所謂「西升」版本全球史當中不應該視而不見的重要史實吧？

鄭和下西洋的性質及未能繼續的討論

不占領殖民地是中國式的對外國策。和西方「地理大發現」的「大航海」探險不同，鄭和下西洋主要目的不在爭取商業利益及占領殖民地。下西洋船隊確實開銷鉅額經費，但這項事業對政府而言究竟是否划算呢？有史料也反映鄭和下西洋船隊並非完全沒有為明朝增加財政收入；因此，鄭和下西洋船隊恐怕還是有些支撐其運作的商業基礎，嚴從簡（一五二九－？）撰寫的《殊域周諮錄》云：「自永樂改元，遣使四出。招諭海番，貢獻迭至。奇貨重寶，前代所希，充溢府庫。貧民承令博買，或多致富，而國用亦羨裕矣。」

那些有條件「承令博買」種種「海番貢獻」進口商品的人，肯定不會是一般定義的「貧民」，而透過政府官員與「承令博買」民眾的合作，明朝政府似乎在某些時候也確實能透過鄭和下西洋事業帶來「充溢府庫」的財政效果。

然而，這裡卻出現了兩個「假設性的歷史問題」（counter-history）：一是如果（What if）永樂皇帝讓二萬五千人艦隊「順便」占領東南亞的一塊土地？二是如果明朝政府也能讓民間「合股」投資遠洋船隊及分享貿易利潤？沒錯，若按歷史實際發生的事實，這兩個「如果」的問題都並不成立，因爲明朝政府未曾如此決策。然而，若是作個對照，明朝政府派出鄭和船隊七次下西洋而中國始終未曾進行的這兩件「如果」，不正就是十六世紀之後歐洲部分國家進行的海外拓展或是殖民事業嗎？只是，這畢竟不是明朝政府繼承外交「睦鄰」政策的基調，而事後來看，也還好明朝政府沒有採用這種掠奪與侵略式的海外拓展政策，減少了導致別國與本國人民的可能災難。

從制度選擇的角度看，一四三三年宣告停止派遣船隊「下西洋」的歷史意義，恐怕是明朝政府宣告要重新回返朱元璋建立的理想政治，其重點不是放在探尋建文帝靖難之後傳說流亡海外的生死未卜之謎，而是明朝政府正式放棄了永樂帝向外擴張國家聲威的「鴻圖大業」，不再堅持永樂以至宣德背後那種基於「海外擴張型」特殊心態而出現的國家政治外交體制「變奏」，明朝政府等於自此宣布要重新返回明太祖奠定的國家政體「基調」，更加強調如何穩定國內政局並且保護國防安全，而不再是永樂那種外交擴張的政策傾向。

八、「湖廣熟，天下足」：明代前半期的農業發展

經過元朝末年大約三十年戰亂，一三六八年明朝建立之後，百姓得到安居生息，社會經濟慢慢恢復穩定。明初政府積極支持荒地復耕，在各地興修水利，鼓勵農民種植棉花、桑樹和果樹等經濟作物，並努力維持國內交通安全。與此同時，明朝中央政府還制訂相對公平的賦稅與徭役制度，減少全國工匠爲政府從事無償工作的時間，並頒布足以保障民眾財產安全的法律，同時還嚴格懲罰全國貪官汙吏，希望一般民眾能夠獲得更好的生計與財產安全。

針對元朝末年民眾遭受賦役過重苛政的弊病，朱元璋積極採行「藏富於民」的制度改革方針，不僅田賦與徭役都比元代減輕，針對遭遇自然災害的地方，還要求官員積極勘災與救濟，並大幅加重失職地方長官的刑責，《明史・食貨志》云：「旱傷州縣，有司不奏，許耆民申訴，處以極刑。」在朱元璋統治三十一年期間，共有七十多次下詔減免全國各地災民田賦並作賑濟，而永樂年間也多次下令免除災區賦稅，與賑濟災民。

在農田開墾荒地以及興修水利設施方面，不僅洪武年間多有興革，由永樂到正統初

年，政府對此也仍然頗多重視。如永樂元年（一四〇三）委派戶部尚書夏原吉督率動員十多萬民眾疏濬江南地區的吳淞江，竣工之後，促成了蘇州與松江一帶「農田大利」（《明史》卷一四九〈夏原吉傳〉）。正統五年（一四四〇）也由朝廷詔令全國地方官針對「各處閘壩陂堰圩田」以及「濱江近河」堤岸有損壞當修築者，「先計工程多寡」，再於各地耕種收成後的「農隙」時節，徵募當地民眾「量起人夫用工」以興修水利。與此同時，也要求地方官考察各地亟需修補與興建的「陂塘圩岸」，必須切實「踏勘明白，畫圖貼說」，然後奏報朝廷，請求「工部定奪」水利工程開支經費等相關事宜。正如王天有、高壽仙所指出來的，明朝前期這些水利工程的廣泛興修，既「增強了抵禦自然災害的能力」，也「改善了土壤品質」進而「提高了農作物的產量」。

位於長江中游的湖廣，逐漸變成全國糧食作物的重要生產基地。特別是一年能夠收穫兩次乃至三次的「早熟稻」，這種稻種能將栽種時間由一百八十天縮短成一百二十天，甚至是只要六十天。雖然源自東南亞的早熟稻是於十一世紀南宋時代即已引入中國南方沿海省份，但要等到十四世紀中後期，才普及推廣到中國西南各省和長江中游地區。隨著明代中期更多人口移入長江中游與西南各省，早熟稻及其他糧食作物相互搭配的輪種制度，也在當地得到更有效推廣。藉由更多勞動力的投入，提高了整體的糧食產量，促使湖廣（今湖南、湖北）成為全中國的新穀倉。

早在十五世紀中後期的天順年間（一四五七－一四六四），地處長江中游的湖廣省，便已成爲中國糧食的新興生產基地。商人在此地區收買糧食再銷往國內其他地區，從而逐漸出現「湖廣熟，天下足」的民間諺語，意思是只要「湖廣省」糧食豐收，那麼全國民眾今年便保證能夠買到足夠糧食。有關「湖廣熟，天下足」這句民間諺語，由加藤繁、藤井宏、岩見宏到寺田隆信等日本學者，曾先後提出此諺語出現時間是在明末、正德年間（一五〇六－一五二一）以及天順年間等三類不同斷限的說法。寺田隆信將此民諺推前至天順年間，他依據的關鍵史料是李延昰的《南吳舊話錄》。

當時進入長江中游地區開發農業的許多民眾來自江西。這些移民由家鄉往外尋求謀生機會，特別是進入到湖南、湖北，他們或向本地居民租佃土地，或是自己開闢新田地，進而擴大了長江中游地區的糧食產量。隨之而來的變化，則是土地交易頻繁而引發契約糾紛，以及移民經常因爲各種原因未向政府繳納賦稅，因而導致本地居民抗議賦稅的不公平。種種問題累積，引發本地與外來農民之間更多衝突，但也慢慢開啓當地土著與移民相互融合的長期歷史過程。

到了明朝前期的十五世紀後半，農業商品化現象持續加深與拓展，特別是湖南、湖北的長江中游地區，有能力生產並販售更多糧食作物，從而出現民諺從所謂「蘇湖熟，天下足」轉變爲「湖廣熟，天下足」的農業商品化加速發展。而包括江南在內的不少地區地主，也因為販售農產品有利可圖，而擴大經營土地面積投入農業商品化生產，愈來愈多糧食作物與經濟作物進入市場販售，從而為十六世紀以後全國市場經濟擴大發展奠定了基礎。

九、盛世的政治社會危機：從基調到變奏

仁宗與宣宗維持的「仁宣之治」讓朝政基本清明，而英宗即位初年，又有「女中堯舜」稱呼的張太后與「三楊」等名臣共同維持大明王朝的文治盛世。由洪武直至正統初年，伴隨藏富於民政策以及減免田賦、災害救濟與興修水利等有利民生政令的實施，但正統七年（一四四二）張后離世，中央朝政開始更多弊端增生。特權經濟也逐漸抬頭，對社會經濟帶來更多惡劣影響。

《大明律》的修訂

從某方面看，朱元璋嚴懲貪官汙吏的做法雖然有時過於嚴苛無情，乃至於對官員頗為殘忍，但對官員嚴刑重罰的舉措，或許還是一定程度維持了全國範圍比較良好的官箴。對官員施加嚴刑，終究難以長期維繫，建文帝朱允炆即位之前，早在他仍是皇太孫的時期，

即曾建請更定《大明律》法條「嚴而不恕者」五則。

建文帝即位後便參酌過去歷朝刑法規定，據以改定洪武朝公布《大明律》當中「畸重者七十三條」，這個舉措也為建文帝在全國官僚集團贏得更多稱揚，甚至出現「天下莫不頌德焉」的記載，這條記載提及那些「頌德」建文帝的「天下」之人，想來應該也有不少是最蒙其惠的那些深受朱元璋重刑威脅的全國官員與胥吏吧？

到了仁宗與宣宗兩朝，更是標榜在司法審判「宥罪輕刑、愼用刑罰」的立場。審愼用刑當然很好，但魔鬼常在細節裡，司法審判對一般民眾迫於無奈犯罪而採取輕刑，這固然可屬「仁政、祥刑」範疇，但在追究貪官汙吏刑責的場合，若改採偏向寬縱的輕刑，恐怕未免容易滋生流弊。洪武朝之後，明朝司法懲治貪官汙吏的用刑力道明顯減弱，固然可視為皇帝與官僚集團「共治」天下的默契，也屬於某種制度運作方面的必然，但這種轉變可能也屬於永樂至天順年間中央政府改採有異於洪武「開國規模」或朱元璋立國行政「基調」的一種「變奏」吧？

勛貴官僚特權的侵吞

仁宗與宣宗兩朝，王府、公主以及勛戚、官僚、宦官人等，即有常在地方「占田」與「私役軍民」的弊端。全國王府封地遍及河南、山東、山西、陝西、湖廣（今日的湖南、湖北）、四川、江西等省，這些親王各設「王府莊田」領有許多土地，其中土地也有來自侵奪官方與民間田產，有些甚至是地方社會一些不肖分子希冀權勢，將自己或他人田產以所謂「投獻」名義「送」入王府。各地公主也有機會占取田產，如宣德九年（一四三四）寧國公主死後，單是其「墳塋」墓地即「占用官民田地一百八十七畝」。還有權勢宦官也變成大地主，如正統九年（一四四四）戶部官員奏報，全國一些「草場」土地，「多被內官內使等人侵占，私役軍士耕種」。再如景泰三年（一四五二），南京有宦官受人指控在當地「廣置田莊」，這些田產既不登錄魚鱗圖冊而可「不入賦稅」，又還「寄戶郡縣，不受徵徭」，一併免除黃冊與里甲制度規定承擔的徭役義務。除了占田，王府有時還向皇帝「乞請」地方稅收，如宣德七年（一四三二）即曾准許位居河南開封的周王請求，將「開封府稅課鈔」等商業稅收改令「王府自收」。

在私自占取田地和侵奪地方稅收的同時，各地王府的囂張氣焰也很令人側目。如封地位於山西大同府的代王朱桂，便「常著短衣小帽」帶領兒子「出游市中」，他們父子與隨從在城市「或步或騎」，並讓屬下「手執大棍，袖藏斧槌」，簡直有如凶神惡煞，途遇民眾而稍不稱意者，便「追逐軍民而槌之」。

要之，在明代前期幾位皇帝允許與縱容之下，勛戚、大臣、宦官都有更多機會「乞請」皇帝賜予莊田，並且強占或是「接受投獻」民間田產。因而有學者指出：「以建置莊田為特徵的土地兼併」，也於明代前期嚴重起來。

十、洪武體制的鬆動與社會矛盾

從人民定著於土地的里甲到流民移墾

從仁宣之治到土木堡與奪門之變，大明帝國從充滿和平氣氛的熙朝盛世，直接進入狂風暴雨中，帝國內外各種暴力衝突紛至沓來。事實上，這種劇力萬鈞的歷史變動，除了顯見的政治軍事激變外，社會上的結構性變化，可能更具深層意義。大明開國，出身破產農村的朱元璋，在平定天下後，即積極重建農村，而以里甲制度，將農民安置於土地上，意圖使之定居家鄉，安土重遷，免於流離失所。里甲制可說是「劃地為牢」地將農民固著於土地上，太祖皇帝認為穩固百姓生活，安定社會秩序的經國濟民大道。不過，這畢竟不可能是長久之計，因為人口的自然增長，謀生的壓力與動力，總會讓部分農民掙脫里甲的天羅地網，成為流民，流動移墾開發。另一方面，土地所有權或使用權的爭奪，或分配不均，也容易發生衝突，訴諸暴力解決。這種根本性的生存資源的分配矛盾，往往日積月累，積重難返至於臨界點才爆發開來。

葉宗留和鄧茂七之亂

明正統年間此問題已浮現至檯面上，葉宗留和鄧茂七之亂，就是規模甚大，以致出動帝國軍隊經長期圍剿才勉強壓下的動亂。葉宗留在正統七年（一四四二）左右，率眾進入浙閩山區開礦採銀，兩年後與官府爆發武力衝突，葉宗留及其他礦徒首領們，之所以能將私採礦坑轉爲劫掠、抵抗官軍的行動，以下幾點要素仍至爲關鍵：其一取山不如取人；其二強化武藝訓練；其三善結各方勢力；其四稱王立威行劫。

鄧茂七殺死地主，輾轉逃至福建寧化、沙縣，繼續佃種爲生，正統十二年（一四四七）組織佃農與地主抗爭。其肇因起於御史柳華爲了防禦葉宗留入閩，在各地編設總小甲防務工作，鄧茂七與其弟茂八被推舉爲總甲，得以組織農民。鄧茂七趁機號召佃農抗拒繳給地主額外的雞鴨（稱之爲「冬牲」），也反對佃農親自送田租米穀到地主家中，此舉獲得佃農的支持。鄧茂七率眾抵禦官兵的逮捕，殺巡檢及縣官，舉兵自稱「鏟平王」，很短的時間就聚眾十餘萬人，攻占福建汀州、邵武等各府，達二十餘縣。

這兩場分別發動的抗爭行動，在形成一定的氣勢後，竟然互相聯繫，形成結盟關係，只是似乎並未眞正發展成聯合行動。最後被官軍分別擊破。這次的農民暴動，不同於歷史上其他的農民暴動，完全沒有民間宗教的參與，可謂最純粹的佃農對地主的鬥爭運動。

這些動亂的形成原因及其組織動員細節，如今已難以確知詳情，只能粗略推究這個時期，里甲的控制系統已經鬆弛，以致有一大批農民從中游離出來，四處流動，或者入山開墾，伐木開礦，或者流落偏鄉，租地耕種，在艱困的謀生活動中，他們往往拉幫結派，於是這些「流民」可能被強悍有力者加以組織，而非官府所能完全控管，一旦矛盾激化，且非官府所能仲裁，則易直接訴諸暴力，乃至和官府對立，而演成「叛亂」。葉宗留與鄧茂七可說是「流民」問題的極端化表現，這也可說是個徵兆，顯示明初的里甲制度已經鬆動，安定的農村社會已趨流動。

另一個更大規模的流民聚集問題，也正在發展中，原本封禁的荊襄地區，在正統二年（一四三七）也開始成爲流民移墾的地區，這些流民愈聚愈多，且自爲雄長，非官府所能控管，因此地方官向上反映，朝廷也剿撫之間猶豫難決，英宗表態：「小民爲饑寒所迫，奈何遽用兵誅之！」然而，安撫也非易事，基本上這是流民爲謀生而違法移墾，移墾者有其組織以爭奪地盤，自不免有所衝突，其內情相當複雜，非官府所能完全掌控而加以法律仲裁。總之，這些流民問題在正統時已漸成形，且愈來愈嚴重，荊襄的流民問題在正統時已經浮現，且開始爭論如何處理，卻終難定案解決，直到成化時情況更趨嚴重，終於動用大軍強力驅離，卻暫離又再回，也沒能眞正解決問題，最後是就地合法，承認其居住權、土地權，使之成爲「編戶齊民」，才算大致解決。

流民加劇的危機

土地兼併與特權經濟不僅導致百姓喪失田產，令平民無力應付政府徭役負擔，還讓下級官吏必須更加逢迎拍馬，增加地方官賄賂權貴與上司官員的更大壓力，從而加速全國官箴敗壞。許多百姓最後只能冒險逃離家鄉，進而加劇全國「流民」問題。自宣德（一四二六－一四三五）年間開始，某些地方即已出現流民，正統（一四三六－一四四九）年間之後，人民流亡現象更是「其勢如潮洶湧，不可逆止」。

有時可能因為天災突至，如正統三年（一四三八）山西繁峙縣逃亡農民，即達當地戶籍著錄數字一半以上。但流民人數大增，也可能更多來自「人禍」，如正統十二年（一四四七）山東地方官奏報，單是山東諸城一縣即有「逃移者一萬三百餘戶」。約略同時的江西建昌縣，也出現「民多逃散，產爲豪右所得」的現象，先逃後「得」？或是先「得」後逃？之間差異恐怕也不好說了。往下到了景泰（一四五〇－一四五七）年間，連素稱繁榮的江南地區，在南直隸六府也出現流民，規模可達「一百零三萬五千多戶」，總人數高達「三百六十二萬餘口」。

天順再到成化、弘治年間，全國流民數量經常可達一兩百萬人，其中最引人矚目的龐大流民群，即爲移住在湖北、陝西、河南、四川等省交界的所謂「荊襄流民」，這些流民號稱「眾至百五十萬，結成巨黨」。在流民擴及全國十三省的嚴重情勢之下，許多地方可謂是「千里一空，良民逃避，田地抛棄，租稅無徵」，學者據此評論道：流民問題已然「破壞了明初政府藉以控制農民的里甲戶籍制度」。由洪武到天順（一三六八—一四六四），明朝建立至此不足百年，而朱元璋打造的「民安田里」的「洪武體制」已然「蛻化變質」，既不能有效扼制官員的「營私舞弊、貪贓枉法」，也無法再對地方社會進行「有效的管理和支配」。

第五章

守成不易——明代中期的政治格局與社會變遷

（成化—正德，一四六五—一五二一）

邱仲麟、唐立宗

一、常被忽視的時代

自土木堡之變、奪門之變等外患內亂事件後，明朝國力大不如前，出現了僵化停滯、盛極而衰的徵象，國勢漸弱、治絲益棼，可謂守成不易。明代中期沒有出現雄韜偉略的皇帝，所呈現的整體形象，往往是荒誕昏庸，常被宦官左右。目前學界對於明代中期歷史的關注度，遠不及明初與明後期，以致這段時期的歷史發展，最容易被眾人忽視。此時的特點可從幾個面向觀察：政治上，皇室成員奢靡無度，宦官專政專權，因循苟且風氣日盛。經濟上，農業商品化生產，各地區出現勞動分工，商人合夥經商擴大，乃至發生商業訴訟糾紛，而白銀貨幣化加速，促成了全國性市場。社會上，土地兼併現象加劇，各地流民開發與沿海商販活動屢禁不止，貧富分化與地方矛盾之衝突激增，並萌生出新的社會轉型。同一時期，學術思想出現一股求變的新思潮，無法認同傳統儒學刻板的教條理念，王守仁（陽明先生）所倡導的心性之學，漸蔚爲學術的風潮，隨著講學事業的發達，影響到明代後期的思想文化。

二、宦官用事的開端

宦官建置及來源

明朝政治亂象起源於宦官專政，皇帝過於信賴宦官，就容易導致宦官用事。明朝內府宦官建置設有十二監、四司、八局，共二十四衙門，在內閣制度成形後，掌管章奏文書的司禮監，獲得參與機務的權力，遂成爲地位最高的宦官衙門，甚至侵奪其他衙門的職能。在嘉靖、萬曆年間以後，其他宦官見到司禮監的宦官，都得叩頭尊稱他們爲上司。

宦官又有內豎、內官、中官、閹人、寺人、太監等稱呼，其中太監原專指宦官衙門的首領官，因明朝分派宦官出使或監軍時，爲表示威重，特別在關防中稱爲太監，而官員們也出於諂媚，經常將宦官尊稱爲太監，所以積習成俗統稱太監。明朝宦官的主要來源有邊地少數民族，或安南、朝鮮等外國的進貢，有時俘虜及罪犯也會送入宮中充作雜役內侍，也有的因貧窮等原因自願做宦官。雖然明朝屢次規定禁止百姓私閹，違者以不孝論處，發配邊區衛所戍邊，但政令並未貫徹，許多著名的宦官都是經由私閹途徑入宮。

明朝初期，太祖朱元璋以前朝爲鑑，任用的宦官不足百人，即使後來設置了專門衙門，宦官系統漸臻完備，太祖仍然嚴厲地防範宦官參政，曾在宮門立鐵牌：「內臣不得干預政事，預者斬。」據說曾有個老宦官只是在言談中談論了幾句政事，立刻就被革退還鄉。不過就官方史籍所見，其實太祖時期的宦官，典禮紀察，已掌文籍題本。其後章奏繁多，皇帝無法盡批，遂有閣臣票擬之制，並令司禮監照閣票批紅。明朝皇帝親近宦官，令宦官居政本，均可溯源於太祖時期的舉措。

東廠及內書堂

燕王朱棣發起「靖難之役」時，有許多從朝中出逃的宦官，洩漏朝廷密事，使得朱棣稱帝後，認爲宦官是可加以利用的忠心之輩，即委派宦官出使、監軍，並於晚年創立了「東廠」，以緝訪謀逆妖言的名義，探查臣民情報。

朱棣另命官員擔任教官，指導宦官讀書，因此宦官的學識程度從僅能識字、不知義理，漸漸地變成聰慧知文義。宦官的知識培養在宣德朝更加完善，宣宗朱瞻基設立內書堂，挑選年幼聰穎的宦官進行培訓，而指導他們課業的人，正是朝中學問最好的翰林院官員，如大學士陳山奉命專授小內使讀書。這些官員向宦官傳授基本的儒家義理外，有些翰林官甚至自編教材，輯錄歷代賢宦事跡，挑選可鑒戒的故事，讓宦官誦習。《明史・宦官傳》指出，後來通曉文墨的宦官，逞其智巧，逢君作奸，是明朝宦官擅政的原因。

宦官之所以能夠干預政事，是因爲內閣制度成形後，朝臣的奏疏經過內閣票擬意見，還要皇帝批紅才能下發，而皇帝多寵信宦官，遂委由司禮監太監代爲批紅，導致司禮監太監以「內翰」自居。當相權轉歸於太監後，縱然明朝中後期的內閣首輔權勢儼然如宰相，有時也不得不聽命於太監。宦官是皇權的延伸，作為與相權抗衡的角色，是始自正統朝的王振，其後有成化朝的汪直、弘治朝的李廣、正德朝的劉瑾、天啓朝的魏忠賢。明朝直至覆滅，都未能擺脫宦官亂政。

三、成化朝的內政問題

成化新政及其危機

天順八年（一四六四）正月，英宗朱祁鎮病死，享年三十八。太子朱見深繼位，次年改年號為成化，在位二十三年，是為憲宗。成化帝即位之初，大赦天下，免明年田租三分之一，各地的鎮守中官，凡是正統朝所未設置的，盡行革罷。並平反保衛京師有功的于謙，以及同意恢復郕王的帝號，朝廷氣象為之一新。

然而二十三年的成化朝，危機四伏，廟堂上女寵、外戚、佞倖、奸宦、僧道等現象蛇鼠一窩，內政紊亂。

汪直和西廠

成化朝又以宦官汪直領導的特務系統，對朝政禍害尤爲嚴重。此事的肇因是成化十二年（一四七六）有位名叫李子龍的僧人宣稱會使用符術，內廷的宦官受到蠱惑，尊稱他爲上師，還讓他出入宮廷，參觀萬歲山，甚至在御床上休憩。後來錦衣衛發現李子龍有謀反意圖，逮捕入獄，果然搜出其私造的黃絹袍、翼善冠。

李子龍伏誅後，成化帝亟欲掌握宮廷內外的消息，命令最信任的宦官汪直從錦衣衛中選拔百人，另成立一個名爲「西廠」的特務機構，專門刺探情報，凡是大政小事、方言俚諺，都得向皇帝報告。在汪直的督導下，西廠的權勢比東廠更高。

西廠成立不久，打探到一位鎮守太監還京時，挪用百艘船隻載運私鹽，並騷擾沿途州縣官員，汪直

圖 5-1　明憲宗坐像。臺北國立故宮博物院提供。

將這件事呈報，成化帝認爲汪直確實能夠舉發奸邪，便更加寵信他。汪直每次出行，公卿大員都得讓路，有次兵部尚書項忠沒有避讓，竟被汪直羞辱，從此大小官員無不屈從，時有諺云：「都憲叩頭如搗蒜，侍郎扯腿似燒蔥。」即是形容百官唯諾之態。且西廠辦起案來，狠毒異常，就連民間打罵等雞零狗碎之事，西廠也處以重刑。他們從錦衣衛那裡學到了一種酷刑，稱爲「琵刑」，把犯人的關節骨頭一寸一寸拉散，經過用刑後，就算是受冤枉的人也會受不了痛苦，胡亂招認。

宦官汪直主持西廠，屢屢殘虐善良，當時大學士商輅羅列了十一條汪直的罪狀，向成化帝上疏，提及自汪直掌權後，士大夫不能安於職守，商人不能安於經營，庶民不能安於本業。若不盡快除去，天下安危就難以知曉了。但成化帝面露慍色，表示任用一個宦官，怎麼會危及天下？懷疑商輅的奏疏是另有主使者。未料連平時立場與商輅相左的官員，竟都願意與他站在一起彈劾汪直，成化帝才勉爲同意廢止西廠。

西廠雖然廢除了，汪直仍舊是成化帝寵信的宦官。有一位名叫戴縉的御史，是個投機的人，他沒有通過升官的考核，便窺探皇帝的心意，鼓吹汪直的功勞。另有位名叫王億的御史說汪直的言行，「不惟可爲今日法，且可爲萬世法」。成化帝順勢再次開設西廠，汪直氣焰更勝以往，此前指責他的官員有十餘人被免職，商輅因此辭官求去，朝中再也沒有人敢與汪直抗衡了。

汪直年輕的時候就嚮往軍事，有位名叫陳鉞的官員勸他前往邊疆，用戰功來鞏固地位，汪直聽信了這番話，自任監軍，在宣府、大同等地抵禦敵軍，取得了一些戰績。沒料到的是，由於長期在外鎮守，成化帝對汪直的寵愛也日益減少，此後還被調往南京御馬監，西廠又被廢止了。筆記小說《瑯琊漫抄》記載了一個汪直失勢的故事，說當時有位名為阿丑的太監，善於用詼諧的方式勸諫皇帝，他自編了一齣雜劇，扮演一個醉酒的人，旁人說某官來了、皇帝來了。阿丑仍酗罵如故，但旁人說：「汪太監來矣。」阿丑突然驚醒，表現出順從的樣子，旁人問道：「天子駕至不懼，而懼汪直，何也？」阿丑對答：「吾知有汪太監，不知有天子也。」成化帝聽出了隱喻，漸漸地不再寵信汪直了。儘管故事的眞實性不高，卻貼切地描繪了汪直權傾中外的氣勢。

當時朝臣尙不敢檢舉汪直，那些不利於汪直的指控，來自於掌管東廠的太監尙銘，他因與汪直爭功而有衝突，害怕汪直報復，就將不法的事情都先向成化帝彙報。當汪直遭貶後，尙銘的東廠彷彿繼承了汪直的統治手段，羅織罪名勒索京師富家，賣官鬻爵，無所不爲。事情遭成化帝發覺之後，尙銘也被發配到南京充軍，抄沒的財產用馬車載運至皇庫，好幾天都運不完。

寵愛萬貴妃

除了汪直、尚銘以外，成化朝還有許多驕橫的宦官，如錢能、梁芳、韋興，給予他們權力的人是成化帝的愛妃萬氏（萬貞兒），這些宦官出使在外，聚斂民財，成化帝知道是為了博取萬氏的歡心，就不加過問了。

萬氏較成化帝長十七歲，原為成化帝朱見深在太子時代的保母，英宗因北征瓦剌遭俘擄，皇弟朱祁鈺即位，朱見深由太子廢為沂王，歷經此一重大變故，使他對朝夕相伴的萬氏產生親密的情感。在成化帝即位後一年，萬氏為成化帝產下第一子，因此受封為貴妃，但皇長子未滿週歲就夭折，此後年長的萬貴妃再也沒有受孕，官員們擔心成化帝沒有子嗣，曾勸告成化帝「溥恩澤以廣繼嗣」，成化帝只說：「內事也，朕自主之。」士大夫便把矛頭指向萬貴妃，所以許多史籍繪聲繪影地記載了萬貴妃恃寵而驕、干涉朝政的事情，例如他向成化帝進讒言以廢掉吳皇后，後宮中許多獲臨幸而有身孕的女子都被他下了墮胎藥，當紀女史（弘治帝生母）有身孕時，成化帝為了顧及萬貴妃的感受，命人以紀氏生病為由，將她帶離皇宮生產。

萬貴妃的父親萬貴，以及兄弟萬喜、萬通、萬達都因緣際會，得到錦衣衛的官職，但萬貴妃仍對自己不是出自士大夫家族而感到羞愧，大學士萬安知道了這件事，就自稱是子侄輩，和萬貴妃的家族攀關係，令萬貴妃感到相當高興。萬安沒有什麼實學，最擅長的就是宴客送禮，他和宦官、萬貴妃結交後，仕途更加順遂。據說萬安縱容成化帝玩樂，進獻春藥和房中術，在成化帝難得召見大學士時，擔任內閣首輔的他沒有把握機會商討國策，只是高呼萬歲，被人譏諷爲「萬歲閣老」。同爲閣臣的劉珝、劉吉以及六部首長，在成化帝失德的時候無所規勸，遂有「紙糊三閣老，泥塑六尚書」之謠，並說「萬安居外，萬妃居內」是士習大壞的原因。

當時只有南京兵部尚書王恕能夠阻止權倖，同在南京擔任守備太監的錢能行事有所收斂，所以官員們都仰慕王恕，每當有朝臣想要勸阻不好的政策時，總會有人問：「王公胡不言也？」或說：「公疏且至矣！」不久，王恕奏疏果然送達，民間便流傳一句謠諺：「兩京十二部，獨有一王恕。」

任命傳奉官

成化年間，吏政敗壞的另一個原因，是有許多官員未經吏部選任，而是由太監直接頒旨任命，稱爲「傳奉官」。起初傳奉僅是給予軍人、工匠、畫士、醫者、道士、僧人等一種獎勵。太監梁芳知道成化帝對奇技淫巧、方術異書頗感興趣，於是收買古今玩器進奉，激起皇帝好貨之心，一時之間，除了工匠之外，就連讀書人也紛紛投獻珍異以求晉陞，其升遷的職位也不再是原本的衙門，包含了中書舍人、尚寶司、太僕寺、光祿寺、大理寺等清要的文官機構，使得銓選制度受到嚴重的破壞。

傳奉弊政到了弘治朝仍存在，有個名叫李孜省的術士自稱會「五雷法」，借由梁芳的引介獲得通政使司的官職，後來更升任禮部侍郎，連庸碌的劉吉都看不下去了，認爲李孜省等人只是觀察天氣快要下雨，便爭著奏請禱雨，無非就是抱著僥倖的心態，希望能夠獲得進用罷了。

四、短暫的弘治中興

弘治帝身世

記載成化朝政事的《憲宗實錄》對弘治帝誕生的事蹟含糊不清，似乎有所隱晦，留給了後人無限的想像空間，因此民間流傳許多奇聞。萬曆二年（一五七四），初入官場的于慎行尚在翰林院見習，主要的工作是協助編

圖 5-2　明孝宗坐像。臺北國立故宮博物院提供。

纂《穆宗實錄》，他蒐羅了許多前朝掌故，當時有一個老宦官向他透漏了弘治帝的身世之謎，他便將這則百年前的逸聞抄入見聞錄《穀山筆麈》，後來清人修撰《明史・后妃傳》也採納了這個說法。

相傳成化十一年（一四七五）的某一天，宦官張敏為成化帝梳理頭髮，成化帝看著鏡子裡的容顏，感嘆道：「老將至而無子。」其實這一年成化帝年紀還不到三十歲，但張敏聽到此言即跪地說道：「死罪，萬歲已有子也。」成化帝非常吃驚，詢問孩子如今在哪呢？同時在場的司禮監太監懷恩告訴成化帝，皇子養在皇宮外西邊（安置老病宮女的地方），已經六歲了。這個孩子就是弘治帝，原來萬貴妃專寵善妒，知道紀氏產子，便派張敏將皇子溺死，而張敏不忍心皇帝沒有子嗣，偷偷地哺育至五、六歲。成化帝趕緊派人迎回皇子，將他抱在膝上撫摸，凝視許久，悲喜交加地說：「我子也，類我。」

這則父子相認的故事真切感人，但情節曲折離奇，不甚合理，《明史》的編纂者可能出於對萬貴妃的厭惡，以此為依據進行增補，使得此說廣為流傳。其中萬貴妃派張敏溺皇子的橋段，更是《穀山筆麈》原文所沒有的。另有一本專記弘治朝見聞的《治世餘聞》，於正德年間成書，提供了另一種說法，指出成化帝本就知道紀氏懷孕，為了不使萬貴妃發怒，便命人假託紀氏生病，將其帶離皇宮待產，等到出生後，又命內侍近臣謹慎照顧。直到成化八年（一四七二），三歲的皇次子因天花早逝，知情的官員才建議成化帝將皇三子賜名朱祐樘，並寫入玉牒（皇室家譜），向外界發布皇帝已有三子的事。

弘治君臣

朱祐樘即位後，改年號弘治，在位十八年，是為孝宗。最初大學士萬安起草登基詔書，提及禁止言官以不實的消息挾私報復，御史湯鼐詢問萬安是怎麼回事，萬安推託說是皇帝的意思，湯鼐不相信，便上奏指責萬安壓制言官，還把過錯歸咎於國君，毫無作為人臣的禮節，其他御史也跟進列數萬安的罪狀。後來弘治帝在宮中發現一個小盒子，打開都是討論房中術的文章，且文末署名曰「臣安進」，遂派太監懷恩至內閣，向萬安詢問道：「此大臣所為耶？」萬安羞愧跪伏於地，流了滿身汗，久久不敢出聲。弘治帝又將那些彈劾萬安的奏疏交給懷恩，命他在萬安面前宣讀，萬安跪在地上哀求原諒，但仍不願意辭官。懷恩就上前將他的牙牌（表示官員身分的識別物）摘除，斥責云：你可以離開了。萬安才驚惶地返回宅第，提出辭呈返鄉。萬安回到故鄉後，鄉里的人們都看不起萬家人，連兒子萬翼也對萬安不敬，將萬安藏在小妾家的賄款全數侵吞，萬安因此怨憤暴死。

太監懷恩不只驅逐萬安有功，他還力勸弘治帝重用王恕，感嘆道：「天下忠義，斯人而已。」王恕是個剛正清廉的官員，擔任吏部尚書期間所推薦官員，各個都成為弘治朝的名臣。弘治帝為此整頓吏治，將禮部侍郎李孜省、太監梁芳、外戚萬喜及其黨羽謫戍汰

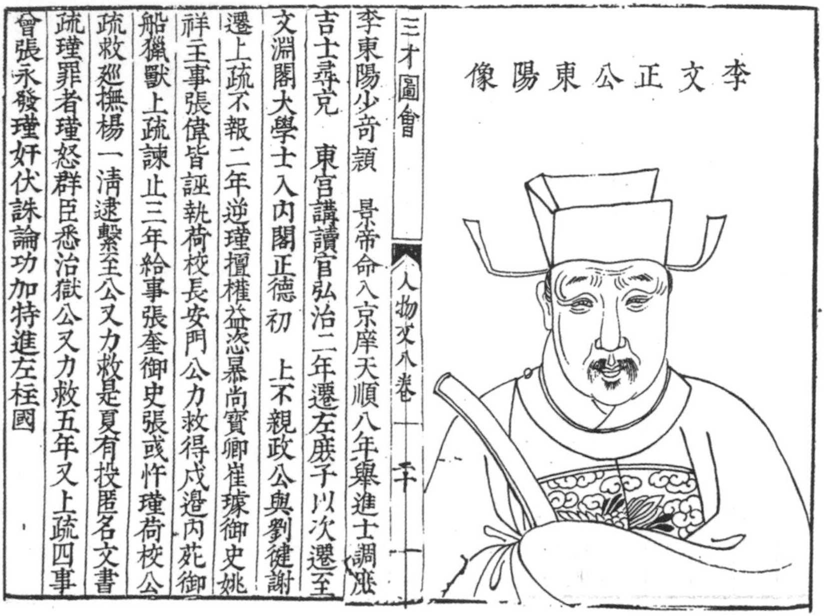

圖 5-3　大學士李東陽像，出自〔明〕王圻、王思義輯，《三才圖會・人物》，收入《四庫全書存目叢書》子部。

除，並革罷因傳奉而濫授的法王、佛子、國師、眞人封號。劉吉在弘治五年（一四九二）罷官，由徐溥取而代之，後者與李東陽、劉健、謝遷等官員同心治理國政。

當時流傳一句俗諺：「李公謀，劉公斷，謝公尤侃侃。」形容三人各有長處，李東陽足智多謀、劉健行事果斷、謝遷能言善道。他們奏請的政策幾乎都受到採納，弘治帝總是親切地稱閣臣爲「先生」，而不直呼閣臣的名字。有次，弘治帝親自到文華殿與閣臣討論政務，當司禮監宦官拿出奏疏時，弘治帝便說：「與先生輩議。」要徐溥先草擬，弘治帝再進行批改，徐溥等人擔心擬旨不能符合聖意，請求出殿詳看，弘治帝卻說：「盍就此面議。」直至政務全都處理完，弘治帝才離去，舉朝都誇讚這是難得的盛事。

徐溥在內閣任職十二年，當他七十歲的時候，希望能夠退休，弘治帝卻不准許，特別下旨讓他在風雨寒暑時不必上朝，直至其眼疾日益嚴重，弘治帝才不再挽留。左都御史戴珊晚年也幾度提出辭呈，《明史》記錄弘治帝的看法：「主人留客堅，客則強留。珊獨不能為朕留耶？且朕以天下事付卿輩，猶家人父子。今太平未兆，何忍言歸。」也就是希望戴珊能看在君臣融洽的關係，不要輕言離去。果然戴珊聽聞後，深深感動，哭著說道這輩子都得為朝廷效命了。某次早朝，弘治帝沒看到兵部尚書劉大夏，隔日便詢問道：「卿昨失朝耶？恐御史糾，不果召卿。」意指擔心劉大夏沒上朝會被御史糾舉，所以沒有下旨召見。其實劉大夏有出席，只是弘治帝漏看了，皇帝竟然替官員掩護失朝，也真是一件奇事。弘治帝對於官員的體恤，不限於親近的高官，他聽說官員經常會在夜晚參與宴會，尋思當天氣冷冽且天色昏暗，廉潔清貧的官吏回家時，沒有燈火導引該怎麼辦呢？遂傳旨京官夜歸不論品秩高低，皆令鋪軍執燈護送。由以上數例，可知弘治帝用人明察，君臣相得。

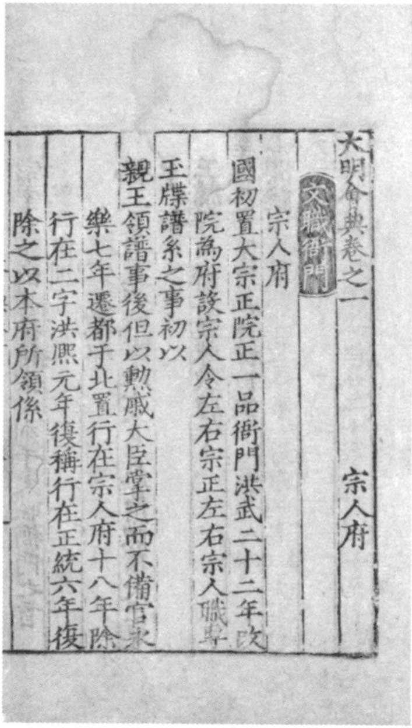
大明會典卷之一
文職衙門　　　　宗人府
宗人府
國初置大宗正院正一品衙門洪武二十二年改
院爲府設宗人令左右宗正左右宗人職掌
玉牒譜系之事初以
親王領譜事後但以勳戚大臣掌之而不備官永
樂七年遷都于北置行在宗人府十八年除
行在二字洪熙元年復稱行在正統六年後
除之以本府所領係

圖 5-4　正德《大明會典》。臺北國家圖書館藏。

重視典章

弘治帝並聽從官員的建議，定期舉行經筵與日講，由閣臣講授儒家經典，其中講到《孟子》的部分，因有民貴君輕的內容，講官總是不敢多言，弘治帝遂申令講經不必忌諱。對於史籍中有疑惑之處，弘治帝不恥下問，希望能將史事討論得透徹；由於經筵是隆重的場合，講官有意挑選美好的史事講讀，弘治帝又認爲講官若講治不講亂、講存不講亡，如何讓人主儆省？要求講官誦讀時，不要有所隱諱。當經筵結束後，弘治帝總會對著講官說：「先生辛苦。」另賜茶、賜宴、禮品不計其數，對講官極爲禮遇。

弘治中期，《大明律》、《大誥》等法典已不能適應時代的變化，弘治帝命刑部尚書彭韶等人制定《問刑條例》作爲補充。其整編原則力求量刑的合理性，減少司法以外因素的干擾，打破祖宗成法不可變的禁錮，開創明清以例輔律、律例並行的先河。此外，國朝典章散見於各簡冊卷牘之間，百官難以查閱，又命李東陽主編《大明會典》，詳述各機構執掌，正德年間編成頒布實施，成爲明朝最重要的行政法典；百官職掌，辦事程序，有正軌可循，百官執事，是否違法失職，亦可覆按而知。後來即使皇帝如世宗、神宗二十多年不上朝，但是中央與地方政府和官員仍能依據《會典》成法，照常施政，不受影響。

弘治之治

弘治帝繼位初期，確實頗有勵精圖治之心，每日按時視朝，亦曾恢復午朝，惟晚期倦勤，不但經常延遲視朝，又停罷午朝，連奏疏都稽留數月不發，此可能與寵信太監李廣有關，李廣用符籙蠱惑弘治帝，使之沉迷於道教儀式，耽誤了政務。李廣收受賄賂，矯旨授傳奉官，後來因闖禍畏罪自殺，弘治帝命人搜索其家，找到一本怪異的書籍，裡頭寫滿文武大臣的名字，其後條列黃米、白米各千百石，弘治帝疑惑地探問：李廣能吃多少，怎麼這麼多人送米？左右近侍才告訴弘治帝，這是黃金白銀的暗語。

《明史紀事本末》特別將「弘治君臣」作爲主題，凡是官員的勸諫，弘治帝幾乎是「從之」、「嘉納之」、「樂聞之」，即使弘治帝曾做過一些思慮不周的決定，諸如挪取太倉銀三萬兩、派宦官往武當山設像修齋，都因官員制止而及時改正。所以弘治朝雖先盛後衰，但《明史》仍有極高的評價，認爲弘治帝恭儉有制、朝序清寧，正是因爲弘治朝起用的官員多爲賢能之士，且廣開言路，君臣關係融洽之故。

五、正德帝寵信劉瑾

劉瑾擅政

弘治帝駕崩前一晚，召劉健入乾清宮，握住他的手，向他說道：「東宮聰明，但年尚幼，好逸樂，先生輩常勸之讀書，輔爲賢主。」可惜繼任的皇帝朱厚照雖是聰穎，但總是不聽勸諫。朱厚照即位，年號正德，在位十六年，廟號武宗。正德帝尤其寵信劉瑾，而劉瑾最景仰的人正是太監王振，便效法王振蠱惑英宗的手段，每日進獻鷹犬，誘導正德帝沉迷歌舞、摔跤等娛樂，先皇遺詔內有關停罷宦官監軍的政策，劉瑾不僅拒絕執行，反而要求在外的鎮守中官盡獻黃金，又在京城周圍增置皇莊三百餘所，使正德帝非常高興。

圖 5-5　明武宗坐像。臺北國立故宮博物院提供。

劉健、謝遷、李東陽曾屢

次規勸正德帝遠離宦官，時任首輔的劉健甚至主張誅殺劉瑾。正德帝迫不得已，有意先將劉瑾放逐到南京，吏部尚書焦芳卻將消息告知劉瑾，讓劉瑾有機會在夜裡進宮向正德帝求情，正德帝被伏地痛哭的劉瑾打動。第二天上朝時，諸臣按計畫彈劾劉瑾，卻發現正德帝的態度已改變，於是劉健、謝遷、李東陽都提出了辭呈，而正德帝只挽留李東陽一人，並命焦芳入閣。焦芳的學問雖不好，但善於算計，當他知道戶部尚書韓文勸正德帝節儉時，故意大聲地說：「庶民家尚須用度，況縣官耶？諺云無錢揀故紙。今天下逋租匿稅何限，不是檢索，而但云損上何也？」藉此諷刺戶部應該去檢索拖欠稅糧的地方，而不是勸皇帝減少用度。此話傳到了正德帝耳裡，令他非常歡喜，將焦芳升為吏部尚書。焦芳入閣後，百般迎合劉瑾，每每自稱門下，稱劉瑾為千歲，並替劉瑾潤色奏章，凡是要賄賂劉瑾的人，必定都要先賄賂焦芳，《明史》將焦芳列入閹黨傳，認為劉瑾騷亂全國、擅改法規、荼毒縉紳，都是焦芳所主導的。

當時吏部尚書張綵、兵部尚書曹元、內閣的焦芳與劉宇都是劉瑾的心腹，凡是索求都指揮以下的官職，劉瑾只要在紙條寫某人授某官，兵部就會立刻奉行，相傳連違紀的將領，將賄款送入，不僅不問罪，反而被提拔。閣臣劉宇原為都御史，他知道劉瑾厭惡言官，所以動輒鞭打言官，劉瑾樂得直誇他是賢臣。劉宇從都御史轉任兵部尚書，後改任吏部尚書，也是重賄而得。吏部尚書是最有聲譽的官職，但劉宇發現文臣行賄的風氣不如武官，曾鬱悶地說道：「兵部自佳，何必吏部也。」

劉瑾得志後，勢力一天比一天大，於東廠、西廠外，另置內行廠，親自掌管。他所成立的內行廠，四處窺探、糾舉百官細微的過失，且酷烈尤甚，任意羅織罪名，據說罪無輕重皆決杖，永遠戍邊，或枷項發遣。官員們都害怕劉瑾，升官時總要致贈一筆賄款，美其名爲謝禮，其實是擔心不給錢會遭到報復。進京朝覲的官員也要致贈一筆拜見禮，動輒耗費上千兩，只好轉向民眾需索，以致民窮盜起。有位名爲周鑰的給事中因無法負擔重賄，只好揮刀自刎，像這樣害怕而自殺的官員不在少數。連依附劉瑾的吏部尚書張綵也勸告劉瑾，說道：「公亦知賄入所自乎？非盜官帑，即剝小民。彼借公名自厚，入公者未十一，而怨悉歸公，何以謝天下？」讓劉瑾明白所得到的賄款，往往是官員在京城裡借貸而來的，到任後還是會挪移公庫的錢來償還。

劉瑾有意專權，故意在正德帝玩樂時，請示裁決奏疏，正德帝感到厭煩，揮手要他離開，並表示「吾用若何事，乃溷我！」如此幾次後，劉瑾便能夠專決，不必再向皇帝報告了。各方的奏章都先送給劉瑾看，然後才送入通政使司，但劉瑾沒有學識，便將奏章都拿回私宅，由他的親信作決策，再由焦芳潤筆，而擔任首輔的李東陽只能順從。所以民間有「兩皇帝」的說法，說朱皇帝爲坐皇帝，劉皇帝爲立皇帝，意思是站在皇位旁的劉瑾才是有實權的人。正德三年（一五〇八）六月，不知道是誰在上朝時遺落了一封匿名文書，內容盡是劉瑾的罪狀，劉瑾非常氣憤，以皇帝的名義召集百餘名官員於奉天門前下跪，再押入鎮撫司審問。李東陽知道後，趕緊前去申救，認爲一人之外皆無罪之人，建議先釋放官員，再仔細調查。劉瑾也聽說這封匿名信可能是宦官所爲，才將官員們釋放，但經過一天的折磨，有幾位官員中暑而死，生病的官員則不計其數。

劉瑾倒臺

原來不只是劉瑾，東廠的馬永成、西廠的谷大用，以及高鳳、羅祥、魏彬、丘聚、張永等宦官都非常跋扈，時人將他們稱爲「八虎」（又稱「八黨」），而八虎彼此也爲了爭權相互鬥爭。例如劉瑾曾想將張永罷黜至南京，便糾舉了他的罪狀，正德帝將兩人找來對質，張永竟在正德帝面前揮拳毆打劉瑾，正德帝也分不清誰有理，只好命谷大用設酒席調解，因此匿名文書出自宦官，劉瑾一點也不會感到意外。後來劉瑾倒臺，也是八虎內鬥所致，所以京師流傳一首謠諺：「馬飽不用餵，鼓破不用張，五人同一心，劉瑾去頂缸。」就是化用他們的姓氏，形容八虎間暗潮洶湧。

正德五年（一五一〇），安化王朱寘鐇發起叛變，檄文的內容竟是討伐劉瑾，張永擔任監軍與御史楊一清共同平亂。取得勝利後，張永提前回朝，趁著正德帝設宴犒賞時，將檄文交給正德帝，正德帝看完後，只低頭說：「瑾負我。」第二天派兵查封劉瑾的私宅，由正德帝親自帶隊查抄，找到了一顆僞璽、五百面官牌，及武器等違禁品，發現連劉瑾常執的扇子都藏有匕首，正德帝才大怒道：「奴果反！」起初審訊劉瑾時，有位名叫李憲的給事中揭發了六項劉瑾的罪狀，劉瑾笑著說：「李憲亦劾我乎？」原來李憲平時諂媚劉瑾，經常出示袖中的財寶，向人炫耀這是劉瑾賞給他的，爲此李憲被連帶治罪。劉瑾又大言不慚地說：滿朝公卿，皆出我門，有誰敢審問我！刑部尚書劉璟眞的不敢出聲，駙馬都尉蔡震說：我是國戚，不出你門，可以來審問你。最後劉瑾被處以凌遲，首級掛在街市上示眾三天，內行廠與西廠俱罷。相傳被劉瑾所陷害的人，都爭相購買他的肉來吃，而那些依附劉瑾的官員也一併處分治罪。

六、縱樂荒嬉的天子

豹房公廨

正德帝甫即位時，大學士李東陽與劉健請正德帝勿讓宦官介入鹽政，正德帝卻正色說道：「天下事豈專是內官壞了？文官十人中，僅有三、四好人耳。壞事者十常六、七，先生輩亦自知之。」這反映了正德帝倚信宦官的態度。

劉瑾死後，他所擅改的政令多恢復如前，但正德帝似乎沒有醒悟，仍沉湎玩樂，曾於皇店中扮演商賈，吆喝叫賣商品，又流連於宦官經營的酒家，而他最鍾愛的地方是別宮「豹房公廨」，位於皇宮外的太液池（即今日的北、中、南海）西北隅，既是辦公場所，也是娛樂之地。其內豢養了土豹、文豹等猛獸，還有數百名勇士、喇嘛、西域舞者、教坊司樂工。正德帝經常在豹房操練戎兵，發砲的巨大聲響，驚駭了京師的民眾。他上朝的時間也愈來愈遲，有時到了中午才開始奏事，曾以逗弄老虎受傷爲由，整月不上朝。甚至連元旦大朝、郊祀、狀元臚傳等重要儀式也缺席，與親信至南海子（皇家獵場）游獵，讓百官在朝堂前枯候。

提議興建豹房的人叫作錢寧，他原爲宦官錢能的家奴，因冒充爲錢家人，獲得錦衣衛的官職。正德初年，錢寧藉由依附劉瑾以親近正德帝，正德帝發現他善於射箭，便賜姓收爲義子，所以錢寧在拜訪交際的名帖上自稱皇庶子，在劉瑾倒臺時，沒有受到影響，還受命掌管南鎮撫司。錢寧引進樂師、番僧以取悅正德帝，另介紹了一位勇猛的將領江彬給正德帝，正德帝見到江彬身上的傷痕，誇讚道：「彬健能爾耶！」對其健壯體魄印象深刻。江彬精於騎馬射箭，且對於軍事有點研究，正德帝非常高興，將他拔擢爲都指揮僉事，召他入豹房一同玩樂。錢寧看到江彬如此受寵，心中感到不平，曾出言指責江彬的缺失，正德帝卻不予理會。某日江彬擊退了對正德帝產生威脅的老虎，正德帝笑著說：「吾自足辦，安用爾。」雖是戲言，不過心中仍十分感激，而錢寧也在場，卻畏縮不前，使得正德帝更加信任江彬。

北巡與南巡

江彬屢次誘導正德帝出巡，表示宣府有許多美女，而且可以視察邊界，何必悶在皇宮內呢？江彬安排得非常周到，不但抓來了許多美麗的民女，還建了行宮，把豹房的珍玩都運來，正德帝開心極了，直呼這裡就像是家裡一樣。正德帝熱衷出巡遊玩，後來就成為民間茶餘飯後的趣談傳聞，提供像是「遊龍戲鳳」、「梅龍鎮」等戲劇創作的題材。正德十二年（一五一七）十月，蒙古小王子劫掠山西北部的應州，正德帝親自督戰。當時明軍疲困，加上黑霧蔽天，雖將對手斬首十六級，但戰死五十二人，重傷五百餘人，正德帝的鑾轎也差點受波及。戰事因蒙古退兵告終，故仍以捷報的方式報告朝廷，正德帝還得意宣稱他有斬首一級之功勞。

經過幾次北巡，正德帝計畫在正德十四年（一五一九）三月南巡，朝中的官員紛紛上疏反對，新科狀元舒芬不客氣地指責出巡造成的民心動盪，寫道：「近者西北再巡，六師不攝，四民告病。哀痛之聲，上徹蒼昊，傳播四方，人心震動。故一聞南巡詔書，皆鳥驚獸散。而有司方以迎奉為名，徵發嚴急，江、淮之間蕭然煩費。萬一不逞之徒，乘勢倡亂，為禍非細。」奏疏送入後，一位名叫陸完的官員緩頰道：「上聞有諫者輒恚，欲自引決。諸君且休，勿歸過君上，沽直名。」以不要刺激皇帝的情緒，來勸說打消官員的諫諍念頭。但官員們不理會陸完，更踴躍地上疏，將近百封的奏疏，使得正德帝及其周遭的奸佞大為震怒，官員被罰跪於宮門前五天，另受杖責、上刑具等處分，成群地押入監獄，道路上圍觀的人們無不留下難過的眼淚。除了大學士楊廷和、戶部尚書石玠上疏解救外，其他官員都不敢多言，士民朝著不作聲官員投擲瓦礫，令他們既羞愧又慌張，遂要求通政使司不要再接受進諫的奏疏了。對官員接連上疏，江彬最為憤怒，他暗自交代監獄的管理員重打，官員的哭號聲響徹宮禁，據說正德帝受到感動，最後打消了南巡的念頭。

正德十四年（一五一九）六月，寧王朱宸濠發動叛亂，正德帝有了正當的出巡理由，在江彬的勸進下，決定率軍親征。只是出發不久，就接到王守仁戰勝的捷報，此時正德帝仍執意南行，而江彬甚至建議王守仁將寧王放回鄱陽湖，讓正德帝到時候親自與之對決，所幸這項荒唐的提議並未施行。不過正德帝為了展現功績，還是穿上戎服，在南京城外數十里處，親自抓取俘虜，再以凱旋之姿回城。

南巡期間，還有許多荒唐的事情，正德帝抵達揚州時，江彬將民宅占為都督府，並蒐羅處女、寡婦，以誘導正德帝。而在儀眞時，正德帝突然禁止民間畜豬，當地官員祭祀只好改用羊隻。正德帝在回京途中，於清江浦體驗捕魚，乘坐的小舟翻覆落水，因此染上疾病，身體持續衰弱，於翌年病逝於豹房。

圖 5-6　寧王朱宸濠謀反後地方人士與官員應變。出自〔明〕鄒守益等撰，《王陽明先生圖譜》，收入《四庫未收書輯刊》。

有鑑於江彬掌握軍權，擁兵自重，很可能發動政變，內閣大學士楊廷和知道對江彬只能用智取，一方面對江彬不採取行動，以安其心。另一方面策反與江彬親近的宦官魏彬等人，策劃除掉江彬，以太后的名義將其拘捕。嘉靖帝即位後，江彬被處以磔刑，分裂的肢體在街市展示，久旱的京城竟在那時下起了滂沱大雨。

崇武抑文

正德帝有許多奇怪的稱號，正值青壯的他，自封爲「錦堂老人」。他通梵文，以佛教的「大慶法王」自居，帶領僧眾為祖母誦經。當時番僧乞求腴田百畝作為法王的資產，奏疏下發至禮部，尚書傅珪裝作不知此事，故意在奏疏中批駁：「孰為大慶法王，敢與至尊並書，大不敬。」正德帝自討沒趣，既不加以究責，也不索取田土了。

正德帝又自封「鎮國公、總督軍務威武大將軍、總兵官朱壽」，臥病的大學士蔣冕聽聞此事，連忙勸其不可，說皇帝的御名是先帝祭告天地、宗廟、社稷後才取的，已詔諭天下，不可擅改。況且公爵雖較侯爵、伯爵為尊，但比追封的異姓郡王還下一等。大學士梁儲與毛紀也勸正德帝，國公按禮要追封三代，試想皇祖在天之靈，是否願意自貶受爵？但是正德帝才不管這些繁複的禮節，自訂俸祿歲支祿米五千石，吏部也只好如敕奉行。

正德帝在許多方面都有過人的天分，他所改良的罩甲，長度適中，受到軍民一致的喜愛，成為一種時裝。他譜寫的樂曲，經由教坊司傳播至民間，一位名叫李詡的文人聆聽後，認為音律造詣極高。正德帝顯然不是一位官僚所期待的皇帝，但他豢養猛獸、喜好游獵，以及對軍事的興趣，重振了明初的尚武傳統，其修建豹房公廨作為行政中樞，也展現出抑制文官的企圖。

七、明代中期的經濟發展

大致來看，明代中期經濟至少在四大領域出現重要發展。第一是農業商品化的加速，更多糧食作物與經濟作物的商品化，使不少人能依賴農業累積財富。第二是在全國出現農業與手工業的地域性分工，人口遷移也有相應的流動方向。第三是商人合夥經商涉及行業與地域不斷增加，連帶並也在部分地區引發較多的商業訴訟。第四是政府順應市場經濟發展，開啓了往中央財政貨幣化與財政機構預算化的轉型，從而加速白銀、銅錢取代大明寶鈔成爲全國通用貨幣的進程。

在明代中期經濟四大領域有所發展的同時，也伴隨出現了親貴特權、流民增加、官箴敗壞等弊端，政府行政日益面臨明初「洪武體制」建立以來的制度性失靈；但此時期的民間經濟與政府財政卻仍然展現若干活力，也不能全予抹殺。當時全國民眾，無論是有能力抵抗官吏勒索而選擇留在本地經營農業，或是被迫離開家鄉遠赴偏遠山區開發農田，這些民眾的集體努力仍使農業商品化現象在十五世紀後半持續拓展與加深。

農業商品化

位於長江下游的江南地區出現更多採取某種「多角化經營」的富農地主，他們既栽種糧食作物，也種植桑樹、棉花、果樹等經濟作物，並在農場投入更多資金與勞動力，甚至進行更好的成本與效益計算，故而能使更多糧食作物與經濟作物進入市場。

除了糧食作物，經濟作物也大有發展，特別是攸關江南棉布手工業生產的棉花。明代前期，華北地區已開始種植更多棉花，商人將棉花銷往長江下游地區，以補充江南棉布生產已然不敷使用的江南棉花原料。如山東鄆城縣種植的棉花，即由商人銷售到江南，這些山東農民栽種的棉花，要比在本地種植糧食可以多得到一倍收益。

區域勞動分工

明代中期經濟領域發生的第二個變化，是農業專業化生產引發的區域勞動分工。江南農村手工業得到更好發展，便有愈來愈多江南農民爲養家糊口以及市場販售謀利，轉而生產棉紗、棉布或是絲線、絲綢。明初江南等地區農民家庭剛開始從事棉布紡織時，主要因爲政府規定他們以棉布繳納賦稅，但隨著棉布市場擴大以及更多商人採購，棉布手工業日益成爲江南極重要的農家副業。同時，絲綢市場也因爲海內外貿易而規模擴大。因爲江南有更多農地改種棉花與桑樹，加上農民從事手工業占據更多時間，江南因而出現糧食日漸短缺現象，轉而由長江中游地區輸入糧食，這便使得糧食成爲串接長江中游和下游的大宗商品。

合夥經商與商業訴訟

明代中期經濟領域發生的第三個變化，是地域性商人群體以及合夥經商現象的擴大，並連帶在部分地區引發較多的商業訴訟。首先是南直隸徽州府（特別是歙縣與休寧縣）、陝西西安府（特別是三原縣、涇陽縣）以及山西平陽府、潞安府、澤州，還有山東東昌府、浙江龍游府（即衢州府）、南直隸蘇州府洞庭東山與西山，以及江西瑞州、臨江、吉安等府，這些來自不同地區的商人群體經商現象，在明代中期的弘治、正德年間，便已經為不少明代時人留意到。這類記載還可以推到較早的成化年間，根據《皇明條法事類纂》（卷十二），雲南姚安府官員於成化元年（一四六五）已然提及江西吉安府安福縣以及浙江龍游商人有「不下三、五萬人」，在當時雲南省內的「各邊衛府」經商，這些商人在雲南「遍處城市鄉村屯堡」，經營「生放錢債、收債米穀」等商業活動，並且「娶妻生子，置奴僕，二三十年不回原籍」。再按明朝人李紹文《雲間雜識》的記載，在成化年間末期，一位松江地區老人便已經感嘆：「松民之財，多被徽商搬去。」大體來說，這些地域性商人群體的記載雖然更多地出現在成化年間之後，但這種商人群體經商現象的實際出現時間，總是會早於其受時人留意到的時間，應該可以往前推至十五世紀中期。

中國歷史上的商人合夥現象出現很早，宮崎市定則曾指出一項演變趨勢：南宋「連財合本」現象雖然盛行，但卻比較近似於臨時性的合作，而看來多半不是長期穩固的共同出資關係。這種情況在明代中期已然頗有不同，日本學者藤井宏根據明代後期史料將徽州商人的商業資本形成方式區分爲七種：共同資本（參與者均等出資）、委託資本（對有商業經營才能而缺少資本者授予錢財）、婚姻資本（來自姻親）、援助資本（來自親戚、同族、同鄉、友人的援助）、繼承資本（父祖遺產）、官僚資本（來自官員提供個人財產或是政府資金）、勞動資本（白手起家的個人積累），這七種商業資本形成方式也可稍稍往前推伸，明代中期應該已經出現較爲穩固的各類合夥經商現象。

有經商與合夥集資活動，便難免發生商業訴訟。早在天順年間，北京即成爲一些江西商人提起錢債訴訟的集中地，因爲中央政府主管部門可能有些「不堪其擾」，便開始立法阻禁江西商人到北京提出商業訴訟，這便成爲《弘治問刑條例》的新增律例：「江西等處客人在於各處買賣生理，若有負欠錢債等項事情，止許于所在官司陳告，提問發落。若有驀越赴京奏告者，問罪遞回。奏告情詞，不問虛實，立案不行。」其後在萬曆四十年（一六一二）出版的王肯堂《律例箋釋》，不僅具體指出此條禁止江西商人赴北京訴訟的法條修訂於天順年間，王肯堂還建議應該修改這條法律，其修法理由是：「賈客不止江西，江西亦非首省」，他建議刪除「江西等處客人」的「江西」二字，以便納入那些可能也想到北京提出商業訴訟的全國其他各處商人，希望這些商人還是先在商業訴訟實際發生的地方提告，不要太輕易跑到北京打官司。

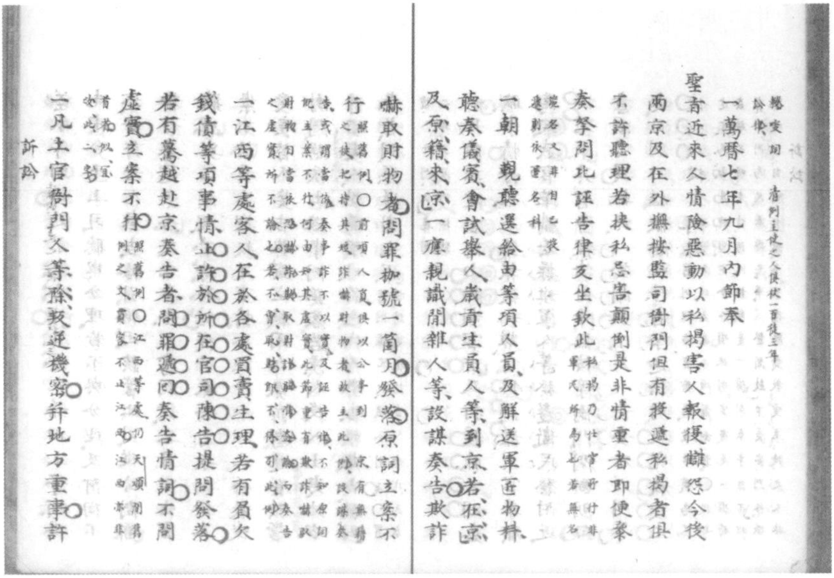
一萬曆七年九月內節奉
聖旨近來人情險惡動以私揭害人報復讎怨今後
兩京及在外撫按監司衙門但有投遞私揭者俱
不許聽理若挾私忌嫌顛倒是非情重者即便參
奏拏問比照告律文坐欽此
一朝覲聽選給由等項人員及解送軍匠物料
聽奏儀賓會試舉人歲貢生員人等到京若在京
及原籍來京一應親識閒雜人等設謀奏告欺詐
嚇取財物者問罪枷號一箇月發落原詞立案不
行
一江西等處客人在於各處買賣生理若有負欠
錢債等項事情不詣所在官司陳告提問發落
若有驀越赴京奏告者問罪遞回奏告情詞不問
虛實立案不行
一凡土官衙門人等除叛逆機密并地方重事許

圖 5-7　《大明律》對於不准赴京奏告的規定。王樵、王肯堂箋釋，《大明律例箋釋》，清抄本。王樵是王肯堂的父親。

有趣的是，江西商人赴北京進行債務訴訟的行爲，很可能是江西商人對當時徽州商人經常進行「集體訴訟」習慣的一種仿效。明代著名的旅行家王士性（一五四七—一五九八），他即在《廣志繹》記載自己在全國旅行的親身觀察：「（休歙）商賈在外，遇鄉里之訟，不啻身嘗之，醵金，出死力。則又以眾幫眾，無非亦爲己身地也。近江右人出外，亦多效之。」江右人即是江西商人，休歙商賈即徽州商人，徽商在全國商業發達城市裡已然出現出錢出力爲同鄉商人進行訴訟的「以眾幫眾」習慣，江西商人基本是仿效徽商此種做法。江西商人在明代中後期已經常到北京提出商業訴訟，讓中央政府頗受困擾而修法予以禁阻，則受到江西商人仿效的徽商，他們「以眾幫眾」的集體訴訟做法，恐怕極為可能是早於十五世紀中期即已形成的一種商業習慣吧？

財政貨幣化與銀錢流通

第四方面變化是順應前述農業商品化、區域勞動分工以及商人合夥經商現象擴大等市場經濟發展趨勢，明代中期政府開啓往中央財政貨幣化與財政機構預算化的轉型，從而加速了白銀、銅錢取代大明寶鈔成為全國通用貨幣的進程。

明代的典章制度中只有鈔法，而沒有銀法，因為白銀在明代初期並不是法定貨幣。開國初期，太祖直接賜官田給勳戚，讓他們雇募佃農耕作以替代俸祿。後來太祖藉由「胡藍黨獄」剷除統治集團內部的反對聲勢，以鞏固政治權力，殘存的勳臣紛紛將欽賜的土地還給朝廷，改支領俸米，而這些俸米是由蘇州、松江一帶的官田撥賜。當成祖遷都北京後，由於制度的僵化，武官的「俸帖」（領取俸祿的憑證）仍然要到南京戶部支領俸祿，顯得十分不便。

約在宣德、正統時期，白銀的禁令稍微寬鬆一些，武官便將俸帖出售，七、八石的米僅換得一兩銀，即使請人赴南京代為兌換，扣除成本與花費後，只能收回一、二成。在江南擔任巡撫，負責督導賦稅的周忱提出一項改革措施，由於耕作官田的農民須承擔較重的稅額，便請求將四石稅米折算一兩銀，運送至北京作爲官員的俸祿，稅米折銀的比率低於市場的糧價，既可減輕農民的負擔，又可解決北俸南支的問題。御史周銓也在朝中商議這項政策，進一步建議在南直隸、浙江、江西、湖廣等航運不通之處，折收布、絹、白金當作武官的俸祿。江西巡撫趙新、南京戶部尚書黃福都表態支持，英宗向禮部尚書胡濙確認是否可行，胡濙表示太祖時期就有折銀的先例，人民皆認爲簡便。

正統元年（一四三六），朝廷宣布將江南每年上繳北京的大約四百萬石漕糧（這個數量占每年全國田賦徵收二千六百七十餘萬石米麥總額的大約一五％），按照每石漕糧折合「白銀兩錢五分」（也就是大約二五％）的換算比率，改爲徵收一百萬兩白銀。這些收到的成色上好銀兩，遂被稱爲「金花銀」。徵收銀兩的名目陸續出現，開啓白銀、銅錢取代大明寶鈔成爲全國通用貨幣的進程。

此後全國許多地方也採納「金花銀」這一將田賦由實物改折白銀的事例，政府財政歲入取得白銀日增。不過，「金花銀」送入北京後，少部分作爲武官俸祿與支應邊區，大部分被送入內承運庫，這筆錢由太監掌管，僅作爲御用。爲了維持政府收支的穩定，戶部便於正統七年（一四四二）設立太倉庫這一新的財政管理機構。太倉庫「專以貯銀，故又謂之銀庫」。各地若提出田賦折銀的請求，或是關稅、籍沒家產、捐納（用金錢換取國子監學籍）等收到的銀兩，皆送入太倉庫。由於太倉庫設立專以收貯白銀、支放軍餉和中央政府開支爲宗旨，這便使得皇室與政府收支分爲各自獨立的兩個系統日漸清楚，政府收支預算和會計也逐漸運行起來。

金花銀的徵派對象原爲佃耕官田的農民，帶有租稅合一的性質，後來擴大至民田，田賦折銀成爲單純的貨幣稅。在正統年間，南方開始普遍折銀時，北方的折銀仍是偶發性的，一如明初的規定，特准田賦歉收之地折銀，另有零星的輸邊糧米採取部分折銀徵收。直到成化晚期，曾任大同巡撫的李敏認爲山東、河南等地運糧到邊區，路途遙遠且耗費巨大，命令除了保留必要的糧食外，其餘改以輸銀的方式，既減輕運送負擔，又方便軍隊購置裝備，後來李敏升任戶部尚書，進一步將山西、陝西輸邊的稅糧每石折銀一兩，此後北方也普遍開始折銀。

其實此後朝廷仍屢次申令禁銀，因此《明史》對於明中期朝野皆用銀的描述不免有些誇大。雖然朝廷將白銀視爲非法貨幣，下令不可以阻止紙鈔流通，違法者要追罰一萬貫。然而貨幣政策沒有完整的配套措施，朝廷的禁令並沒有達到預期的效果。明政府的銅錢鑄造總是難見實效，民間私鑄銅錢日益增多，寶鈔在民間市場已經貶值到無法使用的地步。成化年間的太倉文人陸容就認爲寶鈔只有官府才使用，然而一貫只值銀三釐、銅錢二文。民間交易若收到了寶鈔，只當作不能用的東西。

當白銀貨幣化後，商人的資本容易累積，有助於商品流通，促成全國性市場成形。另一方面，農村經濟次第商品化，農民的收入中，已有相當部分是貨幣。商品生產的提高，使農民不願應臨時科派的雜役，以免妨礙生產，他們寧願繳納貨幣，以求免役。這種情況反映在稅役制度上，就是要求稅役徵收，改變實物或親身應役的方式，將力差改爲銀差，將繳納實物改爲繳納貨幣，田賦中折銀的比例提高，折銀的地區也由江南向其他地區擴展，使人民可以有更多的自由勞力投入商品生產。

伴隨田賦由實物改折白銀而出現的財政貨幣化與政府公共會計獨立化等新趨勢，在十六世紀推廣「一條鞭法」改革之後變得更加明確、普及與穩固，而這項變化也更加速了民間使用白銀與銅錢貨幣的交易習慣。必須注意的是，正統元年（一四三六）之後的白銀成爲民間通用強勢貨幣地位的出現時間，明顯早於十五世紀末年世界「新航路」的開通，這可謂是重新承接宋元以來江南等經濟發達地區中國本土貨幣經濟的發展方向，明中期政府不再針對貨幣供給量擴大的市場增長現象進行人爲干預，正式放棄了明初政府推動的貨幣供給量限縮政策。

八、明代中期的社會變遷

社會經濟恢復增長

明朝建國之初，以儒生爲主的士大夫，規劃出一套依據禮制建立的「貴賤有等」之社會秩序，期以士農工商各安其生，社會秩序井然，天下因此治平。太祖不斷諭令廷臣，用嚴刑峻法的鐵腕手段來執行相關規定，於是百姓皆畏法，且因生活水準較低，沒有能力僭越禮制。明代方志談到明初社會風氣時，常盛讚其「風俗醇美」，如洪武《蘇州府志》云：「本朝尊卑貴賤悉有定制，奢僭之習爲之頓革」，「歲月既久，風俗安得不愈淳美乎！」

經過明初六十多年的「安養生息」，社會經濟逐漸恢復增長，田額增加，戶口增加，民間社會已然有新的氣象。《明史・宣宗本紀》遂稱「民氣漸舒，蒸然有治平之象」。蘇州崑山人歸有光則說：「明有天下，至成化弘治之間，休養滋息殆百餘年，號稱極盛。」

明代的江南地區，泛指太湖流域及長江三角洲一帶，學界對於範圍的界定不一，有因自然生態環境與人文社會的背景條件，將南直隸的蘇州、松江、常州、鎮江、應天，與浙江的杭州、嘉興、湖州等八府視作江南。但也有以開發過程、民間信仰、商業特色與社會階層，指出南直隸的蘇州、松江、常州三府，以及浙江的嘉興、湖州兩府，即所謂的江南。唐宋以降的江南日益繁榮，米糧生產大增，北宋後期就出現「蘇湖熟，天下足」的諺語。而明代的江南隨著早期工業化、商業化的腳步，土地改以種植棉花，農村經濟轉型爲棉紡織、繅絲業生產，糧食生產已轉移到長江中游的湖廣地區，取而代之的正是前章所論述「湖廣熟，天下足」的諺語。江南是全國最富庶發達的地區，商品生產發展的結果，城鎮人口增加，市面日漸繁榮，進而帶動了社會風氣。蘇州地方志書還記載著，以絲織業爲主的商品生產，「成、弘而後」，日益發展和普及，不但城裡的「郡人」「邑人」，就連村鎮的「土人」，「亦有精其業者，相沿成俗」，「乃盡逐綾紬之利」。

崇奢、消費及危機感

在商品經濟發展的衝擊下，加以「英、武之際，內外多故」，政治綱紀已不如明初整飭；於是「儉樸淳厚」、「貴賤有等」的社會風氣，在部分地區開始維持不住了。逐漸形成的奢侈風氣，打破原先官方所規定的制度。據估計明朝一代曾至少申明過一百一十九次禁奢令，其中憲宗朝以前只有十一次，其他都是之後發布的，可是愈到後來，這些禁令已形成具文。

明代涇縣隸屬於南直隸寧國府，嘉靖《涇縣志》形容該地在明初新離兵革，地廣人稀，人尚儉樸。丈夫力耕稼，女子勤紡績蠶桑。人們穿著衣料只不過是土布，只有達官才常用紵絲，居室住宅也無高廣的大廳。但是成化、弘治以後開始變化，因為「生養日久，輕役省費，民彌滋殖，此後漸侈」。出現「田或畝十金，屋有廳事，仿品官第宅。男子衣文繡，女子服五綵，衣珠翠，金銀滿飾，務華靡，喜誇詐」。由此可見這時休養生息已久，人民積蓄已豐，故而庶民的購買力與購買欲，已經超越官方原來所規範的消費形式，並體現在官民服色、房舍、飲食、器用、婚喪等日趨奢侈的社會風尚。這些由儉入奢的轉變過程，逐漸普及到社會的中下層，其後也從商品經濟比較繁榮的江浙地區，開始蔓延到華北一些工商業發達的地區。

到了明代中後期，市場上的商品可以輕易購得，人們從市場上購物消費的頻率愈來愈高。以前被視為奢侈品的東西，因價格下降漸成為一般庶民的日常用品。奢侈消費已經脫離了維生消費的層次，人們不只固定於喜好某類消費形式而已，而且還是不斷地追求變化，形成了流行時尚。有許多下層社會的人們模仿上層階級的消費行為與品味，在一片奢侈風氣的盛行下，知識界也出現了關於奢靡觀念的新論述，部分地區可謂形成了「消費社會」。

然而也有許多士大夫反對崇奢，對於因奢侈而衝破尊卑貴賤的身分等級界限，有感嘆更有批評。明代中後期編纂地方志的士大夫，面對當前崇奢的社會風氣，有著強烈的危機意識，他們關心明初所建立的禮樂之制、倫理綱常、等級秩序是否將一去不返。

九、社會矛盾下的民變

民變頻仍

從正統至正德年間，各地大規模倡亂事件前仆後繼，根據《明史紀事本末》記載，明中期以降，浙江、福建、湖廣地區的鄖陽、廣西大藤峽、陝西固原、河北、四川，以及江西南安、贛州等地，均發生群盜蜂起等民變事件。

倡亂的原因有天災，也有人禍。明代中期各地自然災害紛起，水災、旱災、蝗災不已，特別是黃河氾濫改道，產生奪淮入海，嚴重衝擊到運河的交通。地方秩序的動盪，往往反映朝廷控制力的效度，就《明史・循吏傳》收入的四十人來觀察，其中有三十人是出現在正統以前，可見後來的清官難得了。

闖入封禁山

明初全國有許多地方皆列爲封禁地，如江西廣信府境有封禁山，浙江衢州府的雲霧山亦名封禁山，歷朝以治安爲由，均禁止前往樵牧。浙江、福建、廣東沿海也有所謂的封禁島，因朝廷無法在這些海島上實施有效的統治，故配合沿海衛所體制與海禁政策的理念，實施堅壁清野政策，強行徙民棄島，反倒造成明代中後期海防的一大問題。

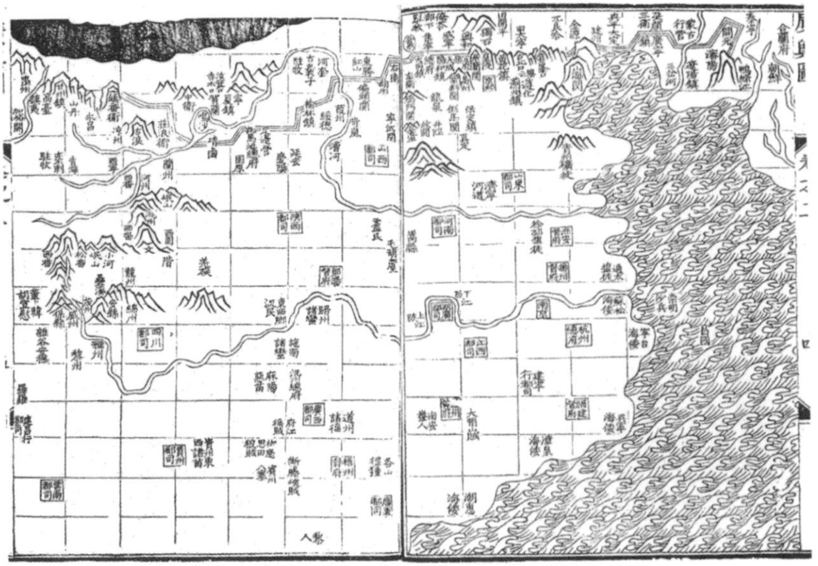

圖 5-8　明代九邊總圖，出自〔元〕朱思本撰，〔明〕羅洪先、胡松增補，《廣輿圖》。

其中，陝西、四川、湖廣、河南四省邊界的廣大深山老林，是明朝最大的封禁山區，前朝此地禍事連結，終不能制，明初平亂後，禁止流民遷入居住，致使荊襄鄖陽山區土地荒閒已久。隨著土地兼併、里甲賦役不均的現象擴大，受生計所迫，無立錐之地的小民不得不流浪他鄉，來到了荊襄鄖陽等封禁地入山墾荒。這些流民愈聚愈多，數量已多達百萬之衆，且自爲雄長，非官府所能控管。

成化元年（一四六五）四月，劉通（劉千斤）、石龍（石和尚）等號召群衆，反抗官府的封禁政策，在荊襄地區稱王起事，流民紛

圖 5-8　鄖陽巡撫督屬輿地總圖，〔明〕彭遵古，《萬曆鄖臺志》。

紛響應，地方社會嚴重失序。即使官府強力鎮壓，劉、石等人被執處死，反抗流民依舊有增無減。成化六年（一四七〇）十月，李原（李鬍子）稱太平王，再度聚眾數萬倡亂，因此如何恢復地方秩序，成爲官方的一大難題。

起初，任命爲總督河南湖廣荊襄軍務的都御史項忠採取堅守封禁政策，將逮捕到的流民驅離與發回原籍，但手段過於粗暴，流民傷亡慘重，項忠所樹立的「平荊襄碑」竟被當地民眾諷爲

「墮淚碑」（墮淚碑原指襄陽百姓爲紀念愛民如子的西晉將領羊祜，爲其所立的羊公碑）。擔任國子監祭酒的周洪謨提出「流民說」，主張要效法古代管理方式，讓流民附籍就地合法化，並設立州縣管理，編制里甲，放寬徭役，使民安居樂業，則流民變爲齊民。朝廷進而派遣都御史原傑任巡撫，經略鄖陽地區，設立鄖陽府，下領八縣，撫定流民，造冊登記，納入版籍。在軍事層級上，還另設湖廣行都司、衛、所等建置，來控制新開發地區。

大藤峽事件

明中期的倡亂事件像是野火蔓延，這股熱潮還發生在少數民族的地區。廣西桂平縣諸山形勢險要，尤以四面環山的大藤峽爲最，峽谷綿亙於柳州府與潯州府等府州縣境，該地因峽口舊有大藤可借以渡潯江而得名。居住當地者多爲猺、僮等族，由土司土官治理，朝廷政令力有未逮，土著與新移住者常有衝突。

正統七年（一四四二），藍受貳、侯大苟率當地少數民族起事，響應者眾，發展到萬餘人，勢力蔓延至廣東等地，官府無法制止。成化元年（一四六五），朝廷出現主戰呼聲，兵部尚書王紘反對招撫，建議派遣右僉都御史韓雍、都督同知趙輔率軍征討。韓雍獲得贊理軍務之權，巡撫兩廣，堅持全師直搗大藤峽，先破修仁、荔浦，斬殺俘獲者不計其數，明軍截斷峽口的大藤，改名爲斷藤峽，平定事變後，勒石紀功班師，另置武靖州，以土官掌州事。

正德時代的民變

到了正德初年，倡亂事件遍及全國各省，《明史・武宗本紀》提到正德四年（一五〇九）兩廣、江西、湖廣、陝西、四川群盜並起。正德六年（一五一一）四月淮安盜起、六月山西盜起、七月賊犯文安，京師戒嚴，並總結當年民變的發展：「是年，自畿輔迄江、淮、楚、蜀盜賊殺官吏，山東尤甚，至破九十餘城，道路梗絕。」

從畿輔所展開的民變，正是劉六、劉七兄弟所發起的反抗行動。劉氏兄弟體格剽悍，善於騎馬射箭，原本受官府應召協助搜捕盜賊，多次立功，但宦官劉瑾的屬下索賄不成，便誣陷他們是大盜，逼使劉氏兄弟投靠盜賊，許多窮民也都響應，這可能是因為正德帝即位後，在京城附近廣設皇莊達三百餘處，侵奪了難以估計的民田。再者，朝廷強令華北等地農民充當養馬戶，要選良馬供給邊鎮，當馬匹死亡或種馬孳生不及數額時，強令馬戶須賠納損失；因此當皇莊不斷侵占民田，草場逐漸流失後，馬戶不堪沉重負擔，更加深民怨，成爲最大一股反朝廷的「響馬」勢力。

綜觀明代中期頻發的民變，參與者的身分包括農民、礦工、流民、盜賊，乃至少數民族，儘管可視爲土地兼併嚴重、官民矛盾所造成的結果，但他們亟欲擺脫人身依附關係，也隱約透露了當時經濟發展蓬勃，工商業活動興盛，乃至禮制鬆動的社會風氣。

十、陽明心學的興起

程朱理學的轉向

元明詔定科舉取士，限以四書五經取材命題，大力提倡程朱理學，不許離經叛道。成化年間以後，考試作答以固定形式，限破題、承題、起講、入手、起股、中股、後股、束股、大結等對偶排比文字，稱爲八股文。內容須根據朱熹集註之《四書》章句回答，揣摩古人語氣，以代聖賢立言。因此明初的學術思想、政治理念，均圍繞理學的主張與實踐，許多士子鑽研於朱子學的著述之中。

明初從宋濂、方孝儒、薛瑄、吳與弼等，都信守程朱理學，多重視學問與言行的一致。但到了明代中後期，隨著商業經濟、社會文化的發展，禮法秩序受到嚴重衝擊，現實世界與士大夫的傳統知識、價值判斷等隔閡差距明顯擴大，程朱理學已無力解決社會變遷的種種問題。心學思想，就在這樣的學術環境中開始萌發與挑戰，成化、弘治年間的廣東陳獻章，就是理學轉向心學的重要代表人物。

陳獻章（一四二八—一五〇〇），字公甫，號石齋，廣東新會人，家鄉白沙里，地近西江入海之江門，故人稱白沙先生，又稱其學爲江門之學。陳獻章曾向吳與弼從學，讀書窮理，日夜苦思，進而轉向求之本心，提出要從「靜坐中養出端倪」。他主張身居萬物，心在萬物，其「天地我立，萬化我出」的心學觀，儼然與傳統的程朱理學思路大不相同。成化二年（一四六六）北上復入太學，名噪京師，受到推崇，四方求學者日眾，得意門生有湛若水、張詡等人，合力開創新的學術時代。

王守仁的陽明心學

明代中期另一個學術思想的代表人物是王守仁（一四七二—一五二九），他重視講學，使明代心學得到更廣泛的傳播。王守仁，字伯安，浙江餘姚人，自號陽明子，世稱陽明先生。儘管他出生於書香門第，父親是成化辛丑科狀元，但王守仁卻不把科舉視爲第一等事，認爲讀書效法聖賢才是要務。王守仁早年向婁諒請教格物致知的學問，曾用七天時間格庭院中的竹子，卻無法格出道理，還因此生了一場大病。王守仁也曾鑽研佛道學問，與道士討論養生之道，竟忘了當天是自己的成婚之日，但學仙學佛不到一年，出於孝心，割捨不了對家庭的情感，最終放棄而重回儒家。正德年間，王守仁因得罪宦官劉瑾，遭廷杖四十，被貶放至貴州龍場驛，途中歷經險境，在貴州的艱困環境中，思索悟出做學問的道理。

王守仁所推廣的心學，後世又稱王學，主張人人可明德，滿街是聖人。王守仁繼承陸九淵的學說，認爲天地間萬事萬物皆是從精神意識而生，即「心外無物」，並強調「心外無理」，天理在內心之間，不假外求。晚年曾說：「吾平生講學，只是致良知三字。」他將良知視作天理，人人皆有良知，但常會被私慾蒙蔽，只要能克制私慾，就能將良知發揚光大，使得每個人都能按照倫理綱常行事，此爲「致良知」。王守仁反對朱熹主張的知先行後論，想要杜絕士大夫只知而不行的風氣，進而推廣「知行合一」。他說：「我今說個知行合一，正要人曉得一念發動處，便即是行了，發動處有不善，就將這不善的念頭克倒了，須要徹根徹底，不使那一念潛伏在胸中，此是我立言宗旨。」因此，王學的主要訴求爲「心外無物」、「心外無理」、「致良知」以及「知行合一」。

明朝中期，士風日下，君不君，臣不臣，王朝大業搖搖欲墜，有如大廈將傾覆。士子多沉迷於訓詁、詞章，讀書只爲「獲取科舉名第」。遇事則「鄉愿」以待，如王守仁所云：「以忠信廉潔見取於君子，以同流合汙無忤於小人。」陽明心學，「人胸中各有個聖人」，只要依自己的固有良知行事，注重自我精神意志的主觀能動，看重自己，王守仁說：「我的靈明，便是天地鬼神的主宰。天沒有我的靈明，誰去仰他高？地沒有我的靈明，誰去俯他深？鬼神沒有我的靈明，誰去辨他吉凶災祥？」以這種狂狷的豪傑精神克服當代社會上彌漫的「鄉愿」風氣，以與生俱來的良知，作爲一切道德實踐的根源，面對權勢，驅除黑暗罪惡；此陽明心學之所以能興於「世風日下」的明代中期和後期。但是心學也產生了流弊，即日漸走向懷疑否定、高談闊論，被批評終究空疏無用，背離了儒學正道。

王門弟子及後學

王守仁擔任過南贛巡撫，在任內推動十家牌法、南贛鄉約，成爲日後官員鄉治的典範。他以文人帶領軍隊，成功弭平地方事變，其學養與聲望有助於克敵制勝，其事功也爲江右王學繼承的重要資產。明代的心學由王守仁推廣，及其弟子的繼承與宣揚，得到多數人的信服及回應，講學事業更加通俗蓬勃，故《明史・儒林傳》云：「門徒遍天下，流傳逾百年。」不過，王門弟子對於王學的見解有分歧，弟子王畿、錢寬各執一邊，在王守仁過世後，彼此衝突更加激烈。王畿不拘泥師說，認爲良知是心之本體，不須矜名飭行、犯手做作。而錢寬擔心學問落在空處，力闢空疏，旨在維護與弘揚師說，譏諷王畿的主張是養成枯寂之病。

王門弟子眾多，在黃宗羲的《明儒學案》中，依見解及地域之不同，分出幾個派別，大抵王門有三派最出名，一浙中派：浙中是王守仁家鄉，繼承王學的主幹，以錢寬（德洪）、王畿（龍溪）爲代表；二江右派：以鄒守益（東廓）、聶豹（雙江）、羅洪先（念菴）

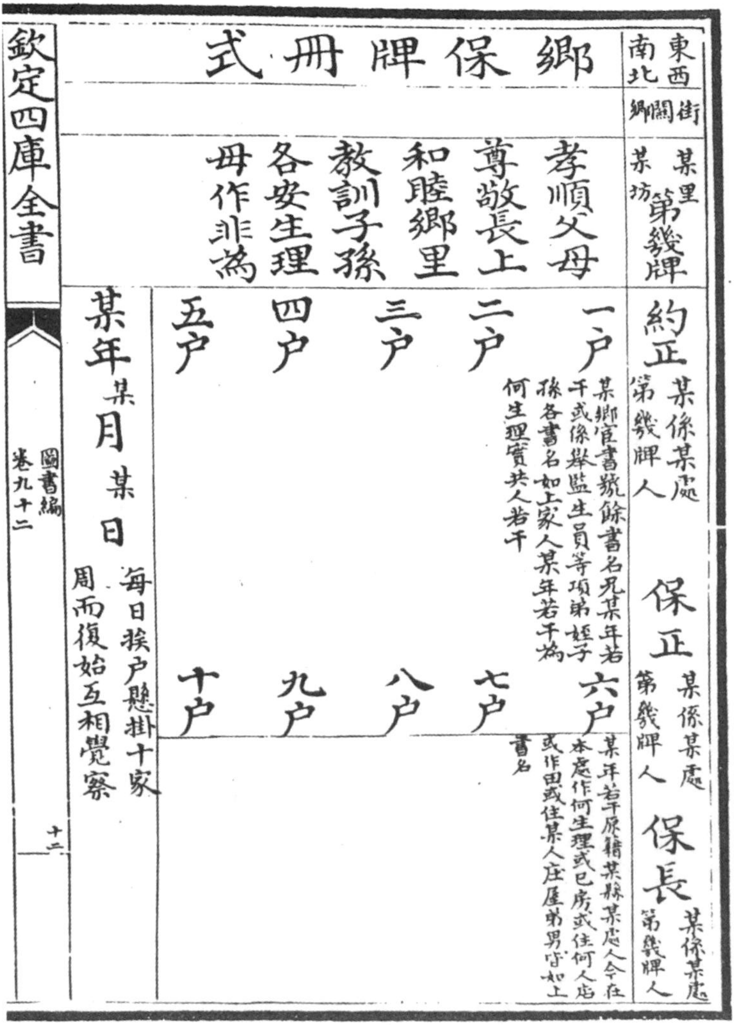
欽定四庫全書
東西南北 街關鄉 某里某坊第幾牌
鄉保牌冊式
孝順父母
尊敬長上
和睦鄉里
教訓子孫
各安生理
毋作非為
約正 某係某處第幾牌人
一戶 某鄉宦書號餘書名凡某年若干或係舉監生員等項弟姪子孫各書名如上家人某年若干為何生理實共人若干
二戶
三戶
四戶
五戶
保正 某係某處第幾牌人
六戶 某年若干原籍某縣某處人今在本處作何生理或已房或住何人店或作田或住某人庄屋弟男子如上書名
七戶
八戶
九戶
十戶
保長 某係某處第幾牌人
某年某月某日
每日挨戶懸掛十家周而復始互相覺察
圖書編 卷九十二
十二

圖 5-10　明代鄉保牌冊式，出自〔明〕章潢，《圖書編》，〈保甲總序〉，收入《景印文淵閣四庫全書》子部。

爲代表，其中鄒守益從不間斷地講學，對象包含士人、農夫、商人等，講學規模有時高達數千人之多，對王學的傳播與發展有著相當大的貢獻；三泰州派：以王艮（心齋）、王襞（東崖）父子及羅汝芳（近溪）最著名，成員有上層社會的官員，也有普羅大眾。王艮強調「滿街都是聖人」，只有合乎百姓日用的思想學說，才能算是聖人之道。同是泰州學派的羅汝芳，則提出了「赤子之心」的想法，將赤子之心看成自然具備「知」與「能」的天分，認爲端茶童子謹慎用心捧茶，過許多門檻都不曾打破茶杯，即是在自然平常中流露赤子之心。總而言之，泰州派有一種衝擊傳統思想的反動精神，甚至被批評流於狂禪，卻深刻影響了李贄的思想。

異端自居的李贄

李贄（一五二七－一六〇二），福建晉江人，號卓吾，曾經受教於泰州學派的王襞，對王畿和羅汝芳非常的尊敬，徙居湖廣麻城，讀書著述達二十年，著有《藏書》、《續藏書》、《焚書》、《續焚書》等作品。李贄標榜特立獨行，以異端自居，稱自己：「自幼倔強難化，不信學，不信道，不信仙、釋。故見道人則惡，見僧則惡，見道學先生則尤惡。」所以他的言行舉止，也被當時的文人們當作「異端之尤」，因此相互論戰。

他對聖人以及歷史上的人物進行了批判，不以孔子之是非爲是非，不該將之當作千古不變的眞理，否定程朱學派「陰陽二氣」的論點。他竭力宣揚「童心」說，認為「童心」是一種並未受官方思想侵蝕過的原始狀態，宣稱自私是人類的天性，批判男女不平等的現象，認爲寡婦應該再嫁，並且支持婚姻自主權，以及女性學習權。

李贄的種種主張，在當時看來是離經叛道，而遭劾被逮，在獄中自刎死，卻甚合近現代人們的思想；因此，五四以來他備受重視和贊揚。清初小說《梧桐影》描繪晚明江南地區情欲觀念盛行的原因：「自才子李禿翁（指李贄），設為男女無礙教，湖廣麻城盛行，漸漸的南路都變壞了。」也許李贄的思想並非一般人所以為的如此，不過他的形象卻是「男女無礙教」教主，由此可知李贄在人們心中的形象與影響力。

第六章

東邊晴來西邊雨——危機時代的新變革

（嘉靖—萬曆，一五二二—一六二〇）

邱仲麟、唐立宗

明朝世宗（年號嘉靖）、穆宗（年號隆慶）、神宗（年號萬曆）這三位皇帝的統治時間合計將近百年。即位初期，君臣們皆有心推動新政，其改革力度到了萬曆十年（一五八二）張居正去世時，達到了一個高峰。不過也要注意，諸多改革並非全面深化，特別是張居正去世被抄家後，又回到因循苟且的模式。這段期間內外危機四伏，內有內閣紛爭造成的政治危機，內閣大學士的地位愈發重要，首輔的職權極重，卻也常成爲政爭要被打倒的對象，更是日後黨爭的導火線。外在方面，蒙古與倭寇的威脅騷擾造成國防的危機，財政負擔日益加重，有必要找出解決方案。

一、大禮議

朱厚熜以「兄終弟及」繼位

武宗沒有子嗣，內閣首輔楊廷和與群臣商議繼任人選，據《皇明祖訓》的規定，若非「父死子繼」，則採「兄終弟及」的方式。但是武宗唯一的胞弟也年幼夭折，按倫序應由孝宗的侄子（武宗的堂弟）朱厚熜入繼大統，官員們都表示贊同，楊廷和便命宦官入宮向太后報告，太后按楊廷和的請求辦理，皇位的事情就如此定了下來。

楊廷和派遣禮部尚書毛澄等官員至湖廣安陸州迎王入京，隨行的太監谷大用在群臣抵達前，先一步到了藩王府，希望私下與朱厚熜見面，遭到拒絕，可見十五歲的朱厚熜展現超齡的沉穩。朱厚熜的母親在臨行前特別叮嚀，這趟路程身負重任，不要輕易發言作決定。他聽出了這句話的深意，特命禁止沿途官員捐獻珍寶。至京城郊外，禮官請朱厚熜從東安門入城，以皇太子禮擇日即位，朱厚熜則說：「遺詔以我嗣皇帝位，非皇子也。」皇太后知道此事後，命官員捨去繁複的儀式，直接勸進，然後由大明門入城，即皇帝位。

朱厚熜的廟號為「世宗」，他捨棄了官員初擬的年號「紹治」，卻選擇「嘉靖」。「紹治」含有繼承弘治朝的意思，而「嘉靖」的寓意則是使國家安定，帶有扭轉正德朝亂象的隱喻，從嘉靖帝對年號的選擇，已表現出他繼承皇位的態度。

圖 6-1　明世宗坐像。臺北國立故宮博物院提供。

嘉靖初年政治改革

朱厚熜還沒進京繼承皇位，撥亂反正的改革就已經開始。首輔楊廷和在起草的〈遺詔〉與

〈即位詔〉提出了興利除弊的作爲。〈遺詔〉對正德末期的政令作出反應，提到：「各衙門見監囚犯，除與逆賊宸濠事情有干，凡南征逮繫來京，原無重情者，俱送法司，查審明白，釋放原籍。各處取來婦女，見在內府者，司禮監查放還家，務令得所。各處工程，除營建大工外，其餘盡皆停止。」而〈即位詔〉則進一步改革正德朝的弊政，包括淘汰錦衣衛、內監局冗員十四萬八千人，減免漕糧一百五十三萬多石，此前經由武宗恩寵而得官的人也被革除大半。對於楊廷和上疏請求敬畏上天、遵循祖訓、表彰孝道、保重身體、勤於學習、愼重施政、嚴明賞罰等切中時弊的建議，嘉靖帝都用嘉賞的詔書表示肯定。朝廷內外無不讚揚天子爲聖人，並稱頌楊廷和的功績。但那些失去官職的人，對楊廷和恨之入骨，不時出現危及楊廷和安全的傳聞，更有批評他的謠諺：「終日想，想出一張殺人榜。」所以嘉靖帝特別派京營士兵護衛楊廷和出入。

此時江彬雖已伏誅，但其他奸佞如錢寧等，卻久久不能定罪，楊廷和進而建議誅殺籍沒奸佞，說道：「不誅此曹，則國法不正，公道不明，九廟之靈不安，萬姓之心不服，禍亂之機未息，太平之治未臻。」嘉靖帝於是下令，沒收這些人的財產。

大禮議之爭

儘管群臣在登基的儀式上做了妥協，嘉靖帝仍不滿意，在爲親生父親興獻王朱祐杬的封號問題上與群臣有激烈的矛盾。楊廷和與毛澄援引了漢朝定陶王劉康、宋朝濮安懿王趙允讓的先例，主張繼位的皇帝應將親父改稱爲叔父，並說：「有異議者即奸邪，當斬。」嘉靖帝聽後大怒，直呼：「父母可更易若是耶？」降旨命官員再議。

嘉靖帝起初強忍不悅，召見楊廷和時，總是賜茶或慰勞，希望他能改變立場，又私下派遣太監饋贈黃金給毛澄，轉達聖意道：「人孰無父母，奈何使我不獲伸？」即用盡了溫情、賞賜與親情訴求等各種方式試圖打動主政官員。但楊廷和仍不肯順從嘉靖帝的心意，毛澄也堅持不收餽贈。有一位官員勇敢地提出異議，他就是正德十六年（一五二一）新科進士張璁，原來的廷試因武宗南巡而延遲，次年武宗駕崩，所以改由嘉靖帝主持。當時張璁已四十七歲，歷經七次落榜才中式。張璁認爲禮出自人情，因而提出了「繼統不繼嗣」的理論，並指出宋仁宗是預先立嗣，將濮安懿王趙允讓之子趙宗實（宋英宗）養於宮中，與當前的狀況不相同。嘉靖帝高興極了，直呼：「此論出，吾父子獲全矣。」楊廷和讀了張璁的奏疏，反譏道：「秀才安知國家事體。」

嘉靖帝即位的當年九月，生母興獻王妃蔣氏入京，禮部議定由東安門入城，她聽聞群臣要求自己的兒子認孝宗爲父，氣憤地說：「安得以吾子爲他人子！」遂在通州不肯進京，嘉靖帝難過地表示願意退位，隨著母親回到湖廣。群臣惶恐，閣臣研究提出了一個折中的辦法，以皇太后聖旨尊稱興獻王爲興獻帝，王妃爲興獻后，取消一個「皇」字，嘉靖帝才勉爲讓步，興獻王妃以母后的身分從大明門入。後來嘉靖帝進一步想要爲父母加尊「皇」字，宮殿卻發生火災，楊廷和等人以天意示警相勸，迷信的嘉靖帝不得已打消這個念頭，勉從眾議，同意稱孝宗爲皇考，在父母的稱號上，冠以「本生」兩字以示區別。

直至嘉靖三年（一五二四）楊廷和退休後，張璁和桂萼持續上疏支持嘉靖帝，議禮派在朝中的勢力逐漸占上風，嘉靖帝先加父親尊號爲「本生皇考恭穆獻皇帝」，接著又決定去除「本生」二字。此舉引起了護禮派群臣反彈，兩百餘名官員集體於左順門外伏跪、哭嚎，楊廷和的兒子楊愼慷慨激昂地說：「國家養士一百五十年，仗節死義，正在今日！」嘉靖帝先命司禮監太監勸離，但群臣愈哭愈大聲，嘉靖帝震怒之下，將他們逮捕下獄，四品以上官員奪俸、五品以下官員處以杖刑。一百餘名官員遭到廷杖，其中十六位傷重而死；自此以後，很少有官員再上奏禮儀問題。

大禮議使朝臣分化爲兩派，並以此作爲政治鬥爭的手段。嘉靖五年（一五二六），白蓮教首領李福達化名張寅從事商業活動，身分遭到揭穿，李福達因與武定侯郭勛有所交往，致使郭勛受到牽連，但郭勛在大禮議中屬於張璁一派，張璁便主張郭勛被政敵誣陷，藉由重審此案清算異己。又如嘉靖七年（一五二八）刊行的《明倫大典》收錄了有關大禮議的奏疏，嘉靖帝在序言中毫不留情地指責楊廷和悖逆天道，而編書有功的張璁、桂萼、方獻夫都獲得了升遷，可見嘉靖帝的目的不僅在講究名分，更有意鞏固權力。

嘉靖十七年（一五三八），嚴嵩揣摩聖意，建議「獻皇帝稱宗」，於是嘉靖帝尊「皇考獻皇帝爲睿宗」。同時，又以「太宗再造之功，同於開創」，「宜進尊稱爲祖，以別群宗」；從此，永樂帝的廟號，由「太宗」改稱「成祖」。

二、嘉靖前期的朝政變革

議禮派閣臣的新政

嘉靖帝即位初期，任用的閣臣如張璁、桂萼、方獻夫等人，都是議禮派的成員。張璁與桂萼因支持議禮得到嘉靖帝的信任，官位獲得越級的提拔，當時有「非翰林不入內閣」的慣例，而兩人未經翰林院培養就成爲大學士，使得翰林院官員感到不齒，不願與之並列；張璁則以量才外補的名義，奏請嘉靖帝將翰林院官員外放爲地方官。

儘管張璁、桂萼兩人得志時，對異己者圖謀報復，但在朝政改革上也做了若干貢獻。例如桂萼最初擔任知縣，較爲理解民間疾苦，所以上疏請求減免田租、讓窮民開墾城邊餘地、恢復開中制度（商人運糧到邊塞，以換取賣鹽憑證）、懲罰阻撓興辦養濟院（地方的救濟機構）的奸人等，這些政策都經過朝議後施行。

張璁在嘉靖八年（一五二九）升任內閣首輔，他爲人剛毅，聰明果敢，不避嫌怨，在任首輔期間屢次受到彈劾，兩度下野，但嘉靖帝過一陣子又想念起他，將他召回朝中。張璁最大的政績，是清查勛戚的莊田、罷除鎮守中官。

鎮守中官之名，始於永樂初年，但未成爲定制。仁、宣以後漸漸制度化，由南京到各邊、各省，皆派任鎮守中官。南京守備太監，職責是護衛留都。而在九邊，鎮守中官與巡撫、總督及總兵官地位相抗，有監軍與撫夷之責，並得隨軍出征。在內地各省，鎮守中官的職責是安民與防寇，並有兩項特殊任務，一者作爲朝廷耳目，通報各地情況，其次則爲皇室採辦各項土物貢品。鎮守中官有權彈劾所在地的文武官員，並與巡撫、巡按和按察使會同考察大小官員，且得過問地方司法，或監管市舶司。正德年間，鎮守中官設置更爲氾濫，打破設置舊額和委任程序，對地方事務進行全面干預，在各地搜刮民財，甚至取得領兵、巡歷之權。嘉靖帝即位後，在楊廷和、張璁主持下，限制鎮守內官的權力，並嚴懲其犯罪者，缺而不補，最後漸次革去各地的鎮守中官職位。至嘉靖十年（一五三一），除南京、鳳陽守備太監外，所有邊地、內地的鎮守中官均被革去，僅剩的鎮守黃花鎮中官，也在嘉靖四十年（一五六一）革去。

也就因爲這一抑制宦官的舉措，原本行事跋扈的司禮監太監都敬畏張璁，見到他上朝，總要向他作揖，甚至稱他「張爺」。故王世貞說：「國朝文武大臣，見王振而跪者十之五；見汪直而跪者十之三；見劉瑾而跪者十之八。嘉靖以來，此事殆絕。」

利用更定祀典迎合上意

嘉靖帝另一系列關於祀典的改革，包括改天地合祀之大祀殿，回歸天地分祀之天壇和地壇。又去孔子塑像及「文宣王」稱號，改用木主及「至聖先師」稱號。改大成殿爲先師殿，大成門爲廟門。增建祭祀孔子之父的啓聖祠，以分散孔子的至聖地位，降殺孔子與孔廟的道統地位。並在國子監增建敬一亭，豎立嘉靖帝對經書批註的聖訓碑，宣示君王不但是君、父，而且還兼爲人師，象徵最高的權威。凡此皆有強化皇權的意圖，宣示皇權至上，政統凌駕道統，使明代君主獨裁更上一層。這成就了一批趨炎附勢的官員，致使朝臣對立的情況日益嚴重，尤其體現在內閣首輔的更迭。

張璁在大禮議建功以後升任內閣首輔，並將制禮作樂視爲己任，他按嘉靖帝的喜好，嘗試恢復古禮中的皇帝服飾。嘉靖九年（一五三〇），又揣摩嘉靖帝的心意，主張去除孔子的王號，說道：「孔子宜稱先聖先師，不稱王；祀宇宜稱廟，不稱殿。」都獲得嘉靖帝的肯定。

但在郊祀方面，嘉靖九年（一五三〇），嘉靖帝希望將天地合祀改爲分祀，張璁卻認爲合祀較符合古禮，以祖制已定爲由，不敢輕易改變。當時嘉靖帝向太祖占卜，也得出不吉的回應，正打算停止更定祀典，給事中夏言則從《周禮》找到了分祀的依據，令嘉靖帝相當高興，便將夏言升爲侍讀學士，編纂郊祭禮儀，並擔任御前經筵的講官。

寵信方士

嘉靖前期，革除了正德朝的積弊，朝政氣象爲之一新，頗有中興之勢。但嘉靖帝生於湖廣，不適應北方的氣候，以致身體多疾，並以此爲理由屢屢不上朝。大禮議底定後，嘉靖帝將心力放在道術上，寵信方士，舉行齋醮，追求長生不老之術。他特別喜歡大臣作青詞（道教醮典獻給上天的祝文，寫在青藤紙上），若能寫出令他激賞的詞句，必定會受到提拔。

有一位名叫熊浹的官員，是最早上疏支持嘉靖帝議禮的人之一，他參與編修《明倫大典》獲得提拔，升任右都御史，掌管都察院事，仕途應當平步青雲。但熊浹不支持嘉靖帝利用刑案剷除弘治、正德朝的舊勢力，被革除官職，在家閒居十年才獲起用，又因反對嘉靖帝在宮中修築乩仙臺，遭削職爲民。這反映了嘉靖帝的用人態度，即使是大禮議厥功甚偉的張璁也曾得罪嘉靖帝而失寵。

而道士陶仲文曾以符水成功驅趕宮中的妖怪，並用祈禱的方式治癒太子的天花，成爲嘉靖帝最寵信的道士。嘉靖二十一年（一五四二），該年爲壬寅年，宮中發生一件詭異的事，數名宮妃、宮婢趁嘉靖帝熟睡時，計畫用繩子將他勒斃，卻因過於緊張，無法順利結繩，以致行弒失敗，史稱「壬寅宮變」。宮變的原因眾說紛紜，有人認爲是嘉靖帝聽信陶仲文的偏方，多次使用宮女的月經血煉製「先天丹鉛」，宮女感到害怕，才決定行兇。宮變後，嘉靖帝便移居至西苑，不上朝。

三、嘉靖後期的內閣紛爭

首輔之爭——夏言與嚴嵩

夏言眉目清亮，有一把華美的長鬚，說話的聲音宏亮，不帶鄉音，每次經筵時，都讓嘉靖帝留下深刻的印象，打算要重用他；所以祭壇的工程完成後，夏言晉升為禮部侍郎，隨即又高升尚書，不到一年就從諫官拜授六卿，是空前未有的禮遇。夏言在禮部期間，迎合嘉靖帝心意，提出修訂的禮樂制度多被採納，且受召對答、應命作文，都能立刻完成，所以收到豐厚的賞賜，更加受到器重，並在首輔李時去世後，接任內閣首輔。

夏言入閣參與機務後，行事不由得驕橫起來，曾用火不慎燒毀奏疏、在奉天殿遭雷擊時未即時出現、進呈密疏時忘了用御賜銀章，都惹得嘉靖帝不悅，斥責夏言原是卑微官員，因與張璁議論郊祭禮儀得以陞遷，現在竟然怠慢不恭。禮部尚書嚴嵩嫉妒夏言受寵，屢次在嘉靖帝面前挑撥，嘉靖帝在拜謁顯陵（嘉靖帝生父的陵寢）後，嚴嵩奏請上表慶賀，夏言則主張回到京城後再舉行，嚴嵩知道嘉靖帝的心意，堅決請求上表，令嘉靖帝對夏言不滿，說道：「禮樂自天子出可也。」另有一次，嘉靖帝賜予西苑值班的官員香葉束髮巾帽，嚴嵩恭敬地戴起來，夏言卻認爲道教巾帽不是人臣的制服。嘉靖帝又多次派遣宦官到官員的住所訪查，夏言的態度自負，視宦官如奴僕，嚴嵩則必定請宦官入座，親自在宦官的袖中放入錢財；所以，宦官只稱讚嚴嵩，而說夏言的缺點，夏言在嘉靖帝心中的地位漸漸被嚴嵩取代。

嘉靖帝移居西苑後，眾臣難以謁見皇帝，在西苑值班的嚴嵩則可以恣意把持朝政。嚴嵩雖能揣測皇帝的旨意，但嘉靖帝書寫的手詔許多地方不夠清楚，他的兒子嚴世蕃卻一看就明白，所以當時人說皇上不能一日沒有嚴嵩，嚴嵩又不能一日沒有兒子。嚴嵩擅長獻媚，見象徵祥瑞的彩雲出現，便請嘉靖帝接受群臣朝賀，又作詩賦歌頌嘉靖帝的德行。嚴嵩入閣時已高齡六十歲，仍精力充沛，早晚西苑值班，不曾回家沐浴，嘉靖帝在賜予他的銀章上刻有「忠勤敏達」四字。嚴嵩沒有其他的才能與謀略，一心奉承嘉靖帝，他知道嘉靖帝喜愛青詞，便用心精進自己的技巧。

嚴嵩稱夏言爲先達，兩人都是江西籍，且年紀相仿；嚴嵩較早考中科舉，官運卻不如夏言，夏言引薦嚴嵩入禮部，接續自己的原職，但只將他當作門客。嚴嵩親自到夏言府上邀請出席酒宴，夏言竟推辭不見。嚴嵩因此心生怨恨，當他發現夏言失去寵信時，特地在退朝後拜見嘉靖帝，叩頭哭著傾訴夏言跋扈的情景，並揭露夏言的惡狀。

嘉靖二十一年（一五四二）六月，夏言失勢，嚴嵩有十個月短暫接任首輔。隨後嘉靖帝察覺嚴嵩貪婪放縱，又懷念起夏言，二十四年（一五四五）十二月將他召回復職。嘉靖二十五年（一五四六），陝西總督曾銑建議恢復河套，夏言慷慨激昂支持，嚴嵩察覺嘉靖帝無意用兵，便以挑起邊患反噬。嘉靖二十七年（一五四八），夏言因恢復河套案獲罪免職，後與曾銑一起被斬。此後，「大權悉歸嵩」，嚴嵩高居內閣首輔十四年，直至嘉靖四十一年（一五六二）才被罷。其子嚴世蕃雖無科舉功名，卻也在朝中位居要職，官至太常寺卿、工部侍郎。嚴嵩在位期間，嚴世蕃濫用權力，以滿足自己的私利。刑部主事張翀曾上疏指稱發往邊區的軍餉，早上出了戶部的庫門，晚上就進入嚴嵩的宅第，其中四成輸邊，六成則成了嚴嵩的饋禮。嚴嵩的家門口總是排滿邊鎮派來的使者，若沒見到嚴嵩，就先送禮給嚴世蕃；若沒見到嚴世蕃，就先送禮給家僕。

首輔之爭——嚴嵩與徐階

嚴嵩居首輔的後期，年齡已過七十，年邁糊塗，嘉靖帝發下御札詢問，往往不得其解，端賴嚴世蕃揣摩，代為擬旨。嚴嵩的妻子過世，嚴世蕃要為母親守喪歸家，不能進宮協助嚴嵩票擬奏疏，以致嚴嵩受詔多不能答。嚴嵩派使者將旨意轉交給嚴世蕃，未料他竟然在家縱情玩樂，嚴嵩只能自己草擬，經常不合旨意，連最拿手的青詞也得假手他人。有一次西苑宮殿失火，嚴嵩竟提議嘉靖帝暫居南宮，那是英宗擔任太上皇被拘禁的地方，令嘉靖帝感到極其不悅，加上前述種種失誤的積累，嚴嵩逐漸失去嘉靖帝的歡心。

當嚴嵩提議嘉靖帝暫徙南宮時，大學士徐階則建議將重建三大殿的餘料營造一新宮殿，且百日內就可竣工，讓嘉靖帝龍心大悅，慢慢轉向親近徐階。有官員利用嘉靖帝寵信的道士藍道行，藉扶乩之機揭發嚴嵩的奸邪罪狀，嘉靖帝半信半疑問道：「上仙何不殛之？」藍道行回答：「留待皇帝自殛！」嘉靖帝聽後，心中有所觸動，不久徐階授意御史鄒應龍上疏彈劾嚴氏父子，嚴嵩因此被勒令退休，嚴世蕃也下獄候審。雖然如此，嘉靖帝仍感念嚴嵩長年協助其修習道學玄功，並遷怒鄒應龍，特別對徐階囑咐：嚴嵩已經退休，其子嚴世蕃也已經伏罪，敢再上疏指責的人，應當與鄒應龍一併斬首。御史林潤打算揭發嚴世蕃的同夥，嚴世蕃卻有恃無恐，議罪的草稿送到了徐階手中，徐階知道論及嚴氏父子的惡行必定會彰顯皇帝的過失，所以親手刪改草稿，只強調嚴世蕃在有帝王

圖6-2　嚴嵩像。

之氣的地方建造府第、暗地勾結倭寇，另謀投奔日本。嚴世蕃聽到後，哀聲長嘆道：「死矣。」最終嚴世蕃被斬首，嚴家財產全遭抄沒，搜出黃金三萬餘兩、白金二百萬餘兩，珍玩價值數百萬，籍沒清單還被彙編成冊，命名為《天水冰山錄》，其貪賄弄權由此可見。

接任首輔的徐階，是個機警有謀略的人，當張璁提議去除孔子王號時，只有徐階不同意，張璁認為徐階背叛他，徐階卻說：「叛生於附。階未嘗附公，何得言叛？」後來嚴嵩發覺自己已不受嘉靖帝信任，遂邀請徐階到家中飲酒，在酒席上領著嚴世蕃等向徐階下拜，希望徐階將來能夠多照顧，徐階則謝稱不敢，可見徐階在內閣中不逾越分際、結黨營私。徐階就任首輔後，希望官員暢所欲言，擬定政策時總與閣臣商議，他說：「事同眾則公，公則百美基；專則私，私則百弊生。」嘉靖帝暗自檢討嚴嵩擔任首輔時間過長，以致積弊叢生，徐階窺得嘉靖帝的心意，便在辦公的廳房牆上張貼三條政綱：「以威福還主上，以政務還諸司，以用舍刑賞還公論。」

徐階也擅長撰寫青詞，且能夠迅速完成嘉靖帝託付的命令。他雖不得不迎合聖意，但嘉靖帝懲罰進言的御史或指責官員時，便從中婉轉調和，勸導嘉靖帝為政應當寬厚，從輕發落官員，言路因此日益暢通。嘉靖中期，南北用兵，邊鎮的官員動輒下獄，徐階卻裁減錦衣衛與監獄，於是人們都推崇徐階，尊他為名相。

嘉靖朝首輔的特色

萬曆年間，王世貞作《嘉靖以來內閣首輔傳》，卷首揭示嘉靖朝首輔的特色云：此時內閣首輔權力極大，地位在六部之上，猶如宰相。這是因爲嘉靖帝由藩王入繼大統，不倚賴宦官，而把相權當作皇權延伸，閣臣彼此牽制，首輔若不受信任就會被取代，所以張璁、夏言、嚴嵩等首輔曾多次上臺下野。且閣臣階級分明，首輔獨尊、專斷票擬，次輔難以與之相爭，是明朝內閣制度的一大變化。

內閣輔臣中，徐階、顧鼎臣、嚴訥、夏言、郭樸、嚴嵩、袁煒、高拱、李春芳等擅長撰寫青詞，邀寵起家，步步高升，因此入閣，被譏爲「青詞宰相」。而翟鑾、許讚、張璧、張治、李本等人雖也入閣，卻因不擅青詞而不受重用。

明世宗長期不上朝

嘉靖四十五年（一五六五），戶部主事海瑞（一五一四—一五八七）上了一封〈治安疏〉，內容批評嘉靖帝二十餘年不視朝，以致朝綱鬆弛，民不聊生，又說道：「嘉靖者，言家家皆淨而無財用也。」更反問說：「仲文不能長生，而陛下獨何求之？」希望用這些激烈的言論，使嘉靖帝悔悟。嘉靖帝氣得將奏疏扔在地上，命左右侍從捉拿海瑞，太監黃錦在旁說道：「此人素有癡名。聞其上疏時，自知觸忤當死，市一棺，訣妻子，待罪於朝，僮僕亦奔散無留者，是不遁也。」表示海瑞早已置個人死生於度外，這個人是不會逃的。嘉靖帝無言以對，又撿起奏疏反覆閱讀，說道：「此人可方比干，第朕非紂耳。」所以刑部擬以死罪，嘉靖帝皆不批准。後來嘉靖帝與首輔徐階說：「海瑞言俱是。朕今病久，安能視事？」

其實嘉靖帝長期不上朝，仍操持大權，一切政務「皆出獨斷」。王世貞《嘉靖以來內閣首輔傳》曾云：「（世宗）晚年雖不御殿，而批決顧問，日無停晷；故雖深居淵默，而張弛操縱，威柄不移。」

四、海禁政策與倭寇大起

海禁與禁止出海捕魚

明初以來，海禁除禁止商人出海貿易外，也不准漁船出海捕魚，如洪武十七年（一三八四）命信國公湯和巡視浙江、福建沿海城池，禁制居民入海捕魚。宣德六年（一四三一），寧波知府鄭珞奏請「弛出海捕魚之禁以利民」。明宣宗看到奏章後非但不准，還斥責他只知利民，而不知開放將為民患，因為以往倭寇屢次肆虐，都是姦民捕魚者所引導。鄭珞既為知府，「宜遵舊禁，毋啓民患。」宣德十年（一四三五），朝廷再度重申私自下海捕魚的禁令。而在景泰初年，孫原貞以兵部侍郎鎮守浙江時，也建議令沿海各府州縣，將漁民及漁船給予字號，編定總小甲，遇有海賊船隻，協助軍官快船，四面夾攻，以取得全勝。沒有警報，聽令捕魚繳稅。但這一建議未見施行。

根據學者統計，南直隸在洪武二年（一三六九）至永樂十六年（一四一八）間，曾經五度受到倭寇侵擾，此後直至嘉靖三十年（一五五一），有一百多年沿海並無戰事。浙江方面，倭寇自洪武二年至成化二年（一四六六）時常來犯，此後停歇了一段時間，至嘉靖十二年（一五三三）後乃又陸續侵入。由此看來，十五世紀中葉至十六世紀初，江浙沿海較爲平靜，官方於是逐漸鬆弛漁民出海管制。

漁船出海管制鬆綁

弘治十三年（一五〇〇），朝廷重申海禁時曾經下令：「若小民撐使小船，於海邊近處捕取漁蝦、採打柴木者，巡捕官兵不許擾害。」弘治十七年（一五〇四），兵科給事中張弘至也建議：「海濱之民，以捕魚爲生，編竹爲筏，隨潮往來，宜令所司稍弛科禁，使之安業，而盜自弭。」明孝宗命相關衙門議奏。弘治十八年（一五〇五），南直隸巡撫魏紳覆奏，贊同張弘至的建議，行文沿海各府、各衛官署，將漁船船首、船尾都刻上字號，稽查漁船出入，明定出海人數，如有違禁者，漁船充公，並連坐其鄰里、工匠。此一建議經兵部覆奏，聖旨從其所議。

明武宗即位後，對漁船出海的管制又進一步放寬。正德元年（一五〇六），蘇州府崇明縣半洋沙海賊施天傑、施天常、鈕西山等聚眾劫掠，隨即被朝廷派員平定。在平定之後，蘇松巡撫艾璞等建議：沿海各沙洲民家，若有雙桅大船出洋販運魚鹽，應勒令改造，不聽者船貨沒收，人犯發配。若是小船於近海捕魚與採薪，及以蒜頭、藍靛附搭貿易者，應聽任其營生。但僅能在鎮江以下的長江、嘉興以北的沿海水域活動。事經兵部覆議，認為其事可行，朝廷亦批可。在此情況下，漁民出海捕魚較為自由，而一旦出海，往往去到更遠，如揚州府通州的漁民出海，北可達山東半島的成山衛附近，南則至浙江溫州海域。通州石港及呂四場等地漁民，在陰曆四、五月出海捕鯯魚，多以「沿江捕魚」的名義向官方提出申請，而實際上是出海捕魚。

「佛郎機」入侵

十六世紀初，伴隨著葡萄牙人東來，原有的走私貿易愈益盛行。明朝稱葡萄牙人為「佛郎機」（Franks）。佛郎機為波斯語Firangi或阿拉伯語Frangi的譯音，原係泛指拉丁語族的歐洲人，明朝則特指葡萄牙人。一四九七年，達迦馬率領的艦隊，繞過非洲的好望角，到達印度西海岸古里。回航時，船上滿載著東方的香料、絲綢、寶石等貨物回到里斯本，獲得高達六十倍的厚利。一五〇九年，葡萄牙艦隊開往馬來半島的馬六甲。馬六甲曾是鄭和下西洋的後勤基地，而當時是東南亞國際貿易的最重要港口，但國王受到阿拉伯人影響，拒絕其貿易的訴求。一五一一年，葡萄牙艦隊採強硬手段，攻占馬六甲。

一五一四年，葡萄牙艦隊假借馬六甲之名，來到珠江海口的屯門停泊。正德十二年（一五一七），葡萄牙艦隊再度抵達屯門，強行闖入珠江水域，最後被安置於廣州城外的懷遠驛。兩廣總督陳金向朝廷轉奏佛郎機求貢的意圖，次年年初朝廷諭令其離開廣州。葡萄牙人的目的未能獲遂，於是在正德十三年（一五一八）占領屯門。正德十四年（一五一九）八月，明武宗南下平亂，佛郎機使團藉此賄賂江彬等，取得進貢的機會，於十五年夏抵達南京朝見皇帝，並持續前往北京。正德十六年（一五二一）三月，明武宗駕崩，楊廷和當權，賞賜佛郎機使節後遣返。佛郎機使團返抵廣州時，隨即被地方官監押，原因在於廣東海道副使汪鋐，正率領明軍水師進擊屯門，隨後打敗葡萄牙艦隊。嘉靖元年（一五二二），葡萄牙艦隊前往廣州外海，在新會縣的西草灣與明軍爆發戰鬥，生擒葡萄牙艦長別都盧等四十二人，明世宗下令將其就地處決示眾。葡萄牙面對廣東強大的軍事壓力，最終放棄珠江海口貿易。

葡萄牙人在廣東遭驅逐後，轉向福建與浙江，與中國、日本的海盜相互勾結。當時日本為戰國時代，割據的諸侯亟欲對外通商獲取利益，朝貢貿易已無法滿足需求，武士與商人組成的團體便在中國沿海掠奪。嘉靖二年（一五二三），代表大內氏、細川氏的兩組日本使節，先後來到寧波市舶司，因爭執勘合眞僞而互相仇殺，傷及衛所將領與浙江居民。嘉靖九年（一五三〇），給事中夏言認爲倭患起於市舶，建議關閉寧波市舶司獲准，然而這一舉措卻使倭寇問題更加嚴重。寧波外海的雙嶼港，逐漸成爲走私貿易的新基地。雙嶼港的船主金子老，時常「引西番人交易」，應該就是葡萄牙人。隨後，金子老與海盜李光頭及其部下許棟，不斷勾引葡萄牙人到雙嶼港貿易。

嘉靖大倭寇

明朝長期以來實施海禁的結果，使得出海貿易淪爲巨室與豪強所獨占的利益。而在實質上，也唯有這些具財勢、有關係的人物，才能周旋官府打通關節，與海上外來勢力進行交易。海上商販與陸地窩主之間存在許多貿易糾紛，遂使海防的問題變得愈來愈複雜。嘉靖中葉，海商王直、徐海等，與餘姚謝氏合作，運出絲緞之類與外商交易，後來謝氏積欠大量貨款，王直等一再催討，謝氏無法償還，恐嚇王直等：「吾將首汝于官」，王直等既恨且懼，於是在嘉靖二十六年（一五四七），糾合中外商人，趁夜上岸偷襲謝氏，燒了謝家宅院，殺死男女數十人，大肆劫掠而去。此後王直、徐海、陳東、麻葉等海賊各股並起，東南海上遂無寧日，江浙、閩廣沿海連續受到侵擾達十餘年才安靖。

圖 6-3　明人繪《倭寇圖卷》局部，東京大學史料編纂所藏。CC BY 4.0 International。

倭寇中眞正的日本人大約只有三成，其餘七成都是結夥的中國海盜。嘉靖二十六年七月，朱紈奉命提督閩浙軍務防倭，經過調查得知，許多船主是貴官大姓，於是嚴格實施海禁。浙江外海的雙嶼，是海盜走私貿易的主要港口，朱紈派兵剿滅盤踞海寇，並填塞雙嶼港，卻引起士紳共憤，所以他說：「去外國盜易，去中國盜難。去中國瀕海之盜猶易，去中國衣冠之盜尤難。」朱紈清剿海盜頗有戰果，特別是嘉靖二十八年（一五四九）春，在漳州府詔安縣境內的走馬溪大敗葡萄牙等倭寇，生擒佛狼機首領三名，白番一十六名，黑番鬼四十六名，番賊婦二十九口。但因朱紈處死海盜李光頭等九十六人，御史陳九德彈劾其擅殺，致使朱紈被革職監禁，激憤而仰藥自盡，死前說：「縱天子不欲死我，閩、浙人必殺我。」

此後，朝廷多年未派駐總督，倭寇的危害更加嚴重。

海盜集團中，以自稱「徽王」的王直勢力最爲龐大。嘉靖三十二年（一五五三）起，王直率領眾倭大舉入侵，從浙東至江南，數百艘戰艦相連，南直隸與浙江同時告警，縱橫往來，如入無人之境，浙江巡撫王忬無所作爲。嘉靖三十三年（一五五四）歲末，南京兵部尚書張經總督南直隸、山東、浙江、福建、湖廣諸軍禦倭。張經與浙江巡撫李天寵、蘇松副總兵俞大猷商議，調取廣西狼兵、湘西土兵支援。嘉靖三十四年（一五五五）春夏之交，命俞大猷、盧鏜、湯克寬等率領諸軍，在浙江嘉興的王江涇打了一場大勝仗，斬首一千九百餘人。嘉靖三十四年二月，工部右侍郎趙文華奉命至江南祭告海神，並視察軍情。趙文華督促張經和李天寵出兵，兩人因援兵未到按兵不動，趙文華因此彈劾諸人，嘉靖帝降旨逮兩人下獄。等到王江涇捷報傳來，嘉靖帝感到疑惑，詢問嚴嵩，嚴嵩將此歸功於趙文華和胡宗憲。十月初一，張經、李天寵、湯克寬等九人，與先前彈劾嚴嵩的楊繼盛，同日被斬於北京西市。

嘉靖三十五年（一五五六），胡宗憲因與王直同鄉，找到王直的養子王激（毛海峰），希望他們能歸順朝廷，王直決定接受招撫。嘉靖三十七（一五五八）二月，王直等被誘捕。王激則固守舟山不願投降，嘉靖三十七年被名將俞大猷與戚繼光剿滅。但王直被擒獲後，胡宗憲難以承受朝廷議論，不再堅持保全王直，最終王直於嘉靖三十八年（一五五五九）歲末被處死。

戚繼光初到浙江時，發現衛所官軍戰力不佳，便於民風剽悍的義烏招募士兵三千人，加以嚴格訓練後成爲勁旅，時稱「戚家軍」。由於紀律嚴明，搭配戚繼光設計的鴛鴦陣，破倭頗有成效，當時名臣譚綸、名將劉顯和俞大猷合作，大致平定了浙江與福建的倭亂，而廣東則還有待清剿。

海上漁甲制度

海盜入侵，往往脅迫漁船。嘉靖十五年（一五三六），福建獲准實施澳甲制：所有海澳漁民，推立澳長一人，小甲二人，登記澳民姓名。倘若一船被劫，澳長、小甲隨即率眾追擊。

浙江和南直隸則實施較晚。嘉靖三十一年（一五五二），分守紹興、寧波、台州、溫州等處參將俞大猷建議將漁船編成船隊，大船二十五隻爲一艐，小船五十隻爲一艐，每艐責令合造樓船一隻。漁船聯艐出海捕魚，樓船則協同在海上巡防，可與軍船互相策應。嘉靖三十二年（一五五三），給事中王國楨也奏請將不妨礙海防的漁船編立字號，查驗後放行。以上這些建議，未獲批准。

嘉靖三十五年（一五五六）三月，趙文華陞工部尚書，五月以工部尚書兼都察院右副都御史提督浙江、南直隸軍務，至九月奉命回京。趙文華先前在江南視察軍情期間，曾於嘉靖三十四年（一五五五）八月，調用紹興到溫州沿海及下八山的採捕漁船，與蘇州、松江的捕魚沙船，「俱聽海道衙門編排字號」，與兵船協同防禦倭寇。趙文華回京後，仍以工部尚書兼江浙職務。嘉靖三十五年（一五五六）十二月，趙文華上奏建議鬆弛海禁，其中提到：濱海百姓，原本藉捕魚爲生，後因海禁過嚴，以致難以爲繼，只好跟從海盜走私。應命令總督、巡撫等官，只禁止交通外國人的大船，其餘漁船各聽海防道官員編成排甲，稽察出入，照舊捕魚。建議上呈後，嘉靖帝發下相關衙門覆議，兵部覆議表示贊同。趙文華此議之所以獲准，與內廷有深得嘉靖帝寵幸的嚴嵩給予支持有直接關係。

不過，建議雖獲批准，但未馬上施行。嘉

圖 6-4　嘉靖年間編組漁甲的單桅漁船。出自鄭若曾撰，李致忠點校，《籌海圖編》，〈經略五・兵船〉。按：《四庫全書提要》認為此書作者為胡宗憲。

靖三十七年（一五五八）十月，兵部署郎中唐順之奉命到浙江、南直隸視察軍事，與南直隸、浙江總督胡宗憲、蘇松兵備道熊桴商議後，毅然決定放鬆漁船的出海管制，「沿海數百里，窮民踴躍出海」。同一年，浙江也在巡鹽御史董威奏請下，獲准實施漁甲制：捕魚船隻，設一甲頭管束，依船隻大小，繳納鹽稅銀，給與憑證後，准許其買鹽下海捕魚。從此以後，海上沒有太多警報。

而在漁甲制度實施後不久，嘉靖四十年（一五六一）修纂的《吳江縣志》記載：魚甲（俗呼魚頭目）三十三人，下轄魚船戶二千四百六十二。由此看來，每位漁甲頭目約管束漁船戶七十五戶。這一漁甲制度，後來一直沿用到明末。

放寬海禁的呼聲

嘉靖三十三年（一五五四），廣東開始受到倭寇王直等的侵擾。面對倭寇的侵擾，除了禁海與剿滅以外，朝廷也存在不同的意見。同一年，廣州海道副使汪柏允許葡萄牙人進入廣州貿易。汪柏允許葡萄牙人貿易，體現的是朝廷對放寬海禁的共識。但爲了廣州防務安全的考慮，勢必對葡萄牙人貿易地點需要重新安排，濠鏡（澳門）於是登上歷史舞臺。嘉靖三十六年（一五五七），葡萄牙商人從浪白遷居濠鏡，但未獲得官方正式核准。嘉靖三十八年（一五五九），葡萄牙商人才合法定居濠鏡。

實際上，自朱紈自殺以後，放寬海禁的呼聲再度響起，通番禁令有所鬆動調整。這方面的舉措，除了上面談到的漁甲制度外，還有其他人的呼籲，如浙江歸安縣人唐樞，在得知王直被處死後，提出他的見解，說道：「中國與夷，各擅土產，故貿易難絕，利之所在，人必趨之。」又說：嘉靖二十年（一五四一）後，海禁愈嚴，賊夥愈盛。嘉靖四十三年（一五六四），福建巡撫譚綸也建議放寬海禁：「閩人濱海而居，非往來海中則不得食。自通番禁嚴，而附近海洋魚販，一切不通，故民貧而盜愈起，宜稍寬其法。」另外，又提議恢復寧波市舶司。浙江巡撫劉畿經過思考，仍然建議維持現狀。嘉靖四十四年（一五六五），朝廷終止復設寧波市舶司的討論。

五、北虜問題的嚴重化

大同的朝貢互市

正統年間（一四三六—一四四九），明帝國曾與瓦剌在大同展開馬市交易，後因土木堡之變而終止。天順六年（一四六二），韃靼使臣抵達大同，英宗勑諭正使察占等重要使臣赴北京，其餘隨從人等俱留在大同安歇，「有貨物交易者，聽其就彼交易」。成化六年（一四七〇）二月，韃靼脫脫罕、阿剌忽知院遣使二百五十人進貢，朝廷諭令止許二十餘人入京，其餘留在大同等候，上等馬選進，次等給邊軍騎操，餘者聽軍民買賣。從這兩條記載看來，當時明朝與蒙古的邊境貿易，僅在貢使到來時展開，並非每年連續的制度性交易。明孝宗即位後，小王子多次入貢，但雙方並未建立互市關係。弘治十一年（一四九八），小王子（達延汗）派遣使臣六千人入貢，朝廷准許二千人進入大同關，其中五百人入京；留於邊關者，按舊例互市交易。當時，大同總兵等武將和鎮守中官，皆令家人以緞布交易良馬，既而「遠近商賈多以鐵貨與虜交易，村市居民亦相率犯禁」。為此，遭到六科給事中及十三道御史彈劾，後來相關官員各受到懲處。

小王子襲來

正德八年（一五一三）三月，小王子大舉入寇，由滅胡墩等處往南勦掠，攻朔州，圍馬邑，掠東君等村，殺擄居民牲畜甚眾。五月，蒙古兵又兵分數路入犯，來往於石佛寺堡（雲岡石窟）、滑石嶺、安邊墩等處，進至山東村諸處，四散大掠。過七日，探知大同鎮城兵馬將至才離開，計殺擄居民三千餘人，所掠牲畜以數萬計。兵部在議覆的奏疏上提到：「大同三路地方，達賊蹂踐，連洽旬日，數百里煙火蕩然，蓋數十年來，未有受禍如此之慘者。」

正德十二年（一五一七），小王子又入侵大同鎮境內，應州成為主要戰場，而且給予明武宗督戰的機會。先是九月間，蒙古兵五萬餘眾停留在玉林衛外，即將入寇。明武宗在陽和得知，命諸將分布險要之地：大同總兵官王勛、副總兵官張輗、遊擊陳鈺、孫鎮駐紮大同城，遼東左參將蕭滓駐紮聚落堡，宣府遊擊時春駐紮天城衛城，副總兵陶杰、參將楊玉、延綏參將杭雄駐紮陽和衛城，副總兵朱鑾駐紮平虜堡，遊擊周政駐紮威遠堡，時為九月二十五日。既而蒙古兵分道南下，紮營於孫天堡等處，王勛等率兵前往抵禦。十月初二日，王勛於懷仁縣繡女村遭遇蒙古兵，督軍步戰，蒙古往南循著應州方向而去。初三日，張輗、孫鎮、陳鈺與王勛又在應州城北五里寨與其遭遇，交戰數十回合，傍晚蒙古兵沿著東山退去，但仍分兵包圍王勛等。次日早晨大霧，包圍才解，王勛等進入應州城。初五日，王勛等出城，與敵兵遇於澗子村，雙方展開大戰。當時，大同各路援軍陸續趕到，明武宗亦率兵自陽和前來支援，眾軍拼死接戰，敵兵稍退，而太陽已漸西下，於是就地開設營壘，以便明武宗駐蹕。初六日，敵兵來攻，明武宗又督諸將抵禦，自辰時至酉時，接戰百餘回合，蒙古兵才退去。初七日，引兵而西，明武宗與諸將且戰且進，追至平虜、朔州等處邊境，明武宗原想繼續進兵，恰巧天起大風，黑霧晝暝，軍士亦感疲憊，乃班師返還。這一戰役，斬獲敵兵首級十六級，而明軍戰死者五十二人，重傷者五百六十三人。有趣的是，小王子死於親征應州時，是否係戰死或受傷而薨，是一個謎。

嘉靖年間，是明代「北虜」問題最為嚴重的時期，而這時的敵人已經迥異於往昔。嘉靖十五年（一五三六），陝西三邊總督劉天和指出：敵人的優勢是騎射兩利，我方將士雖以騎射與之相抗，但總是以所短犯其所長。況且，蒙古人剽悍，戰馬健壯而速度快，都非我方所能及。是以倉猝遭遇，常常敗北。蒙古進犯人數稍多，即不敢出戰。而陝西三邊戰線，東西寬數千里，城堡以數百計，皆需駐兵防守，多者千餘名，少者則數百而已，兵分力散。蒙古每每擁眾十萬，採取方陣而入，其威勢不止十倍，如何敢與之對戰？除外，還有一件事令人擔憂：俺答所統部卒，即先前火篩部落，「弓用鋪

圖 6-5　山西應州小石口的烽火臺，邱仲麟攝。

筋，矢用鐵鏃，且多精明盔甲」，皆爲弘治、成化以前所未有。由於蒙古作戰方式與策略獲得極大改進，明代邊軍機動性弱，兵力又分散，常無法與其相抗，在此情況下，百姓受害更甚於前。

蒙古的貿易需求

弘治末年至嘉靖中葉，因小王子、俺答等不斷侵擾，明帝國與蒙古間的所謂朝貢關係斷絕，大同馬市自然未再開設。嘉靖二十年（一五四一），俺答阿不孩遣石天爵、旨切至大同鎮陽和塞請求入貢。巡撫大同都御史史道奏聞其事，明世宗命兵部會議，部臣均不敢決定。既而俺答見石天爵等久未回覆，擁眾南下，遣人相告，若貢事不諧，必三道進兵。次年，俺答再派使者石天爵求貢，大同巡撫龍大有將其誘捕，獻至朝廷，說是用計逮獲，嘉靖帝很是高興，陞龍大有爲兵部侍郎，而將石天爵處死。俺答極爲憤怒，因此劫掠朔州等地。後來，俺答因多次求貢遭拒，屢次進犯宣府、大同等邊區。

嘉靖二十九年（一五五〇），俺答率部入犯，包圍北京，旋即飽掠而去，史稱「庚戌之變」。次年（一五五一）四月，因總兵仇鸞奏請，開大同馬市；五月，開宣府馬市。同年又於延綏開馬市，與吉能互市；於寧夏開馬市，與狼臺吉互市。但嘉靖三十一年（一五五二）三月，世宗降旨罷大同馬市，九月又罷各邊馬市，雙方的互市機會又告中斷。

在此情況下，邊境再度陷入兵連禍結。如嘉靖三十一年（一五五二）八月，俺答麾下二萬餘騎，入寇大同平虜衛，分兵大掠，深入朔州、應州、山陰、馬邑等州縣；更糾集精銳，轉攻盤道梁等關口，欲進犯恒山以南，未能得逞。嘉靖三十六年（一五五七）九月，辛愛黃臺吉擁數萬騎，進入大同右衛，直抵應州、朔州、懷仁、馬邑一帶。巡按御史路楷勘奏，計攻毀七十餘堡，男婦死者以三千計。第二年再派兵科給事中鄭茂前往履勘，鄭茂回京後上奏：「去歲虜入應州等處，凡攻毀墩、堡一百二十餘座，殺擄男婦七千七百餘人。」為此，總兵及巡撫等均遭到懲處。

軍民築堡自衛

外敵侵入之時，鄉間受害甚慘，故漸漸展開築堡。弘治十三年（一五〇〇），提督大同等處軍務都察院都御史史琳曾經建議：大同軍民，散居疏遠，建請每二十里築一堡，以備防守。如有警報，令其入堡避敵。弘治十四年（一五〇一），鎮守大同太監陸誾亦奏言此事：「大同軍民，在鄉村耕種居住，有遠至百里者，來往時遇蒙古兵來襲，人畜常被殺被掠。應選擇位置方便之處，或三、五村，築一寨堡，務必高而堅，給予兵器。有警報，令收斂入堡。」

自正德（一五〇六－一五二一）以來，宣府、大同和山西，因為直接面對小王子及俺答本部，所以戰爭最為頻繁，受害也最為嚴重。嘉靖二十四年（一五四五），御史趙炳然巡視宣府、大同、山西三鎮，在奏疏中提到：軍官駐紮的官堡，大者有守備，次者有操守，官堡藉軍官以聯合其兵眾，軍官藉兵眾以守其堡，猶有可以倚靠的。至於小軍堡和民堡，既無軍官鎮守，又缺少壕溝和地窖，即使星羅棋布，但卻到處殘破，舊存者不過十之三、四。同一年，翁萬達總督宣府、大同及山西，見邊區村落雖多有民堡，但百姓築堡技術不佳，且考慮不夠周密，甚至有一鄉數堡，而一堡僅有數家者。加上素無弓弩、火器，蒙古人一襲來，空守在牆障上，只能坐視，所以常常失陷，殺戮動者數百人或上千。他為了保障鄉間百姓，在三月間下令合併民堡。位置孤懸且人口寡弱，評估不可守者廢棄，將其百姓編入附近大堡，一同協力防守。每堡推舉有才幹和財力者為堡長，其次者為隊長，堡長得以管制隊長，隊長得以管制士兵和民眾。並且增造火銃、飛砲、佛朗機之類，分給各堡寨備用。

嘉靖四十一年（一五六二），宣大山西總督江東總結嘉靖後期的防禦策略：自嘉靖二十九年（一五五〇）蒙古深入後，大臣想到的防禦策略不下數種：有主張修邊牆（長城）者，一時內外諸臣以為可靠無虞，及至蒙古人潰牆而入，根本就沒什麼用處。又有主張築堡者，星羅棋布，使百姓各自為戰，然而蒙古人一深入，則望風瓦解，村落被殲，則掠及小堡，小堡一空，則禍延中堡，中堡盡而大堡得存者，僅十之一二。又有認為防守不可靠，倡言對壘血戰者，然而良將勁兵，可能因此銷耗殆盡。以上數種方法，都不容易收效，「萬不得已，惟有保全邊堡一策最爲切要」。

但修堡需要經費，一般百姓較難支應。隆慶元年（一五六七），戶科都給事中魏時亮論及築堡之事說：宣府應修民堡八十九座，大同應修民堡二百零六座，專責居民修築，財力既不足，工役亦不能精良堅厚。以上應修各堡，希望總兵、巡撫考慮，不得專責居民修築。其民戶殷實、人口眾多者，或可民修三成，官助七成。若居民太少，則

圖 6-6　山西陽高縣鎮邊堡城牆，邱仲麟攝。

通令由官方來修。

隆慶四年（一五七〇），直隸巡按御史燕儒宦則談到併堡名不符實，百姓反而受害：大同一鎮，有私堡一千八百餘所，今下令歸併官堡二百五十七所，原本欲其團聚，有備而容易防守。然而如此一來，距離遙遠，緩不濟急。而且，軍官常選擇小堡作爲官堡，利其便於守禦。百姓非藉私堡，勢必無處自保。蒙古兵所經過，只報殘破官堡數目，而實際上私堡遭受屠殺及擄掠者更多。是徒有併堡之虛名，而百姓實受禍害。建請下令官民，只要位置適宜，就增築一堡，給予火器、火藥，以便自保。如此看來，再怎麼設想，還是有漏洞，倒不如和平貿易，百姓才能眞正受益。

六、隆慶朝局與邊患底定

短暫的新朝

明穆宗朱載垕是嘉靖帝的三子，嘉靖帝的長子出生不久就夭折了，遂於嘉靖十八年（一五三九）二月立次子朱載壡爲太子、三子朱載垕爲裕王。他非常喜歡乖巧的太子，但太子在嘉靖二十八年（一五四九）因病逝世，令嘉靖帝感到悲慟，便聽信陶仲文的「二龍不相見」之說，不再立太子，甚至不再與兒子見面。民間謠傳嘉靖帝連皇孫出生的喜事都不知道，因此海瑞在〈治安疏〉中批評「二王不相見，人以爲薄於父子」。

隆慶帝在位僅六年，對朝政沒有太多主見，充分授權內閣，爲南倭北虜問題的解決留下餘地。不過，明穆宗可能較爲好色。沈德符《萬曆野獲編》曾經記載：「幼時曾於二、三豪貴家，見隆慶窯酒杯茗碗，俱繪男女私褻之狀。」有官員倒是很關心皇帝的私生活。隆慶二年（一五六八）正月，吏科給事中石星上書說：「臣見陛下清心寡欲，漸不如初。試以鰲山一事推之。夫爲鰲山之樂，則必縱長夜之飲；縱長夜之飲，則必耽聲色之欲。語曰：『皓齒蛾眉，命曰伐性之斧。甘脆肥醲，命曰腐腸之藥。』陛下儻不亟戒，萬一起居失調，聖躬虧損，悔將奚及？今鰲山之事既不可追，酒色之害實當深警。」

雖然出於對皇上的關心，卻惹得龍顏大怒，石星遭到廷杖後，被革職爲民。根據《明史》記載，這些都是司禮監太監滕祥、孟沖、陳洪等作怪，「爭飾奇技淫巧以悅帝意，作鰲山燈，導帝爲長夜飲」。內官監太監李芳勸諫，反而被皇帝治罪。《萬曆野獲編》甚至說皇帝「陽物晝夜不仆，遂不能視朝」，這是眞是假，現已無從證實。

《明史．穆宗本紀》贊說：「穆宗在位六載，端拱寡營，躬行儉約，尚食歲省巨萬。許俺答封貢，減賦息民，邊陲寧謐。繼體守文，可稱令主矣。」雖然有些過譽，但因其在朝政上從善如流，因此爲百姓蒼生謀得一些福祉。

內閣的鬥爭

嘉靖四十五年（一五六六）十二月，嘉靖帝駕崩，徐階藉草擬遺詔的機會，革除嘉靖朝的積弊，停止修道的齋醮，廢除進獻珠寶等鋪張的政令，因大禮議獲罪，及其他因上諫獲罪的官員也都恢復名譽，朝野官員都感動落淚。《明史．徐階傳》評價道：「立朝有相度，保全善類。嘉、隆之政多所匡救，間有委蛇，亦不失大節。」

但由於草擬遺詔時，徐階只找並非閣臣的張居正討論，引起閣員高拱的不滿，高拱、張居正從此亦有嫌隙。隆慶元年（一五六七），曾是裕王府講官的張居正與陳以勤同時入閣。高、郭（朴）兩人雖都經由徐階引薦，而在嘉靖四十五年（一五六六）三月入閣。但高拱自嘉靖三十一年（一五五二）起擔任裕王講官，自認為是隆慶帝潛邸老臣，入閣後頗為高亢，常常杯葛徐階，最後分屬不同派系的言官，相互攻擊徐、高兩人。四月，高拱被隆慶帝勒令退休，但風波依然未平。隆慶二年（一五六八）七月，徐階稱病告老回鄉，李春芳接任首輔。十二月，高拱復職回京。

隆慶三年（一五六九）六月，海瑞接任應天巡撫，清查轄下土地。據說徐階家有田二十四萬畝（一說四十八萬畝），百姓向海瑞投訴徐府強買者甚多，海瑞要求徐階退田，徐階退了一些，海瑞認為不夠。在此期間，內閣首輔李春芳曾致書海瑞，海瑞在回信上列舉徐階的功勞，說為徐階百年之後可以清靜，最好還是清出一半土地，以免宵小之徒藉機鬧事。後來，給事中戴鳳祥上疏，彈劾海瑞「魚肉縉紳」，儘管有爲國爲民之心，但是做事太過急躁。最後，海瑞上任不到半年便被調職。隆慶五年（一五七一），蘇松兵備副使蔡國熙因徐階諸子魚肉鄉民，奏請朝廷懲治。因此，徐璠、徐琨被罷官充軍、徐瑛被削籍爲民，徐階被迫向高拱寫信請求寬釋。

而在北京，內閣並不平靜。隆慶四年（一五七〇）七月，陳以勤因與高拱有嫌隙，急流勇退，稱病退休。不久，前一年入閣的掌都察院大學士趙貞吉，因考核科道的問題上與高拱爭執，引起高拱不悅，嗾使擔任言官的門生彈劾趙貞吉。趙貞吉忍不住，也上疏攻擊高拱。十二月，隆慶帝勒令趙貞吉致仕。當時，高拱以內閣大學士管吏部事，具任命官吏實權，有如眞宰相。趙貞吉離任後，李春芳自不安，遂於隆慶五年（一五七一）五月乞休歸田。

此時，內閣閣員所剩無幾。

圖 6-7　明穆宗坐像。臺北國立故宮博物院提供。

高拱成爲首輔，更加趾高氣揚。殷士儋昔日與高拱同爲裕王府同僚，卻因不向高拱低頭，久久無法進入內閣。隆慶四年（一五七〇），隆慶帝直接下旨，命殷士儋以文淵閣大學士入閣，高拱相當不高興。後來，有人彈劾高拱的心腹張四維，高拱懷疑是殷士儋授意，因此嗾使門生攻擊。殷士儋忍不下，在內閣當面罵高拱：「若逐陳公，逐趙公，復逐李公，今又爲四維逐我，若能常有此座耶？」說罷，揮拳要打高拱，張居正在旁勸架，也被罵進去。十一月，殷士儋自請退休而去。於是，內閣除張居正外，全被高拱排擠離任。隆慶六年（一五七二）四月，高拱推薦高儀兼文淵閣大學士入閣辦事，內閣閣員算是多了一人。

圖6-8　高拱像，明人繪。

局部弛海禁，准東西洋貿易

隆慶元年（一五六七），福建巡撫涂澤民奏請開放市舶，使商人不必再走私。朝廷予以批准，開放福建漳州的月港，准許出海販運東西二洋的商貨，但日本仍被排除在外。這一改變，成爲明代後期海上貿易的新體制，月港與澳門並爲兩大與西方世界接軌的重要口岸。隨著貿易興盛，朝廷收到可觀的稅收，且時逢大航海時代，美洲白銀大量流入中國，促進商品經濟發達，亦成爲賦役全面納銀化的契機。

隆慶開海後，原設月港的海防館，成爲徵收稅餉的機構，一切引稅、餉稅皆歸海防同知負責徵收。（一）引稅。每艘出海貿易的商船，均須赴海防館登記，塡報貨物種類和數量、船隻的大小和要前往的國家，經海防衙門核可後發給船引，每引徵稅若干，稱爲「引稅」，其實是一種許可稅。船引的多寡，起初沒有定額，海防衙門奏請，每次以百張爲原則。萬曆十七年（一五八九），福建巡撫周寀將東、西洋貿易的商船數各定爲四十四艘，一年限八十八艘，所給船引相同，後來因出海貿易者多，又增至一百一十引，外加雞籠、淡水、占城、交趾等處，共計一百一十七引。萬曆二十五年（一五九七），再增加二十引，達到一百三十七引。（二）水餉。水餉係一種船稅，徵自船商。舶稅始於隆慶六年（一五七二），一年稅額爲三千兩。萬曆三年（一五七五），福建巡撫劉堯誨奏請以舶稅充兵餉，一年徵得六千兩；萬曆四年（一五七六），稅額增至一萬兩；十一年（一五八三），又增至二萬兩；二十二年（一五九四），增至二萬九千餘兩。（三）陸餉。陸餉屬於商品進口稅，以貨物多寡計值徵收，其稅出自舖商。當時爲防止漏稅，規定商船返港後，船商不准私自卸貨，須待舖商上船接買，開列應繳稅額，就船完稅後，才能轉運。其稅率大約爲百分之二，但可根據時價高低進行調整。(四) 加增餉。加增餉是一種附加稅，僅向前往呂宋貿易的船隻徵收。凡是前往呂宋貿易的商船，返航時除繳納水、陸二餉外，每船須再加徵銀一百五十兩，稱爲加增餉。後來因爲稅額太高，商人負擔不起，於萬曆十八年（一五九〇）降爲一百二十兩。月港的貿易金額，每年達數十萬兩，猶如天子在南方的財庫。

俺答封貢，北邊和平

嘉靖後期，以俺答爲首的西北蒙古部族，持續不斷侵擾明帝國邊疆，隆慶年間依然不變。隆慶元年（一五六七）九月，俺答率眾六萬，兵分四路，由偏關、老營、井坪、朔州等處入侵，南下迂迴近千里，兵鋒直抵太原府轄境，駐紮石州城北，最後石州城陷，百姓遭殘酷屠戮，史稱「石州之變」。蒙古北回時，沿途各州縣如交城、文水，亦受到嚴重殺掠。爲此，朝廷將石州改稱永寧州。

隆慶三年（一五六九）九月，蒙古數萬騎入犯大同右衛鎮川堡，東西分掠山陰、應州、懷仁、渾源等處。當時，大同總兵趙岢赴紫荊關戒備以阻遏其南下，參將方琦等皆未防備，遊擊施汝清等又畏縮不前，致令懷仁、應州、山陰之間任其蹂躪，攻陷堡塞大者二所，小者九十一所，殺掠男女及傷殘者數千人，掠去馬畜糧芻以萬計。

實際上，諸多巡撫、總督和將領都希望透過互市以緩和雙方衝突。但嘉靖三十一年（一五五二）馬市中斷後，雙方貿易的契機，又等待了二十年。隆慶四年（一五七〇）十月，因著「三娘子事件」，俺答之孫把漢那吉憤而率阿力哥等十人至大同投降，大同巡撫方逢時將其安置於大同城中，宣大山西總督王崇古奏報此事，接著雙方展開交涉。藉由方逢時、王崇古與閣臣高拱、張居正、趙貞吉的努力，明朝與蒙古達成封貢之議。十二月，王崇古送把漢那吉出境，俺答得其孫後，遣使報謝並願意受封。

隆慶五年（一五七一）春，朝廷下令開設宣府、大同、山西三鎮馬市。後來，延綏、寧夏、甘肅諸鎮也相繼開設馬市。在大同鎮者有三處，即得勝堡、新平堡、守口堡；宣府鎮一處，即張家口；山西鎮一處，即水泉營；延綏鎮一處，即紅山寺堡；寧夏鎮有三處，即清水營、中衛、平虜衛；甘肅鎮有二處，即洪水扁都口、高溝寨。除此之外，各地亦有若干小市，與蒙古小部族交易。雙方互市的物品，漢人以綢緞、布絹、綿花、針線索、改機、梳篦、米鹽、糖果、梭布、水獺皮、羊皮盒等，交換蒙古的馬、牛、羊、騾、驢及馬尾、羊皮、氈裘、皮襖、柴草、木材等物。其中，官市主要交易繒帛、馬匹，民市交易的商品種類則較多。

自此以後，俺答約束諸部不得犯邊，迎來了寶貴的和平。俺答死後，部族亦按約定請

圖 6-9　山西偏關水泉營堡，邱仲麟攝。

求受封納貢，《明史・王崇古傳》稱馬市交易之後，邊境得以平息安定，邊區數千里內的軍民安居樂業，每年節省了十分之七的軍費。明朝與西北蒙古的貿易，一直維持到崇禎年間，才因女眞占領蒙古而終止。

七、張居正登場

萬曆帝即位，逐高拱，江陵柄政

隆慶六年（一五七二）五月二十五日下午，隆慶帝病危，召內閣大學士高拱、張居正及高儀入宮，命三人及司禮監爲顧命大臣，輔佐年幼的皇帝。時任首輔的高拱悲慟地說道：「十歲太子，如何治天下？」此話傳到了太監馮保的耳裡，加油添醋地向李太后打小報告，指出高拱輕視太子爲十歲小孩，這樣如何作人主？李太后聞之色變。二十六日卯時，隆慶帝駕崩。接著，新皇帝朱翊鈞即位，年號萬曆，在位四十八年，廟號神宗，是明朝在位最久的皇帝。而在隆慶帝駕崩的第二天，向爲李太后所倚重的馮保，取代孟沖成爲司禮監掌印太監。

張居正固然有才能，但他得以獨攬大權，有賴於馮保的協助。嘉靖末年至隆慶初年，馮保已擔任司禮監秉筆太監，幾度有機會陞任司禮監掌印太監，卻屢屢被時任首輔的高拱所阻攔，因此他怨憤高拱，便與張居正交好。由於兩人皆有意剷除獨斷的高拱，所以情誼日益牢固。馮保在隆慶帝病重時，請張居正預擬遺詔，此事被高拱發現，高拱不客氣地指責，認爲自己掌管國政，爲何張居正只與宦官討論遺詔的事？張居正臉紅，承認過失。此事之後，高拱更加提防馮保，思索如何驅逐馮保。他授意給事中、御史接連上疏指陳馮保的罪狀，意圖在票擬時下旨排除馮保，但馮保藏匿了相關奏疏，並與張居正商議對策，反而找到機會先將高拱驅逐出京。

六月十六日，萬曆帝下詔驅逐高拱，聖旨以不加修飾的口語寫道：「今有大學士高拱專權擅政，把朝廷威福都強奪自專，不許皇帝主管，不知他要何爲？我母子三人驚懼不寧，高拱便著回籍閑住，不許停留。」一個多月後，本有疾病的高儀也逝世，三位顧命大臣只剩次輔張居正一人。張居正出生於湖廣江陵縣，又被稱張江陵，升為首輔後，控制了內閣，開啓長達十年的江陵柄政。

帝師張居正

張居正認為沖齡即位的萬曆帝，應將精力集中在學習，所以將早朝的次數減少為每月逢三、六、九日，其他的日子在文華殿聽儒臣講授經史，他如同嚴父般指導萬曆帝讀書，另編撰了一本名為《帝鑑圖說》的教科書，內有歷代帝王故事插圖，意在使萬曆帝易於理解，並提升學習興趣。每當李太后發現萬曆帝稍有懈怠，總說：「使張先生聞，奈何！」萬曆帝因此敬畏張居正，甚至在年長後轉變為厭惡。

而馮保也倚仗著太后的權勢，監督萬曆帝的生活起居，當萬曆帝發現馮保入宮，便不敢再與小宦官嬉鬧，還正襟危坐地說：「大伴來矣。」有一日，酒醉的萬曆帝命令內侍吟唱新曲，內侍因不會而推辭，萬曆帝生氣地持劍割去他的頭髮，馮保將此事報告李太后，李太后非常憤怒，命萬曆帝長跪反省，並請張居正擬了罪己詔書，指責自己的過錯。當時萬曆帝已成年，仍迫於三人的壓力，不得不屈從，但內心甚感憤恨。

馮保任職司禮監後，與他情誼穩固的張居正等於掌控了票擬與批紅，使外朝與內廷形同一體，百官受張居正的領導，其權勢猶如宰相。據說有官員以此阿諛奉承，張居正竟說：「我非相，乃攝也。」即攝政大臣之寓意。萬曆五年（一五七七），張居正的父親去世，隨即請求奔喪，李太后有意慰留，馮保更不希望張居正離任，加上張居正戀棧權位，於是馮保從中謀劃「奪情起復」，命張居正不必去職服喪三年。多數的官員只能迎合，而反對的官員，或被免職，或遭受廷杖等處分。張居正曾爲馮保的生祠作墓記，歌頌他的政績，其中有一句寫道：「宮中府中，事無大小，悉諮於余而後行，未嘗內出一旨，外干一事。」可見朝廷內外合作無間，政令通暢無礙。

圖 6-10　明神宗坐像。臺北國立故宮博物院提供。

推動「考成法」

張居正甫上任便推行「考成法」，政策的基礎是來自他在隆慶年間入閣參與機務時提出的〈陳六事疏〉，在該奏疏中，張居正感嘆近來紀綱不肅、法度不行；上下都在姑息。解決的方法是嚴加考成，凡是大小事務，地方衙門都應在期限內奏報，而中央設置簿號，登記註銷，吏部即以此考核勤惰。官員每三年一次的朝覲考核，必須嚴格審核其表現是否稱職。考成法便是將上述的內容具體化，每件政務依照道路遠近與緩急程度訂定期限，須在期限內完成，各部院設置文簿存照，每個月的月初註銷。另外又設置兩本考成簿冊，一本送六科註銷，一本送內閣查考，每半年清查一次。如此一來，諸事難以欺蔽與拖延，各機構互相監督，達到月有考、歲有稽的成效。且內閣以六科稽查六部，以都察院稽查地方官，形同內外上下各級官員都受制於內閣。年幼的萬曆帝，對此沒有太多主意，隨即說道：「卿等說的是，事不考成，何由底績？這所奏都依議行。」

張居正主持政務，尊崇皇權；考核官員，賞罰必信，統一號令，而考成法確實達到了立竿見影的效果。萬曆六年（一五七八），戶科給事中石應岳等官員誇讚了考成法的績效，說道：「自考成之法一立，數十年廢弛叢積之政，漸次修舉。」此尤其體現在賦稅方面。萬曆九年（一五八一），張居正以南北諸地有風、水災害爲由，勸諫萬曆帝撙節用度，順帶提到了考成法施行後的總成績，略言：「近年以來，正賦不虧，府庫充實，皆以考成法行，徵解如期之故。」

然而，張居正所說的徵解如期，不只是本年應收的稅糧，過去逋欠的稅糧也須催收一定的比例，地方官員才能通過考核，人民因此苦不堪言。戶科左給事中蕭彥就指出，萬曆四年（一五七六）地方官徵收賦稅九成才算及格，且命百姓必須繳納兩成先前拖欠的稅糧，使得百姓納稅總額超過十成以上。官員忌憚考成法，必定用重刑鞭打百姓，民眾不堪負荷，只能選擇逃亡。可見考成法在催稅方面看似令人讚嘆的成果，是建立在對百姓的壓榨之上，如此持續執行，形同負薪救火。

萬曆十年（一五八二）六月二十日，大權緊握的內閣首輔張居正病逝，同一天被充軍到廣西的巡按御史劉臺也抑鬱而終。劉臺被發配到廣西，係因上疏彈劾張居正。奏疏的內容之一，是指責張居正擅作威福，拋棄祖宗法制。劉臺強調六科給事中對奏章進行封駁，列舉官員過失加以彈劾，是他們的職責。閣臣在翰林院辦事，只是作爲政策的顧問而已。張居正設立考成法，意圖威迫六科，使其拱手聽從號令，劉臺爲此加以抨擊，說道：「祖宗之法若是乎？」

而在張居正逝世一年後，素有「長者」之譽的申時行接任首輔，他了解強硬催收賦稅的後遺症，爲了攏絡人心，罷除了考成法嚴格的懲處方式，一切改以簡易爲主。萬曆十四年（一五八六）正月，萬曆帝認爲地方官徵稅不力的罰俸過輕，申時行進而解釋道：「有司以庫藏空虛，無從措處，多方捶楚，則無辜就斃。百姓不安，盜賊蠭起，此臣等所大懼也。」萬曆帝同意了他的見解，遂打消了變更考成法罰責的念頭，曾經雷厲風行的考成法隨著張居正的離世，成爲名存實亡的軀殼。直到明末，因遼東戰事而加派各地錢糧，考成法又被抬出來嚴格執行，徵稅是否完滿成爲陞遷考核的首要指標。

八、張居正改革：田土清丈的措施

嘉靖年間部分地方的田土清丈

張居正執政時期，另一項重要的改革是賦稅徵收。在張居正進行全國性清丈之前，各地已有零星的清丈，尤其在嘉靖時期，中央與地方官員皆隱約感覺田土數額失實造成納稅不均的情況日益嚴重。嘉靖九年（一五三〇），翰林院官員顧鼎臣在奏疏中主張清查田糧舊額，命里甲組織於農閒時，仿明初魚鱗圖冊的制度再次造冊，細列田糧額數、地號、界址等資料，並由地方官府履畝檢踏丈量。戶部同意了顧鼎臣的觀點，命地方官按此施行，江西、河南、福建等地都興起丈量運動，較爲著名的是嘉靖中期擔任應天巡撫的歐陽鐸，他與浙江副使王儀共同履畝丈田，清查出荒田四千餘頃。

張居正推行的田土清丈實況

由於土地是徵稅的依據之一，欲將隱匿嚴重、數額失實的田土徵稅，勢必要先進行全面清丈。據《明史·食貨志》記載，張居正於萬曆六年（一五七八）下令在三年內清丈天下田土，此次的結果為七百零一萬頃，較弘治十五年（一五〇二）的四百二十三萬頃多出近三百七十八萬頃。

萬曆六年（一五七八），其政策先在福建試行。萬曆八年（一五八〇）十一月，戶部頒布〈清丈條例〉八條，然後推行至全國，在漏失田糧之地進行清丈，由各地布政使司總管，兵備道分管，州縣官專管，層層向下監督，其中田土名目有官、民、屯之分，又依肥瘠程度有上中下等則，都須查勘明白，如有隱匿未報者，相關人員連坐，處以重刑。在張居正的威令下，清丈政策達到極好的成效，並且他也作為表率，情願放棄自己的優免額度，將族人寄在名下的田產也都清查出來。

圖 6-11　荊州張居正故居，邱仲麟攝。

「止期均賦，不期加賦」的清丈目的

土地清丈後，各地田賦總額一般不變，而承擔稅糧的耕地面積大幅上升，減輕了一般平民的負擔。如山東巡撫在清丈報告中指出：丈出新增地畝三十六萬五千七百五十五頃，其中民地三十六萬三千四百八十七頃，屯地二千二百六十八頃，較原額增加四〇%。但全省「糧悉照舊，往日荒地包賠者，以餘地均減」。山西新增八萬八千五百四十六頃，占原額二七・四%；山西行都司新增三五三三・三四頃，占萬曆初年三三七一四・八九頃的一〇・四%，但屯糧和租銀徵派，依然不變，減輕軍屯負擔。薊遼總督也說：「議以多餘之地，補失額之糧。」則清丈之後，政府控制的稅畝大爲增加，並且在此基礎上重編地籍《魚鱗圖冊》和修訂《黃冊》的人丁事產，得以扭轉「小民稅存而產去，大戶有田而無糧」的局面。因此，張居正死後雖遭清算，但仍有人追述其「核地畝」之功。

然而，各省回報清丈數額，存在高估的情況，因爲地方官知道內閣有考核大權，爭相改用較小的步弓（測地工具）溢報田數以邀功。而北方有些不徵收稅糧的田地，以及不產糧食的鹽鹼地，也被納入數額中，使得清出田土數量比原額還多，地方官遂採取「折畝」的方式，將若干畝當作一畝，以符合舊額。在南方地區則有不足一畝的塘地、上好的水田地被折算爲一畝，致使畝數任意增減、田土測量不公，所以這些回報的田土數額，與其說是實際耕地面積，毋寧說是納稅單位。

九、張居正改革：一條鞭法的推行

一條鞭法以前的賦役改革

明代的賦役制度，在稅制方面沿襲唐代後期以來的兩稅法，役法方面則有里甲正役和雜泛差役兩種。正役是定期的，由每里中最殷實的十戶擔任；雜役則依據人丁、事產訂定的三等九則之戶則，應國家需要隨時科派。在以戶則為基準的稅役徵收制度下，人民的負擔是公平的。然而隨著政府機關的膨脹，國家對人民勞役徵收次第繁重，擁有人丁、事產的上戶勾結官吏，私改戶口和田土冊籍，以求脫免或減免稅役負擔，將原來依戶則科派的原則破壞，造成負擔不公的現象，下戶群起逃亡，以避稅役，出現嚴重的戶口闕漏，使稅役徵收制度無法正常運作。為了保證稅役的徵收，為求負擔公平的合理，必須改變徵收的基準。

正統八年（一四四三），江西開始行「均徭法」，為各地所倣行。成化年間，出現「十段錦法」，普及於嘉靖年間。其方式係打破原有里甲制，將一縣丁糧均分為十甲，每年編審一甲應役，若有賸餘則留作他甲之用，不足則從他甲提補，以除徭役不均之弊。

嘉靖朝，內閣大學士桂萼建議推行編審徭役，由布政使司通算一省丁糧，將之分派於一省徭役，扣除掉優免的數額後，每糧一石編銀若干、每丁編銀若干，百姓便按此納銀。

這項徭役改革的特色不只是以丁糧爲徭役攤派依據，且將明初以來的輪流服役方式改爲每年編派。

福建的「綱銀法」是將當年里甲應役時需要承擔的公費，以丁四糧六的比例通融攤派；浙江、廣東的「均平銀」，又稱「甲首錢」，也是將里甲的公費支出，照丁糧均派。

北直隸與山東的「一串鈴法」，創行於隆慶年間，是役銀徵收和解運方式的改革。統一徵收役銀，再按原有的各項名目，分別留存或解運。

一條鞭法的優點與特色

在清丈天下田土之後，萬曆九年（一五八一），在張居正的主持下，隨之實行的是條編制度，即所謂的「一條鞭法」，其用意要將賦役的各項細目化繁爲簡，合併起來統一編派，取代了過去實行將近八百年的兩稅法。此前，均徭法中已經出現力差與銀差之別，將部分差役納銀，由官府雇人代役，可謂徭役簡化的初步。而萬曆後條編改革，又從徭役折銀，擴大至田賦折銀，爲清朝繼行的「攤丁入地」改革提供有利的條件。

一條鞭法施行初期，將一切賦役合併折銀，款目簡單、徵輸便利的優點，還是受到普遍的支持。最主要的原因，或許是因爲交易用銀已成爲不可逆的潮流了。正統時期，隨著朝廷對白銀禁令的鬆動，官民大多用銀兩或是銅錢進行交易，只剩官俸仍折鈔發放，鈔法日漸不通行。至弘治年間，京城的稅課司與各鈔關亦從錢鈔兼收改爲折收銀兩，而官員部分俸祿也改爲折銀發放。當「隆慶開關」以後，大量來自日本、美洲的白銀流入中國，更爲賦役納銀創造有利條件。且賦役納銀化的結果，人民不須親自供役，使人民獲得較多的人身自由，比較容易離開土地，轉入其他生產部門，尤其是城市手工業。同時，由於攤力役入田賦，使有些人不願投資土地，逐漸轉向投資工商業，這些對工商業發展是有積極作用的。

一條鞭法與舊有徵稅制度相較，有以下幾項特色：第一，各項賦役科目化繁爲簡，賦與役合併徵收，且以納銀爲主，對明代中期以來隱漏、詭寄、飛灑稅糧、和徭役編派的弊端，起了很大的限制作用；第二，賦役徵收改按丁數和田糧爲基準，丁與糧比例無統一規定，把丁役部分攤到田地裡，使戶則不再重要；第三，廢除十年輪流一次的役法，改爲每年一次，出錢代役；第四，廢除以里甲爲編審賦役的單位，改以全州縣爲單位，將原有稅役額按一定的比例攤派到全州縣的人丁與田地上；第五，賦役銀由地方官直接徵收與解運，改變以往民徵民解的辦法，一方面意味著明代官僚政治的加強，一方面也意味著里甲制度的崩潰。

《明史・食貨志》曾簡潔概述一條鞭法的宗旨：總括一州縣的賦役，測量田土、統計人丁，將徭役與田賦都輸入官府。一年的徭役，由官府出銀招募，力差就計算雇用所需的工錢，衡量增減；銀差就計算交納的費用，酌收省耗（附加稅）。凡是規定承辦的事項、分派辦理的事項、解送至京庫以及存留本地所需的費用、按需要供應的費用，以及上貢的土產，全部併成一條，都按田畝徵收銀兩，由官府折合辦理。

一條鞭法的弊端與局限

到萬曆二十年（一五九二）以後，全國絕大部分地區已經普遍實行了。無論是糧差合一，或是差役折銀、田賦折銀，乃至解運的改變，都屬於條鞭制度的一環。值得注意的是，南北的自然條件不同，賦役的合併也有所差別，尤其在傜役攤於丁、田的比例，有些地方是以丁爲主，有些地方是以田爲主。當要收稅時，百姓自行投入銀櫃中，官府雇募應役的費用，已附加於里甲銀內。

一條鞭法在執行後，確實衍生一些弊端。最違反改革本意的莫過於鞭外有鞭、鞭外加派，即以銀代役後又要求重新服役，或是繳納另立的稅目，《明史・食貨志》就記載道：「然糧長、里長，名罷實存，諸役卒至，復僉農氓。條鞭法行十餘年，規制頓紊，不能盡遵也。」又如年年應役，比起過往里甲制度十年一役，顯得過於頻繁。

一條鞭法雖然全國通行，但各地實施的情況差別很大，沒有一個地方全部徹底實行，更不利於市場經濟落後的北方。以山東地區來說，當地商品經濟較不發達，可供雇用的人力較少，因此差役不能完全廢除。當地聽差、科徵不以里甲為單位，編審基準是兼論門丁事產，均徭改革仍保留按戶等審編的門銀作為銀差。而攤丁入地更是在華北遭到強烈反對。早在隆慶元年（一五六七），戶部尚書葛守禮曾對一條鞭法提出質疑，他認為審田編役，工匠、富商因無田而不必編役，形同將差役轉嫁給農民，將促使百姓捨田避役。再者，南方土地較為肥沃，田賦重而差徭輕，故攤役於田，負擔尚可接受；北方土地磽瘠，田賦輕而差徭重，光是繳清正賦都有困難，再攤入徭役，必將不堪重負。在徵收方面，混一徵收固然方便，但帳目難以稽查，款項易遭挪移。另也要注意華北商品生產較落後，農民獲得大額貨幣的困難度較高，統一以銀兩徵收反而加重他們的負擔。所以，一條鞭法的倡始者多為南方人，反對者則為北方人。

有的反對意見還認為，農民為了要繳納銀兩，必須在完稅期限內賣出穀物，造成市場出現「銀貴穀賤」的情況。由這些爭議，顯示南北社會經濟發展的不均衡，而這一不均衡遂使得中國賦役制度，都像一條鞭法一樣，各地有其因時因地制宜的辦法。

十、明代的火器革命

手銃與神機

元代時，火器逐漸成爲軍隊配備。其中，單兵手持火器，是重要的發展之一。元末群雄張士誠的屬下，在天佑三年（一三五六）還鑄造手持銅銃。洪武年間，手銃的製造和配備更廣。當時的銅銃，火門僅有一孔，以火繩引發，膛內裝填火藥和散彈，兩者以木送子相隔，火藥點燃後可增加撞擊力，使散彈射擊範圍更遠。

安南平定後，永樂帝曾密令查訪當地能使銃者、能配製銃藥者，連家小一起送進。黎澄等人因熟悉神機法，於是被送到京城。永樂七年（一四〇九）以後，手銃點火裝置的改進，應該與安南匠人有關。永樂七年（一四〇九）以後的有銘手銃，除外形有一些變化之外，最顯著的特徵是點火裝置的改進，增加了一個長方形的櫃形藥槽，和可開合的曲形火門蓋，且可避免火藥受潮，即使在惡劣天候下，火銃仍可保持較佳的待發狀態，提高戰鬥力。永樂至正德間，手銃已經量產，輕型手銃絕大部分口徑在一・二—一・七公分之間，全長則在三四—三六公分之間，重量約兩公斤。

佛郎機銃

正德十二年（一五一七），佛郎機船隊入侵廣東，帶來明軍未曾見過的佛郎機銃、鳥嘴銃與發熕砲等武器。佛郎機銃爲十五、十六世紀歐洲新式的後膛砲，通常配裝在船上，有子銃（彈夾）可抽出替換，連續射擊。嘉靖元年（一五二二）的西草灣之戰，廣東海道副使汪鋐擄獲二十餘門佛郎機銃。嘉靖二年（一五二三），兵仗局製造大樣銅佛郎機銃三十二門，發往各邊試用，每門重二百餘斤。嘉靖四年（一五二五），南京兵仗局仿製六副銅佛郎機銃。嘉靖九年（一五三〇），廣州海防各衛所，每衛則配備二十門佛郎機銃。

嘉靖七年（一五二八），朝廷配發小樣佛郎機銃四千副給陝西三邊總督王瓊。除小樣佛郎機銃之外，北京兵仗局又試製一百六十門黃銅流星砲，每門配備三個子銃。嘉靖八年（一五二九），時任都察院右副都御史的汪鋐，建議將佛郎機銃配發北邊軍鎮，裝備在戰車上以抵禦蒙古騎兵。次年，汪鋐陞任都察院右都御史掌管院事，再度上奏此議，嘉靖帝命兵部、戶部研議，後經兵部尚書李承勛等覆奏贊同，佛郎機銃於是推廣至北邊國防線上。其後，各軍鎮自行研製，衍生出各種原理相近的佛郎機銃，如嘉靖二十三年（一五四四），山西巡撫曾銑奏請自製連珠佛郎機砲，「二管合爲一柄，每管各盛小砲一個，一一接連點放」。同一年，山西鎮配備的大佛郎機、小佛郎機、手把單佛郎機、連二佛郎機、連三佛郎機，共計一千零九十一門。嘉靖二十五年（一五四六），大同總兵周尚文等研製

圖 6-12　明代仿造之小佛朗機銃。

多種新的火器，其中的百出先鋒砲最爲突出，尺寸只有佛郎機銃的十分之六，而子銃則大幅增加至十門。而在沿海倭亂期間，剿倭將領如俞大猷、戚繼光等亦多使用各式佛郎機銃。戚繼光的《紀效新書》和《練兵實紀》就記載第一至第五號的佛郎機，每門配備九個子銃。

鳥嘴銃

嘉靖元年（一五二二），汪鋐於西草灣之戰，擄獲二艘葡萄牙船艦，從船上獲得鳥嘴銃。因此，明人多說鳥嘴銃得之「西番」。但是，當時葡萄牙所用的火繩槍，大約屬於初創階段，設計談不上精良，故未受到當局重視。嘉靖二十七年（一五四八），朱紈攻破雙嶼時，繳獲若干火繩槍，性能有較大改進。明軍還俘虜到造銃的工匠，後來透過學習加以仿造。不過，葡萄牙的火繩槍有其缺點，連發五至七銃後，因爲怕膛內高熱起火，或顧慮到會膛炸，必須讓槍休息。日本經過改良的種子島銃，則沒有這些問題。

日本天文十二年（一五四四），一艘葡萄牙船來到種子島，帶來一種火繩槍。當地人從未見到這種武器，見其威力強大，請教槍枝製造和使用、及製藥的方法，並買了兩支作爲仿造樣品。第二年，國友鍛冶組織工匠，仿製適合日本人使用的火繩槍，並製成閉鎖螺栓，有限解決槍尾的閉氣問題，提高火繩槍的威力。不久，國友鍛冶加以量產，售出數百支成品，許多海盜和走私商人趁機購買，成爲後來危害閩浙海上的特殊武器。明朝係在剿倭過程中，獲得改良的種子島銃，並進一步展開改良。由於夷銃不如倭銃，故明朝仿製以後者爲主，於是有鳥銃得自倭人之說。

嘉靖三十七年（一五五八），兵仗局仿製了第一批鳥銃一萬支，裝備部隊使用。嘉靖四十年（一五六一）以後，兵仗局又研製出一種具有子銃、母銃結構的鳥銃，裝備軍隊使用。每支母銃配四支子銃，發射時以四支子銃流輪裝填，即使發射上百發彈丸，母銃也不會膛炸。如子彈用盡，則在槍尾插上短劍，以與敵人搏鬥。由於子母鳥銃具備以上優點，其戰鬥作用遠超過一般鳥銃，不但可以遠射，也可以近戰，實爲單兵器械裝置制式刺刀的開端。

發熕銅砲

洪武年間，明朝軍隊配備的火砲，主要爲碗口砲，和大銅砲、大鐵砲。碗口銃砲，重量約二十公斤上下。大鐵砲又稱將軍砲，重量可達數百斤或上千斤。另外，又有虎蹲砲、旋風砲等。正德六年（一五一一），河南汝寧府製造的將軍砲，重三百四十八公斤。佛郎機銃傳入後，嘉靖初年，朝廷曾仿製過大樣佛郎機，重三百餘斤。另外，戚繼光曾將舊式的大將軍砲，改造成車載的重型佛郎機，稱爲無敵大將軍砲。砲身加上全部附件，重約一千零五十斤。每門配備子銃三個，開砲時一次擊發五百顆彈丸，殺傷面寬達二十餘丈。

嘉靖年間，西方新式銅砲傳入中國，被稱爲「發熕」。據學者考證，「發熕」應係葡萄牙語falcao的譯音，爲一種前膛砲。嘉靖中葉，倭寇擾亂東南沿海時傳入中國。嘉靖二十八年（一五四九），盧鏜等在福建東山島附近擊敗葡萄牙武裝船隻，繳獲大號銅砲二門，每門重一千三百餘斤；中號銅砲十二架，每架重二百斤。這種大號銅砲應即歐洲的前膛加農砲。戚繼光曾說：「發熕等器，傳自番夷，體重千餘斤」，似可與之相印證。銅發熕體形粗大，每座約重五百斤，配發鉛子一百個，每個重約四斤。砲身藥室隆起，裝藥較多，用火繩點火，發射四斤重的鉛彈，不但能以其射擊的大彈丸產生擊殺和摧毀作用，而且還能產生強烈的砲風（衝擊波）和巨大的聲響，正所謂「其風能煽殺乎人，其聲能震殺乎人」。

而在明廷加以仿製後，歐式的銅發熕成爲十六世紀後期明朝水師最強的武器，在海上追剿倭寇，及隆慶、萬曆年間平定海賊，都派上用場，其射程約一百六十公尺。萬曆三十

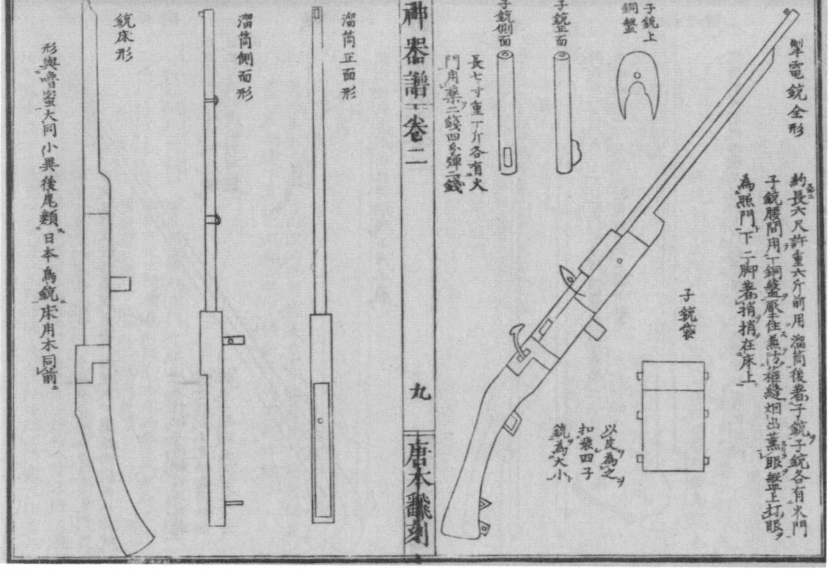

圖 6-13　掣電銃圖，趙士楨《神器譜》，收入《和刻本明清資料集》。

年（一六〇二）前後，浙江沿海官軍裝備之銅發熕，一門造價約三十七兩，在所有火器中最爲昂貴，是大銅佛郎機銃的二・五倍，鳥銃的四十一倍。萬曆末年，原先仿造的銅發熕，與新近仿製的紅夷大砲，一起成爲征討女眞的重要武器，而其形制都屬於歐式的前膛砲。

嚕密銃與《神器譜》

嚕密銃的仿製，在萬曆中葉。嚕密，據考證即土耳其的伊斯坦堡，嚕密國即鄂圖曼帝國。嘉靖四十二年（一五六三），嚕密使節把部利、朵思麻父子等五十六人進貢獅子，次年六月在北京上奏貢獅。後來，父子被留在北京，名義是照顧獅子。據說朵思麻原在嚕密國掌管神器（嚕密銃），而在來華路上也帶著神器。萬曆二十五年（一五九七），中書舍人趙士楨造訪朵思麻，獲見他從西亞帶來的嚕密銃，比倭銃更爲簡便精良，於是向朵思麻請教，並將槍枝結構與射擊要領等，在所撰《神器譜》中加以介紹。並於萬曆二十六年（一五九八），獻上其仿製的嚕密銃。

趙士楨對軍事和火器向來留心，從胡宗憲、戚繼光部下了解倭寇所用火器，並與前往朝鮮抗倭的將領林芳聲等互相討論。萬曆二十四年（一五九六），在游擊將軍陳寅家中，見到西洋的火繩槍（可能自澳門傳來）。並結合從朵思麻那裡得到的嚕密銃技術，不斷思考研究，不惜花費金錢，僱請工匠製造研發，最後設計出新式火繩槍十多種，其他火器和戰車十多種。這些成果都刊印於其《神器譜》、《續神器譜》、《神器譜或問》、《神器譜三編》、《防虜車銃議》中。其中，如西洋銃、掣電銃、鷹揚銃、旋機翼虎銃、三長銃等單兵火器，另有多管火器如迅雷銃、震疊銃；他類火銃如軒轅銃、九頭鳥銃等。

可能來自澳門的西洋銃，雖槍管較長，射程較遠，但由於裝填火藥較少，所以不如嚕密銃的發射威力大。日本的火繩槍雖威力較大，但不如嚕密銃輕便。由於嚕密銃具有銃身較輕而威力又較大的特點，所以經明朝兵仗局仿製，配發給軍隊使用。天啓元年（一六二一），徐光啓領到一千支嚕密銃後，令部隊練習數月，只有數門小有炸損，其餘均堪用。

第七章

夕陽無限好？——早期全球化下的晚明社會文化結構轉型

（嘉靖—崇禎，十六—十七世紀）

邱澎生、王鴻泰

一、社會文化結構轉型

中國國內長途貿易自十六世紀出現更為具體的芻形，糧食、棉布、食鹽多種大宗商品，持續跨區域地流通在這個已具芻形的國內市場。這個國內市場主要由三條水運大幹道組成：一是東西向的長江長程貿易路線，二是南北向的京杭大運河、錢塘江、贛江、珠江貿易線，三是由廣東、福建、浙江、華北到東北的國內沿海貿易線。愈來愈多商品與人員流動於這三大貿易線，並促使更多商人帶著商品與資金聚集到這些貿易線上的許多城市與市鎮，不僅讓當地商業更加繁榮，也帶動不少當地農民有機會為長程貿易從事生產活動。

在這個商品與人員加速、加大流通以及城鎮商業與農村連繫加強的大背景下，市場經濟日益衝擊士農工商等社會許多階層，更多工人自政府原先的徭役性質人身管制鬆脫出來，商人不僅介入農村經濟而影響更多農民的生計，在江南等經濟發達城鎮還開始出現以同鄉聯誼或辦理善舉而向地方政府呈請核可設立的商人團體。同時，士人與商人之間也出現更多密切交往的所謂「士商相雜」現象，不少士人呼籲保護商人的經商安全，晚明政府也出現了「厚商以利農」的商業政策與相關法律調整。

這些社會人際交往關係的轉變，連帶促成了社會風俗、宗教信仰、文學藝術乃至城市生活空間的變動，諸如小說、戲曲與善書、寶卷的大量編印，三教合一與功過格思潮傳播，以及繪畫、書法等文學藝術活動，都共同推動了晚明士人與庶民文化的上下交融。與此同時，歐洲商人與天主教許多不同派別的傳教士，也自十六世紀後半伴隨帆船貿易、軍事冒險和劫掠，更大程度地介入到中國的社會經濟、政治外交、宗教信仰與學術文化等層面，構成當時「早期全球化」現象的重要一環。

二、農業部門的三大變動

晚明經濟出現的種種變動，可以大略分爲農業以及商工業部門，而這些發生在農業與商工業部門的經濟變動，主要又是隨著十六世紀明代全國長程貿易擴展而啓動。

晚明農業至少在三大領域出現重要的發展。第一個變化是出現農業與手工業的地域性分工。第二個變化是地主以及佃農、農業雇工之間經濟與社會關係發生變化，佃農與農業雇工取得更多保障。第三個變化是美洲作物自十六世紀後半之後慢慢推廣到福建、浙江、西南諸省等地區，讓原本缺乏水利灌溉的山坡地區也能提供食糧與經濟作物，直接與間接地養活開始快速新增的全國人口。

農業專業化生產與區域勞動分工

農業部門第一大變化體現在江南商品作物區與湖廣糧食作物區之分工。江南農村手工業在十六世紀以後得到更好的發展，愈來愈多江南農民投入市場以生產棉紗、棉布或是絲線、絲綢。十六世紀之前，江南農民家庭原本生產棉布主要是爲了繳納賦稅，但隨著市場擴大與商人收購，棉布手工業愈來愈成爲江南重要的農家副業。此外，絲綢生產數量也隨著包括海外貿易在內的市場規模拓展而不斷擴大。對全國經濟結構影響更大，還有連帶出現的區域專業分工現象：因爲江南有更多農地改種棉花與桑樹，加上江南農民從事手工業占據更多時間而排擠了糧食作物生產活動，位於長江下游的江南因此出現更明顯的糧食短缺壓力，而長江中游地區正好因爲早熟稻的推廣，而能適時提供重要的補充，糧食因而成爲串接長江中游和下游的重要商品。

同時，長江中游、上游以及東南、西南山區，也開闢了更多礦場、林場，種植了更多茶園、染料植物、甘蔗、藥材等經濟作物，這些商品進入長途貿易，彼此大規模交換，形成某種程度的地區性專業分工，共同推動並擴大了農業商品化的程度。

有學者把晚明以至清代十八世紀的長時段經濟增長稱爲「斯密式成長」，這個名稱主要借用自蘇格蘭學者亞當．斯密（Adam Smith），因爲他於一七七六年（乾隆四十一年）撰著出版的《國富論》，首先分析了專業性勞動分工如何可以有效帶動經濟成長。

農業生產關係的變化

第二大變化發生在農業領域的生產關係。晚明以後農業生產關係的變化，至少展現在四個面向。

首先是農民人身自由的擴大。明代以後的土地所有者與土地耕作者之間的關係，由之前占主導地位的「主僕、尊卑」名份關係，加速轉變爲「主佃、長幼」關係。雖然晚明徽州等地仍然存在「佃僕」這類地主將佃農視爲僕人的帶有較強「尊卑」名份的人際關係，但這種農業生產關係在十六世紀之後的全國範圍內確實已變成少數，更多地區的地主與佃農互動關係變得要比之前更加平等。

農業生產關係的第二項變化發生在租佃制度，地主與佃農之間協議採用的農產品收入分配方式，在南方地區由地主與佃農按固定比率分配收穫農作物的「分成租」，逐漸變成只要佃農繳納事先約定數量便可保留全部剩餘農作物的「定額租」。雖然有學者對此變化帶有一定程定的保留，如高壽仙指出：採用定額租的地主收益，仍是普遍超過土地收益的一半以上，懷疑佃農是否眞會因爲改採定額租而在生產方面更加具有積極性。然而，晚明出現更多定額租取代分成租的租佃收益方式轉變，學界一般認爲還是可以讓佃農感到自己「多勞動即能多收穫」，因而更能促進佃農耕種的積極性。晚明江南等不少地區出現的定額租取代分成租的制度變動，應該還是帶來地主與佃農雙方在經濟收益方面都能更加滿意的「雙贏」結果。

農業生產關係的第三項變化，則是由福建、浙江、江西等地開始，全國更多地區出現「永佃權」與「一田兩主」新式租佃制度的普及現象。這種新的租佃制度之所以逐漸普及，應該是有不同的原由，其中包括佃農承租了地主擁有但卻基本未做開發的荒地，在多年實際耕種的過程裡，這些佃農在土地開發與農業經營方面付出了重要貢獻，因而取得地主不能隨意更換他們承租權利的「永佃權」。而之後隨著時間演進，佃農甚至還能在無需經過地主同意的情況下，將自己承佃土地以轉租、典當甚或是出賣等方式，將土地使用權再次交予其他佃農，這便形成了所謂「一田兩主」甚至「一田多主」的現象。儘管永佃權與一田多主其實損害了地主的土地所有權，並可能不利於地主擴大農業經營的規模，但這些新式租佃制度卻能以土地契約形態而更加保障佃農的耕種安全。同時，原來承租的第一位佃農，既然能夠藉由轉售土地使用權而取得一定數量資金，轉而從事商業或是兼職其他行業，而承租第一位佃農土地的第二位甚至是第三位佃農，又可以較低價格取得耕種土地的使用權利，這種新式租佃制度的契約安排，在一定條件下，應該也是有利於當地土地的利用效率。

與土地所有權與使用權關係演變的同時，愈來愈多地主遷往城市居住，土地成爲一種單純的投資標的物。這些城居地主很少巡視自己擁有的土地，佃農也無需再親赴地主家送交田租、簽約或是賀歲、送禮，主佃雙方平時愈來愈少再有個人接觸。許多城居地主很少下鄉巡查自己購買或繼承的農田，也不認識承租的佃農，因此，針對收租與管理土地的監督工作，地主先是委派自家雇請的奴僕下鄉收租，後來江南甚至慢慢出現地主繳費委託專門代替收租管理工作的經紀人「租棧」。也因爲主佃雙方關係愈來愈疏離，士人張履祥（一六一一—一六七四）甚至呼籲地主應該基於儒家提倡的仁民愛物情懷，主動給予佃農與農業雇工更多的關懷與幫助。

農業生產關係的第四項變化，則是農業雇工的法律身分在十六世紀以後得到改善。農業雇工與雇主發生法律訴訟時，因爲雙方具有「尊卑」關係，故而雇工需要加重處罰，而雇主則可減輕處罰。一五八八年（萬曆十六年），中央政府經過討論而修訂了法律，那些只爲地主在農場從事短期工作的雇工，不再適用原先「尊卑」的不平等法律身分，可與平民身分的雇主處於相同的法律地位。這項法律改革雖然引起某些地主反彈，但在政府堅持之下，這條新法律還是在審判過程逐漸得到落實。這種針對雇工身分的法律改革運動一直延續到十八世紀，讓更多雇工取得平等的法律地位。

引進抗旱與耐貧瘠土地的美洲作物，增廣耕地面積和糧食生產

除了農業與手工業的地域性分工、農業生產關係變動之外，晚明農業部門還出現第三

項大變化，這即是十六、十七世紀番薯（甘薯、地瓜）、玉米（包穀、番麥）、煙草、花生等美洲作物在中國東南沿海與雲南地區的引進和推廣。美洲作物不僅可補充原先已然顯得供應不足的糧食作物缺口，更重要的是，很多原本缺乏水利灌溉設施而使人們難以定居的山坡地帶，因爲成功引入抗旱與耐貧瘠土地的美洲作物，讓這些地區也逐漸成爲移民不斷入住的新居地。

整體來看，美洲作物逐步傳播世界各地，是十六世紀以後「早期全球化」的重要組成部分。美洲作物包含甚多品項，至少有玉米、番薯（甘薯、紅薯、山芋、地瓜）、煙草（淡巴菰）、蕃茄（西紅柿）、花生（落花生、落地松）、辣椒（海椒、番椒）、馬鈴薯（土豆）、南瓜、鳳梨、木瓜、番石榴、腰果，這些美洲作物於十六、十七世紀之後，或快或慢地引入中國與世界各地陸續栽種。但美洲作物的種類甚多，其對農民與農業的實際功效也不宜一概而論。大致說來，玉米、番薯、馬鈴薯等傳播世界各地的美洲作物，基本具有可以「抗旱、少施肥、耐寒、單產量大」等有利農業生產的優良特性。要注意的是：玉米於山坡地栽種雖然可以養活許多山區人口，但也同時引發水土流失，造成地區性生態危機。

不過，美洲作物在晚明引入中國，整體還是帶來許多益處，特別是玉米、番薯、花生、煙草、辣椒等五項，馬鈴薯雖然重要，但在中國傳播時代便要晚上許多。

番薯在一五六〇年代以前已由陸路傳入雲南，此事有李元陽編纂的萬曆四年（一五七六）《雲南通志》爲證。大約二、三十年之後，在一五八〇、一五九〇年代，番薯再由海路傳到廣東、福建等地。特別是經過晚明幾場饑荒的考驗，福建、廣東與江浙等地官員發現番薯在災荒時節養活災民的鉅大功效，從而大力推廣栽種。以福建爲例，在一五九〇年代初年，來往菲律賓經商的福州閩縣人陳振龍，眼見呂宋島當地「被山蔓野」皆種番薯，他想方設法得到番薯藤種並學到栽植方法，帶回家鄉試種於福州南台自家住處的隙地。萬曆二十二年（一五九四）福建大饑荒，福建巡撫金學曾在賑災過程得到陳振龍兒子經綸的協助，獲取番薯苗藤及其種植方法並在福建大舉推廣，事後還總結栽植方法與推廣經驗刊行爲《海外新傳》。按照陳世元《金薯傳習錄》的說法，金學曾推廣番薯種植使得福建「遠近食裕，荒不爲害」，百姓因爲感激「民德公深」，故番薯自此在福州地區得一別名「金薯」。另外，據廣東《東莞縣志》，萬曆八年（一五八〇）陳益在越南北部的安南參加一場當地「酋長」宴會，席間吃到滋味「甘美」的番薯，乃賄賂酋長的奴僕得到番薯帶回廣東種植。雖然廣東何人帶回番薯另有不同傳說，但晚明由越南引入廣東逐漸推廣種植，則應是不爭史實。無論是由雲南或廣東、福建，番薯引入這幾個南方省份之後即傳播頗快，王象晉《群芳譜》曾描述福建、廣東人將番薯「以當米穀」。徐光啓將何喬遠主編《閩書》（萬曆四十八年，一六二〇成書）收錄的〈番薯頌〉全文納入其編著的《農政全書》（崇禎元年，一六二八），將番薯有利民生的長處綜合為「甘薯十三勝」，並派人到閩南取得薯種，之後即在上海一帶試種。徐光啓還在《農政全書》寫道：「甘薯所在，居人便足半年之糧，民間漸次廣種」。整體來看，如何炳棣的評論：番薯自晚明傳入並推廣中國各地，對雜糧種植的多樣化起到了「極深刻的影響」，自此成為中國「最重要輔助食糧之一」。

玉米在中國經常稱為玉蜀黍，而「玉米」之名最早見於徐光啓的《農政全書》，其傳入中國的時間，大約在明代嘉靖年間的一五五〇年代之前。玉米傳入路線主要有二：一是經由雲南陸路，來源是印度與緬甸；二是經由閩浙沿海。玉米在十六世紀中葉經雲南傳入陝西、河南以至北京等沿途省份，另在大約同時也傳入杭州附近低丘、浙江沿海某些地點，以及福建的漳州、泉州、福州，還有四川四周丘陵、高山的邊緣。現存的嘉靖三十年（一五五一）河南《襄城縣志》、嘉靖三十四年（一五五五）河南《鞏縣志》以及嘉靖四十二年（一五六三）雲南《大理府志》，都載有時稱為「玉麥」的玉米，而嘉靖三十九年（一五六〇）成書的陝西《平涼府志》，則稱作「西天麥」。上述這些栽種玉米的地區，應該主要都經由雲南陸路輸入。

明代後期玉米見於記載者，已有十一個省份，只是各省種植的普遍程度不同，但各省較大幅度拓展玉米種植區域，還是要到清代乾隆、嘉慶的數十年間，特別是分布在雲、貴、川、陝、兩湖、皖、浙等山區地帶。要之，種植玉米以開墾陡峻山嶺的過程則仍是頗爲漫長，一直延續到十九世紀中葉。總的來說，玉米傳入中國的過程，有如何炳棣的觀察：「十六世紀的方志有玉米者極少」，即十七世紀前半的地方志書「之列有玉米者亦屈指可數」，其原因則也可能源自於「一般士大夫對農事不感興趣」。必須同時留意的是：由於部分農民對栽種玉米方式不夠講究，到了十七、十八世紀，便在中國不少地區造成破壞水土等嚴重生態問題。

番薯、玉米之外，原產地是美洲巴西的落花生，也於十六世紀中期之前傳入中國。嘉靖十七年（一五三八）出版的《常熟縣志》即在當地物產列出「落花生」，按何炳棣考訂，落花生這種美洲作物「非常可能就是」於正德十四年十二月至正德十五年閏八月（一五二〇年一至九月）之間首先由葡萄牙人傳入江南。之後，葡萄牙人又於通商福建漳州、泉州以及浙江寧波等港口期間，再次將花生傳入福建與浙江等地。至少到了十七世紀，「炒花生」便已在江南宴席成爲頗受歡迎的一道佐菜小碟，根據清初上海人葉夢珠（一六二四—一七〇四）《閱世編》的記錄（卷七，頁一六七—一六八），江南民眾還爲落花生取了「長生倮」和「萬壽倮」這般吉祥好聽的名字。和種植玉米經常導致山坡地水土流失等生態破壞情況不同，栽種落花生可以逐步改善沙地土壤使其不再流失。如何炳棣所論，落花生自一五二〇年傳入中國之後的四個半世紀，雖在各省區傳播先後與廣狹分布有所不同，但對中國沿海、沿大小河流及其他沙壤地帶的利用，以及對民食、油料等方面積累的影響，仍是十分可觀。

另外，同屬美洲作物的煙草，也約在十六世紀後半傳入中國，傳入路線可能至少三條，分別由墨西哥經馬尼拉進入臺灣與福建、由歐洲經葡萄牙人帶經印度、南洋抵達廣東，以及經由日本、朝鮮傳入遼東。三條路線傳入中國不同區域，但很快即都受到眾多民眾歡迎，並引發崇禎年間政府有官員明令禁止百姓吸食，但收效十分有限。在晚明流行吸煙過程中，福建似乎最早開風氣之先，之後即流傳江南及全國許多地方，如明末清初江南人董含（一六二五—）《三岡識略》卷十即有詞條，強烈批評當時社會的吸煙風尚：「明季服煙有禁，惟閩人幼兒習之，他處百無一二也。近日賓主相見，以此鳴敬，俛仰涕唾，惡態畢具。」敬煙已然成爲董含眼中十分醜鄙的待客「惡態」。江南吸煙風氣係由城市蔓延農村、由男子傳播婦女：「始則城市服之，已而沿及鄉村矣。始猶男子服之，既而遍滿閨閣矣。」董含觀察到吸煙惡俗甚至已然傳染孩童：「今不惟遍滿閨閣，漸而孩提之童，俱服之矣，豈不駭哉！」在廣東，喜歡吸煙的人則稱讚此物確有「養生」的實際功效：「治驗亦多。其性辛散，食其氣，令人醉」，「其種得之大西洋，一名淡巴菰，相思草，閩產者佳」。不僅福建、江南、廣東，晚明華北也已流行吸煙，如方以智（一六一一—一六七一）《物理小識》記載萬曆末年的十七世紀上半葉，明代西北邊疆軍人與民眾即已經有不少人深染此種癖好：「銜長管，而火點吞吐之」，吸食者當中有時還「有醉撲者」，可能因爲吸煙濃度過高而「醉」倒在地。當地民眾將煙葉曝曬並「以火酒炒」製做成「金絲煙」販售，北方人稱此加工煙葉爲「淡把姑」或「担不歸」。總之，若按《寒夜叢談》的觀察，崇禎末年煙草在全國已是「遍地種矣」，而社會大眾則好像是「男女老少，無不手一管，腰一囊」。有煙癮者，稱讚煙草爲「仁草」或「相思草」，除可滿足個人癮頭之外，還有人相信吸煙足以「禦風寒」。但也另有識者指出吸煙的弊病：「久服之，面目俱黃，肺枯聲乾，未有不殞身者」，廣東《高要縣志》編者曾經感嘆當時「愚民相率服習，如蛾赴火」，並呼籲政府嚴予禁止。

無論政府官員禁止吸煙的決心如何，至少，煙草種植與販售在明末福建已然成爲頗爲重要的買賣。全國各地「遠商」紛紛到福建收購煙草與煙絲，愈來愈多專營煙業的「賣煙之家」創辦於福建省內，而邊境地區的「塞外商人」也定期來到福建採買煙絲，因爲「邊上人寒疾，非此不治，至以匹馬易煙一斤」，不少邊境地區民眾相信吸煙可以治癒「寒疾」。看來，吸煙對健康究竟有害或有益？除了取決於個人吸食量，大概也有地域與生態環境的因素吧？還值得注意的是，明末福建省內生產煙草還已外銷菲律賓及其他東南亞地區。

辣椒也是美洲作物，它於十七世紀分別自福建、浙江、澳門等沿海地帶傳入中國，之後普及內陸地區。中國各地民眾種植辣椒的主要目的互有不同，從沿海地區民眾喜其顏色鮮麗，而主要用於園藝觀賞，到許多內陸地區用於入菜調味，並且逐漸與麻、酸等滋味混搭，而融成不同「辣味」食物，這項美洲作物不僅豐富傳統中國料理風尚，甚至還改變部分民眾的飲食偏好與餐飲結構，曹雨《激辣中國》等著作，都對辣椒引進中國的歷史作了極有趣的討論。

玉米、番薯、花生在晚明引入中國，這些美洲作物能夠有效補充糧食作物，並作為榨取食用油的經濟作物販售，不僅讓更多民眾可入住原來無法定居的山坡地帶，既直接滿足山地居民的基本糧食需求，又能藉由番薯葉、花生葉作爲養豬飼料，使山地居民間接取得更多的動物蛋白質。這些美洲作物的直接貢獻即是中國人口自晚明開啓的快速增長，何炳棣稱其是繼北宋眞宗年間引入占城早熟稻之後的中國近千年來「第二個長期糧食生產的革命」。

人口較大幅度成長

隨著農業領域在上述三大方面的變化，晚明全國人口出現較大幅度成長。明朝人口在一四〇〇年約爲六千五百萬，到萬曆二十八年（一六〇〇）已達一億五千萬。雖然目前仍難估算明代全國生活水準的變化，但在人口增加的長期趨勢下，陳寶良根據各種相對可靠的零星史料推估：若扣除盜匪、戰亂、天災等突發事件的時段不計，則位於商業貿易路線城鎮的民眾生活水準，在晚明的十六、十七世紀，應該是處於持續上升當中。

至少可以這麼看：在晚明江南等經濟發達地區的民眾生活水平，肯定超過十四、十五世紀明朝初年狀況，這是十六世紀以後中國長期商業化帶來的直接結果。當然，針對明清中國國民經濟所得（GDP）與工資水準的估算，學者仍有不少爭議，也有學者認為明朝經濟始終乏善可陳，民眾一直處於最低生活水準，但如萬志英（Richard Von Glahn）《劍橋中國經濟史：古代到十九世紀》的估計，十六至十九世紀初期中國江南工資水準其實並不低下，雖然比不上同時代的英國與荷蘭，但可能接近於當時德國與義大利地區的經濟情況。

三、商業與手工業部門的變動

晚明在商業與手工業部門也出現許多重要變化，這些變動可以分為長程貿易、都市化運動、散作制生產（putting-out system）以及白銀與商人資本累積等四方面作說明。

海內外長程貿易的發展

中國國內長途貿易自十五世紀後半開始逐漸興盛，到晚明十六、十七世紀，已然發展成一個充溢許多大宗商品跨區域流通的國內市場。這個國內市場主要由三條水運大幹道組成：一是東西向長程貿易線，商品沿長江下、中、上游移動，連結蘇州、南京、漢口等長江沿岸重要城市，並將嘉陵江、漢水、沅江、湘江等串接四川、湖北、湖南、安徽、江西、江蘇等多條重要河流一併納入這條以長江主幹道爲主體的東西向長程貿易線。二是南北向長程貿易線，以京杭大運河連結首尾兩端的北京與杭州兩大城市，並串接大運河沿岸多個商業城鎮；大運河南端銜接錢塘江，之後跨越浙江與江西兩省山路，然後再銜接信江與贛江，再以路運貫穿大庾嶺進入廣東省，連通北江、珠江到達廣州。這條南北向長程貿易線將河北、山東、江蘇、浙江、江西、廣東諸省的大宗商品交易連繫起來。三是沿海長程貿易線，由廣東、福建、浙江經上海、太倉、天津並串接華北、東北的國內沿海貿易線，許多民間船隻於此條海運路線往來載運大宗商品販賣。

中國的海外貿易規模也自十六世紀前期開始愈益擴大，生絲、瓷器、茶葉、棉布成爲當時中國主要出口商品；與此同時，東南亞的香料、稻米，以及日本、美洲的白銀，都是進口中國的大宗商品。這套海外貿易進出口的商品項目與基本結構，一直持續到十九世紀前期鴉片進口中國數量大增之前，這些出口商品每年爲中國賺入大量的海外白銀，也流入了不少受到國內消費民眾歡迎的「洋貨」。

棉布業地位上升。很值得注意的是，根據吳承明《中國資本主義與國內市場》的研究，自十六世紀後半期開始，進入中國國內長途貿易的前三種最大宗商品，即出現了排名順序的轉變：糧食始終保持第一名地位，但原先居於第三名的棉布則開始取代第二名的食鹽。這個第二與第三名大宗商品排名的翻轉，具有重要的經濟意義：顯示棉布這項民間手工業生產大宗商品，其在長程貿易的總價值，已然超越由政府壟斷生產並強迫民眾以官方價格購買消費的食鹽，而其意義則反映了棉布手工業在當時中國經濟結構的重要地位正在不斷上升。

晚明江南的棉布產量，根據范金民的研究，當時每年已可達到大約二千八百萬匹，這些棉布由商人收購與加工之後，銷往全國各地乃至東南亞等海外市場。根據嚴中平的研究，一直到十九世紀前期英國機器棉布逐步傾銷中國之前，江南地區生產的棉布，所謂的「南京布」，都是銷往全國以及海外不少地區的大宗商品。

除了糧食、棉布、食鹽這前三名的長程貿易大宗商品，當時中國國內生產的絲綢、瓷器、茶葉、木材，也都大量進入前述三大國內長途貿易商路進行販售。特別是絲綢、瓷器，還經由亞洲、歐洲各國商人協力而大量賣至海外。此外，根據邱仲麟、余同元等人的研究，中國國內生產的茶葉，已先於十六世紀成為明朝政府開放蒙古與東北女真部落進行邊境互市極重要商品。

十七、十八世紀之後，茶葉更於清代前期成為遠銷歐洲與北美市場的大宗商品。而在絲綢貿易方面，根據范金民、金文《江南絲綢史研究》的考察，江南絲綢商品生產數量在明清兩代出現巨幅增長：「江南絲織業在興盛的乾隆、嘉慶年間，每年生產的商品性絲綢，相當於綢類一千數百萬匹，價值一千五百萬兩」，這個生產數量比起明代，大約「增加三十五倍以上」，雖然這是十八世紀清代中期的具體數字，但由明到清這個高達三十五倍的商品絲綢數量大幅增長，其勢頭肯定也開始於晚明，並且加速擴展到之後的國內長程貿易與海外貿易。

值得注意的是，自嘉靖三十六（一五五七）年葡萄牙人長踞香山縣丞駐箚地的澳門。澳門來自外文所稱的Macao，此詞主要是由「媽閣」發音轉來，也就是當時祭拜媽祖的一座廟宇。據戚印平《遠東耶穌會史研究》，葡萄牙人長踞澳門以來，便於一五五〇至一六二〇年代逐漸在歐洲、東南亞、中國與日本之間形成頗爲穩定的「三角貿易」，將中國出產的生絲、瓷器、棉布與茶葉，搭配歐洲人駕船自歐洲經東南亞帶到澳門的胡椒，再加上日本當時新近大量開採的白銀，共同形成一種三邊交易的國際貿易關係。這些外銷與進口的國際貿易商品流通，也大幅拓展了十六世紀以後中國長程貿易的市場規模。

都市化程度加深

晚明商業與手工業部門的第二方面變化，是十六世紀之後出現都市化程度加深的歷史

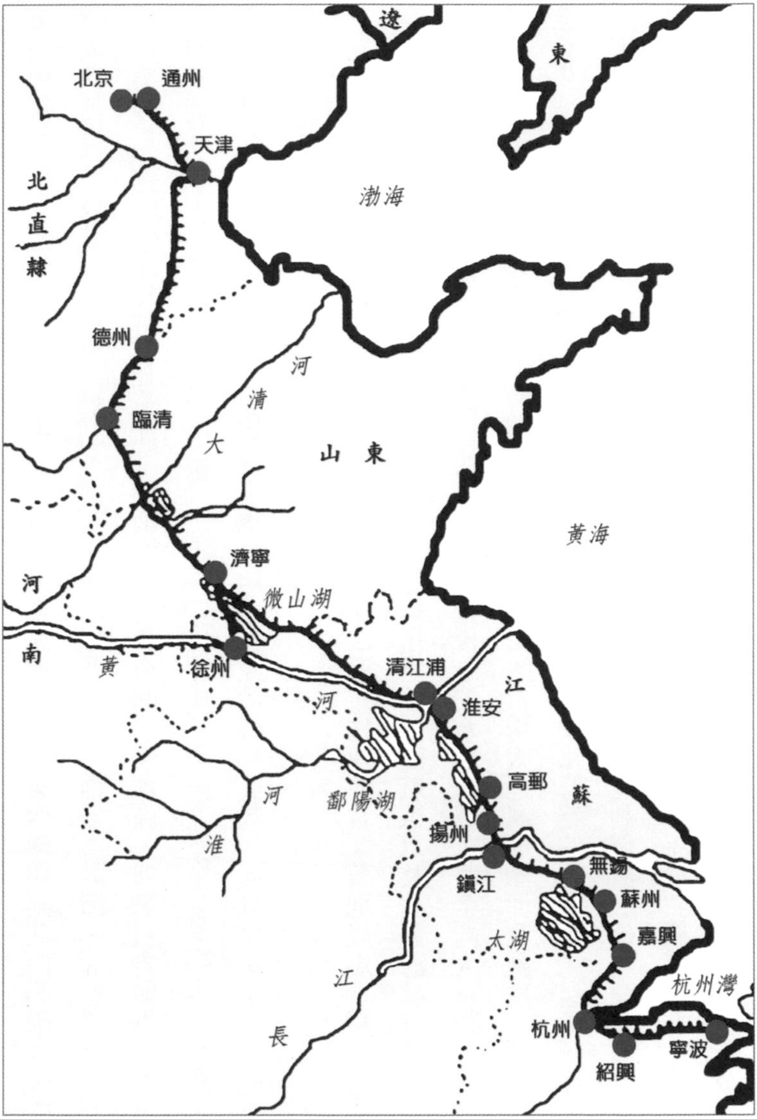

圖 7-1　明清時代大運河沿線重要都市。

現象。隨著十六世紀以後長途貿易規模增大，不同地區農產品與手工業產品的專業分工程度也愈益加深。特別是沿著長江中、下游以及大運河，在這東西向與南北向的兩條全國交通大幹道沿線，蘇州、杭州、蕪湖、南京、漢口以及揚州、淮安、臨清、北京等許多都市的商業都更加發達，特別是在長江下游與大運河交會的江南地區，據劉石吉與樊樹志等學者的研究，在十六世紀之後更是出現了某種「市鎮化運動」，集中交易稻米、棉布、絲綢、木材等特定大宗商品的許多江南市鎮，紛紛在此段時期興起，並且聚集了眾多外來商人在此長期貿易、生產與定居。

在都市化程度加深與拓展的過程之中，蘇州之所以快速並且顯著地成爲全國最發達的商業城市，實有兩方面的商業交通因素。一是蘇州處於長江航線以及大運河航線的東西、南北兩大長程貿易水運主幹道的輻輳地帶，這種優越的水運條件，將全國大量物產與眾多外來商人吸引到此貿易。另一方面，蘇州還因爲位居位居大運河與瀏河交匯處，而同時占據了沿海長程貿易線的有利位置，蘇州可由瀏河接往太倉州管轄的劉家港。這兩項商業交通因素的匯合，使蘇州同時具備了內河航運和海上交通的極有利位置。伴隨商業繁榮與都市化程度加深，促使棉布與絲綢手工業自晚明之後即更加發達，不僅讓經營棉布散作制生產的商家累積鉅大財富，也讓蘇州逐漸變成十六世紀以後全國經濟中心。十六世紀蘇州城的商業繁榮地帶，特別集中在由城市西北邊的閶門，並往西北方向延伸至城外的山塘街、楓橋，鄭若曾（一五〇三—一五七〇，蘇州府昆山縣人）對此有具體描述：「自閶門至楓橋，將十里，南北兩岸居民櫛比，而南岸尤甚」，這條商業街區累積了來自全國甚至是海外的各類商品，鄭若曾《江南經略》（卷二）對當時蘇州城繁榮商業已有如下生動的觀察：「凡四方難得之貨，靡所不有，過者爛然奪目」，楓橋則同時發展爲全國糧食與棉花交易聚集的專業市鎮：「楓橋尤爲商泊淵藪，上江諸郡，及各省菽粟、棉花，大貿易咸聚焉」，來自長江中游等地區的商船，雲集於楓橋鎮內：「南北往來，停橈解維，俱在於此」。

由元代到明代，劉家港都是重要的海港。明朝初年（一四〇五—一四三三）的七次「鄭和下西洋」，每次鄭和船隊遠行都由劉家港出發。而由十六世紀到十九世紀中期，劉家港又迎來更加繁榮的海上貿易。劉家港自元末以來即已有「六國碼頭」的稱號，眾多商品與人員都便利往來於韓國（高麗、朝鮮）、日本、越南（安南）、泰國（暹羅）、印尼（闍婆）等地區，明代依然如此。劉家港的重要貿易地位要到十九世紀初年才慢慢爲上海取代，而這個變化則大約發生在一八四二年中英鴉片戰爭簽訂「五口通商」條約之前的大約半個世紀裡。海外貿易的進出口商品，也促成了十六世紀以後蘇州、上海等江南地區市場經濟與都市化運動的加速發展。

「散作制生產」

晚明商業與手工業部門的第三大方面變化，則是「散作制生產」的進一步發展。在棉布逐漸取代食鹽成為長途貿易第二大主要商品的同時，江南地區則變成當時中國的棉布生產中心，形成了棉布原料出自農村、棉布加工集中城市的一種商人資本介入棉布產銷組織各個環節。以江南地區為主的農民，透過「男耕女織」家庭勞動分工模式，轉變成以滿足海內外市場為主要生產目標的長程貿易大宗商品。蘇州棉布與絲綢手工業的發展，雖然是以農村為棉、絲原料的生產起始點，但卻又以位於城市的染色、踹整等加工作坊為終端，而連結農村起始點與城市終端的這條棉布、絲綢生產線，則是擁有較大資本的某些特定商人與商號，從而形成類似歐洲經濟史上的一種所謂「散作制生產」。

蘇州與其他江南地區採用的「散作制生產」，和十八世紀後期英國「工業革命」之間生產方式的差異，不只在於是否使用鐵製機械與燃煤動力，還在於兩者的勞力配置空間關係也大為不同。英國工業革命是將全部工人集中在一個「工廠」空間進行管理與監督，而江南棉絲紡織業則基本是由商人向分散多處的手工業作坊老闆預先貸放原料，並通過「質檢驗收」的生產組織改革，對分散在不同加工作坊的眾多工人進行管理與監督，以檢查加工品質高低以扣除工資的論件計酬方式，促使工人能持續生產質量優良的手工業產品。在這種散作制生產過程中，一些經營棉布與絲織業的商人，開始以較雄厚資本介入手工業的原料收購與加工流程，分別開設了棉布業「字號」以及絲織業「帳房」。

依據清初人對蘇州、松江地區棉布字號的記載，這類產銷組織在明末已有「數百家」之多，而明末「數百家布號」的開設地點，大多位於蘇州城郊以及今日上海市西郊的「松江、楓涇、洙涇」一帶。這些字號商人憑藉自身較雄厚的資本，使「染坊、踹坊」等加工作坊老闆以及其他從事棉布販售的「商賈」，都必須針對字號商人提出的棉布產銷規格與工價「悉從之」，完全地服從並配合這些出資商人的指令。

而那些承攬字號加工工作的染坊、踹坊老闆，他們底下還雇用了眾多的染匠、踹匠，這些工人都間接成爲了字號商人以資本支配的廣大勞工。但要注意的是：在蘇州、松江開設棉布「字號」的商人，雖然是與染坊、踹坊老闆簽訂承攬加工的契約，但其實就是間接發放工資給了踹坊雇請的踹匠。蘇州踹匠人數自十六世紀即不斷增加，到十七世紀末年已高達一萬人以上。而在十七世末年之後的至少一個世紀，踹匠於蘇州、松江等城市不斷地發動要求「字號」商人增加工資的罷工，這些後來頗爲顯著的蘇州與松江棉布工匠罷工事件，其實已然開端於晚明的十六世紀。

棉布「字號」並不將所有勞工集中在一處大工廠，而商人之所以能夠同時管理這麼多分散不同空間的踹坊、染坊生產加工環節，乃至於大量收購來自於江南市鎮與農村的各類棉布原料，關鍵即是商人聘請了時人稱爲「看布朋友」或是「賈師」之類的專業人士。這此些賈師內部具有不同的專業分工，至少包括：「看白布賈師」到農村、市鎮向農民與仲介牙行收購棉布原料，並雇請「看光布賈師」到踹坊、染坊檢查踹匠、染匠加工棉布品質是否合格。由收購原料到完成加工之後，字號商人還會委請專人，在加工完成的棉布匹頭，縫上自己字號專屬的「牌記」商標，最後發賣給由全國各地來到蘇州、松江批發購買棉布的中盤商人，由此再轉銷海內外市場。因為必須預先支付數量龐大的原料成本，又涉及聘請眾多賈師專業經理人的管理監督工作，故而棉布字號這種經營棉布散作制生產的買賣，便成為「惟富人乃能辦此」的重要行業。

大量白銀輸入及大商人資本的出現

晚明商業與手工業部門的第四大變化，是大量白銀輸入中國以及大商人資本的出現。伴隨中國國內商品進入東西向、南北向與沿海線三大長程貿易，以及絲綢、瓷器、棉布、茶葉每年大量生產並輸出海外市場，十六世紀中期以後有許多國外商人使用銀錠或墨西哥銀元，將鉅額白銀由日本以及中南美洲源源不絕輸入中國。有學者估計，在一五六〇到一六四〇年間，由日本運往中國的白銀，數量要比遠道而來的美洲白銀多三至十倍，總量達到八千至九千噸。與此同時，許多中國商人經由貿易經營而累積了龐大的白銀財富。這現象在晚明已為時人留意到，如祖籍福建長樂（今福州閩侯縣）的謝肇淛（一五六七—一六二四），他是萬曆二十（一五九二）年進士，在出版於明萬曆四十四年（一六一六）年的《五雜組》，謝肇淛即曾觀察到當時中國主要富有的商人群體即有南、北兩大地域分布：「富室之稱雄者，江南則推新安，江北則推山右」，江南的「新安」是指徽州商人，而江北的「山右」則是指山西商人，這反映至少在十七世紀初年，中國南、北兩大商人群體的財富已然位居全國頂端，而這種情勢往後一直相沿兩個半世紀，直至十九世紀中期皆然。

針對徽州與山西兩大商人群體的財富規模、行業構成以及行事風格，謝肇淛還作了分析與比較：「新安大賈，魚鹽爲業，藏鏹有至百萬者，其它二、三十萬，則中賈耳。山右，或鹽，或絲，或轉販，或窖粟，其富甚於新安。」意思是山西商人平均財富規模要比徽州商人更龐大，而其在鹽業、絲綢、糧食與其他長程貿易經商行業的種類，也要比徽州商人更加多元。但是，兩大商幫的財富規模在全國都是可執牛耳的最高水準。同時，按照十七世紀初年謝肇淛的觀察，當時中國商人資產若是未能達到白銀一百萬兩，則在山西、徽州兩大商人群體都擠不進「大賈」等級，而只能屬於財富規模二、三十萬的「中賈」，或是更等而下之的一般富商。

晚明商人累積鉅額財富，主要來自海外輸入的白銀。白銀在中國國內產量一直不高，雖然十六世紀末年明朝政府曾試圖開採銀礦，但成效極爲有限。晚明之能出現數量龐大白銀在國內流通，主要得力於海外白銀的持續流入中國。這些海外白銀基本是由絲綢與瓷器等中國商品外銷所換來，而這些流入中國的海外白銀，又涉及日本與美洲銀礦在十六世紀中期不約而同地成功獲得大量開採以及有效運送。先是一五四〇年代日本白銀產量大增，接著是墨西哥與秘魯的美洲白銀在一五五〇年代之後大量開採。數量龐大的海外白銀持續流入中國，一方面是透過中國與日本的貿易，另一方面則基於「福建、廣東—馬尼拉—阿卡普科（Acapulco）」之間的中國與西班牙跨太平洋貿易，致使美洲白銀也持續湧入中國。

美洲白銀大量開採以及太平洋航路日漸興盛，使之後美洲白銀輸入中國的數量愈來愈大。早在晚明的十六世紀中期，墨西哥中部薩卡特卡斯州（Zacatecus）與秘魯波托西（Potosi）陸續大量生產白銀，因爲產量甚高，當時人的形容是「白銀如雨般從天而降」！西班牙殖民政府在當地將白銀鑄成墨西哥銀元，除將銀元由大西洋運回歐洲，也以大帆船跨越太平洋運送大量銀元到西屬菲律賓。在東亞，「菲律賓的中國人控制了來自墨西哥的白銀，並主導菲律賓所有商業活動」，據墨西哥銀行的資料顯示：「馬尼拉大帆船在二百五十年間的貿易當中，運送了約四億比索到菲律賓，其中大部分致力於購買中國產品」，「十七和十八世紀每年由馬尼拉流入中國的白銀大約在二百萬比索，超過五十噸的白銀。如果再加上來自歐洲其他使用白銀與亞洲交易的話，（則）很可能在這兩世紀歷程中，中國每年平均實收二百噸西班牙白銀」（Manuela C. Garica Bernal，〈墨西哥白銀與在東亞地區的影響力（十六至十九世紀）〉）。

隨著白銀大量流入以及白銀在社會使用機會增加，原本自十五世紀後半即已面臨運作失靈的明朝賦役徵收與財政體制，在全國不少官員於各地進行財政與徭役改革的小規模試驗之後，中央政府終於在一五八〇年代逐漸推動統稱爲「一條鞭法」的全國性財政改革。一條鞭法推行全國的速度有快有慢，但仍然普遍地帶來兩方面明顯結果：一是使白銀收入在政府財政占了愈來愈重要的地位，政府可把更多貨幣支出用作採買民間商品並於勞力市場聘雇勞動力。二是使經濟較發達地區的民眾，可以逐漸脫離每年要爲政府定期負擔徭役的義務，可以更加合法地自由遷移，因而連帶加速擴大民間經濟發展的更多活力。

伴隨晚明商業與手工業部門的四方面變化，也出現了更加複雜的政府財政運作與民眾生活風險問題。民眾因爲徭役與財政制度改革而能更加自由與合法地遷移，讓全國勞動力可配合不斷成長的市場經濟而得到更有效的利用。然而，政府普遍使用白銀，其實也爲民眾生活帶來物價波動的更多風險。百姓平常使用銅錢，但在繳稅時節則須換成白銀交給政府，白銀和銅錢間的折換比價因而成爲關係百姓日常生活的重要問題。可以這麼說，在實體經濟波動以及貨幣數量增減這兩者間的複雜互動，已然構成明末十七世紀以後中國經濟經常面臨的結構性風險。

四、商人社團興起及商貿政策與法律調整

商幫與會館公所新式商人社團的興起

隨著長途貿易發展，在全國旅行經營批發的商人，也成爲時人關注的對象。十五到十六世紀之間，中國國內出現以商人家鄉概括稱呼他們商貿活動現象的名稱「幫」，這可以理解爲當時一種非正式的商人團體。到十七世紀之前，全國已經形成南方「徽州商幫」與北方「山西商幫」的兩大知名商人群體，至於陝西、廣東、福建、江西、山東、河南、浙江、江蘇各省的某些縣份，也都出現著名的商人群體，並留在晚明相關記載裡。

晚明江南地區的某些州縣，「禁革鋪行、禁革行役」逐漸成爲地方官強調的一項施政重點，這現象反映在現存一些碑刻史料，如明崇禎四年（一六三一）〈蘇州府爲永革布行承值當官碑〉即記錄蘇州知府頒下「永革鋪行」禁令：「民生之蠹（缺一字），行戶承值，其一也。已奉聖旨，立石永禁。」因爲頒下聖旨禁革「行戶承值」，故而蘇州地方官員將「從前團牌，隨營銷毀」，並規定：「一切上司按臨府縣公務，取用各色（缺一字）足額設原銀兩公費錢糧」。地方政府以此經費「照依時價平買」，故而「該房胥役供應，並不用鋪行承值」。蘇州知府爲維持禁令而再次重申：日後「但有仍尋鋪行、仍用團牌，口稱官（缺二字）票借用」者，「許諸人首告，差役究，遣官聽參」。儘管日後蘇州仍然存在

不同程度的「行戶承値」辦差現象，乃至民間也常出現假借「差務」或自稱「小甲」名號以勒索商人錢財的弊端，但這些現象基本都遭地方政府明令禁止。

由十六到十七世紀，明代商人開始以自願結社方式組成更正式的商人團體。特別是在蘇州等江南城市，商人藉由捐款購買或是租用一棟專屬建築物，爲捐款商人辦理經濟、社會、宗教等集體活動，並還成功游說地方官員核可保護他們的專屬建築物，從而形成一種正式的商人團體組織。如萬曆年間（一五七二—一六二〇）在蘇州城最熱鬧的西北郊商業區，包括了閶門、上

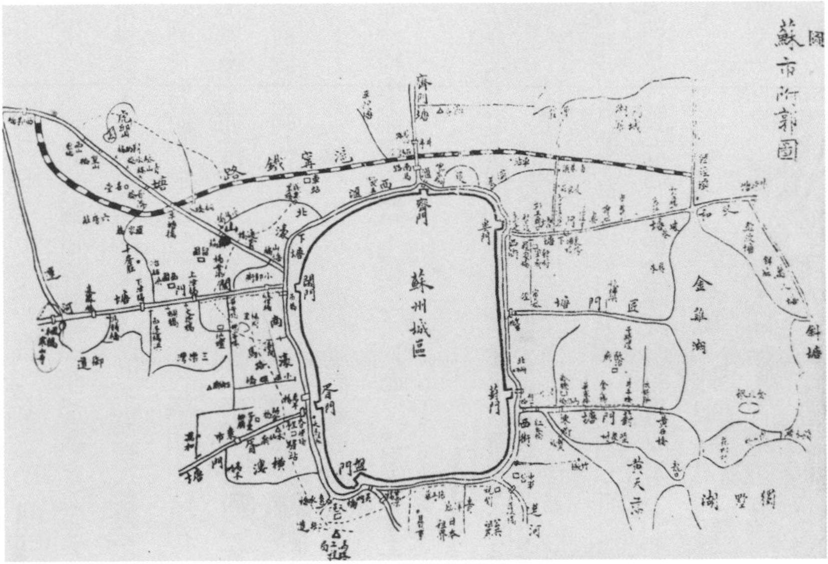

圖 7-2　明清蘇州城西北郊是主要的商業區。出自吳秀之等修，曹允源等撰，《民國吳縣志》。

塘、下塘、山塘、南濠等地，即有來自廣東與福建不同省份的商人，分別建立了「嶺南會館」與「三山會館」。晚明南京城也有廣東商人建立「潮州會館」，而這個會館還在清朝初年遷移到了蘇州城。另在蘇州附近的常熟縣，則有徽州商人建立的「梅園公所」，這個團體組織爲會員與同鄉提供治病醫療以及死後暫時停放棺材的房舍。自晚明到清初，這些新式商人團體逐漸設立在蘇州與其他江南城市，並經常以某某「會館」或「公所」命名，他們與之前政府強迫工商業者登記在冊籍而成立的「行役、團行」不同，基本屬於一種志願性與常設性的社團組織，他們或是工商業者主動發起捐款，或是應同鄉或同業商人邀請而捐款，這才能夠購買專屬建築物，進而持續舉辦與宗教、經濟、社會、禮儀等事務相關的各類集體活動。

商人團體留下相對詳細的史料。大致看來，首先捐款購買專屬建築物而成立的這類團體，應是由外地來蘇州經商的批發貿易商人。伴隨十六世紀以後江南都市工商業的發展，外地商人來到蘇州經商，經常要與本地從事仲介貿易的牙行打交道，雙方在仲介費用比率、度量衡工具的選擇乃至付款方式、契約執行等方面，都面臨許多交易成本（transaction cost）問題，甚至還時常出現外來商人與本地牙行的各類債務糾紛，外來商人的經濟利益時常得不到足夠保護。在政府未能提供有效協助之前，外來商人開始自行尋求解決之道，其中即包括了共同捐款成立會館、公所這類社團組織，外來商人希望團結起來對抗本地牙行，取得更好的契約談判地位，以保障自己經商權益。之後有愈來愈多商人發動募款成立團體，並也採用會館或公所名稱，來尋求地方政府加強保護。

值得注意的是，無論會館或是公所，其實都是商人借用當時江南已有社會組織而得來的名稱。「會館」主要起源於明代初年在北京居住的外地官員，爲了提供同鄉聯誼活動，或是爲來北京參與科舉考試的同鄉士人提供短期住宿，從而租用或是購買的專屬建築物。之後，外出各地的商人也開始借用這類組織的名稱來設商人自己的會館，主要用以保障同鄉商人的經濟利益，或是滿足宗教祭祀與社會文化的心理需求。另在十八世紀以後，全國某些較多人口移入的城市，又另外出現用以協助同鄉移民的會館。總體而言，會館是廣義的「同鄉性社團」，性質與功能會隨時間與地域而有頗多重要的差異，並非都是商人社團，不宜一概而論。

至於「公所」，則是晚明江南興起的一種社會慈善團體，這種組織主要向當地士紳與商人發動募款，藉以救濟本地棄嬰、貧窮老人，或是提供棺材與墓地以收埋路上無人認領的屍體，這些慈善團體辦理慈善活動的地方，一般稱作「公所」，這個名稱後來也成爲江南城市某些工商業者在成立志願性社團組織時，所採用的一種現成名稱。

晚明商人爲保護自己經濟利益而成立團體，但卻借用同鄉「會館」或是慈善「公所」名稱，箇中原因，主要應該是爲了讓地方政府更願意核可保護自己捐款成立的專屬建築物。這種商人捐款成立會館、公所的團體結社行爲到清代更加普及，有更多商人宣稱追求「公共利益」而捐款成立團體。甚至本地牙行也開始成立會館、公所，宣稱要幫助政府禁止那些沒有繳交營業牌照「牙帖稅」的非法牙行，也趁機以此保護自己原本應該合法壟斷仲介行業的經濟利益。

由經濟交易層面來看，會館、公所是一種有助於降低商人經商交易成本的社團組織。同時，由法律與社會關係的觀點看，晚明江南都市出現這種商人社團，其實還突破了政府原本不准許商人私自組織社團的行政限制，從而使這類新式商人社團具備了一定程度的「合法性」。部分晚明商人由於減少了對政府侵奪自身財產的疑慮，願意持續捐款支持會館或公所舉辦的集體活動，並製訂與持續修改成員願意共同遵守的團體規章，還輪流推選成員管理團體的收支帳目。而所有這些商人會館、公所的組織與運作，基本都是在地方政府法令許可與保護之下進行的合法結社行爲，使其成爲十六世紀以後在中國社會誕生的兼具「合法性、志願性、常設性」的正式商人社團組織，而原有的非正式商人團體「幫」不僅並未消失，反而經常成爲定期捐款給會館、公所的內部商人結社。進入十八世紀，商幫繼續發展，而會館、公所商人團體也更加普遍地設立在長途貿易沿線的全國城鎮，但其主要源頭則是始於晚明江南城市。

「厚商而利農」與商業政策及商業法律的調整

在商人成立自願性社團以保障自身經商利益的同時，晚明政府的商業政策與相關法律，也出現一些有意義的調整。儘管晚清政府因爲要與外國列強進行「商戰」，這才出現一種積極扶持本國工商業發展的政策，然而，藉由保護商人經商利益，以便維護農民生計，這種「厚商而利農」的經濟思想卻早於晚明得到明顯推進。

如十六世紀末，內閣首輔張居正即發表某種「農商並重」的言論，強調政府既應「省徵發，以厚農而資商」，又必須「輕關市，以厚商而利農」。這種言論基本是主張政府應該減輕商業關稅以保護商人，而保護商人即可以進而有利於農民生計。再如萬曆二十年（一五九二）進士馮應京（一五五五—一六〇六）也曾評論道：「阜財通商，所以稅國餉而利民用。行商坐賈，治生之道最重也。」也強調商人與商業是同時有利於國家稅入與百姓生計的重要「治生之道」。林麗月根據這些重視商人與商業的明代士人言論而指出：晚明出現「厚商而利農、阜財通商」等相關言論絕非只是空談，而是曾經由政府推動實施的重要經濟政策，特別是在萬曆初年張居正主政期間，全國各地推動了裁減商稅稅額、查革私設稅局、取消不當稅目等等具體措施。這些史實都不是明清政府始終推行所謂「抑商」政策的刻板印象所能有效概括。

晚明「厚商而利農」之類的言論主張，其實是伴隨官員與士大夫對十六世紀以後中國市場經濟帶來社會變動所做出的具體觀察與分析，正如林麗月所指出：晚明不少官員其實是看到了商人與商業對農民生計實際帶來了兩方面的重要幫助：一是如果商人不把糧食帶到本地，則本地民眾的糧食可能便不夠吃。二是如果商人不帶白銀來本地進行貿易，則本地白銀和銅錢之間換算的比率價格就會出現較劇烈波動。特別是晚明政府推廣一條鞭法改革，規定百姓要以白銀繳納部分賦稅，但不少地區民眾平時交易則更多使用銅錢，當納稅季節到來，如果本地白銀數量不夠，便會逼使民眾要用更多銅錢，才能換足政府規定交納固定數額的白銀。因此，若不保護經營商業安全，則將降低商人攜帶白銀來本地貿易的意願，百姓便需要準備更多銅錢才能換取必須交納白銀的稅額。無論是滿足本地糧食供給數量，或是提供充足白銀以維持穩定的銀錢比價關係，這都已經是影響晚明不少地區農民生計乃至本地社會秩序的重要變數。基於以上兩項頗爲實際而又重要的理由，晚明有更多官員主張政府必須保障商人財產與經商安全。

同在這個保護商人與商業的大背景下，黃宗羲在明末也提出了「工商皆本」的論述。黃宗羲反對將金錢浪費在「倡優、酒肆」方面的宴樂享受，並且不認同「機坊」民間手工業者製作過分華麗的服飾，因爲這些都是屬於過度消費的「奢侈」，會阻礙民眾節儉以改善生計。他建議一方面「治之以本」，通過「學校」教育民眾知曉「吉凶一循於禮」，別把錢財浪費在「巫、佛」等迷信法事上；同時，還得「治之以末」，禁止「倡優」、過度飲酒，並不准販售有如「奇技淫巧」只是用來炫富的華麗衣飾，盡量把所有「不切於民用」的事物予以「一概痛絕之」，這即是黃宗羲倡議的「古聖王崇本抑末之道」。他筆鋒一轉，隨即批評那些書未讀通的謬論：「世儒不察，以工商爲末，妄議抑之。夫工，固聖王之所欲來。商，又使其願出於途者。蓋皆本也。」可見黃宗羲主張的「崇本抑末」實與一般人以爲的「重農抑商」頗爲不同，他主張「抑末」而反對「抑商」，他認爲應該禁阻的「末」，基本指的是「奇技淫巧」無關民生日用的工商業，而對於「切於民用」的工商業便理應予以保護，那些「以工商爲末，妄議抑之」的看法，正是黃宗羲指責「世儒不察」的謬論，因而「抑商」乃是不符合「古聖王崇本抑末之道」以及儒家眞正義理的「妄議」。要之，黃宗羲倡議的「工商皆本」觀念，一方面宣示不得奢侈消費，但另一方面則又對攸關民生日用的工商業賦予極重要的地位。

與黃宗羲反對奢侈浪費的「崇本抑末」兼容「工商皆本」的觀念有別，晚明還出現反對以禁止「奢侈」爲名義而阻礙富人消費乃至侵奪富人財產的社會評論，有學者將此種主張概括稱爲「禁奢辨」。陸楫（一五一五—一五五二）爲松江府上海縣人，是國子監蔭生，他撰著《蒹葭堂稿》有嘉靖四十五年（一五六六）的陸氏家刊本存世，此書「雜著」編錄入了〈禁奢辨〉，此文共計六百五十七字，可謂是中國經濟思想史上具有重要意義的名篇。

陸楫的〈禁奢辨〉，主要論證了「先富而後奢，先貧而後儉」這樣一種看似有違常識但卻反而符合社會眞實的經濟悖論，他認爲：「節儉」雖然可爲一家一姓帶來財富的累積，但富人若是都因節儉而減少日常消費，則反而可能不利於當地窮人謀生的就業機會（所謂「其地儉，則其民必不易爲生」），陸楫發現：蘇州、杭州、上海等江南經濟發達地區，社會風氣都要比「寧（波）、紹（興）、金（華）、衢（州）」等鄰近經濟不發達地區來得奢侈，他觀察比較社會實情而作的結論是：「奢儉之風，起於俗之貧富。」也就是說，節儉經常是當地經濟貧困的原因，而奢侈則常是當地經濟繁榮的結果，當時存在那種譴責奢侈浪費造成經濟貧困的社會常識，其實並不符合社會實情。簡言之，貧窮不是因爲奢侈導致浪費而帶來的不好結果，富人奢侈其實很有益於貧民謀生（所謂「其地奢，則其民必易爲生」），故而陸楫批評官員禁止社會奢侈風氣的錯誤政令，甚至提出允許富人奢侈浪費其實才是「均天下而富之」的正確政策。

這種爲保護農民生計故而必須保護商人經商安全的政策主張，既基於晚明糧食市場對全國民眾基本生計的重要性有所提高，也涉及白銀在貨幣體系與財政制度的關鍵地位愈來愈顯著。配合明朝初年政府對商業基本抱持不甚友善立場來看，晚明以後這種「厚商而利農」的商業政策轉向，也可視爲官員尊重社會經濟發展的一種務實主義態度，也可謂是有意義的政治經濟體制改革。

商場競爭激烈與債務糾紛的處置

江南發達的絲、棉紡織品手工業生產，每年都吸引外地客商攜帶數額龐大的白銀來採買。如商人兼政論家的唐甄（一六三〇—一七〇四），曾描述十七世紀後半江南地區盛產絲綢的湖州府雙林鎭（今屬湖州市南潯區），當時已成爲海內外批發客商聚集的中心市鎭，在每年農曆五月的生絲與絲綢生產旺季，本地都能湧入數十萬乃至百萬兩的白銀。唐甄《潛書》寫道：「吳絲衣天下，聚于雙林。吳、越、閩、番，至於海島，皆來市焉。五月，載銀而至，委積如瓦礫。吳南諸鄉，歲有百十萬之益。」

這種情況也發生在棉布貿易發達的江南其他城鎭，如清朝初年時人觀察松江府周遭城鎭發達的棉布與白銀交易。葉夢珠《閱世編》云：「前朝標布盛行，富商巨賈操重資而來市者，白銀動以數萬計，多或數十萬兩，少亦以萬計。」

在棉布、絲綢與白銀的大量交易裡，幫忙仲介農家生產棉、絲紡織品給外地客商採買的棉業與絲業「牙行」，都在各自行業裡激烈地爭奪商機，如棉布業的牙行，他們「奉布商如王侯，而爭布商如對壘」，競爭激烈導致地方特權人物也來開業搶占商機，因而造成「牙行非藉勢要之家不能立」的狀況。

也由於每年貿易量鉅大，外地客商與本地仲介牙行之間也經常出現債務糾紛，甚至一些客商還因爲白銀交清付訖但卻遲遲未能收到貨品的債務困境，這些債務糾紛甚至引發江南本地退休高官的關切，如明隆慶二年（一五六八）進士李樂，他退休之後，回返自己位於湖州府與嘉興府交界的烏鎮與青鎮家鄉定居，他在當地時常聞見嚴重的客商債務糾紛，因而評論道：「兩鎮（烏鎮、青鎮）通患通弊，又有大者。牙人以招商爲業」，每當外地客商新來乍到，牙行店家便「豐其款待」，帶客商花天酒地，讓客商願意簽約委託其仲介生意。之後，有些奸險的牙行店家便存心坑騙，經常假借各種藉口而向客商「私收用度」，猶如將客商財貨視「如囊中己物」，最後致使客商「累月經年坐守、情狀甚慘」。李樂還理解到：「這商貨中間，又有借本置來者」，客商合夥乃至借貸經商籌措白銀來到當地批發商品，許多親人都在家鄉「舉家懸望」等待客商返回，這些無良的牙行「如合負了他？負了他，天不容，地不載，世間極惡大罪也，余目擊心傷。」

對商人遭遇的債務問題感到必須認眞處理，也不只是出諸同情心，晚明有些地方官也已經將商業稅收視爲有益地方公務執行的重要資源，例如《治譜》這部教導地方官如何周延施展政務的「官箴書」，即曾細數商稅的不同來源：「商稅到處不同。有出之各市鎮鋪戶者，有一人賣一貨即納數錢者，亦有出自牙行者，名爲月錢。」這三種分別出諸鋪戶、小販、牙行的「商稅」，由於每年能收到的數額經常是變動不居，中央政府不容易預先劃定固定的上繳數額，這就讓地方政府可有更多的靈活運用空間：商稅「各處支用不同。有解上司者，有申作本處書手工食」，在向地方長官繳付一定數量的所謂「正數」商稅之後，剩下商稅的「尚有餘者」，便可提供「買作社倉及一切修廢之事」等各種地方公務之用，《治譜》作者佘自強不禁爲商稅這種稅源評論道：「甚妙」！可以這麼說，對於行事基本正派的地方官來說，適度保護商人經商安全，以有效增加地方公務可靈活使用的商稅數額，在施政心態上，應是一種很合理的政策調整方向。

隆慶「部分開放海禁」

隆慶元年（一五六七）明朝中央政府同意在福建漳州的月港開放海禁，這項「部分開放海禁」新政策的實施，象徵原先強調國防安全

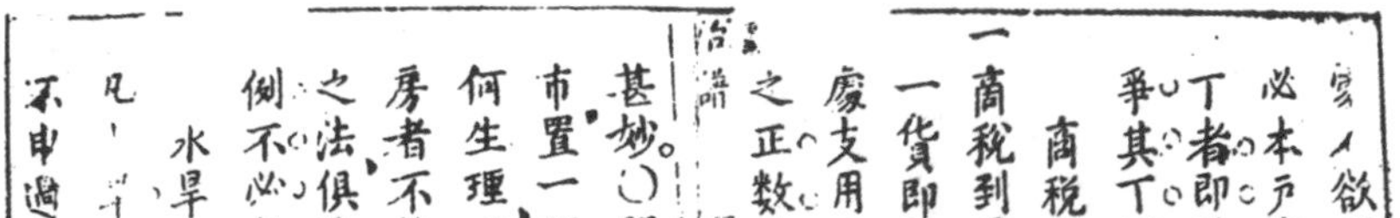
寔人欲脫身動則借軍丁匠丁為名然軍匠亦
必本戶盡絕方尋過繼兒男豈得藉口今後告軍
丁者即給批起解不然即註名繼丁文冊以杜混
爭其丁倒戶絕者方准贖身頂補
商稅門攤地方
一商稅到處不同有出之各市鎮舖戶者有一人賣
一貨即納數錢者亦有出自牙行者名為月錢各
處支用不同有解上司有申作本處書手工食總
之正數外尚有餘者買作社倉及一切修廢之事
治譜 卷十 十五
甚妙 一門攤地方凡門攤以三等九則為定各村
市置一牌一簿將各家姓名挨次填註男婦事作
何生理以便親查酌定等則應免者止於本身無
房者不許代免住房者不許代為求免以撓公平
之法俱取足額數而止以上二款如地方原無此
例不必行
水旱
一凡水旱須要及早申明以便撫按題 請若遲延
不申過了七月題 請不得又須盡水旱之

圖 7-3　佘自強，《治譜》，〈雜事門：商稅門攤地方〉，收入《官箴書集成》。

問題不能因爲沿海民眾貿易需求而鬆開民間海上貿易管制的「嚴禁派」主張，已在晚明逐漸失勢甚至退場，而另外一種強調應該兼顧國防安全與維護沿海民眾貿易需求的「弛禁派」主張，則開始在晚明取得政策制訂的主導權。

月港開放海外貿易大約四十年之後，浙江嘉興人沈德符（一五七八－一六四二），曾經批評嚴禁派的海禁主張爲：「我朝書生輩，不知軍國大計，動云禁絕通番，以杜寇患。」他認爲嚴禁派基本就是一群不通世情與實務而只會空談誤導的「書生」，他甚至指出嘉靖年間嚴格執行海禁的政令，其實反而是造成以下一種頗爲弔詭的結果：「不知閩、廣大家，正利官府之禁，爲私占之地」，地方豪強「大家」實際參與地方的海上貿易，但卻表面贊成中央政府官員禁絕海外貿易以確保國防安全的主張，沈德符還舉出之前嘉靖年間地方海貿通商遭遇官府強奪商貨與白銀因而引發「倭亂」的實例，以證明他的觀察：「如嘉靖間，閩、浙遭倭禍，皆起於豪右之潛通島夷。始不過貿易侔利耳，繼而強奪其寶貨，勒不與值，以故積憤稱兵，撫臣朱紈談之詳矣。」這段批評甚爲有趣，沈氏不僅批評嚴禁派「禁絕通番以杜寇患」的主張只是「書生」空談而不切實際，更點明一件頗爲弔詭的事實：「閩、廣大家，正利官府之禁，爲私占之地」。還可注意者，沈德符不僅指出他所知當時「閩南士大夫」對海貿「通番」問題其實「亦有兩種議論」：「福（州）、興（化）二府主絕，漳（州）、泉（州）二府主通，各不相下」。更指出當時廣東地方其實也已開放海上貿易：「今廣東市舶，公家尚收其羨以助餉」，福建應與廣東一體開放海貿才符合政策公平一致性，用沈氏的話說即是：「何得寬於廣而嚴於閩乎？」沈氏所謂「廣東市舶」已然開放海外貿易，指的應是澳門的外貿開放政策。

事實上，廣東澳門的海貿政策應該也是在隆慶、萬曆年間經過辯論而後開放，這些史實反映了晚明政府當時有關國防安全與海貿開放之間孰先孰後以及如何兩全的政策辯論，不同政策相互辯論的結果，大概便是出現了類似鄭若曾（一五〇三－一五七〇）提出這類審慎維護國防安全並又可以適度開放民間海貿的明確立場：開放民間海貿政策可以做到「不失於縱，不失於激」，故而可謂是「以不治治之也」。鄭若曾還以當時西洋人沒有朝貢關係也仍然可以到廣州貿易為例證，證明不是只有在朝貢關係框架之內才能保障國防安全，更不必然以國防安全為名義而犧牲民間對外貿易的經濟需求。鄭若曾在《籌海圖編》寫道：「現今廣東市舶司，處西洋人用此法，若許東洋島人亦至廣東互市，恐無不可。」在鄭若曾看來，既然對西洋人開放海貿可以不出問題，則對「東洋島人」開放互市又何必一定要以朝貢外交關係為前提呢？這是鄭若曾的主張，也是十六世紀後半中國出現「開放海禁」的主流政策立場。

大約早於沈德符上述評論的二十五年前，霍韜之子霍與瑕（嘉靖三十八年〔一五五九〕進士），在萬曆八年（一五八〇）即曾想撰文勸告廣東地方官放心地兼顧國防安全與經濟利益而建議他們開放澳門的海外貿易。霍與瑕先總結當時反對開放海禁的看法：「或曰：吾廣之有濠鏡澳，實門庭之寇也……忽安危之大計，餌貿易之小材，有識者之所深憂。」接著，他即反駁此種只重國防安全而不惜犧牲民眾生計經濟的片面論述，主張「凡處大事，以仁爲主，以義爲制，以知爲度，以權爲通」，建議妥善尋求一種通權達變而能兼顧國防安全與民間經濟的兩全其美政策，他強調「島夷關市，與爲寇異」，指出來中國做生意的「島夷」大多不是寇盜，他們既然已透過「關市」向明朝政府納稅，便不應該只因爲擔心外國商人日後可能危害國防安全的「未然之惡」，便刁難其與中國沿海民眾的正常商業交易，更不可以誣衊外國商人而將其「一概名之曰賊」。霍與瑕建議廣東地方官呈請中央朝廷在香山築城建縣，把香山地方沿海的國防安全措施都先做到位：「仍查備倭兵船近香山地方者，付與縣官。清其虛冒，簡其游惰，足其衣糧，習其技藝。高檣大舶，張形勢之制。與崇城表裡，爲國家威嚴。廣州永無慮矣。」一邊做好防衛海上與陸地安全措施，另一方面則開放外商的正常貿易與關市納稅，如此方爲「上策」（《霍勉齋集》，卷十九，〈處濠鏡澳議〉）。整體來看，霍與瑕建議採行的「上策」，其實即是一種兼顧國防安全與經濟利益的施政，是一種符合「以仁爲主，以義爲制，以知爲度，以權爲通」的良善建議，而從某種意義說，霍與瑕此項政策建議，也即可視爲是大約一百年後清朝康熙二十三年（一六八四）正式開放中國沿海「四大海關」的重要開端。

整體來看，晚明政府雖然並不直接標榜商業本身的重要性，但卻也在不少領域開始承認商業與商人對社會大眾具有重要貢獻。明朝初年基於國防安全優先而制訂的朝貢互市體制，也於晚明鬆動成爲部分開放海禁政策，這些政策辯論的結果，即是晚明出現有關經濟與法律關係的一系列嶄新的合法性論述。從此，由十六至十九世紀，有必要保護商業的合法性論述及其相關政策的具體落實，都在持續發展之中。因而，所謂明清官員壓抑商業的一些既定看法，其實多半只是基於某些官員、士人或皇帝在特定場合偶爾發抒的空談，這些言論在晚明基本已經並不搭配實際的政策。後世學者把這些空談式的個人評價當作歷史實際，恐怕沒有堅強證據可作爲史實。然而，也確實應該注意到：支持保護商人安全與開放海禁的晚明官員，並不直接強調商人、商業與海外貿易的重要性，這又與晚清「商戰」思潮強調「聯合」官員與中國商人以對抗外國侵犯中國經濟利權的鉅大影響有所差異。晚明「厚商」政策只是著眼商人與商業可對農民生計與政府財政產生重要幫助，但爲了保護農民以及補充政府財政收入，所以才需要保護商人安全。整體來看，晚明「厚商」政策的實際效果及其給予後人的觀感，確實還是與晚清有所差別，但若無視晚明保護商人安全的政策，仍然輕率地將其歸類爲傳統中國政府之前曾經採行的「抑商」措施，這又絕非當時史實了。

商人為保護利益而訴訟

當然，商人能夠主動挺身保護自己的經商利益，要比政府宣稱商人值得保護的政策主張，通常更能發揮實際的作用。早在明朝天順年間（一四五七—一四六四）的十五世紀中期，江西商人便常把經商遭受地方官不公平判決的債務案件直接到北京提起上訴，這類案件也曾引起中央政府立法禁止，要求商人回到債務發生地點重提訴訟，這便出現了禁止江西商人到北京進行債務訴訟的新律例：「江西等處客人，在於各處買賣生理，若有負欠錢債等項事情，止許于所在官司陳告，提問發落。若有驀越赴京奏告者，問罪遞回。奏告情詞，不問虛實，立案不行。」此條新例雖然顯示政府仍然不夠重視商業債務問題，但也從側面反映當時商人以訴訟手段保護自己財產權益的決心。同時，徽州商人爲保衛自己權益，在晚明便已經常彼此幫忙爲提出訴訟的同鄉商人出錢出力，進行集體司法訴訟，在各地向主管衙門提出訴訟。

與商人集體訴訟的同時，晚明江南與其他地方還出現一批專門協助人們撰寫狀紙進行訴訟的「訟師」與「訟棍」，這些人因爲積極介入司法程序，不少地方官員開始指責他們教唆民眾爭訟，將其描寫爲藉機勒索民眾的「訟棍」或是地痞無賴。然而，也不必盡信官員的這類指控，根據晚明士人的記載，一些撰寫訴狀能力高超的訟師，不僅能以狀紙內容有效調動官員的正義情感，還能適時提醒官員要對委託訟師的當事人援用更加有利的法條，以保護與賠償這些權益受損的民眾。

在十七世紀中期江南地區的外岡鎮，只是一個行政層級低下的小城鎮，竟然已經有幾十位訟師活躍於當地，他們的名氣各有高低，爲人打官司的收費標準也有差異：「俗既健訟，故訟師最多。然亦有等第高下，最高者名曰狀元，最低者曰大麥。」能得到「狀元」外號的訟師肯定收費最高。外岡鎮不是縣城或省會，人口頗爲有限，但卻擁有眾多名氣高低不等的大、小訟師，可見訟師於當時江南確實已經發展成頗爲顯著的行業。可以想見，當晚明商人尋求解決經商安全問題之際，訟師即是備受青睞而又極有幫助的司法專業人士。這些訟師雖然不能使用自己眞實名字協助商人與其他民眾訴訟，以免遭到有些官員以教唆訴訟罪名予以處罰，但當民眾碰上麻煩需要協助訴訟，一般也都知道何處可以請到訟師代理訴訟。

儘管晚明訟師沒有成立公開機構教導學生，但他們編輯出版了不少專門書籍，這些書籍分類收集包括商業訴訟乃至控告貪官汙吏在內的各種代表性案例，並概括總結了種種有用的訴訟技巧。可想而知，訟師出版專門書籍，也能帶來某種廣告功用，藉以增強自己在訴訟市場上的名氣與隨之而來的收費標準。晚明訟師已經成爲地方官深感頭疼的地方菁英，而訟師在其著作也常能展現他們對學習法律知識與各種司法技巧的熱情，並有作者在書中傳達必須努力爭取訴訟勝利的決心，如一位訟師寫道：有能力撰寫合法、合理並且又能打動人心的訴狀，這便有如「良將用兵」，具備這種訴訟能力與法律知識，才可保證在司法訴訟最後帶來「百戰百勝，無不快意」的甜美果實，這些話語出自清波逸叟的《折獄明珠》，此書署有明萬曆三十年（一六〇二）的作者自序。晚明江南等地社會若真存在更多訴訟能力高超的訟師，則他們雖然收費較高，卻也成為當時中國商人面對商業訴訟可以有效保護自身權益的重要憑藉。

吳承明的著名論文〈現代化與中國十六、十七世紀的現代化因素〉，總結了晚明以降長程貿易所引發的六大領域重要變遷：一、大商人資本的興起；二、包括散作制生產在內的工場手工業巨大發展；三、民間海外貿易帶來的大規模世界白銀內流中國；四、因一條鞭法普及而更加確立的財政貨幣化發

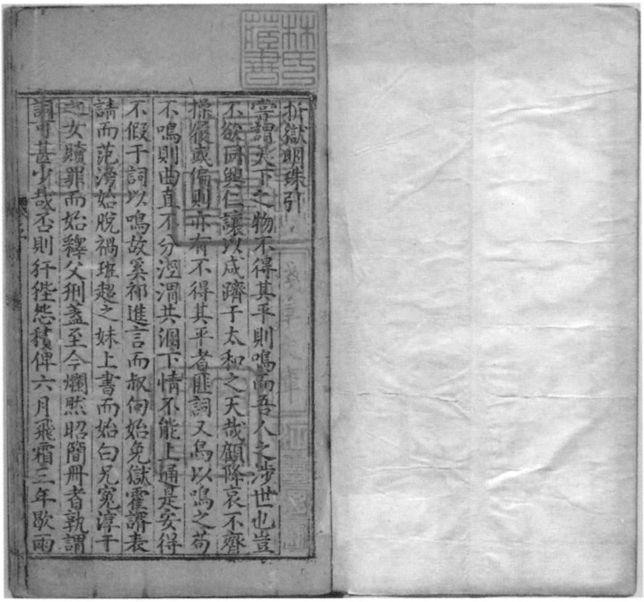

折獄明珠引

嘗謂天下之物不得其平則鳴而吾人之涉世也豈不欲同興仁讓以成躋于太和之天哉顧降衷不齊操縱或偏則亦有不得其平者匪詞又烏以鳴之苟不鳴則曲直不分涇渭共淵下情不能上通是安得不假于詞以鳴故奚祁進言而叔向始免獄霍諝表請而范滂始脫禍班超之妹上書而始白兄冤淳于之女贖罪而始釋父刑蓋至今爛然昭簡冊者孰謂詞可甚少哉否則纤徙怨積俾六月飛霜三年歇雨

圖 7-4　《折獄明珠》書影。

展；五、押租制與永佃制普及導致經營權與土地所有權分離而形成的租佃制演變；六、由短工與長工在法律上人身自由的進一步解放所帶來的雇工制演變。吳承明強調上述六大領域變化基本都屬於「新的、不可逆的」重要經濟變遷，但他也同時指出：因爲當時中國未出現「保障私有產權和債權的商法」，以及滿清入主中國「加強專制主義統治」，故而這六大領域變化雖然促使十六、十七世紀中國出現了「現代化因素」，但卻未能導出像日後西

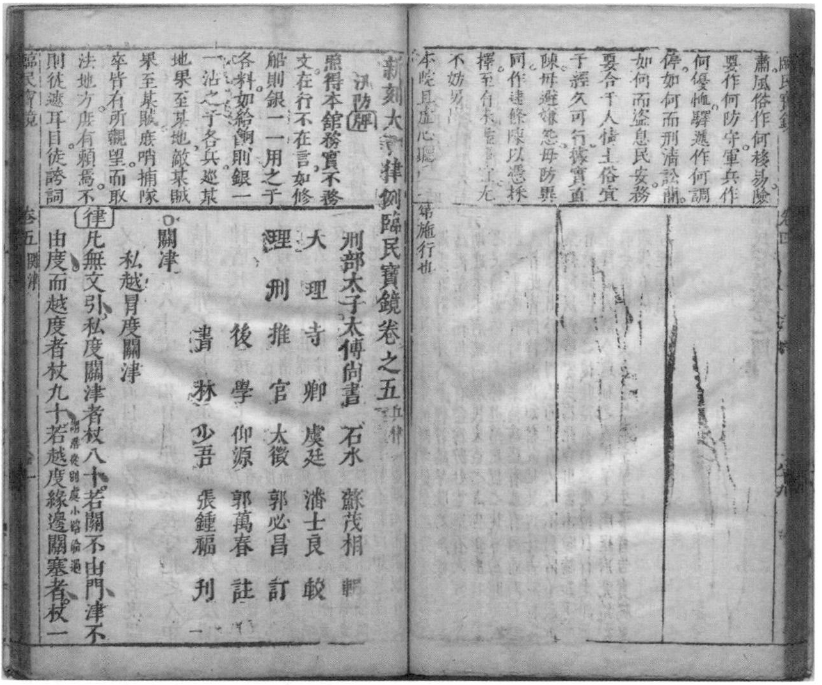

圖 7-5　《大明律例臨民寶鏡》書影。

方社會在十八世紀後半崛起的「現代化」。

基於本章上述兩節討論，晚明長程貿易引發大商人資本興起、包括「散作制生產」在內的工場手工業巨大發展、民間海外貿易帶來大規模世界白銀內流中國、因一條鞭法普及而更加確立的財政貨幣化發展、押租制與永佃制普及導致經營權與土地所有權分離而形成的租佃制演變以及由短工與長工在法律上人身自由的進一步解放所帶來的雇工制演變，這六大領域變化確實是頗爲準確的概括，除此之外，應該還可留意「會館、公所」商人社團的興起、「厚商而利農」商貿政策的調整以及民間訟師行業的發展，這三項內容不僅重要，可能還足以挑戰所謂明清中國一直缺乏「保障私有產權和債權的商法」的既有提法，甚至吳承明所謂滿清入主中國「加強專制主義統治」導致經濟成長受阻，這些負面評價恐怕仍是比較誇大。畢竟，商人受到官員與相關政策的重視與保護，以及經商安全可以得到更多的制度性保障，這些現象已然都是晚明之後既定的顯著發展趨勢，雖然其發展模式與西歐有異有同，但也還是值得留意。

五、庶民文化與城市生活空間的發展

反映城市繁華盛況和城市庶民生活的《金瓶梅》

近世以來，城市生活空間日趨普遍。城市是個大的交流中心，人流與物流在此聚散，人與人、人與物也在此發生密切的互動關係；城市也是個大舞臺，各種物質文化在此展示其特色賣相，各種人際關係在此連結互動，個人或團體也在此展現其風格品味。這種情況至少在嘉靖時期就已出現，《金瓶梅》中呈現的物質與慾望的世界，可說就是這種城市繁華盛況的反映。

《金瓶梅》一書由《水滸傳》中武松擊殺西門慶的情節，節外生枝地發展出來。故事的發生場景由江湖世界移到城市社會，而主角由傳奇英雄轉為世俗商人，以致成了一部令人驚艷的世情小說，以刻畫庶民社會的物質與慾望生活為主要內容。因此，《金瓶梅》可說是明代商品經濟下，有血有肉的庶民文化的具體反映，是極具寫實性的世俗生活的百科全書。

《金瓶梅》大致寫作於嘉靖時期，這是明代商品經濟發展趨於興盛的時期，以往有學者認為這是資本主義萌芽的階段，時人也直接感受到此際社會風氣有明顯的變化，人們的生活開始「奢靡化」。《金瓶梅》以西門慶為主角，西門慶本是個破落戶，在城裡有個生藥鋪，而他善於鑽營，熱衷追逐財色，從小本商販，逐漸擴張資本，又藉財結交，以金錢經營社會地位；另一方面，他注重生活享受——或者說他充滿各種慾望，食、衣、住、行、戲曲以及女色等方面他都頗爲講究，無窮無盡地追求這些物質享受，生活與精神的「奢靡」，正是他的日常，也是他的人生。《金瓶梅》的具體內容就在詳細描繪西門慶的日常生活與物質世界，藉著人與人、人與物的互動來透視人情人性，這可說是中國文學中，對人性，尤其人的慾望，刻畫得最深刻的著作。《金瓶梅》是時代的產物，也寫實地映照出時代的面貌，它是商品經濟高度發展下，物質與心性的反映。

《金瓶梅》固是小說家言，不過關於社會生活的描繪，並非憑空杜撰。事實上，許多地方志有關風俗的記載都顯示，明代嘉靖至萬曆時期，一般百姓的生活已趨向奢靡，在食衣住行各方面，都受到市場經濟的影響，飲食的數量與種類日漸豐富。隨著市場經濟的發達，城市生活日趨繁華，人們的欲望也不斷受到刺激，民之所欲，往往就有相應的商品出現在市場上，供應所需。這是個感官慾望不斷開發，而且慾望不斷商品化的過程，城市可說就是慾望的激發與滿足的場域，這也可說是消費社會逐漸成形的過程。張岱的《陶庵夢憶》寫於明亡之後，在窮困潦倒之際，追憶昔日的繁華生活，其中充滿聲色犬馬之娛，他自稱是個紈綺子弟，而他豐富的感官遊樂大抵是建立在晚明高度發達的消費市場上。他在〈自爲墓誌銘〉中言：「蜀人張岱，陶庵其號也。少爲紈絝子弟，極愛繁華，好精舍，好美婢，好孌童，好鮮衣，好美食，好駿馬，好華燈，好煙火，好梨園，好鼓吹，好古董，好花鳥，兼以茶淫橘虐，書蠹詩魔，勞碌半生，皆成夢幻。」

張岱大致就是一個有高消費能力，又有文化涵養的人，在明代後期，游走於繁華城市，發展出來充滿感官刺激與文化品味的優雅生活。這不是近世以前，如魏晉那樣的貴族社會，一小批壟斷政治經濟與社會文化資源的貴族，集中有限的物資後，任意加以揮霍，刻意展現誇富式的奢華。明中期以來的奢靡，乃建立在市場基礎上，具有庶民性格，只是可能依個人的消費能力，發展出不同層次的享樂品味。張岱的生活固可說是其中較為高級者，卻也非高不可攀，以致與一般民眾生活相隔絕。那是一種人人可以追求和經營的大眾生活，只是要達到哪個層次，端看個人擁有多少經濟與文化資本。

感官慾望的商品化

明代中期以後，知識分子普遍地覺得社會風氣日趨侈靡。尤其江南地區，隨著工商經濟的發達，嘉靖以來，奢靡之風更是日甚一日。有不少筆記的作者在敘及風俗的變遷時，都深深慨嘆於此，例如顧起元的《客座贅語》中提到：「嘉靖十年以前，富厚之家，多謹禮法，居室不敢淫，飲食不敢過。後遂肆然無忌，服飾器用，宮室車馬，僭擬不可言。……嘉靖末年，士大夫家不必言，至於百姓，有三間客廳費千金者，金碧輝煌，高聳過倍，往往重檐獸脊，如官衙然，園囿僭擬公侯。下至勾闌，亦多畫屋矣。」

這是晚明士人對當時社會風氣的直接觀察，他們很明顯地感受到一般百姓在食衣住行等方面的迅速變化。現代學者根據各種明清地方志的記載，也論斷道：「由於商品經濟的發展與擴大，嘉靖以後，社會風氣侈靡，日甚一日。」

這個奢靡化的過程，就是新物質不斷地侵入一般人的生活範圍的過程。仔細思考這個過程，這些新物質之所以能夠不斷地出現，除了需要有人創造新的物質形式外，更重要的是社會必須具有能讓這些新物質形式進入一般人生活範圍內的機制。這個社會機制就是消費市場。晚明社會由於消費市場的開展，此市場成為社會中諸多個人相交會的一個介面，因而社會上的諸多物質形式，被納入這個消費市場網絡中，透過市場的中介、傳送作用，被推入一般個人的生活範圍內。所以，社會的「奢靡化」可以說就是：透過市場作用，物質侵入一般人生活，以致改造生活面貌的過程。明中期以來社會生活的多樣化——或者「奢靡化」，就是因為這個社會具備了強大的「市場化」功能，可以迅速地讓部分個人的感官之好「商品化」。而當其商品化之後，就公開呈列於市場中，供人消費，這又造成感官嗜好的「普遍化」，也可能因此激發更多人的感官追逐，吸引更多人進入此感官世界，從而擴大此商品化的基礎。

煙草消費的市場化機制

煙草的傳入中國，廣爲種植，以至促成社會大眾抽煙成習，可說正是「商品化」刺激民眾感官追求，改造其生活習性的明顯事例。煙草在明末時，自呂宋傳入中國，先在福建種植，後擴及江浙，以至幾遍天下。這個發展過程主要是商業力量在誘引、整合煙草業的生產，同時在其強大的行銷機制的運轉下，「煙」這種產品迅速地成爲商品，進入市場。煙產地有四方收煙之商輻輳聚集，收購後又將之轉鬻於遠方，最後這些商品散集於各個消費市場中，呈列於消費者面前，成爲他們選擇購買的對象。煙商品在城市中的大小煙舖陳列、販售，最後經過消費過程而滲入一般人的生活領域中。這個商品從生產者到消費者的經歷就是一個「市場化」的過程。

明末煙草從種植、加工、轉運、販售各環節的緊密扣合，正顯示明清間「市場化」機制的成熟。成熟的市場化機制一方面推動著煙業生產的發展，另一方面，其良好的銷售功能，造成煙草可以方便在市場中購得，使許多人加入吸煙的行列。特別是在市場化的過程中，因爲市場的擴大而帶動生產，又因生產增加而造成價錢下降，價錢的下降又造成市場的擴大，吸引更多人成爲消費者。吸煙應該就是在這種生產—消費互相增強的循環過程中，日益普遍化。

明清間社會上已出現成熟的市場機制，這個市場機制已能跨越地域的限制，在生產活動與個人消費之間建立起緊密的流通網絡，在其連結、整合下，生產規模與消費活動可能相互刺激、增強。如此，個人生活上的感官之好與社會上的生產活動也就更密切關聯在一起，個人嗜好構成可為徵逐之利益，透過市場刺激商品的開發，而各種商品又透過市場的銷售進入個人生活領域，刺激個人的消費，進而豐富其感官世界。

茶館與酒樓

煙草進入市場，成為庶民的生活習慣，只是明代商品化作用的一個事例。事實上，商品經濟的發展相當全面地改變一般民眾的生活面貌，而這也直接反映在城市景觀的變化上。明代中期以來，城市生活愈來愈豐富，尤其商業發達的江南市鎮，進入其中就可以看到繁華熱鬧的街道上，有各種可供消費的空間與物品。明初的城市主要是行政中心，街市景況相當簡單蕭條，洪武時即使首都南京，旅店也設備簡陋，旅客生病可能就被逐出住所。到了嘉靖萬曆時期，街道就在商品化的帶動下，愈來愈熱鬧，各種飲食商店陸續開張，民眾喜歡的食物，就可能有人開店販賣，松江城裡甚至出現河魨店。

在宋代相當流行，明初一度消失的茶館，到嘉靖時期，重新出現在江南城市中，而且愈來愈流行。而外食飯店，也由簡單的酒食攤，逐漸發展成豪華的酒樓，其中還有遊妓提供聲色之娛。茶館在發展上大體走平價路線，庶民也可輕易進入，在其中社交休閒；酒樓則走高價豪華路線，消費能力高者，可在其中享受美食與聲色之娛。本來只是供應飲食的消費空間，轉成空間的消費，這反映生活形態與心態的改變，休閒娛樂成爲庶民大眾心嚮往之的生活情趣。由茶館酒樓的普遍出現，也顯示社交活動已是庶民（市民）的日常生活，他們依消費能力進出不同社交場所，交友聊天，交換訊息，活在豐富有趣的公眾社會中。

流行服飾

中國傳統社會中服飾是身分的標誌，屬禮制管轄範圍，大明王朝的禮儀規範中，也巨細靡遺地規定各級官民的服飾形式、材質、顏色，藉此分別個人尊卑，維持社會秩序。但明中期以來，商業的力量突破這種限制，人們的衣服鞋襪冠帶漸非自製，多從市場上購買，他們估量價錢也跟隨流行，不顧禮法規定地打扮自己，招搖過市地展現自我。服飾的流行也不斷翻新花樣，有些甚至形式怪異，卻人人趨之若鶩，尤其一些公眾人物，包括妓女，竟成爲帶動流行的時尚明星。

當時一些比較保守的士大夫，對這種僭越成風，頗感觸目驚心，甚而指斥爲「服妖」，但許多時候他們自己也很難力抗潮流，只能打扮隨俗，以免成爲異類。所謂「人要衣裝」，在晚明的城市社會中，人的身分許多時候是由服飾來決定，而服飾樣式卻由市場來推波助瀾，庶民大眾就在市場潮流下，藉著跟隨流行來追求「身分的感覺」。

宅第園林

除了服飾外，禮制上對所行所住也都有規定。需有官員身分才得乘坐轎子，房屋大小規格也需配合品級。但這些官方規定，也都在商業力量的衝激下，形同具文。抬轎已成營利行業，一般人付費即可召喚使用，無所顧忌。富有人家，更是汲汲於營造華屋豪宅，而且宅第的建設，也不只是求其寬大廣闊，更有許多美學的講究，其發展至於高峰，則是園林的修建。

園林的修建，自有其悠久歷史，然修建園林成爲風潮，且成爲富裕士商的高尚追求，可說是明後期的文化特色。當時擅於治園的匠人被當成藝術家，很受尊重，也出現講究造園美學的專書——計成的《園冶》。修造園林不是以豪宅驕人，而是要藉由園林來營造美學生活、推動文藝活動，並用以展現高雅文化素養，事實上，園林可說是文人文化最爲高峰展演的場域。嘉靖以來，富而好文的士大夫，以及附庸風雅的商人——特別是擁有巨額資本的鹽商，往往費盡財力與心力經營園林，並藉園林來和文人雅士相往來，過著「游於藝」的高雅生活。《金瓶梅》中西門慶財富與地位升級以後，也找人來修建園林，而《紅樓夢》中賈府富貴至於極盛的表現就是營建大觀園。有人認爲大觀園就表徵一個有別於世俗的「烏托邦」世界，事實上，這是晚明園林文化的現實折射，對晚明文人而言，園林也確實是他們美好的理想世界的寄託。我們可以設想晚明最高雅的生活是：傾財精心營建園林，在園林中建一藏書樓，其中收藏各種古董字畫，行有餘力則更在園中教養家樂，不時舉辦文藝雅集，招徠各方文人集會賦詩，集詩成卷則編輯刊刻出版。園林可說就是文人文化的具體呈現，而文人文化是中國文化發展至明清時，至於極盡優雅的表現。

小說戲曲與聲色之娛

明代士大夫憂心忡忡地指陳或苛責的「奢靡」現象，事實上就是商業力量帶來的物質生活的變化，具體呈現於食、衣、住、行等各面向上，可說就是庶民社會生活與文化的表現。不過，庶民文化除了這些具體的物質生活外，他們娛樂生活與心靈情感的表現形式，也很值得注意。這方面有大異往昔的發展，而且極具文學史的意義。

明代後期社會文化的變化主要來自訊息傳播方式的改變，媒體的形式相當程度上決定文化的內容，而人的情感動向與表現方式也隨之有異。尤其，庶民文化的發展更可說是傳播方式與內容交相作用的結果。而明清社會中最值得注意的是戲曲與小說的廣泛流行，這兩者可說是媒體形式，也是文化表現方式與實質內容，它們普遍流傳於社會各階層，人們的社會想像、人生期望、情感表達、價值觀念……大多藉此形式來表達。或者也可以反過來說，藉諸小說戲曲，種種生命的欲望情感都可以在書頁中、舞臺上，見到夢想的落實、生活的體驗。那是個虛擬世界的建構，從中可以得到生命意義的「實踐」。也因此，明清社會戲曲小說眞正深入人心，多數人沉浸其中，爲之喜，爲之悲，以致有人認爲明清社會除了儒釋道三大宗教外，戲曲小說是另一種影響極爲深入人心的宗教。其「教化」作用更是驚人，有堅持儒家禮教的士大夫視之爲教化大敵。

如前所言，《金瓶梅》是部很寫實地反映明中期社會生活與心態的小說，甚至可說是當時某種社會精神的表徵。事實上，《金瓶梅》的出現，無論在文學史或社會史都是極具意義的重大事件。這部小說作者是誰，至今還是個未解之謎。大概在萬曆時，袁宏道、董其昌等人就在私下傳抄閱讀這部小說，並深感驚喜，蘇州知名文人馮夢龍因此有意「慫恿書坊以重價購刻」，但又考慮此書「一出則家傳戶到，壞人心術，他日閻羅究詰始禍，何詞以對？」這些文人還在猶豫之時，很快發現江南書坊已找人補全缺漏，將之刊刻出版，而在市面上廣爲流傳了。《金瓶梅》的出版，顯示明後期出版市場高度發達，在大量消費者的支持下，小說的編寫大爲流行。馮夢龍、凌濛初、三言二拍的編寫，就是因爲市場銷售佳，書商有利可圖，而催促作者一寫再寫，接連出版。《金瓶梅》卷帙浩繁，近百萬言，刊刻成本甚高，而書坊迫不急待地出版，更可顯示當時出版市場的發達。

當時的文人也因爲小說易於流傳，且深入人心，社會影響力過於巨大，而對之又愛又懼，馮夢龍就認爲小說有很強的教化功能，應善加利用。但也有不少士大夫抱持警戒之心，甚至主張應加嚴格管制或禁絕了事。不過，大體而言，明代後期在市場的支持下，小說的出版相當興盛，而且題材多元，種類繁多，神仙妖怪、歷史演義、武俠公案、市井世情、時事新聞、色情淫慾、才子佳人等各種故事類型，雜然紛陳於市場中，各有讀者捧場。這當中特別值得注意的是，除了英雄傳奇性的故事外，有許多是世俗生活的寫實性描述，這類世情小說有不少本身就是取材於現實社會的眞實事件，再加舖陳渲染，或者在虛構的情節骨架中，置入許多現實生活細節爲其血肉。無論如何，這類寫實性小說描聲繪影地刻畫（或再現）一般人的日常生活，讀者也就在閱讀中建立起他們的生活理解與社會想像，這可說就是一種滲透力極強的社會教化。

小說結合了文學中的敘事與抒情傳統，具有極強的感染力，可以直接滲透人心，以致明代有識之士認爲小說具有「宗教」般改造人心人性的功能。不過，事實上小說與宗教另有親近性的關係，小說本身在很大程度上影響宗教的發展，最明顯的例子是：明清關公信仰極爲盛行，而此關公形象殊非本諸正史，而主要來自《三國演義》，小說的流行應是關公信仰最重要的推動力量。除此，全然出於小說家所虛構的人物，也可能因爲小說的流行而在現實中成爲庶民崇拜的神明，《西遊記》中主角孫悟空，在明清已經有人爲之建廟祭拜，且似有流傳愈來愈廣的發展趨勢，以至今天臺灣也有不少宮廟奉祀「大聖爺」。小說與宗教的關係相當密切，如：《天妃濟世出身傳》的媽祖信仰、《許旌陽得道擒蛟鐵樹記》的許遜信仰、《薩眞人得道咒棗記》的薩守堅信仰、《北方眞武祖師玄天上帝出身志傳》

的眞武大帝信仰等神魔小說和民間信仰，都有相互發明，彼此助長的作用。除了各有淵源的民間信仰外，新創的宗教也可能藉由小說來宣傳其教義，如晚明林兆恩創立三一教，信眾頗廣，而在傳播過程中，就出現小說《三教開迷歸正演義》宣揚其教義思想。

白話小說之外，戲曲可能是更具庶民性與感染力的文藝活動，因小說的閱讀需有基本的識字能力，戲曲活動則不識字民眾也可參與，而且在聲樂的催動下，更能投入情境，悲喜其中。戲曲活動的參與幅度很廣，有極爲文雅精緻，在私人場合中進行的家樂或堂會演出，也有在廟會或野臺中，以大眾爲對象的公開演出，商業會館中也多有舞臺設置，時有演出。可以說演戲已是上至富貴家庭，下至庶民大眾都有機會參與，也熱中觀賞的普遍娛樂。

明代不少知名文人，甚至已有功名的士紳，也熱中於戲曲創作，甚至想以戲曲創作來博取聲名，其中最知名者爲湯顯祖。他早年以擅長八股文知名，連張居正都意圖讓其子與之結交，共取功名，卻爲他所拒。湯顯祖考中進士後，仕途不甚得意，後來發揮劇作長才，寫成《牡丹亭》後，風行江南，聲名大噪，人人仰慕。此外，秦淮名妓李香君以擅唱臨川四夢而知名，吸引復社領袖張溥的注意，而介紹侯方域與她交往。當李香君與侯方域在南京展開交往之時，另一位被列名閹黨而被除官，流落南京的戲曲名家阮大鋮，爲了東山再起，積極利用其編劇長才，訓練家班演出，藉此接待各方名流，而在南京社交圈中聲名再起，以致引起復社諸子的警戒，撰寫〈留都防亂公揭〉公開聲討。這也可見戲劇是極佳的社交媒介，是影響力極大的文化資本。戲曲的創作、演出足以成爲聲名外，戲曲的欣賞也已成爲文人的重要藝能，如何良俊、王世貞、沈德符這些活躍於文壇上的名士，都頗費心力地寫作劇評，展示他們具有品賞戲曲的能力，顯見觀賞戲曲已是足登大雅之堂的藝術活動。然則，戲曲雖可發展至於高雅境界，卻非只限於上層文人的孤高自賞，其觀賞雖有不同的品味境界，卻始終是雅俗共賞而具有廣大的群眾基礎的社會活動。戲曲在內容上與傳播層次上，概可說是屬於廣大的庶民文化，而且是細密地滲透於他們的日常生活之中，乃至心靈情感深處。活躍於明末清初的戲曲家，也是生活美學大師的李漁，就是個雅俗共賞，且近於職業化的劇作家兼劇團經營者。只是他主要的戲曲活動大抵是入清之後。

戲曲小說是大眾性格極強的媒體，也因此具有很大的社會影響力，當時人對此也有很清楚的認識，以致有人刻意加以操縱利用。明中期以後常可以看到它們被利用來作爲宣傳的工具，明清筆記中即有一些編造小說或戲劇來自我宣傳，或攻擊別人的事例。明末勢力最大的社團「復社」遭受到這種困擾，萬曆時的首輔申時行與王錫爵也曾編寫戲劇互相攻擊。嘉靖後期，嚴嵩權傾一時，最後垮臺，馬上就有人寫作劇本，將他描繪成奸臣，這個奸臣形象讓他永世不得翻身，以至清修《明史》將他列入〈奸臣傳〉。

由於小說戲劇具有強大的傳播功能，而且常被人拿來作宣傳之用，所以有些比較注意社會風氣的政府官員會對這種行爲加以管制，例如清初湯斌在巡撫蘇松時就曾發布公告，警告當地人民不可以隨便編寫歌謠戲劇來議論別人。由地方大員以此爲整頓項目也可見：戲劇除作爲一般娛樂外，其傳播功能也具有重大的社會意義。也因此，我們可以在功過格中看到相關的規範，例如蓮池大師袾宏的《自知錄》中就說：「做造野史小說戲文歌曲誣汙善良者，一事爲二十過。」這更顯示利用小說、戲劇來進行傳播工作已成爲一種相當普遍的社會風氣了。

六、傳教士與中西交流

利瑪竇來大明

萬曆十一年（一五八三），耶穌會教士利瑪竇經由澳門來到肇慶、廣州，之後由南而北，逐步深入中國，拓荒性地進行傳教工作。他在中國待了二十幾年，先後在南昌、南京、北京長時間的停留，百折不回地積極推動教務。他的傳教工作有一定的成效，有部分重要的士大夫成爲教徒，只是大明王朝子民眞正信奉基督教者終究還是有限。

十六世紀西方傳教士陸續來華，是相當重要的文化交流盛事，對中國史的發展有很大的影響。他們帶來不同的思想與知識，在中國知識圈中，激起不小的波瀾，對當時士人有相當大的影響。這既是中歐文明的重要交會，也是中外知識交流的大事，梁啓超就認爲：

「中國智識線和外國智識線相接觸，晉唐間的佛學爲第一次，明末的曆算學便是第二次。」方豪在《中西交通史》中也盛讚利瑪竇：「實爲明季溝通中西文化之第一人。自利氏入華，迄於乾嘉厲行禁教之時爲止，中西文化之交流，蔚爲巨觀。」

利瑪竇初入中國時，在還不太瞭解異國風情的狀況下，穿著僧服，後來發現這種角色認同，難以受到士人的尊重，因此，改易服色，穿起儒服，才被士人接納，逐漸進入社會菁英群中，和當時的知識社群展開密切的交流。

利瑪竇到南京不久，所提出的天主觀念，就激起南都知識圈的關注，他們對他的言論感到好奇，也覺得疑惑，因此，推舉當時頗負盛名的高僧雪浪宏恩爲代表，雙方進行一場關於宗教思想的辯論，這是耶佛的高峰會談，也是中西宗教的首度交鋒。利瑪竇因這場辯論而更具聲望，和中國知識圈的交往也更廣更密，時常有各類士人來和他交流。當時相當知名的思想界名人，已經七十多歲的李卓吾，也來和他交往，稱讚他：「凡我國書籍無不讀，請先輩與訂音釋，請明於四書性理者解其大義，又請明於六經疏義者通其解說，今盡能言我此間之言，作此間之文字，行此間之禮儀，是一極標致人也。」

可見利瑪竇已差不多融入明末的知識圈中，熟悉士人的知識內容和表達方式，可以和他們進行深刻的思想對話和知識交流。

利瑪竇所帶來的思想觀念和知識技術，對中國知識界產生相當大的衝擊，其傳播發展也對中國社會產生頗爲深遠的影響。沈德符的《萬曆野獲編》說：「今中土士人授其（利瑪竇）學者遍宇內，而金陵（南京）尤甚。……信從者眾。」《明史・意大里亞傳》也稱利氏是「聰明特達之士，意專行教，不求祿利；其所著書，多華人所未道。」利瑪竇在中國傳教約三十年，逝世後得到萬曆皇帝欽賜墓地，安葬於北京，他的傳教事業及其中的文化交流作用，總算得到大明王朝最高權威的確認。

南京教案

利瑪竇進入大明王朝，憑其聰敏與知識，逐漸得到部分中國士人的接納，乃至信服其說，最後也得到朝廷的肯認。然則，這也不是天與人歸，順理成事的學術傳播史。事實上，此乃衝突矛盾不斷，步步艱難的過程，畢竟這是差異極大的知識與思想體系的碰撞。利瑪竇萬曆九年（一五八一）來華，經過二十年的步步爲營，終於進入北京，在他透過宦官獻物請見皇帝時，禮部卻表示透過中宦獻物，不合進貢體制，且他屬來歷不明之人：「《會典》止有西洋瑣里國無大西洋，其眞僞不可知。又寄居二十年方行進貢，則與遠方慕義特來獻琛者不同。且其所貢『天主』及『天主母圖』，既屬不經，……不宜入宮禁者也。……乞給賜冠帶還國，勿令潛居兩京，與中人交往，別生事端。」

可能當時萬曆皇帝正與儒官群體處於對峙局面，尤其對他們動輒以禮法來束縛他，頗感不耐，因此對禮部斥退利瑪竇的兩度建議，都不予理會，讓利瑪竇及其後繼者，可以在中國繼續其宗教與知識的傳播工作。然則，禮部所言，也確實說出利瑪竇的尷尬處境：在大明的朝貢體制下，大西洋乃非貢之國，且根本是在帝國的天下認識之外，來歷可疑。他來華活動亦屬可疑行徑，而他所傳播的知識更屬「不經」——無法納入帝國知識體系中。

總之，來華二十年的利瑪竇，在掌管知識教育與禮儀秩序的帝國部門眼中，從裡到外，都是個可疑的陌生人。這恐怕不是個別高官之異議，而是代表某些，甚至是大部分士大夫的基本觀點。在他們眼中，以利瑪竇爲首的這批傳教士，就是一批入侵的異類。如此疑慮始終揮之不去，萬曆四十四年南京禮部尚書沈漼三次參奏天主教傳教士破壞儒家倫理，另有禮科給事中直接指稱教士煽惑百姓「夜聚曉散，效白蓮、無爲之尤。」誣指天主教乃屬邪教，有不軌之謀。這些大作文章的指控終於生效，南京與北京傳教士先後被捕押解澳門，史稱「南京教案」。

傳教士東來與泰西之學的潮流

利瑪竇的傳教事業大抵算是幸運的，而其後來華的耶穌會士也還不致被當成異端，遭到滅絕的命運，因爲晚明社會實不乏好奇的知識人，他們頗有博學之志，樂於追求新知，利瑪竇的聰敏與博學正投其所好。利瑪竇藉由這批好奇的士人，連結起來一個社交網絡，他所帶來的新知就在當中流傳，而且引起不小的迴響，這也對中國既有的知識系統造成相當大的衝擊。

利瑪竇只是西洋來華教士其中特別突顯的人物，其背後是大航海時代，歐洲勢力進入東方世界，耶穌會為了挽救勢力被新教凌駕，四處開拓新教區，因而隨著歐洲國家的海權擴張而來到東方，以至嘗試進入中國，前後相繼地開展教務。在十六世紀中葉，利瑪竇來華的三十年前，已有沙勿略，至印度、馬六甲及日本傳教，進而想進入中國，卻壯志未酬身先死。至萬曆七、八年時，羅明堅真正進入中國，約兩年後，他在廣東肇慶首建耶穌會的會院，天主教開始在中國建立傳教據點，利瑪竇即因此隨之而來，真正深入中國。在利瑪竇開路之後，又有鄧玉函、龍華民、湯若望、南懷仁等傳教士陸續前來，活躍於中國。他們帶來的西方知識，投入中國社會知識圈，造成不小的衝擊，以致萬曆時有「南京教案」，而康熙時有曆獄，耶教初入中國已激起不小的文化波浪，甚至可說已造成一股泰西之學的潮流。

利瑪竇到中國來，為了傳教的方便，帶來不少中國人沒有見過的東西，有基督宗教聖像，耶穌、聖徒、聖母、聖子的畫像，地圖和書籍，以及各種科學性儀器、鐘錶、地球儀、玻璃製品、西琴和布料等。這些物質文化東西直接刺激明朝人的視覺，引起他們的好奇，以致有人將利瑪竇當作是可以點石成金的術士。而文化水準較高的士人，更被這些新奇圖像與器物所代表的思想、技術與相關知識所吸引，想要深入瞭解甚至追求當中的道理。因而這些耶穌會士，也與這批特具知識好奇心的中國士人有愈來愈密切的交往，將當時西方發展出來的新知識傳播到中國，造成相當大的影響。

從知識交流的角度來看，耶穌會士確實帶來不少新的思想、知識與技術的衝激，除其積極傳播的天主信仰，及其衍生的哲學觀念外，各種新的知識與技術，也隨之陸續傳入中國，諸如數學、天文曆學、地圖學、火砲術、望遠鏡、眼鏡、鐘錶……等，這些都對明清的知識社會，乃至歷史發展有相當大的影響。

利瑪竇初來中國未久，爲了傳教並讓中國人，尤其是官員，瞭解其教、其人之源由，即向中國人展示他帶來的地圖，而當時明朝士人對世界的認識還很粗略。這主要反映在羅洪先於明嘉靖二十年（一五三三）據元代朱思本《輿地圖》改編的《廣輿圖》，此圖包含有東南海夷圖、西南海夷圖，其中顯示的海外知識非常有限。因此，利瑪竇所展現的世界地圖，大大開拓當時士人的視野。萬曆十二年（一五八四），廣東肇慶府知府王泮要求利瑪竇繪製《山海輿地全圖》，這是中文版的第一張世界地圖，王泮爲此圖作題跋，並將它當作禮物送給當地士紳。之後利瑪竇在南昌、南京、北京又陸續繪製不同版本的世界地圖。利氏也在過程中，吸收中國地理知識，並將之納入他所繪的地圖中，相對地，中國士人也摹寫利氏的地圖，將之編入不同著作中。萬曆二十九年（一六〇一）利瑪竇到北京覲見明神宗時，也獻上所製之世界地圖，甚得皇帝歡心。之後太僕寺少卿李之藻贊助刊行其《坤輿萬國全圖》，萬曆三十六年（一六〇八）時，明神宗下詔摹繪《坤輿萬國全圖》十二份。這些地圖的傳入與散播，大大開拓明朝士人的視野，擴大他們對世界的認識。利氏的地圖將世界分爲五大洲，歐羅巴爲其中之一，這是當時一般士人茫然無知的遙遠世界，透過萬國全圖的刊載，具體可知其範圍所在。

數學、天文及曆學方面，耶穌會教士帶來的新知識，發揮關鍵性的作用，直接促成中國曆書的重修。明朝使用的曆書《大統曆》，實際上源於元朝郭守敬等人所編的《授時曆》。這部曆書用了三四百年，已經出現不小的誤差，識者已覺有必要重修，而耶穌會教士傳來的數學與天文學新知，正可用來修訂新的曆法。崇禎二年（一六二九），皇帝批准徐光啓提出的修曆計畫，並指示：「廣集眾長，虛心采聽，西洋方法不妨兼收，各家不同看法務求綜合。」據此，在欽天監設局開始《崇禎曆書》的編修，在徐光啓、李之藻、李天經等人的統籌下，任用湯若望、羅雅谷、龍華民、鄧玉函等外國傳教士，歷經五年的計畫執行，終於編修成長達一百三十七卷的《崇禎曆書》。這部卷帙頗富的叢書，相當全面地介紹西方的天文學與相關的數學理論，並根據這些理論推算出天文表。崇禎時修成的曆法，採用西方相當新的天文學理論，算是當時頗爲先進的曆法，準確性相當高，很能糾正原先所用《大統曆》的錯誤。不過，當時新曆修成後並未馬上取代舊曆，反倒新舊曆之爭持續數年，直到崇禎十六年（一六四三），皇帝才確認西法確實比較精密，決定公布實施新曆法，然而這已是明亡前夕。滿清入關後，湯若望將《崇禎曆書》獻予攝政親王多爾袞，後來成爲清廷修曆的根據，而湯若望也成爲欽天監監正，日後更屢獲加封，官至光祿大夫正一品。不過，曆法之爭卻也依然持續，以致成爲政治問題，此雖後話，然亦可見傳教士帶來的新知，確實對中國既有的知識系統，尤其在科學的理論認知與應對態度上，造成極大的衝擊。明代知識人對西學新知的態度也多有分歧，迎新與守舊各有堅持，中間可見畸重畸輕之差別。總體而言，明末的知識生態相當複雜多樣，也可說生機活潑，相對而言，改朝換代後，則相應於外在政治情勢的高壓統制，而趨向於集約精細的路徑。

晚明西洋傳教士帶來數學、天文學之類理論性科學，雖因天主教的保守，沒傳來當時西方最新的科學成果，但對當時部分中國士人來說，已足夠引起興趣，而努力吸收、傳播並運用此新知。可是，仍引發新舊知識的衝突，這可說是科學理論對中國知識界投入的震撼彈，造成的學術激盪風波。除此，西洋海商與傳教士也帶來不少實用性的科學技術，其影響力可能更爲直接。尤其火砲的傳入與運用，具有爆炸性的作用，直接在軍事乃至政治上，產生強大的震撼效果，甚而造成政權的變動。西方火器的傳入，深刻影響晚明諸多戰爭之方式與結果，最後更牽動大明與滿清的戰爭局勢，扭轉朝代的更迭。

火藥時代的軍事改革

《明史》中關於「意大里亞」的記載，在敘及利瑪竇與龐迪我來華傳教事蹟後，更言：「其國善製礮，視西洋更巨。既傳入內地，華人多效之，而不能用。天啓、崇禎間，東北用兵，數召澳中人入都，令將士學習，其人亦爲盡力。」可見火砲之傳入中國，在戰事頻仍的晚明，確實很引人注意，且華人很快就吸收這項新科技，而積極嘗試用於戰爭中。當時頗爲混亂的大明朝廷，在這波武器革命中，反應敏捷，相當積極地招募專業人才，用以進行軍事改革，想藉此在滿洲戰局發揮奇效。可惜，清修《明史》對明清之爭多隱諱，這段記載也有些語焉不詳。火砲對滿洲戰局發揮的作用可能更事關重大。

西方火器傳入中國並非始於利瑪竇等耶穌會士。地理大發現之後，西洋人已漸漸在南海一帶活動，而中國商人，尤其是操著閩南語活躍於閩粵一帶的海商，已經和洋人多有往來，相互間有合作也有競爭，因此應該早就在試探對方的戰鬥能力，而火砲很快就成了矚目焦點。事實上，在正德年間，中國海商在與葡萄牙人的接觸過程中，已經見識到佛郎機砲的厲害，知道洋砲已勝過中國原有火器，福建沿海也已實際用於戰爭中。王陽明在平定寧王宸濠的作戰中，已經用到佛郎機銃。耶穌會士來中國後，又將更爲犀利的西洋火砲技術傳入，徐光啓、李之藻等著重實學的士大夫，也積極推動西洋大砲的購買、鑄造及技術引進，以致出現一批相關論著，如：穆尼閣的《西洋火器法》、何汝賓的《西洋火攻神器說》、孫元化的《西法神機》、湯若望與焦勖合作譯述之《火攻挈要》。在現實需求與知識激發交相作用下，十七世紀中國的火砲技術也發展迅速，有許多的技術改進與創新。

十七世紀初，大明與滿清的武力鬥爭日益激烈，火砲乃其中決勝關鍵，雙方都致力競求其術。明廷初期占優勢，當時有識之士已有見於此，而積極講求火砲技術，其中徐光啓更屬關鍵人物，是致力西學的最佳代表。徐光啓出生於江南地區，十九歲成爲秀才後，萬曆二十一年（一五九三），他三十一歲時，至廣東韶州教書，因而結識義大利籍耶穌會士郭居靜（Lazzaro Cattaneo, 1560-1640）；萬曆二十八年（一六〇〇），他至南京拜會恩師焦竑，因而與利瑪竇相識。三年後，受洗成爲天主教信徒，聖名保祿（Paulus）。萬曆三十二年（一六〇四），他四十二歲時考中進士，並被選爲翰林院庶吉士，散館授翰林院檢討。在此期間，他積極接受並譯介西學，先與利瑪竇合作翻譯前六卷的《幾何原本》和《測量法義》。之後，透過傳教士涉獵天文學，撰寫相關儀器的圖說，後又向耶穌會士熊三拔學習西方水利，合譯《泰西水利》。萬曆四十七年（一六一九），明軍在薩爾滸之役慘敗，徐光啓多次上疏請求練兵，被認爲「曉暢兵事」，朝廷也借重其才，命他督練新軍。他受命後積極運用所習西學，推動明軍火砲之戰事應用，在此期間他也撰寫了〈火攻要略〉、〈火砲要略〉、〈製火藥法〉之類的著作，可見他是個兼具學理與技術，並能使兩者轉化運用的實學家。在火器的講求上，徐光啓深悉技術精密度的重要，強調「銃藥必須西洋人自行製造，以夫力幫助之，大小銃彈亦須西人自鑄，工匠助之。」明朝政府也因此自澳門聘請多位葡萄牙銃師來指導鑄造，其中一批銃師到登州，自崇禎三年（一六二九）至五年（一六三一）共待了兩年，指導製砲外，也傳授西式大砲的操作手法及相關使用知識。經此建設，登州火砲營成爲當時最精銳的軍隊。

大明與滿清的火砲競爭，在徐光啓的主導下，初期明朝居優勢，只是後來情勢劇變，崇禎四年（一六三〇），徐氏門人火砲軍事改革的執行者，登萊巡撫孫元化，因下屬孔有德叛變，被朝廷究責論死，西洋火砲專家自此漸退出明營，而孔有德又帶大量火砲投靠滿清，消長之下，明清雙方火砲實力情勢逆轉。

徐光啓推動的火砲軍事改革，雖一度造成局部優勢，卻終究無能改變大局。相對地，滿清在火砲上，急起直追，設法取得先進火砲，並收用相關技術人員，以致後來居上，終於扭轉明清之戰爭局勢。然則，無論如何，徐光啓可說是明末西學素養最深，且將所學所知付諸實踐的先行者。甚至從全球化觀點來看，他也是十七世紀火藥時代的頂尖人物，讓中國在這一波的戰爭革命中，一度走在近代世界潮流的前端。

整體而言，十六世紀大明帝國即積極引進西歐火器，從而激發軍事技術的快速進步，至十七世紀中葉，中國火器技術已經可以和西歐比肩，同屬軍火先進國家，也是世界各地獲取火器技術的主要來源地。

第八章

帝國的末日——明末清初的紊亂與掙扎

巫仁恕

一、明亡述論

明朝之所以滅亡，傳統史家有許多解釋，最常見的仍然是從中央朝廷與皇帝的角度來解釋。《明史．神宗本紀》的評價就認為張居正（一五二五—一五八二）死後的萬曆朝，綱紀廢弛，朋黨角力，在朝正類之士又無深識遠慮，導致了政治敗壞，「以致人主蓄疑，賢姦雜用，潰敗決裂，不可振救。故論者謂明之亡，實亡於神宗」。雖然晚明萬曆朝後期的政治情況常為史家所詬病，然而當明清之際，卻有許多明遺民，對萬曆朝的太平盛世仍是懷念不已，或是嚮往萬曆朝風俗近古、士安俗阜，甚至認為萬曆朝才是明朝的全盛時期。實則萬曆朝以後，官場吏治的敗壞、地方民生困頓與社會秩序的崩解更形嚴重。

再者，傳統正史的「本紀」將皇帝視為焦點所得到的總合圖像，對於近代的學者而言，就顯得太過一元化。史家楊聯陞就批評傳統學者在解釋朝代興衰時，總愛把一個朝代和整個國家所有的階級等同為一，而忽略了中央到地方、地區之間的差異性，以及社會群體的複雜性。

現代的史學家會從各種不同的角度，或可說是多重的檢查辦法，來探討明清鼎革的原因，進而提出了許多新的解釋。政治的角度依然非常重要，史學家特別強調的是晚明以後黨派的政治爭鬥，而這些黨爭也牽扯到朝廷的政局，尤其是東林黨的角色與作用成了晚明政治的重要線索。

歐美學者更傾向從社會經濟的角度來探討明清鼎革的原因，令人矚目的是提出「十七世紀的危機」之說，主張明朝的衰亡導因於十七世紀中葉全球貿易過程之中所發生的障礙以及當時全球環境的變異。如此宏觀的論點提出之後，仍然需要更細緻的證據以支持此說。不過，全球史的角度並不局限於上述的兩方面，明朝滅亡在當時可能就是全球史的重大事件。

從社會的角度來分析明朝的衰亡，更加注意晚明社會矛盾的激化，包括佃農的抗租、抗糧、叛亂、城市民變等事件，尤其是傳統所謂的「流寇」，或是左派史家稱之爲「農民起義」更成了研究的焦點，畢竟北京是陷落在李自成（一六〇六－一六四五）之手。這樣的角度提醒我們在理解歷史時，莫忘了底層百姓對政治與社會現實的想法與表達的方式。本章亦將透過通俗文本，如小說、戲曲、歌謠與諺語等文本，來反映當時社會大眾對時事的看法與心態。

二、黨爭誤國

科舉競爭與鄉紳權力

晚明黨爭的激烈，其實反映了到晚明這個時期，資源的稀缺性所引起的極度競爭。明朝的科舉制度是當官的主要途徑，而當時的科舉考試從舉人的鄉試到進士的會試，從明初到明朝中期之後競爭都愈加激烈。舉人考上進士的比率，約是三十取一，而生員中舉的鄉試錄取率更低。根據學者估計，鄉試的競爭率從明初的五十九取一，至晚明激增至三百取一，可見競爭更爲激烈。生員在明初雖有定額，可是隨著時間的推移，形成大量的生員，而明朝政府的官位並沒有隨著知識分子人數的膨脹而增加。結果是生員原本可以任官的途徑卻呈現大量滯留的現象，即使是舉人都難補到官職，導致有大批的讀書人一輩子無法做官。官位成了稀缺的資源，使得競爭更加激烈。這也是爲什麼當顧憲成（一五五〇—一六一二）回鄉成立書院講學的同時，批評時政總能獲得那麼多在鄉生員的認同，進而形成一股政治勢力。就如《定陵註略》載，當時人指稱：「（東林）方其盛時，縉紳爲主，而諸生旁助之。今稍替，則諸生爲主，而縉紳陰使之。」

到了晚明，曾經任過高官者退休之後，回到家鄉成爲了「鄉紳」。他們不但自身可以免徭役，整個家族也可以免役。再加上社會地位之高，在地方上輩受尊重，以致濫權者甚至操控地方衙門。他們的經濟利益因爲有優免的特權，於是有不少人主動將自己的土地甚至是自身投獻給鄉紳，如此可以免除傜役或稅捐。這樣的好處，誰都想擁有。所以當官的權威與吸引力，讓讀書人很難不陷入其中。

「國本案」與東林派

萬曆朝宮中所發生的家務事，最後卻和國家大事聯繫在一起，也引發黨派的形成，其中最重要的就是所謂的「國本案」。當時萬曆皇帝（一五六三－一六二〇）已經與宮女生下常洛（一五八二－一六二〇，一五七三即位），後來又愛上了頗有姿色的鄭貴妃，與她生下了常洵（一五八六－一六四一），甚至有意將常洵立爲太子，此時老臣們如顧憲成等很不以爲然，要求立皇太子，因而引發了國本論。萬曆皇帝也不滿朝臣，於是拖延立太子之事。最後雖然還是立了常洛爲太子，不過關於太子的謠言仍然不少，而有妖書一案。此後宮中又發生了幾件重要的案件包括了梃擊、紅丸與移宮三案，這三案都與鄭貴妃脫離不了關係，也可能她就是幕後的操作者。這些案子到了日後成爲東林黨以及其敵對黨派互相攻訐的理由。

萬曆二十二年（一五九四），當時在吏部任考功主事的顧憲成，因爲討論國本案及會推閣員時，與當權者不合，因此被削了官爵。他回到無錫老家後建立了東林書院，他在書

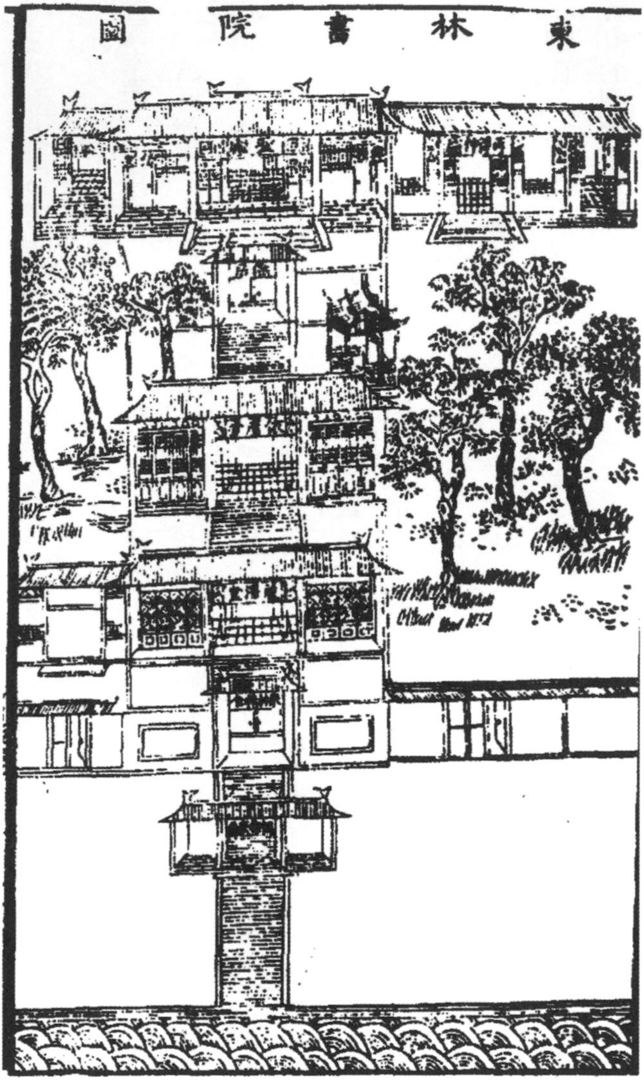

圖 8-1　東林書院圖。出自〔清〕高崔等增輯，《東林書院志》附圖，收入《續修四庫全書》史部地理類。

院講學的宗旨是反對王陽明（一四七二—一五二九）的心性之學，主張經世之學，也就是解決現實的社會問題，而以程朱的道德觀來重建體制作爲其目標。東林派官僚積極地在中央進行政治改革，在地方從事社會改革。他們雖然主張「尊君」，但是並不是任由皇帝專斷，而是主張將皇帝放在適當的統治者位置。同時也和當時的淮撫李三才有密切的聯繫，也因此李三才成了敵對派的眼中釘。「東林黨」其實是萬曆後期他們的敵對者所強加的蔑稱，他們批評顧憲成在東林講學，卻遙執朝政，結合淮撫李三才，傾動一時，李三才最終遭彈劾貶官。

不僅如此，東林黨派的人在社會上也主張社會改革，特別是在江南有非常大的貢獻。因爲東林黨人有許多出生於社會矛盾激烈化的江南，知道地方利害所在，所以斷然地壓抑豪強，實行各種社會改革，包括了限制鄉紳優免特權、依照所有土地面積課征里甲正役的均田均役法，都是由東林派的官僚所推進的。又在其主導下，推行鄉約、保甲的組織。此外，東林派高攀龍等人在無錫開始發起了同善會，進而推動了城市善會、善堂運動，之後又擴大到全國各地。

黨爭的形成

當時的內閣雖然是權力核心，但是吏部才是掌管人事升遷的重要機構；而包括了監察御史與六科給事中的言官系統，表面上是監察百官，卻逐漸成爲攻訐敵對派的打手。晚明時候因爲內閣的權高，吏部也得聽命內閣，在人事銓敘的升遷方面就很難達到公平。而言官見此乃出來彈劾內閣，因此又與內閣相水火，最後內閣也勾結言官成了黨派。晚明的黨爭就發生在這三個機構之間。

黨派形成的互相鬥爭過程中，最重要的戰場之一就是吏部的「考察」。因爲晚明之後正直的官員都希望避免賄賂與關說，於是考察制度愈趨嚴格，也因此造成黨派的對立。當時官僚體系裡依照座主、門生以及省籍，不斷發展各自的社會網絡與關係，而在考察制度裡面發生赤裸裸的爭執，最後造成的結果卻是缺官不補，使得資源的稀缺性愈加明顯，黨派之間的形成與資源的爭奪也愈加白熱化，最終形成了齊、楚、宣三黨和東林兩大派。

在萬曆二十年到三十年（一五九二—一六〇一）是東林派當政的時期，三十年以後是兩黨相爭持的時期，四十五年（一六一七）以後是三黨專政，天啓初年東林派又得到政權。不過東林黨本身也有他們的弱點，學者對東林派官僚的看法，認爲他們是重整道德的十字軍，卻不是改革政治的士大夫集團。因爲他們太過森嚴壁壘、黨見太深，凡是不合東林立場的人，皆被排斥爲異己。例如天啓年間內閣中也有不是壞人的，只是因爲討論三案時，所持的立場跟東林不合，東林就起而反對。天啓朝魏忠賢（一五六八—一六二七）得勢專權之後，原來東林黨的敵對派齊、楚、宣三黨不得志的人都投靠加入了魏忠賢陣營，形成了閹黨，不但興起爲魏忠賢建生祠的諂媚之風，還把矛頭全部對向東林黨人，開始虐殺東林黨人。東林黨人有許多官員都被捕下獄，被虐殺而死。

天啓朝是東林與敵對派爭鬥最激烈的時候，軍國大事也在這個時候進入糜爛的階段。當明軍在萬曆四十七年（一六一九）薩爾滸之役大敗之後，明朝派遣熊廷弼經略遼東，他在遼東頗有一番作爲，但爲人所忌而遭彈劾罷官，不久瀋陽失守又重新被起用。接下來他又與巡撫王化貞不和，天啓元年（一六二一）王化貞兵敗廣寧，導致山海關以外失守，王、熊二人也因此都問罪下獄。熊廷弼並非東林派的人物，不過他想透過東林派的內閣中書汪文言爲其辯冤，東林派的楊漣、左光斗也爲其申冤。東林派的楊漣時任左副都御史，因不滿朝政被魏閹把持，於天啓四年（一六二四）上疏劾魏忠賢二十四大罪，魏閹恨之入骨，遂趁此機逮捕汪文言下獄，嚴刑拷打逼供楊漣受賄，於天啓五年（一六二五）將楊漣、左光斗等人以收受熊廷弼賄賂坐贓罪逮捕下獄。天啓六年（一六二六）又興「丙寅詔獄」，矯詔逮捕東林派的應天巡撫周起元、前御史高攀龍與吏部主事周順昌等七人下獄，引起蘇州民變。

閹黨全面得勢後開始撰寫所謂的「點將錄」、「黨人榜」，將不是東林派但反對魏閹者全部名之爲東林黨人。甚至開館編《三朝要典》，誣指東林黨人的罪惡。魏忠賢與閹黨已經完全操控朝廷內外，根據《明史》的記載：「民間偶語，或觸忠賢，輒被全僇，甚至剝皮剝舌，所殺不可勝數」，猶如恐怖統治。

到了崇禎繼位魏忠賢勢力被排除，之後即使東林黨曾經一度得勢，不過崇禎皇帝是個生性猜疑又嚴苛的人，於是黨派之爭又起，甚至許多國家大事拋諸腦後，而以黨派立場互相攻擊。這樣的黨派爭鬥甚至延續到南明政權時期。

三、萬曆反礦稅使民變

晚明財政的惡化

《明史》所以稱明朝亡於萬曆，除了上一節提到萬曆朝形成黨爭誤國之外，萬曆皇帝自從張居正死後親政的一系列奢靡行徑以及軍事征伐，都導致了明朝財政的惡化。萬曆皇帝在修整自己的陵墓（定陵）以及為他與鄭貴妃的愛子福王朱常洵所舉行的婚禮，都極盡奢華浪費，花費超越過去常例的數倍。又正巧紫禁城三殿（皇極殿、中極殿、建極殿）失火燒毀，使得財政狀況雪上加霜。當時又發生了重要的三次軍事鎮壓與征伐事件，也就是所謂的「萬曆三大征」，包括了平定蒙古人哱拜叛亂的寧夏之役、援助朝鮮抵抗日本豐臣秀吉（一五三七—一五九八）入侵的朝鮮之役，以及平定貴州土司楊應龍（一五五一—一六〇〇）叛亂的播州之役，都花費了戶部太倉銀歲入的近三倍，也就是一千萬兩以上的經

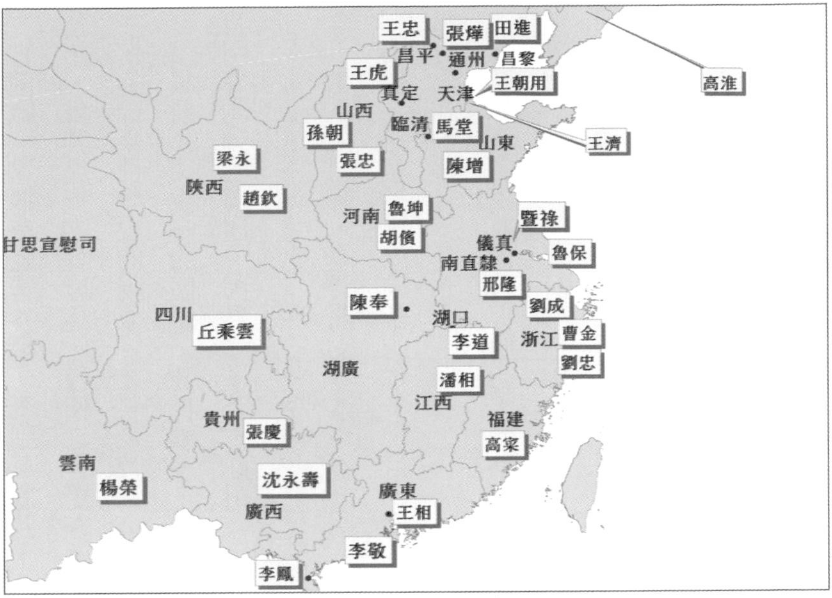

圖 8-2　萬曆礦稅使分布圖，唐立宗繪。

費，導致財政上相當拮据。

萬曆二十四年（一五九六）起，明神宗先後以採礦、徵稅爲由，派遣宦官至各地擔任礦監、稅使，從此中官四出，礦稅流毒遍天下。直至萬曆三十三年（一六〇五）十二月，始以「得不償價」下詔停礦，撤回各地礦監。榷稅之使始於萬曆二十六年（一五九八），稅監或徵店稅，或專領稅務，或兼領開採，不數年間，鈔關遍布大江南北，運河、長江沿岸尤甚。稅使所至，害商擾民，搜括民財無算，最後普遍在全國各城市引起民變，即使如此，明神宗仍縱容礦稅使的掠奪行爲，而且還把不與礦稅使合作的地方官削職、逮捕或貶官外調。直到萬曆四十八年（一六二〇）神宗臨終遺詔罷除一切稅課爲止。就其爲禍之程度論，稅使之害更在礦監之上，主要因爲稅卡鈔關之設置遠較礦洞爲多，造成重征疊稅的現象，尤其是長江沿岸水陸要衝之地，稅關尤多。

萬曆「礦稅」的問題，其實體現了明代財政結構上，「帝室」與「國家」財政收入沒有明確劃分的問題。因爲除了若干莊田收入等等以外，明代皇室原來沒有專項財源，而且帝室收入和「國家收入」，即包含戶部、工部、兵部和太僕寺等機關的專管財源之間的界線，也不太明確，經費開支專案也不分明。礦稅太監們倚靠皇權拿到的課稅權不限於礦課和商稅，還包括稅課系統的眾多稅目。這些稅目的內容多半是戶部沒有掌握，或者很難掌握的權益。

就以商業稅收而言，明初承元制，在府級設有稅課司，州縣城市設有稅課局，專事商業方面的稅收。然而該機構因入不敷出，逐漸遭裁撤，尤其在明代後期半數以上已裁併，而商業稅收大多由州縣政府負責。明中葉以後由州縣政府負責征收的商稅，通常是上繳一定額度的稅收到戶部，中央並不干預地方政府徵收的方式。就總體而言，這類的稅收占戶部稅收的比重並不大，但是明代中期以後，商稅收入卻逐漸成爲地方州縣政府的重要財源，所以在地方上稅監會與官僚體系發生磨擦。

城市民變

此前城市民變已有發生，這與城市經濟的繁榮息息相關。明中葉以後社會生產力的復興，使社會分工和商品經濟大為發展，城市商業經濟也隨之發達起來，愈來愈多的人到城市或市鎮從事商品交易的行為，而人民的收入中已有相當部分的貨幣。因之人民日常交易時，對於貨幣的依賴率愈來愈高；城市內的行商或坐賈，都希望商業稅征收的方式能夠簡化，同時城市居民也不願應政府臨時課派的雜役以妨礙日常生計。但是反觀明朝政府的財政，至十六世紀中葉以後赤字不斷，在賦役制度上面臨危機，急需要改革。此前在城市出現反對禁用民間小錢而罷市、反對小甲火夫力役制的民變，以及商鋪不堪累賠的當差買辦制度等，其實是明代中央或地方政府在面對這樣的問題時，處理失敗的結果。不過，之前的事件並不頻繁，多集中發生在經濟較發達的城市。然而萬曆年間的反礦稅使民變是規模更大的城市民變，發生的地點不但在經濟發達區，也發生在經濟落後區。

反礦稅使民變的領導人大致上可以分為三大類：一是地方官，二是地方的有力階層，三是中下階層的市民，包括腳夫、織工、老人、縣民、庶民、小商人、鋪戶、窯主、衛軍等等。在大部分反礦稅使民變的史料中，最常見到的例子是一些地方官或生員，因為反對稅使的行動，或採取不合作的態度，於是民變之後，稅使就誣指他們是「率眾倡亂阻撓」。由抗爭者的口號，可以看到他們所反對的是礦稅制度與其執行者宦官本身，並未有

圖 8-3　明代城市民變分布圖，巫仁恕繪。

推翻政府的想法，對皇帝的批評也有限。甚至有士大夫寧願自動服法，以曉諭群眾解散的情形。不過，皇室的威信經此之後，恐怕已大打折扣。

以平民爲領袖起而反抗稅官最著名的例子，是萬曆二十九年（一六〇一）發生在蘇州的織傭之變。先是有傭工徐元等人集眾二千餘人，隔二日有某些不知名人士爲首，率數十人入玄妙觀約定行動，以芭蕉扇爲號指揮，發誓不許劫掠，並預告鄉里防其延燒。行動開始後陸續捶斃稅官參隨多人，稅官所在者盡遭民眾毆殺。之後群眾又前往投靠稅監的鄉紳與富戶家，毀其室廬、器物，或斃其戚屬，或各執火炬燒打。直到有葛成（一作葛賢）挺身投官後才結束此事件。當時有欽叔陽作〈稅官謠〉云：「千人奮梃出，萬人夾道看。斬爾木，揭爾竿，隨我來，殺稅官。亡者焚室廬，擒者刲腸肝，流血濺濺孽漫漫，兒嬉婦哺賈歸市，云何不變亦不止。」

當時盛行的時事劇中，描寫萬曆二十九年發生在蘇州的織工反礦稅使民變的劇本，至少就有兩部，一是張獻翼所撰的《蕉扇記》，成書於事件發生後不久。另一部是《萬民安》，成書於明清之際的戲劇作家李玉之手。劇中創造了葛成「捐金完配」及「堅辭贈婦」二段事情，應該是緣飾之作，並非史實。葛成本是崑山人，並非蘇州府城內人，但全劇開頭將葛成塑造爲蘇州本地之機戶織工，而且又有許多善行，再漸漸地將他形容爲民變的領袖。而描寫葛成臨刑時有地震一事，也是仿古人六月飛霜之作，彷彿葛成之冤可以驚天地、泣鬼神。劇中也可見到有不少地方官非常敬佩葛成，極力維護他。重點是全劇對葛成充滿同情，而且最後葛成在生前就已成爲金龍四大王。金龍四大王是明代人非常崇拜的地方神祇，這齣戲也反映了一般大眾對葛成的敬佩與懷念。

四、天啟開讀之變：政治民變

蘇州的反閹黨民變

天啓六年（一六二六）蘇州發生集體抗議閹黨逮捕鄉宦周順昌（一五八四—一六二六）的「開讀之變」。如果上述的礦稅使引起城市民變是對朝廷威信的打擊，那麼天啓年間因爲政治因素而釀成的民變，則是更進一步摧毀百姓對王朝的信任。該年魏忠賢大興「丙寅詔獄」，矯詔逮捕吏部主事周順昌等七人。時周順昌在鄉里蘇州，當緹騎到蘇州宣讀聖旨（開讀）時，生員與百姓不滿而群聚，遂引發民變，賴知府寇愼與知縣陳文端安撫曉諭而止。之後，周順昌被秘密解送至京師，在遭拷問後死於獄中。江南巡撫係閹黨毛一鷺，事後逮捕領導民變的五人（顏佩韋、周文起、楊念如、馬杰、沈揚）梟首示眾，參與請願的生員亦遭奪去功名身分之懲處。市民爲了抗議天啓無道，互戒不用天啓朝官鑄銅錢，江南不少府州縣皆呼應，形同私禁官錢，歷經十月餘而止。這舉動是蘇州市民與江南州縣人民對朝廷的抗議，同時也更進一步地削弱了皇帝的威信。

在民變發生不久後所留下來的記錄，包括許多筆記與文集史料，雖然大部分士大夫對這次民變都表示同情，但當時的文獻也顯示有不少士大夫對民變的集體暴動做法並不以爲然。而士大夫所撰的文獻裡，常將群眾描述成「愚民」、「無知」或「悍民」等負面形象，呈現出士大夫反對民變的立場，而欲以合法的呈請方式反映民情，這可能說明當時士大夫心理與群眾之間的差距。

此外，這些相關史料記錄除了述及周順昌個人紀事之外，還著重於描述生員與宦官閹黨的周旋，以及蘇州的地方官保護周順昌、撫諭百姓的義行。文獻裡又強調當時有王節、劉羽儀、沙舜臣、殷獻臣、王景皐與文震亨等諸生，在官員面前爲申救周順昌而極力聲援，語氣激烈，事後生員多人遭懲處，文獻裡對此評價甚高。

五人義的塑造

至於領導民變的五人在早期的文獻裡記錄並不算多，通常都只是稍稍提及名字。到了崇禎初年，江南流行許多由下層讀書人編撰專以諷刺魏忠賢的時事小說，如長安道人撰的《警世陰陽夢》、吳越草莽臣的《魏忠賢小說斥奸書》、西湖義士的《皇明中興聖烈傳》，以及佚名者撰之《檮杌閒評》等，其中亦有描寫此次民變者。當時還有不少諷刺閹黨的時事劇問世，當時人形容這類劇作：「綜覈詳明，事皆實錄妖姆、逆璫之罪狀，有十部梨園歌舞不能盡者。」（《遠山堂曲品》）可見當時流行與演出之盛況，其中有兩本至今仍可以見到的作品涉及開讀民變，一個是范世彥撰的《魏監磨忠記》，另一本爲李玉的《清忠譜》。無論是時事小說或戲曲，其內容更趨近於一般大眾的興趣，更能反映大眾心態。

圖 8-4　明代時事小說中的開讀之變插畫。出自〔明〕吳越草莽臣，《魏忠賢小說斥奸書》，收入《古本小說集成》。

在諷刺魏忠賢的時事小說裡，民變的平民領導人與地方官員的形象與立場，呈現了很大的對立。如在《皇明中興聖烈傳》中，顏佩韋等五人聚眾與眾人盟誓，要同去見撫爺申救，再到京中理論；反而是戴紗帽的官員沒有氣節，不敢抗命（四卷二回）。類似的情節也見於清初成書的《清忠譜》，該劇是明末以來的時事劇中影響力最深遠者。劇中將五人描寫成「粗豪」、重「孝」道、「孩提眞性」的形象，而且強調事件時五人敢言，相對照下，生員則是一副迂腐懦弱的形象。這本劇作充分呈現出生員與平民領導人形象的翻轉，生員的請願活動成了懦弱怕事，而五位平民領導人號召抗議的正義形象，超越了生員與士大夫。

崇禎以後，蘇州的士大夫也開始撰文彰顯五人的道德勇氣，他們廢了魏忠賢的生祠，並集資將五人遺體葬於該址，立石於墓之門，以表彰他們的義行。如復社領袖張溥（一六〇二—一六四一）所撰之〈五人墓記〉，刻意提高五人的地位，且貶抑當時士大夫的懦弱態度，也代表士大夫對魏忠賢下台後重建政治秩序的反省。直到清代，蘇州的地方文獻都還有不少關於五人義與五人墓的記載。士大夫對開讀之變與五人義的評價，由明末到清初的轉變，與當時政治緊張氣氛，以及人們對時局的不安全感有很大的關係。五人義的正面形象，最終成爲蘇州重要的地方歷史傳統。

五、十七世紀的危機：氣候變遷與銀荒

明朝在十七世紀中葉走向滅亡，還有兩個重要的背景因素，也就是小冰河期所造成的災荒頻仍，以及銀荒造成的財政與經濟上的危機。這兩個背景因素從全球史角度來看，前者不僅發生在中國，而是全球的自然現象；至於後者，則涉及全球的貿易與貨幣供給。

全球性的小冰河時期

從全球史的角度來看，十七世紀的明朝末年和其他的地方一樣，都遭受到氣候變遷的重大衝擊。晚明適逢小冰河時期，到了十七世紀中葉進入到極端，年平均溫度普遍降低了攝氏兩度。有氣候史學者推測，因爲大氣平流層的火山灰塵幕的增厚，減少大氣的透明度，因而降低對幅射線的吸收，最終造成較低的表層溫度。這樣全球的氣候變遷，在歐洲呈現的是冬季極爲嚴寒的情況，在東亞也不例外。除了中國之外，中國周邊的俄羅斯、滿洲、日本以及朝鮮的歷史記錄，也都呈現了上述的相同情況。

這種氣候變遷連帶影響許多自然環境現象。因爲溫度越高，農作物的生長期會隨之減短，反之農作物的生長期則會延長。又氣溫的降低會導致到降雨量減少，乾旱的可能性也因此提高，影響所及是農作物的產量減少。此外，年平均溫度的高低與年均雨量的多寡，

對寒害、水旱災和農業病蟲害的發生頻率及烈度也具有決定性的影響，致使明顯呈現出農產量的增加或減少，尤其是高緯度的地區受到這樣溫度影響更爲明顯。

氣候變遷與災荒頻仍

在十七世紀之前，明朝所發生的旱災波及的範圍，通常有空間上的局限，頻率也不算太高；然而到了十七世紀之後，這種情況愈加頻繁，而且在空間上逐漸擴大，是中國近五百年來持續旱災中最長的一次。崇禎朝初期的旱災還只局限在西北地區，特別是陝西省。到了崇禎十年（一六三七）乾旱的氣候終於釀成全面的旱災，一直持續到崇禎十七年（一六四四），明朝遭遇空前的乾旱襲擊。尤其關鍵的是崇禎十一年到十三年（一六三八—一六四〇）之間持續地由西北、華北再擴展到江南的大旱，讓原本已被官軍圍堵鎮壓而蟄伏在山區的流寇集團又再度活躍起來。

旱災之後接下來就是蝗蟲的災害，崇禎九年（一六三六）蝗蟲開始大量現蹤，蝗災從西北的陝西、山西而河南開始逐漸擴張，到崇禎十三年黃河、長江兩大流域的中下游和整個華北平原都是重災區。崇禎十四年（一六四一）華北蝗災開始減退，但長江流域的蝗災卻繼續發展，直到次年才結束。

除了旱災、蝗災之外，我們還看到了流行病的蔓延。瘟疫伴隨著乾旱與饑荒災情而來，許多疫情可能是天花所引發的，在崇禎朝前期的華北平原頗為盛行。據說還影響到清兵入關的軍事行動，因為滿洲人對天花疫情的懼怕，有多次的軍事計畫因此而取消或撤退。西北地區的瘟疫災情也很嚴重，從崇禎六年（一六三三）開始先是在山西，崇禎九年擴散到陝西邊境與漠南蒙古，崇禎十三年則是陝西全省淪陷。因為史書記載崇禎七年（一六三四）在西北邊陲地區有老鼠數量異常爆增的現象，於是有學者推測是鼠疫所造成的瘟疫。這波瘟疫在崇禎十四年傳到河北，並隨著李自成與滿洲人的軍隊傳到更多的地區，致使整個明朝的東半壁江山都淪陷了。雖然在次年疫情暫歇，但旋即每年都捲土重來，尤其以北京為流行疫情的中心，而疫情又隨著大運河由北往南傳播。

上述的災變都造成了糧食短缺，也就是所謂的饑荒的問題。崇禎朝的第一場大饑荒是在崇禎五年（一六三二）。崇禎朝的饑荒加上瘟疫造成大量的人口死亡，商業流通與農業的生產力頓時停滯，甚至倒退。從當時地方志常出現的「死亡枕籍」、「十室九空」的形容詞可以反映出來，甚至造成了食人的慘狀。這樣的情況不僅發生在華北或西北地區，就連經濟富裕的江南也不例外，《啓禎記聞錄》就記載蘇州一地，在崇禎十四年自春及夏發生旱災，米價騰貴，人心惶惶，途有餓莩。接著秋天又有蝗災，經時不絕。次年再加上疫癘盛行，有全家伏枕者，有數口中死亡過半者。而且還發生食人之事，死於道路者無人埋斂，至夜則有饑民割其肉充饑，即使在蘇城內外往往有之。崇禎十六、十七年冬春之交疫癘又大行，甚至朝發夕斃。如此生存尚且有問題，更不用談要人民繳納賦稅。明朝之所以崩潰，這種基本的民生問題已經呈現了開端。更嚴重的是既有的社會秩序也隨之崩解，於是有「流寇」的形成與擴大，最終成了壓死駱駝的最後一根稻草。

從全球史的角度來看，時間相近的同時期其他國家也發生類似的狀況。例如西歐也發生氣候變冷，導致農業產量下降、災荒頻仍、糧食短缺與大量流民出現。在全球都遭受到這種氣候變遷影響的同時，據學者估計在亞洲的經濟崩潰，遠比歐洲同時的社會動蕩更具威脅力。最終明朝之所以崩潰滅亡，這種全球氣候的變遷也是不能忽視的一面。

銀荒與財政崩潰

十七世紀的危機之二是銀荒造成了財政崩潰。關於十七世紀中葉的銀荒問題，得先從明朝的貨幣制度講起。明朝通行的貨幣經歷了明初用鈔不用錢，再到錢鈔兼用、鈔主錢輔；至明中期以後是銀、錢兼用的情況，也就是銀銅複本位制。銅錢一直都可以說是明代官方的法幣，早自洪武元年（一三六八）在京師設有寶源局、各省寶泉局鑄錢，明前期各帝在即位後多年便會開鑄新錢。明代產銅不盛，鑄錢量遠不及宋代。官府所鑄的制錢質精量少，政府往往強令比價。而明朝同時存在與使用的三類銅錢，除了官鑄的法定制錢外，還有前代遺留之舊錢，以及民間違法私鑄之私錢。官府並不禁止使用舊錢與私錢，以致形成劣幣（小錢）驅逐良幣，舊錢與私錢的使用流通反而更廣於制錢。萬曆時因爲軍費開支大增，於開始大規模官鑄制錢，欲藉此大開取息以補稅入，然而利卻不全歸朝廷，反而是擾民，民變、兵變有因此而起者。啓、禎二朝續用此法，使錢法惡化但對財政的補充成效有限。

銀的稀有性遠非銅可比擬，故其價值高於銅。明代中期之後，隨著經濟與商業化的發展，面臨大宗交易時更需要貴重金屬作爲媒介的貨幣，白銀的使用遂愈趨重要。英宗正統年間徵收金花銀，正式合法化銀本位制。之後嘉萬年間的條鞭改革，使徭役逐漸納銀化，白銀與明朝財政體系的關係更緊密的結合。事實上，明代銀礦的開採分爲官營與商辦，以徵收定額銀課，此後則採攤派制度。明前期開採地以東南的閩、浙爲主，成化年間之後因爲量少而轉向雲南開採，但國內的產量有限，至晚明，有相當比重的白銀是來自國外。

中國的外來白銀來自三條主要的路徑，一是從日本輸入；第二是美洲的白銀透過西、葡運到印度的果阿，再輸入澳門交易進入中國；第三條是產自美洲的白銀，透過西班牙人運到馬尼拉，再與華商交易後輸入中國。當時，明代的對外貿易以東南亞香料貿易爲一大宗，葡、西與荷蘭等國的歐洲人只是加入了這個早已建立與發達的貿易網。而華商對歐洲人的貿易並無太大興趣，卻對白銀情有獨鍾，歐洲人遂以大量的白銀來交易中國的絲、瓷器與茶等商品。由此，中國的商品大量進入世界市場，緩和世界市場白銀過剩與生活必需品短缺的不平衡狀態。

當大量的白銀輸入中國，也影響了明朝的經濟發展與國家財政。在農業與手工業方面促使江南與東南地區的農業專業化，也帶動了手工業與區間貿易擴張。商業城市也因而發展，如蘇州、松江、漳州等城市，還有澳門也帶動廣州發展。北方邊防重鎮也因爲年例銀充軍餉，大量的白銀運至邊境，促進邊鎮的糧食市場和商業發展。此外，白銀大量使用也造就晚明消費社會的形成。

十七世紀的銀荒危機

學者指出十七世紀中葉發生銀荒的危機，亦即當明季崇禎末年，約一六四〇年代時，因爲西班牙、葡萄牙、荷蘭與日本，在對外貿易上都發生阻礙，以致白銀不再大量流入中國，遂影響明季的經濟，造成銀貴錢賤、通貨膨漲、糧價上漲，以及工匠失業等現象。尤其是銀貴錢賤的結果，就是百姓得用更多的銅錢兌換白銀以納稅，百姓缺銀納稅使得政府沒有稅收維持軍費支出，應付內憂外患，也間接導致明朝財政崩潰與滅亡。銀荒也有地域之別，例如華南白銀較普遍使用的閩粵，銀荒的現象就相較明顯，因爲當地大量的白銀透過納稅而流到北方。

不過，也有學者認爲此危機是誇大虛構之說，首先是認爲此說在理論上太過強調貨幣交換的供給與流通面。其次，在數量上，晚明海外白銀輸入的總量並無減少，其中來自日本銀又遠多於洋銀，故後者影響不大。至於銀錢比價呈現銀貴錢賤，乃是反映銅錢長期貶值之趨勢。至於物價高漲的原因，學者認為此與白銀輸入的減少無關，主要是災荒加劇所造成的結果。而白銀作為軍費的流向，雖然大多運往北方邊境交易，但交易後仍又回到國內市場。危機說也許過於誇大，但是即使反對的學者，也都承認晚明進口的白銀對經濟發展影響甚鉅。

六、從民變到流產的「革命」

陝北民變

如果城市民變是反映了政府威信的喪失，那麼鄉村所發生的大規模民變則是造成明朝崩潰的直接因素。明季鄉村民變的策源地在陝西的北部，之所以由此起源，其實有許多背景因素。首先就自然地理環境而言，陝北是一個亢旱而嚴寒的地區。由於先天的貧脊，農村社會並不富裕，工商業尤其落後。再者陝西省受到自然環境的影響，時常發生天災，尤其是旱災。崇禎年間幾乎連年災荒，陝北的情形尤其嚴重。到了崇禎六年（一六三三），旱災、蝗災與霜災，三災並發，全省大饑，糧食價格飛漲。陝北的糧食原多靠鄰省山西接濟，此時山西又以軍事爲名，禁止糧食輸入外省，造成陝北糧荒更形嚴重。

此時陝西人民還面臨沉重的賦稅壓力。晚明因爲軍事行動頻繁，國家財政收入有限，於是增加了田賦加派的新規定。萬曆四十六年（一六一八）九月，議定加征遼餉。但是這樣的加派分攤於全國各省時，每畝一律徵收同樣數額的銀兩，並不公平，尤其不利於生產力較低的北方。就以陝西而言，土地貧脊，生產稀少，雖然徒具有地多之名，卻無豐收之實，加派遂成爲稅累，造成民眾沉重的負擔，比起田畝數量更多的湖廣或是生產力高的江南而言，陝西人民的賦稅壓力更大。

當時鄉村民變的主要分子之一就是叛變的士兵，他們常居領導的地位。主要原因是政府積欠的軍餉過多，使他們生活困難，再加上將官冒領和苛扣的情況，於是軍中公開叛變，三五成群私行逃伍更是層出不窮。陝西的境內已經潛伏著這種叛兵的勢力，到了崇禎初年饑民爲變的時候，這些叛兵就起而響應。

另外一個制度上的變革，也是促使民變的原因，即崇禎二年（一六二九）因國用不足而下令裁撤驛站。然而在陝西有許多人倚賴驛傳爲生，被裁撤的驛卒、馬夫就有不少參加民變，李自成就是其中之一。

崇禎二年又發生了勤王兵變事件，當時因爲後金的軍隊入關圍薊州，京師戒嚴，皇帝徵集各方軍隊勤王。該年有山西、陝西與甘肅的軍隊前往勤王，卻因爲無法領到糧餉，饑而生憤，繼而潰散逃回原鄉從事劫掠。

總而言之，晚明陝北的自然環境貧脊、賦稅壓力沉重，崇禎初年的天災是導火線，而陝西北部早已經潛伏著一批叛逃的兵卒。到了崇禎二年再加上裁撤的驛卒，以及勤王的潰兵，相繼與民變結合，使得變亂更擴大。此後連年的天災所製造出來的饑民成了「流寇」的後備軍，也是日後騷擾華北、華中諸省的主力。災區雖然提供流寇足夠的兵源，卻不能提供足夠的糧食，所以他們必須進軍非災區覓求糧食，以致流寇往往蟄伏於災區與非災區之間。

華北民變的擴大

陝北從天啓七年（一六二七）爆發民變，到了崇禎二年已經擴大到許多府，各地的饑民紛起響應。崇禎元年（一六二八）陝西境內民變還是以饑民為主體，到了崇禎二年，戍邊的叛兵與勤王的潰卒，逐漸取代饑民，成了主導。最初的變亂並沒有專一的領袖，遇見官兵也是各自為戰，勝則爭進，敗則逃伏山谷。官府最初的對應是採取招撫的政策，然而招撫和救濟是互相關聯的，大部分接受招安的饑民，生活問題仍無法解決，於是復而叛亂劫掠，招撫的策略終歸失敗。從崇禎四年（一六三一）開始，官方轉而以武力鎮壓為主要政策，到了崇禎六年（一六三三）陝西境內的民變基本上已經平定了。

不過，崇禎三年（一六三〇）春季開始有大股流寇進入山西，流寇的主力也移到山西，領導者是王自用，統帥有組織的三十六營，不但有其共同擁戴的領袖，作戰也有計畫。後來在明朝官軍的圍剿下，王自用被殺。崇禎六年以高迎祥為領袖的流寇開始渡黃河到了河南，雖然曾一度被困於興安縣的車箱峽，但李自成獻了詐降的計謀得以逃脫，繼續反叛劫掠。

傳說崇禎八年（一六三五）高迎祥趁著政府的援兵未到時，聚集十三家七十二營的首領召開大會於滎陽。此後流寇的發展進入到另一個階段，在崇禎七年之前，流寇通常都是避實擣虛，不管是否眞有此會，但的確此後，他們不再躲避官兵，甚至對於大城市駐紮的官兵都敢進攻。高迎祥以很快的速度攻下鳳陽，焚毀明代的皇陵，震動朝廷。太和縣知縣吳世濟描述崇禎八年正月高迎祥的部隊來襲縣城之景的《太和縣禦寇始末》云：「流寇二千餘人，從穎州肆掠南來，於本月十五日辰時奄至城下，皆穿紅騎馬。世濟從堞上窺之，衣飾華整，皆挾強弓勁矢，兵刃森列。」由上述可見，此時流寇軍隊之嚴整已今非昔比。此後朝廷加派軍隊鎮壓，甚至調動東北駐防的邊兵，亦即由遼東總兵祖寬指揮的鐵騎部隊。直到崇禎九年（一六三六），高迎祥才被擒於黑水峪，流寇轉由張獻忠（一六〇六—一六四七）領導。

遼東與後金戰役掣肘

崇禎九年朝廷拔擢楊嗣昌（一五八八—一六四一）為兵部尚書，他的討滅流賊是「四正六隅十面大網」策略，並為了增兵十二萬而加派「剿餉」，之後又有為地方防衛而加徵「練餉」。不過，此策在明朝軍事領導的高層不以為然，顯現不和的情況。

高迎祥之後，張獻忠成了勢力最強的領袖，然而崇禎十一年（一六三八）於潼關之役敗戰後，他的勢力減弱漸不如李自成，而不少流寇首領也紛紛投降。崇禎十一年末到十二年前半是流寇的衰退時期，然而此際卻因後金軍隊大規模入侵華北，負責征剿流寇的明軍與將領也紛紛被改任調防華北與東北邊境，流寇遂得以喘息。

這段期間流寇的勢力橫跨五省，包括山西、陝西、河南、湖廣與四川。流寇對官軍的優勢愈加明顯，不僅在人數方面眾寡懸殊，而且在質上也逐漸精銳，尤其是機動性與迅速性。他們依靠的是騎兵，一人備有二至四匹馬，可以日夜行軍，連行數百里，行軍又無一定的方向，官軍難以處處設防。再就糧餉而言，流寇到處可以「因糧宿飽」，不必攜帶糧草，而官兵又得靠運餉接濟。再就地理環境而言，因為自從流寇渡河而南，河南的地理都是曠野平原，很難恃險而守，流寇更能施展騎兵的優點長驅馳騁，官兵也較初期處於不利的地理位置。

流寇的組織也全非是烏合之眾，其領導者稱為「掌盤子」，大多為延安府出身者。其下屬有老營、左、右、前、後等五營，再下則是老管隊、小管隊與管隊所組成。他們有專屬的情報組織「下不收」，也有後勤部隊如打糧隊、打草馬隊、銀匠隊、吹手隊、裁縫隊與孩兒軍等。指揮者通常只用綽號，這也形成混淆敵方視聽的效果。

李自成異軍突起

除了因後金的入侵之外，崇禎十二、十三年時，南北兩直隸以及河南、山東、陝西與江蘇等省發生了嚴重的旱災與蝗災，因而許多饑民陸陸續續加入了流寇，給李自成帶來轉機。崇禎十三年（一六四〇）李自成攻陷洛陽，殺死肥胖的福王製成「福祿酒」，而隔年張獻忠也攻陷襄陽，殺死襄王。楊嗣昌因此而自殺，討流寇的明朝軍事中樞就此無首，而兩方的戰力在此後也呈現逆轉，有利於流寇這一方。李、張二人逐漸改變過去流動掠奪的方針，開始轉向統治地方。

影響李自成深遠的是收到幾位書生的歸順，最重要是傳說中的李巖（一六一〇—一六四四）和牛金星。牛金星對李自成的軍事戰略與戰術方面影響甚大，而李巖建議以「均田」、「免賦」爲兩大政綱來吸引民眾，並製造歌謠來宣傳闖王爲仁義之師，「闖王來了不當差、不納糧」，此歌謠傳遍了黃河南北，剛好打中明朝官府的弱點。崇禎十五年（一六四二）下半李自成下令攻陷城市後禁止軍隊掠奪，又派遣文官統治部分地方。崇禎十六年

（一六四三）正月李自成在攻陷襄陽之後改爲襄京，開始建立政權。同年張獻忠決定進入四川，於崇禎十七年（一六四四）在成都稱帝，國號大西。

自崇禎十四年（一六四一）之後，明朝各省的官兵自衛防禦能力都已逐漸呈現疲態，完全無力追擊流寇軍隊。即使崇禎重新起用之前剿匪有成卻因觸怒崇禎帝而下獄的孫傳庭（一五九三—一六四三），但崇禎十六年（一六四三）九月傳庭敗走，十月潼關被破，傳庭戰死，明軍的劣勢已無法挽回。崇禎十七年（一六四四），李自成在攻陷西安後稱帝，國號大順，接著計畫進軍北京。

圖 8-5　清初小說中的李自成畫像。出自〔清〕松排山人編，《鏽像鐵冠圖忠烈全傳》，收入《古本小說集成》。

崇禎十七年正月，李自成兵分三路進軍北京，雖在代州受挫於總兵周遇吉，但隨後有大同總兵姜瓖與宣府總兵王承允來獻降表，讓自成無後顧之憂。崇禎雖詔天下兵前來勤王，卻僅有總兵唐通來守居庸關，而當李自成大軍一至卻立刻投降。此時京師武備懈弛，防務空虛，京營不但缺餉，又少訓練。自成謀取京師已久，早有密探、奸細潛入京師刺探朝廷軍情，以致當三月十七日自成的騎兵到平則門，明政府還以爲是吳三桂（一六一二—一六七八）的援兵。再者，崇禎倚信宦官，連京城守城責任都委予宦官，但敵人一到他們不逃便降。北京城破，崇禎自縊於煤山，享年三十四歲。他臨終之際，卻依然認爲亡國的責任在於臣下。

七、努爾哈赤與建州女真的崛起

建州女真的崛起

中國的東北在明朝時居住著森林狩獵民族女眞人，十四世紀時明朝以遼陽作爲根據地掌控了當時東北地區，在明成祖時代女眞人就已歸順了明朝，其分布由距離中國之遠近而分爲三類，依序爲建州女眞、海西女眞，以及野人女眞。

明朝中期開始，東北地區毛皮貿易逐漸興盛。當時中國內地從宮廷開始流行穿著毛皮，使得當地的毛皮貿易興隆，逐漸衝擊明朝的朝貢貿易體制。到了十七世紀下半葉，當地已經形成繁盛的互市貿易，而掌控該項交易的政治集團，就是離中國最近的建州女眞。

除了毛皮之外，他們還壟斷產自朝鮮而利潤甚豐的人蔘貿易。據學者估計，十七世紀早期從歐洲與美洲流進中國的白銀中，有二五％流入努爾哈赤（一五五九—一六二六）的氏族。這些貿易所得也用來購置武器和聘任軍官，資助了他們後續的征服事業。同時他們藉此取得了明朝原本禁止出口的農具等鐵製品，接著又從朝鮮取得耕牛。至於農業生產勞動力的取得，最初是透過買賣人口，後來與明朝的作戰開始之後，他們又俘虜了許多漢人農民，由此他們開始在這塊平原地區擴大農業生產。有了經濟基礎之後，也開始形成軍隊以及政府組織。

女眞族的領導人是努爾哈赤，當他勢力逐漸擴大之後，一舉統一了中國東北地區的女眞族部落。而明朝遼東由總兵李成梁（一五二六—一六一五）治理了幾十年，因爲明朝的衛所制與軍戶制度至此已然瓦解，李成梁其實是在這裡養著一批自己的私人軍隊，他以半軍閥的姿態控制了遼東地區，而他養私兵的經濟來源其實就來自於和女眞族的交易。努爾哈赤也是受到他的庇護，才能逐漸擴張自己的勢力。李成梁在明朝中央政府裡面最重要的後盾就是內閣閣臣，但是因爲內閣與東林黨的黨爭，導致李成梁被彈劾丟官。努爾哈赤也因此失去了跟中國交易的中間人，經濟基礎出現了動搖，這可能是導致他日後想入關南侵的原因之一。

努爾哈赤在文化與軍事上有兩項重要的新建制，有助於日後與明朝的競爭。一是在萬曆二十七年（一五九九）任命學者採用蒙古文字來書寫女眞語，由此誕生了「滿文」。一是在萬曆四十三年（一六一五）之前創立了「旗」的制度，由最初的四旗後來擴張到八旗，旗不但是戰鬥的軍事單位，也是生活與經濟生產的組織。努爾哈赤在萬曆四十四年（一六一六），改國號爲金（一般稱之爲「後金」），並自稱爲「汗」。隔了兩年，也就是萬曆四十六年（一六一八），他與明朝斷交，先是攻擊撫順，又在著名的薩爾滸戰役擊潰了明朝大軍與朝鮮的聯軍。接著他逐漸掌控遼東平原，把首都遷都到瀋陽，之後改稱爲盛京。至此後金正式從部落式的政權，蛻變爲帝國的基礎。

改建大清、入主中國

努爾哈赤接著在遼東擴張的過程中，於天啓六年（一六二六）寧遠城一役被明朝守將袁崇煥（一五八四－一六三〇）所敗，且被傳教士指導下做出來的紅夷大砲傷及而死亡，於是由皇太極（一六二六－一六四三）繼承其位。

皇太極在位期間更進一步奠定該政權在東北亞的霸權地位。在內政上，皇太極開始將明朝的官僚體系加諸在原來部落或封建式的組織架構之上，形成了相對優越的政治組織形式，適合用以征服中國內地，也是向明朝皇帝提出挑戰。在軍事上，他首先於天啓七年（一六二七）進攻朝鮮，要求朝鮮王與之締結兄弟關係，以確保和中國交戰下能夠補充難以取得的物資。同時也利用假情報，使得明崇禎皇帝中了反間計，而將宿敵袁崇煥削職處死。接著又在崇禎七年（一六三四）打敗了內蒙古北元的繼承者林丹汗，隔年林丹汗的長男向後金投降時，帶著元朝的玉璽，這顆玉璽被皇太極視爲天命。

崇禎九年（一六三六），皇太極自認爲滿洲女眞族、蒙古族與漢族三個民族的皇帝，也就是大汗，改國號爲「大清」。這個新的帝國統治者不但是滿洲女眞族的領袖，對蒙古族而言是繼承了成吉思汗（一一六二—一二二七）的黃金家族系譜，就漢族而言是接續了元朝的正統性。

該年年底皇太極率大軍進攻朝鮮，朝鮮王不敵而投降，從此朝鮮斷絕與明朝的關係，成爲清朝的冊封國。皇太極時代雖然和明朝交戰，但是仍無法突破萬里長城的山海關，只能繞道熱河入內地，蹂躪京畿、河北與山東等州縣的七十多個城市而返。

崇禎十六年（一六四三）皇太極病逝，由他六歲的兒子福臨（一六三八—一六六一）繼位，而主要的輔佐大臣是皇太極的弟弟多爾袞（一六一二—一六五〇）。皇太極死後的隔年，也就是崇禎十七年（一六四四），中國本身發生了重大變化，給了清朝入關征服中國的大好機會，也就是李自成於三月攻破北京。當時明朝爲了抵禦清軍，將主力部隊配置在山海關，使得北京的防備減弱。當駐守在山海關的明朝將軍吳三桂得知北京陷落後，遂與清朝合作，引清兵入關，清廷亦聲稱替明朝皇帝報仇。李自成的大軍在與吳三桂的明朝邊軍以及多爾袞率領的清朝軍隊交戰失利後，李自成棄北京而遁逃。清軍便在五月二日進入北京城，短短一個半月（四十二天）的時間就從明朝轉換到清朝。

八、南明政權的悲歌

南明抗清十八年

北京陷落之後的十八年內，在中國的南方陸續出現了五位南明皇帝。之所以陸續出現如此多的南明政權，其實跟明朝特有的歷史傳統、政治生態，以及當時的社會狀況密切有關。首先，明朝各地遍布著許多藩王，自從明成祖永樂皇帝發動靖難之變得位後，這些藩王大多除了擁有經濟力之外，已無軍事力，也無法參與政治。因爲他們遍布於全國各處，所以在任何地方忠明的志士都可以找到適合的藩王，作爲恢復大業的象徵或者是抗清集團的領袖。但由於這些藩王在過去彼此沒有聯繫，在國家政務上面也沒有任何親身的經驗，他們的觀察力和追隨者的眼界都顯得非常狹隘。同時這些政權又互相競爭領導中心，結果造成各自爲陣的抗清行動。

南明政權裡的政治爭鬥也是之前延續而難解的問題。東林黨與閹黨的爭鬥一直延續到弘光朝政權，除此之外，文武關係也導致彼此難以合作。如弘光朝的四鎮（劉澤清、劉良佐、黃得功、高杰）軍閥在江北地區爭奪主要城市以獲得人物力之資源，遂與文官的總督、巡撫爲保護百姓、設法維持稅收而產生矛盾。左良玉（一五九九—一六四五）的「清君側」叛變，是弘光朝文武對立激化的表現。唐王的隆武朝大學士黃道周（一五八五—一六四六）與南安伯鄭芝龍（一六〇四—一六六一）的衝突，也是文武關係不和的反映。

此時的另一個難題，就是在十七世紀上半葉已經出現的社會不安和混亂，使原有的身分等級制度遭受挑戰。到了北京淪陷之後，中央和地方政府的權威與能力已公然被質疑，於是奴僕反叛主人的奴變，以及佃農不繳租的抗租等社會失序現象，在此際達到最高峰，過去中國大陸學者就以階級鬥爭的高漲來論述之。南明的政權想重新樹立這樣的威信，是很困難的事情。

南明諸王

清軍進占北京後的五月，福王（一六〇七—一六四六）在南京稱帝，建元弘光。弘光朝懷著與清軍合作的幻想，然而這個幻想很快就破滅了。當得知清軍要南下，弘光朝才緊急命令四鎮護衛。但是這時候的四鎮已成軍閥，擁兵自重，不聽指揮，爭先恐後的避敵南撤。弘光朝的內部問題更是嚴重，政權尚未安穩的時候就已經呈現離心離德，危機四伏的狀態。弘光帝所倚重的馬士英（一五九六—一六四七）、阮大鋮（一五八七—一六四六）

引發了許多弊病，以致朝廷紛爭加劇。弘光帝又無力調和，遂使得忠耿之臣無法立足，而相繼憤然離去。當史可法（一六〇二—一六四五）於揚州殉國之後，清軍強勢渡江，弘光帝棄城出逃，仍被叛將劉良佐所執，旋即被押送北京處死。當弘光帝被捉回南京時，百姓夾街唾罵擲瓦。

弘光朝之後，在江南仍有許多不屈服於清朝人統治的士大夫，在各地掀起了風起雲湧的抗清活動，可惜多是分散而未形成統一的力量。較具規模的有兩個抗清力量，分別在福建與浙江，有兩個明朝的宗室被擁成立政權：一個是在福州的唐王（一六〇二—一六四六），由鄭芝龍、黃道周擁立，改元隆武；另一個是在紹興的魯王（一六一八—一六六二），鄭遵謙、張國維等迎立，號爲「監國」，卻是行使皇帝之權的南明政權。

唐王與魯王皆爲明朝宗室的遠支，但是被擁立之後各自獨立，彼此間互不服氣，不僅無法合作，甚至形同水火。雖然各自都有出擊抗清，但都是孤立而不配合的行動，最終在順治三年（一六四六）被清朝軍隊各個擊破。唐王被清軍擄殺於汀州，魯王投靠鄭成功，死於金門。

當魯王、唐王相繼敗亡之後，在華南的地方又陸續出現了兩個水火不容的南明皇帝。一個是在廣東廣州登基的紹武帝（一六〇五—一六四七），另一個是同在廣東省內的肇慶登基的永曆帝（一六二三—一六六二），於是在二百里內居然出現了兩個明朝皇帝，而且彼此誰都不服誰，最後是兵戎相見。當紹武朝軍臣正爲大勝永曆的軍隊而陶醉之時，清軍已經趁勢大舉南下。廣州城陷時，紹武被執，最終自縊而死。永曆皇帝得知廣州城陷，驚慌之餘立即舉朝逃亡。

在永曆皇帝的十五年間，端靠孫可望和李定國的張獻忠殘餘部隊支撐，曾短時期收復湖南，並占據西南七省及東南諸島嶼，大有重振明朝之勢。但內部各種勢力紛爭不斷，不足以有爲，流亡了六十餘地，是名符其實的流亡政權，最終逃亡到緬甸。順治十八年（一六六一），孫可望降清，吳三桂率清軍攻下雲南地區後，大軍壓境緬甸，逼其交出永曆皇帝。緬甸此時已經無力抵抗清軍，只好同意引渡永曆皇帝，以換取清軍撤兵。隔年永曆皇帝在昆明被絞殺。但進駐臺灣的鄭氏政權，始終奉永曆正朔，直至康熙二十二年（一六八三）。

通俗文學中的南明

當傳統士大夫重視朝代鼎革以及抗清大業的同時，我們還是可以發現中下階層的百姓對於當時南明政權的一些看法，尤其可以在一些通俗文本裡反映出來。例如馬士英爲增加財源而出賣官銜與功名，於是有歌謠諷刺他：「中書隨地有，翰林滿街走。監紀多如羊，職方賤似狗。蔭起千年塵，拔貢一呈首。掃盡江南錢，填塞馬家口。」還有人在阮大鋮的門口貼上：「闖賊無門，匹馬橫行天下；元凶有耳，一兀直犯神京。」可見人們對二人之痛恨。以此公然無忌地賄賂得官，人人趨之若鶩，卻大大損害政府的威信，實在是得不償失。

此外，明清之際仍有不少時事劇創作，常見的主題就是批評與諷刺南明政權，又以諷刺阮大鋮爲主題的最多。例如順治四年（一六四七）距弘光朝亡國亦不過相隔兩年，有常州府無錫縣人三餘子，以阮大鋮僵死仙霞嶺事，創作《仙霞嶺》雜劇痛加誅斥。同年也有人在江西當塗目睹當地上演阮大鋮背明的戲劇，該齣戲上演時還有髫鬟男、虯髯老僧、佩長劍面蒼黑者等紛至觀戲，可見此戲吸引了不少一般平民觀眾。由此反映了一般人們對阮大鋮的痛恨以及對弘光朝的不滿。直到康熙初年，諷刺南明福王懦弱以及歌誦史可法忠貞的時事劇，還時有所見。

明清鼎革與當代世界

值得一提的是，明、清朝代的鼎革，不僅僅是中國本身的重大歷史事件，對周遭的東亞國家也是具有重要的影響，而且從全球史的角度來看也是當時重要的大事件。由於近代早期經濟全球化的出現和發展，世界各地日益緊密的聯繫在一起。這樣的全球化發展，使得各國之間的關係也愈來愈密切。南明政權在抗清的過程中就嘗試著和周邊國家，甚至歐洲國家建立聯繫。

著名的學者朱舜水（一六〇〇—一六八二）從弘光元年（一六四五）開始，就曾多次到日本、安南、交趾、新羅等國活動，最終到日本乞師未成後，決定不再回國。永曆政權與葡萄牙人的關係更深，不但獲得傳教士的幫助，澳門的援軍還曾親自參與抵抗清軍的戰鬥。當順治五年（一六四八）永曆皇帝再次派人赴澳門求援時，因為葡萄牙人的資助有限，太后於是決定派使臣陳安德與傳教士卜彌格（Michel Boym）直接赴羅馬向教皇求援。明清鼎革的消息也透過傳教士與西方人傳播到歐洲，獲得歐洲高度的關注。其中有些內容甚至改編成戲劇，這類文學作品也擴大了明清鼎革訊息在歐洲的傳播和影響面。毫無疑問，明清鼎革在當時已經是一個全球性的歷史大事件。

九、清初民間的抗清運動

清軍進入北京之後，出乎其意料的輕易征服了華北的大部分地區，幾乎沒有太多的抵抗。因爲當時華北歷經了明清之際的天災人禍，大部分的地方都希望獲得安定。也可能是出奇的成功導致清朝的錯覺，事實上清軍進入北京之後還要花整整近四十年的時間，才能安穩地控制前朝全部的領土。在清軍入關之後的初期，有兩股抵抗的力量最為突出，其一是江南紛起的抗清活動。

「揚州十日」與南京迎降

順治二年（一六四五），清廷開始積極部署南下的兵力。二月，清廷命豫親王多鐸（一六一四－一六四九）移師江南，趨往南京。三月，清軍取歸德，定河南。四月，清軍藉左良玉兵變內訌而進取亳州等地，原淮安守將劉澤清以入衛爲辭避而南下，淮安城守空虛而納款於清。清軍自是渡淮河攻揚州，四月二十五日砲擊城西北隅而破城，於是有揚州十日之屠。五月十日，清軍渡江，南京大震，弘光帝聞警急走蕪湖。南京街上鬨傳弘光皇帝已出城，京中文武官員一時隱遁。趙之龍等明臣迎降，清軍進入南京城。

清負責南進的豫王多鐸對江南其他地區採招安之策，雖然在蘇州發生楊文驄（一五九六－一六四六）殺害清使臣黃家鼐一事，以致激怒多鐸，派八萬兵下蘇、杭；但整體而言，江南城市並未有太多抵抗，尤其當清兵進趨杭州時，當時記載杭州投降的情景如《鹿樵紀聞》所云：「明潞王常淓度不能守，率在城各官迎降，請毋殺百姓。貝勒許之，按兵不入，市不易肆，東南郡邑一時帖然，猶若不知有鼎革之事者。」

「薙髮令」與江南激烈抗清

這個新政權可能在征服華北太過順利的鼓勵之下，就在六月發布「薙髮令」，令全國十日內盡行剃髮留辮。這個法令在漢族男性中引起極大的憤怒，因爲髮式是中國傳統文化認同的代表，同時剃髮也違反傳統孝道中「身體髮膚，受之父母」的原則。而這個時候清軍尚未充分控制的華中地區，就有部分山區本來接受清朝縣官統治的地方精英，就因爲此法令而叛變，退回山寨抗清。在江南地區因爲薙髮令而引起的抗清活動更加頻繁而激烈。如前所述，原本清軍渡江南下之初，一切看似相當順利，除了揚州等少數地區之外，幾乎沒有太多大規模的抵抗，不過這個時候卻大異於前。

薙髮令發布不久，江南抗清之舉紛紛四起。各地起事者多是由前明之官員與士紳發起，包括如嘉興之徐石麒、嘉善之錢士升與屠象美、松江之沈猶龍、江陰之諸生許用與典史陳明遇、金山衛有指揮使侯承祖。蘇州府轄下的抗清活動，有嘉定縣之侯峒曾與黃淳耀、常熟之總兵何沂、崑山之朱集璜與朱天麟等人所領導起事。太湖一帶則陸續有副總兵魯之嶼、進士吳易等人，以及陳墓鎮的諸生陸世鑰所領導的抗清軍隊，又有湖盜赤腳張三附合之。

在這波抗清的運動中，最常見的情況是以城市爲中心，號召城鄉居民組織義軍來守城，並與明朝殘餘部隊相配合來抵抗清軍。例如江陰、嘉定、常熟、崑山、松江與松江府所屬的金山衛等城市，其中又以江陰與嘉定二城抗清之事最爲人熟知。最後這些抵抗都在清軍的武力鎮壓下告終。當時有「苦莫苦於嘉定，慘莫慘於江陰」之謠，蓋指江陰、嘉定是被清軍屠戮最甚的兩城。

當時親身經歷逃難痛楚的下層士人，在其所留下的文獻裡敘述自己的逃難過程，同時記錄對時事人物的看法，相較過去史書的評價往往有很大的差異。他們對鄉兵或義兵的抗清能力不以爲然，而且認爲這些舉動成事不足，敗事有餘，只會將城居百姓帶入萬劫不復的深淵。例如作者佚名的《海虞被兵記》一書批評常熟領導鄉兵抗清的分子，等到清大軍一到，即露出其本質，恣意誅殺，搜攫貲財，徒留平民遭受塗炭。他們非常清楚地將抗清的領導人分爲兩類，一類是眞正忠於明朝的孤臣義士，另一類人則是藉口抗清，卻以搶奪資源爲目的的投機分子。又例如親身經歷「嘉定三屠」而劫後餘生的朱子素，對守城抗清的侯峒曾與黃淳耀二人有一段評論，雖然他對嘉定抗清之舉並不表贊同，但是並未將城遭屠之過歸咎於侯、黃二人，而是嚴厲批判那些始倡抗清、輕起兵端，卻又半途遁逃之徒。無怪乎在其他的地區有例子顯示當鼎革之際，有些地方菁英並不歡迎義軍，反而期待與清朝合作。

十、鄭氏在臺灣的抗清

鄭氏家族的海外貿易事業

另一股反清的勢力就是鄭成功（一六二四—一六六二）。鄭成功是福建南安人，鄭氏在當地是大家族。鄭氏家族其實有相當長的時間是從事海外貿易，從明朝中葉開始，他們就頻繁地到廣東，特別是香山澳，從事貿易活動。因為自從葡萄牙商人占據廣東香山澳之後，中國與歐洲的貿易中心一度轉移至此，所以福建泉州、漳州一帶的商人包括鄭氏家族，都紛紛的走向廣東，從事對外貿易。十六世紀海上貿易商是以王直為首的徽州商人集團，此際則是由最能因應局勢變化的福建商人所取代。

鄭成功的父親鄭芝龍在早年就曾經到澳門投靠母舅，並在澳門學習了葡萄牙語，從事「通事」工作，即替葡萄牙人做仲介，並且皈依了天主教，教名尼古老．加斯巴特（Nicholas Gaspard）。後來他在日本靠著華僑的力量逐漸抬頭。鄭芝龍可以說是海外華商集團的代表，他不但從事海上走私貿易或劫掠商船，而且他有更大的政治抱負，就是利用武力來脅迫官府招安，進而衝破海禁的羈絆，以合法的地位控制海疆，從事開放的自由貿易。如此他也必須面對其他海外殖民者的競爭，尤其是中國與日本之間的貿易對手——荷蘭人，他曾在澎湖擔任荷蘭人的翻譯及通事，對荷蘭人瞭解甚深。

崇禎元年（一六二八），鄭芝龍被明朝招安，任命為「五虎遊擊將軍」，之後因驅逐海盜的功績而升官，崇禎六年（一六三三），在金門料羅灣大敗荷蘭艦隊。他利用和明朝、在臺荷蘭人的三角關係發展其海上勢力。雖然擁立了唐王，但鄭芝龍主要的目的並不是為了抗清復明，而是為了保住自己在海上貿易的特權。所以當清軍大兵壓境的時候，他

圖 8-6　金門的魯王墓，金門縣政府提供。

就選擇投降。他的行爲也相當程度反映了隆武朝內，士大夫群體與海上武裝集團之間的矛盾與衝突。

鄭芝龍的武裝集團代表了海上商人集團的勢力，這一點爲鄭成功所繼承。鄭成功的全盛時期，在廈門、杭州分別有五間批發商店，他又向勢力範圍區域內的居民徵稅，對海上航行的船徵收「牌餉」的通行稅，也會利用放款生息。此外，他繼承其父掌握在日本長崎從事生絲貿易的主導權。

鄭成功的抗清事業

但是在政治上鄭成功選擇與他父親完全不同的路，這與他的求學背景密切相關。鄭成功在二十一歲時由福建南安縣入南京太學，師承錢謙益等東林、復社之名流，他會堅持走向抗清，應該是受到這些人的影響所致。鄭成功起初在南明隆武政權之下的主要任務，是在閩西北地區從事防禦的軍事行動。在隆武皇帝死後，鄭成功於順治三年（一六四六）年底在海上誓師起義，並遙奉永曆正朔，繼續抗清事業，這可以說是鄭成功一生事業的重要起點。順治十六年（一六五九）的北伐是鄭成功起義以來規模最大的一次抗清軍事行動，其中南京戰役對於北伐全局具有決定性的影響，也使鄭成功的策略出現重大轉折。

因爲南京一役的失敗，鄭成功吸取到教訓，於是決定進取臺灣。當時荷蘭人採取有組織的「東印度公司」來推動海外貿易，較葡萄牙商人更顯效率。荷蘭人因爲無法在中國本土建立交易據點，於是在天啓三年（一六二三）於臺灣安平設置商館，企圖掌控中國與日本之間的貿易。待鄭成功驅逐荷蘭人光復臺灣之後，他採取了屯田自給的政策，此舉成功地解決了軍糧的問題，也是鄭氏戰略性的極大轉變。然而鄭氏經營臺灣的同時，他們的海上活動卻從未停止。清朝爲了消滅明鄭的勢力，在順治十三年（一六五六）施行海禁，禁止沿海地區的商船出海，以防商人提供糧食、貨品與明鄭交易。康熙即位後更於順治十八年下令將東南沿海距離海岸線三十里以內的居民強迫遷居到內陸，此舉反而對自身內陸的經濟造成嚴重的損失。

一方面因爲收復臺灣而被視爲民族英雄，但另外一方面他也是十七世紀東亞國際舞臺上的大海商。事實上鄭成功一直處於國際化的環境中，他與日本、荷蘭、西班牙等國之間都有頻繁的接觸。從全球史角度來看鄭成功，在當時早期全球化的過程中，他代表海洋中國的一脈，也就是致力向海洋的外向型經濟發展的代表。

在南明的政權之中，其實活得最久的是魯王。當清軍攻下紹興之後，魯王流亡在海上，仍然持續抗清的活動，也有不少臣子依然追隨他，後來他輾轉依附鄭成功。在順治十年（一六五三）三月，魯王自去監國之號，改奉永曆皇帝正朔。康熙元年（一六六二），鄭成功取得臺灣不久之後病逝，而永曆皇帝也被害於昆明，該年冬天魯王因哮喘病逝於金門。這一年，南明諸王全部離世，但永曆正朔仍由鄭氏政權所奉；則南明政權並未因諸帝之死而亡，又隨鄭氏存活至康熙二十二年（一六八三），直到鄭克塽降清，大明王朝國祚正式告終；並未能如朱元璋建國所願「大明終始」，而是「大明始終」了。

參考書目

一、專書

中文

么書儀，《元代文人心態》，北京：文化藝術出版社，一九九三。
于志嘉，《明代軍戶世襲制度》，臺北：學生書局，二〇二〇。
于志嘉，《衛所，軍戶與軍役：以明清江西地區爲中心的研究》，北京：北京大學出版社，二〇一〇。
尤淑君，《名分禮秩與皇權重塑：大禮議與嘉靖政治文化》，臺北：國立政治大學歷史學系，二〇〇六。
方志遠，《明代國家權力結構及運行機制》，北京：科學出版社，二〇〇八。

方覺慧，《明太祖革命武功記》，國學書局，一九四〇。臺北：文海出版社，一九六四。
毛佩琦，《毛佩琦細解明朝十七帝》，北京：光明日報出版社，二〇〇六。
毛佩琦，《平民皇帝朱元璋二十講》，瀋陽：萬卷出版公司，二〇〇八。
王天有，《明代國家機構研究》，北京：北京大學出版社，一九九一。
王天有、高壽仙，《明史：一個多重性格的時代》，臺北：三民書局，二〇〇八。北京：中信出版社，二〇一七。
王兆春，《中國火器史》，北京：軍事科學出版社，一九九一。
王見川，《從摩尼教到明教》，臺北：新文豐出版公司，一九九二。
王毓銓，《明代的軍屯》，北京：中華書局，一九六五。
王劍英，《明中都研究》，北京：中國青年社，二〇〇五。
田中健夫著，楊翰球譯，《倭寇——海上歷史》，武昌：武漢大學，一九八七；原書一九八二年由日本教育社出版。
朱阿寶，《明代通政司研究》，蘭州：西北師大碩士論文，二〇一一。
朱鴻林編，《明太祖的治國理念及其實踐》，香港：香港中文大學出版社，二〇一〇。
何幸眞，《殤魂何歸？明代的建文朝歷史記憶》，臺北：秀威資訊科技，二〇二〇。
何炳棣，《中國歷代土地數字考實》，臺北：聯經出版公司，一九九五。

何炳棣著，徐泓譯注，《明清社會史論》，臺北：聯經出版公司，二〇一三。
何炳棣著，葛劍雄譯，《一三六八—一九五三中國人口研究》，上海：上海古籍出版社，一九八九。
吳大昕，《海商、海盜、倭：明代嘉靖大倭寇的形象》，北京：科學出版社，二〇二〇。
吳承明，《中國資本主義發展史》，北京：人民出版社，一九八五。
吳承明，《中國資本主義與國內市場》，北京：中國社會科學出版社，一九八五。
吳承瑾，《陣法與身體：晚明軍事文化中的鴛鴦陣》，新北：花木蘭文化事業有限公司，二〇二〇。
吳晗，《朱元璋傳》，上海：新中國書局，一九四九；北京：三聯書店，一九六五；北京：人民出版社，二〇〇四。
吳晗，《明太祖》，重慶：勝利出版社，一九四四。
吳晗，《由僧缽到皇權》，重慶：在創出版社，一九四四。
呂景琳，《洪武皇帝大傳》，瀋陽：遼寧教育出版社，一九九四。
巫仁恕，《品味奢華：晚明的消費社會與士大夫》，臺北：中央研究院、聯經出版公司，二〇〇七。
巫仁恕，《激變良民：傳統中國城市群眾集體行動之分析》，北京：北京大學出版社，二〇一一。
李文治，《晚明流寇》，臺北：食貨出版社，一九八三。
李光濤，《明季流寇始末》，臺北：中央研究院歷史語言研究所，一九六五。
李伯重，《火槍與賬簿：早期經濟全球化的中國與東亞世界》，北京：三聯書店，二〇一七。
李伯重，《發展與制約：明清生產力研究》，臺北：聯經出版公司，二〇〇二。
李林楠，《朱元璋的正面與側面》，北京：台海出版社，二〇一七。
李金明，《明代海外貿易史》，北京：中國社會科學出版社，一九九〇。
李新峰，《明前期軍事制度研究》，北京：北京大學出版社，二〇一六。
汪敬虞，《中國資本主義的發展與不發展》，北京：中國財政經濟出版社，二〇〇二。
那思陸，《明代中央司法審判制度》，北京：北京大學出版社，二〇〇四。
周維強，《佛郎機銃在中國》，北京：社會科學文獻出版社，二〇一三。
孟西士（Gavin Menzies）著，鮑家慶譯，《一四二一：中國發現世界》，臺北：聯經出版公司，二〇〇三。
岩井茂樹著，傅勇譯，《中國近代財政史研究》，北京：中國社會科學出版社，二〇〇一。
林麗月，《明末東林運動新探》，臺北：國立臺灣師範大學歷史研究所博士論文，一九八四。
林麗月，《奢儉・本末・出處——明清社會的秩序心態》，臺北：新文豐出版公司，二〇一四。
和氏璧、矯海燕，《明太祖朱元璋傳》，長春：吉林人民出版社，二〇〇六。
俞本輯，李新峰箋証，《紀事錄箋証》，北京：中華書局，二〇一五。
姚楠、陳佳榮、丘進，《七海揚帆》，香港：中華書局，一九九三。
姜德成，《徐階與嘉隆政治》，天津：天津古籍出版社，二〇〇二。
柏樺，《柏樺講朱元璋御案》，天津：天津人民出版社，二〇一六。
范金民，《明清江南商業的發展》，南京：南京大學出版社，一九九八。
范金民，《明清商事糾紛與商業訴訟》，南京：南京大學出版社，二〇〇七。
范金民，《國計民生：明清社會經濟研究》，南京：江蘇人民出版社，二〇〇八。
范金民，《國計民生：明清社會經濟新析》，南京：江蘇人民出版社，二〇一八。
范金民、吳恬，《鄭和》，南京：南京大學出版社，二〇一一。
范金民、金文，《江南絲綢史研究》，北京：中國農業出版社，一九九三。
韋慶遠，《明代黃冊制度》，北京：中華書局，一九六一。
韋慶遠，《明清史辨析》，北京：中國社會科學出版社，一九八九。

唐文基，《明代賦役制度史》，北京：中國社會科學出版社，一九九一。
夏德儀、蔣孝瑀、徐泓、尹章義，《明史論文提要》，臺北：東吳大學歷史學系，二〇一〇。
徐泓，《二十世紀中國的明史研究》，臺北：臺灣大學出版中心，二〇一六。
徐泓，《聖明極聖之世？：明清社會史論集》，臺北：聯經出版公司，二〇二一。
郝祥滿，《朝貢體系的建構與解構：另眼相看中日關係史》，武漢：湖北人民出版社，二〇〇七。
馬西沙、韓秉方，《中國民間宗教史》，上海：上海人民出版社，一九九二。
高良倉吉著，蘆荻譯，《琉球的時代：偉大歷史的圖像》，臺北：聯經出版公司，二〇一八。
高壽仙，《明代農業經濟與農村社會》，合肥：黃山書社，二〇〇六。
商傳，《明太祖朱元璋》，杭州：浙江文藝出版社，二〇一三。
張金奎，《明代衛所軍戶研究》，北京：線裝書局，二〇〇七。
張晉藩等，《中國法制史》，北京：中國人民大學出版社，一九八一。
張海瀛，《張居正改革與山西萬曆清丈研究》，太原：山西人民出版社，一九九三。
張煜瑞，《明太祖朱元璋全傳》，北京：企業管理出版社，二〇一二。

張增信，《明季東南中國的海上活動．上編》，臺北：中國學術著作獎助委員會，一九八八。
張顯清、林金樹，《明代政治史》，桂林：廣西師範大學出版社，二〇〇六。
張顯清主編，《明代後期社會轉型研究》，北京：中國社會科學出版社，二〇〇八。
戚印平，《遠東耶穌會史研究》，北京：中華書局，二〇〇七。
曹雨，《激辣中國：從廉價到流行，辣椒的四百年中國身世漂流記，探查地域傳播、南北差異到飲食階級》，臺北：麥田出版公司，二〇二一。
曹樹基，《中國移民史》第六卷，福州：福建人民出版社，一九九七。
梁方仲，《中國歷代戶口、田地、田賦統計》，北京：中華書局，二〇〇八。
梁方仲，《明代賦役制度》，北京：中華書局，二〇〇八。
梁方仲，《明代糧長制度》，上海：上海人民出版社，二〇〇一。
梁柏力，《被誤解的中國：看明清時代和今天》，北京：中信出版社，二〇一〇。
陳支平主編，《明朝在中國歷史上的地位》，天津：天津古籍出版社，二〇一一。
陳文石，《明洪武嘉靖間的海禁政策》，臺北：國立臺灣大學文學院，一九六六。
陳梧桐，《朱元璋十講》，鄭州：河南文藝出版社，二〇二一。
陳梧桐，《朱元璋研究》，天津：天津人民出版社，一九九三。

陳梧桐，《洪武大帝朱元璋傳》，貴陽：貴州人民出版社，二〇〇五。
陳梧桐，《洪武皇帝大傳》，鄭州：河南人民出版社，一九九四。
陳梧桐、彭勇，《明史十講》，北京：中華書局，二〇一六。
陳梧桐主編，《中國文化通史・明代卷》，北京：北京師範大學出版社，二〇〇九。
陳煥鉞，《明太祖傳》，北京：中國社會科學出版社，二〇〇八。
陶希聖、沈任遠，《明清政治制度》，臺北：臺灣商務印書館，一九六七。
傅衣凌主編，楊國楨、陳支平著，《中國歷史：明史》，北京：人民出版社，二〇〇六。
寒宛蝶，《乞丐皇帝：明太祖朱元璋》，北京：西苑出版社，二〇一〇。
彭信威，《中國貨幣史》，上海：上海人民出版社，一九五八。
黃仁宇，《中國大歷史》，臺北：聯經出版公司，一九九三。
黃宗智，《長江三角洲小農家庭與鄉村發展》，北京：中華書局，一九九二。
黃冕堂、劉鋒，《朱元璋評傳》，南京：南京大學出版社，一九九八。
楊一凡，《明大誥研究》，南京：江蘇人民出版社，一九八八。
楊國安，《明清兩湖地區鄉村社會史論》，北京：商務印書館，二〇一六。
楊訥，《元代白蓮教研究》，上海：上海古籍出版社，二〇〇四、二〇一七。
楊訥，《元代白蓮教資料彙編》，北京：中華書局，一九八九。

楊訥、陳高華編，《元代農民戰爭史料彙編》，北京：中華書局，一九八五。
楊雪峰，《明代的審判制度》，臺北：黎明文化公司，一九七八。
當年明月，《明朝那些事兒・第一部・洪武大帝》，北京：中國海關出版社，二〇〇九。
萬志英（Richard Von Glahn），《劍橋中國經濟史：古代到十九世紀》，北京：中國人民大學出版社，二〇一八。
萬明、徐英凱，《明代《萬曆會計錄》整理與研究》，北京：中國社會科學出版社，二〇一五。
萬明主編，《晚明社會變遷問題與研究》，北京：商務印書館，二〇〇五。
葉泉宏，《明代前期中韓國交之研究（一三六八—一四八八）》，臺北：臺灣商務印書館，一九九一。
蒙思明，《元代社會階級制度》，燕京學報專號，一六。北平：哈佛燕京社，一九三八；北京：中華書局，一九八〇再版。
趙軼峰，《明代的變遷》，上海：上海三聯書店，二〇〇八。
趙軼峰，《明清帝制農商社會研究・初編》，北京：科學出版社，二〇一七。
劉旭，《中國古代火藥火器史》，北京：大象出版社，二〇〇四。
劉祥學，《明朝民族政策演變史》，北京：民族出版社，二〇〇六。

劉煒主編，《中華文明傳眞．明：興與衰的契機》，上海：上海辭書出版社，二〇〇一。
劉濤，《明「大誥」與明代社會管理》，濟南：山東大學出版社，二〇一六。
增井經夫著，程文明譯，《大清帝國》，北京：社會科學文獻出版社，二〇一七。
歐陽琛、方志遠，《明清中央集權與地域經濟》，北京：中國社會科學出版社，二〇〇二。
鄭永常，《來自海洋的挑戰：明代海貿政策演變研究》，臺北：稻香出版公司，二〇〇四。
鄭永常，《海禁的轉折：明初東亞沿海國際形勢與鄭和下西洋》，臺北：稻香出版公司，二〇一一。
鄭誠，《明清火器史叢考》，上海：上海三聯書店，二〇二二。
魯大維（David M. Robinson）著，李梅花譯，《帝國的暮光：蒙古帝國治下的東北亞》，北京：社會科學文獻出版社，二〇一九。
魯大維（David M. Robinson）著，楊柳青、康海源譯，《神武軍容躍天威：明代皇室的尚武活動》，北京：社會科學文獻出版社，二〇二〇。
盧興基，《失落的「文藝復興」：中國近代文明的曙光》，北京：社會科學文獻出版社，二〇一〇。
賴家度，《明代鄖陽農民起義》，武漢：湖北人民出版社，一九五六。
錢穆，《國史大綱》，臺北：臺灣商務印書館，一九六五。

檀上寬著，郭婷玉譯，《中國的歷史（四）：陸海的交會》，臺北：聯經出版公司，二〇二一。

濱下武志著，朱蔭貴、歐陽菲、虞和平譯，《近代中國的國際契機：朝貢貿易體系與近代亞洲經濟圈》，北京：中國社會科學出版社，一九九九。

謝國楨，《明清之際黨社運動考》，上海：商務印書館，一九三四。

鍾少異主編，《中國古代火藥火器史研究》，北京：中國社會科學出版社，一九九五。

蘇同炳，《明代驛遞制度》，臺北：中華叢書編審委員會，一九六九。

鐘永寧，《消失的鋪路人——羅明堅與中西初識》，北京：中華書局，二〇二二。

龔蔭，《中國土司制度史(上編）》，成都：四川人民出版社，二〇一二。

欒成顯，《明代黃冊制度》，北京：中國社會科學出版社，二〇一八。

欒星，《李岩之謎：甲申史商》，鄭州：中州古籍出版社，一九八六。

英文

Brook, Timothy. *The Troubled Empire: China in the Yuan and Ming Dynasties.* Cambridge, MA: Harvard University Press, 2010. 廖彥博譯，《掙扎的帝國》，臺北：麥田，二〇一六。潘瑋琳譯，《掙扎的帝國》，北京：中信，二〇一六。

Elvin, Mark. *The Pattern of the Chinese Past*. Stanford, CA: Stanford University Press, 1973.

Fairbank, John King and Merle Goldman. *China: A New History*. Cambridge, MA and London: The Belknap Press of Harvard University Press, 2006.

Feuerwerker, Albert. *History in Communist China*. Cambridge, MA: Massachusetts Institute of Technology Press, 1968.

Glahn, Richard Von. *Fountain of Fortune: Money and Monetary Policy in China, 1000-1700*. Berkeley: University of California Press, 1996.

Ho, Ping-ti. *The Ladder of Success in Imperial China: Aspects of Social Mobility, 1368-1911*. New York Chichester, West Sussex: Columbia University Press, 1962. 中譯本參見何炳棣著，徐泓譯注，《明清社會史論》，臺北：聯經出版公司，二〇一三。

Hucker, Charles O.（賀凱）*The Ming Dynasty: Its Origins & Evolving Institutions*. Michigan Papers in Chinese Studies, 34, Ann Arbor: Center for Chinese Studies, University of Michigan, 1978.

Overmyer, Daniel L.（歐大年）*Folk Buddhist Religion*. Cambridge, MA: Harvard University Press, 1976. 中譯《中國民間宗教教派研究》，上海：上海古籍出版社，一九九三。

Pomeranz, Kenneth & Steven Topik. *The World That Trade Created, Society, Culture and the World Economy, 1400 to the Present*. London: Routledge, 2005. 黃中憲譯，《貿易打造的世界》，臺

北：如果出版社，二〇〇七；西安：陝西師範大學出版社，二〇〇八。

Pomeranz, Kenneth. *The Great Divergence: Europe, China, and the Making of the Modern World Economy.* Princeton: Princeton University Press, 2000. 邱澎生、陳巨擘、張寧、連玲玲、巫仁恕、呂紹理、楊淑嬌、林美莉、劉士永譯，《大分流：中國、歐洲與近代世界經濟的形成》，臺北：巨流出版社，二〇〇四。史建雲譯，《大分流：歐洲、中國及現代世界經濟的發展》，南京：江蘇人民出版社，二〇一〇。

Rowe, William T. *China's Last Empire: The Great Qing.* Cambridge, MA: Belknap Press of Harvard University Press, 2009. 中譯本見羅威廉著，李仁淵、張遠譯，《中國最後的帝國：大清王朝》，臺北：國立臺灣大學，二〇一三。

Smith, Adam. *An Inquiry into Nature and Causes of the Wealth of Nations.* 謝祖鈞譯，《國富論——國民財富的性質和起因的研究》，北京：新世界出版社，二〇〇七。

Struve, Lynn A. *The Southern Ming, 1644-1662.* New Haven and London: Yale University Press, 1984. 中譯本參見司徒琳著，李榮慶等譯，《南明史（一六四四—一六六二）》，上海：上海古籍出版社，一九九二。

Wakeman, Frederic. *The Great Enterprise: The Manchu Reconstruction of Imperial Order in Seventeenth-Century China.* Berkeley: University of California Press, 1985. 中譯本參見魏斐德著，《洪業：

清朝開國史》，南京：江蘇人民出版社，一九九五。

Wong, Roy Bin.（王國斌）*China Transformed: Historical Change and the Limits of European Experience.* Ithaca: Cornell University Press, 1997. 李伯重、連玲玲譯，《轉變的中國：歷史變遷與歐洲經驗的局限》，南京：江蘇人民出版社，二〇一〇。

Yang, C.K.（楊慶堃）*Religion in Chinese Society: A Study of Contemporary Social Functions of Religion and Some of Their Historical Factors.* Berkeley: University of California Press, 1991. 中譯《中國社會中的宗教：宗教的現代社會功能與其歷史因素之研究》，成都：四川人民出版社，二〇一六。

日文

三田村泰助，《明帝國と倭寇》，東京：人物往來社，一九六七。許美祺譯，成都：四川人民出版社，二〇二一。

上田信，《海と帝国：明清時代》（中國の歴史（九）），東京：講談社，二〇〇五。中譯本參見高瑩瑩譯，《海與帝國：明清時代》，桂林：廣西師範大學出版社，二〇一四；葉韋利譯，《海與帝國：明清時代》，新北：臺灣商務印書館，二〇一七。

小野和子，《明季党社考：東林党と復社》，京都：同朋舍，一九九六。中譯本參見小野和子著，李慶、張榮湄譯，《明季黨社考》，上海：上海古籍出版社，二〇〇六。
山根幸夫，《明代徭役制度の展開》，東京：東京女子大學學會，一九九四。
夫馬進，《中國善會善堂史研究》，京都：同朋舍，一九九七。中譯本參見夫馬進著，伍躍、楊文信、張學鋒譯，《中國善會善堂史研究》，北京：商務印書館，二〇〇五。
田村實造，《最後の東洋社會》，東京：中央公論社，一九六一。
寺田隆信，《落日の大帝國》，東京：集英社，一九八二。
佐久間重男，《中國近世史：明代史》，東京：法政大學通信教育部，一九八三。
佐藤文俊，《李公子の謎：明の終末から現在まで》，東京：汲古書院，二〇一〇。
佐藤文俊，《明末農民反乱の研究》，東京：研文出版，一九八五。
谷川道雄、森正夫編，《中国民衆叛乱史》，東京：平凡社，一九八二。
岸本美緒，《明清交替と江南社会：十七世紀中国の秩序問題》，東京：東京大学出版会，一九九九。
島田虔次，《中國における近代思惟の挫折》，東京：筑摩書房，一九四九。甘萬萍譯，《中國近代思維的挫折》，南京：江蘇人民出版社，二〇〇五。
神田信夫，《紫禁城と榮光》，東京：文藝春秋社，一九六八。
溝口雄三，《中國前近代思想の屈折と展開》，東京：東京大學出版會，一九八〇。

檀上寛，《明の太祖朱元璋》，東京：白帝社，一九九四。
檀上寬，《明朝専制支配の史的構造》，東京：汲古書院，一九五五。
濱島敦俊，《明代江南農村社会の研究》，東京：東京大學出版會，一九八二。

二、論文

中文

刁生虎、鄒夢遠，〈從《大誥》看朱元璋時期的「重典之治」〉，《廣州大學學報・社會科學版》，第一七卷第三期，頁一三―一七。
于登，〈明代國子監制度考略〉，《金陵學報》，第六卷第二期（一九三六）。
于韡航，〈「吾所誅者皆天下險人也」藍玉案：金杯共汝飲，白刃不相饒〉，《國家人文歷史》，二〇一八年第二二期，頁三九―四三。
卞利，〈嘉靖至萬曆初年內閣首輔的爭權鬥爭〉，《安徽大學學報・哲學社會科學版》，一九九二年第三期，頁一〇五―一一〇。
方志遠，〈明代蘇松江浙人「毋得任戶部」考〉，《歷史研究》，二〇〇四年第六期，頁六九―八二。

毛佩琦，〈明初政治轉型和科舉制度的確立〉，《中國文化》，第四四期（二〇一六），頁一八二—一九〇。
毛佩琦，〈明清易代與中國近代化的遲滯〉，《河北學刊》，第二八卷第一期（二〇〇八年一月），頁七二—七五。
王天有，〈萬曆天啓時期的市民鬥爭和東林黨議〉，《北京大學學報．哲學社會科學版》一九八四年第二期。
王世誼、丁守衛，〈朱元璋「重典治國」思想探析〉，《南京社會科學》，二〇〇六年第六期，頁八八—九六。
王加豐，〈原工業化：一個被否定但又被長談不衰的理論〉，《史學理論研究》，二〇〇二年第三期。
王宏旭、王衛平，〈樹風化民：明代旌善舉措探析〉，《安徽史學》，二〇一九年第二期，頁四四—五二。
王其榘，〈明初全國土田面積考〉，《歷史研究》，一九八一年第四期，頁一三九—一四八。
王崇武，〈明代的商屯制度〉，《禹貢半月刊》，第五卷一二期（一九三六）。
王崇武，〈明初之用兵與寨堡〉，《中央研究院歷史語言研究所集刊》，第八本第三分（一九三九），頁三七九—三八六。

王崇武，〈論元末農民起義的社會背景〉，《歷史研究》，一九五四年第一期，頁五三—七二。
王崇武，〈論明太祖起兵及其策略之轉變〉，《中央研究院歷史語言研究所集刊》，第十本第一分（一九四二），頁五五—六九。
王崇武，〈論明太祖與紅巾〉，《東方雜誌》，第四三卷第一三期（上海，一九四七），頁四〇—四四。
王衛平，〈朱元璋社會保障思想研究〉，《華中師範大學學報．人文社會科學版》，二〇一二年第四期，頁一一五—一一九。
王蘭蔭，〈明代之社學〉，《北平師大月刊》，第二一期（一九三五）。
王蘭蔭，〈明代之鄉約與民眾教育〉，《北平師大月刊》，第二一期（一九三五）。
巨煥武，〈明代判決書的招由及其記載的方法〉，《中華文化復興月刊》，第一〇卷第六期（一九七七），頁四七—五七。
全漢昇，〈明清間美洲白銀的輸入中國〉，收入氏著《中國經濟史論叢》，香港：香港中文大學新亞書院新亞研究所，一九七二。
安藝舟，〈十五「不征之國」新論——兼談明太祖的地緣政治理念〉，《東南亞研究》，二〇一五年第五期，頁九八—一〇五。

寺田隆信，〈湖廣熟，天下足〉，收入《江淮論壇》編輯部編，《徽商研究論文集》，合肥：安徽人民出版社，一九八五，頁二七〇—二七一。

成湊銘，〈論明朝時期西南邊疆的土司貢納制度〉，《青海民族研究》，第二七卷第三期（二〇一六），頁一一五—一一九。

呂景琳，〈藍玉黨案考〉，《東岳論叢》，一九九四年第五期，頁一〇〇—一〇五、二六。

朱子彥，〈朱元璋與「胡藍黨案」〉，收入陳懷仁，夏玉潤編，《明太祖與鳳陽》（合肥：黃山書社，二〇一一），頁一八二—一九六。

朱玉婷，〈論朱元璋的重典治吏與反腐倡廉〉，《山東師大學報》，二〇〇〇年第四期，頁五一—六一。

朱亞非，〈論朱元璋的禮法兼用與重典治吏〉，《明太祖與鳳陽》（合肥：黃山書社，二〇一一），頁二〇三—二〇九。

朱榮貴，〈從劉三吾《孟子節文》論君權的限制與知識份子之自主性〉，《中國文哲研究集刊》，第六期（一九九五），頁一三七—一九七。

朱鴻，〈明太祖與僧道——兼論太祖的宗教政策〉，《臺灣師大歷史學報》，第一八期（一九九〇），頁六三—八〇。

朱鴻，〈明太祖誅夷功臣的原因〉，《臺灣師大歷史學報》，第八期（一九八〇），頁四七—

八九。
朱鴻，〈明惠帝的用人與政策〉，《臺灣師大歷史學報》，第一三期（一九八五）。
朱鴻，〈近十年來（一九八九—二〇〇〇）有關朱元璋研究之介紹〉，《漢學研究通訊》，第二〇卷第一期（二〇〇一），頁二八—四四。
朱鴻，〈論明太祖的廢相〉，《歷史月刊》，第一四二期（一九九九年十一月），頁七三—七八。
何孝榮，〈論明太祖的佛教政策〉，收入朱鴻林編，《明太祖的治國理念及其實踐》，香港：香港中文大學出版社，二〇一〇，頁一六九—二一二。
何冠彪，〈宦官通稱「太監」考〉，《漢學研究》，第八卷第二期（一九九〇），頁二〇一—二二〇。
何炳棣，〈明初魚鱗圖冊考實〉，收入氏著《中國歷代土地數字考實》，臺北：聯經出版公司，一九九五，頁五三—七六。
何炳棣，〈美洲作物的引進、傳播及其對中國糧食生產的影響（二）〉，《世界農業》，一九七九年第五期，頁二一—三一。
何炳棣，〈美洲作物的引進、傳播及其對中國糧食生產的影響（三）〉，《世界農業》，一九七九年第六期，頁二五—三一。

何炳棣，〈美洲作物的引進、傳播及其對中國糧食生產的影響〉，《歷史論叢》，第五輯，頁三四—四一。
何維凝，〈明代之鹽戶〉，《中國社會經濟史集刊》，第七卷第二期（一九四六）。
何鵬，〈論明代的君主專制〉，《東方雜誌》，第四〇卷第一四期（一九九四）。
余同元，〈明代後期長城沿線民族貿易市場〉，《歷史研究》，一九九五年第五期，頁五五—七〇。
吳承明，〈現代化與中國十六、十七世紀的現代化因素〉，《中國經濟史研究》，一九九八年第四期，頁三—一五。
吳金成，〈明・清紳士層研究的諸問題〉，收在《中國史研究的成果與展望》，北京：中國社會科學出版社，一九九一。
吳展，〈明代戶帖的史料價值與版本價值〉，《中國史研究動態》，二〇〇六年第九期，頁二〇—二二。
吳晗，〈元明兩代之匠戶〉，《天津益世報・史學集刊》，第四四期（一九三六）。
吳晗，〈元帝國之崩潰與明之建國〉，《清華學報》，第十一卷第二期（一九三六），頁三五九—四二四。
吳晗，〈明代的軍兵〉，《中國社會經濟史集刊》，第五卷第二期（一九三七），頁一四七—

二〇〇。收入氏著《讀史劄記》，北京：生活・讀書・新知三聯書店，一九五六，頁九二—一四一。
吳晗，〈明初的恐怖政治〉，《中建・華北航空版》，第三卷第五期（一九四八）。
吳晗，〈明初的學校〉，《清華學報》，第一五卷第二期（一九四八）。
吳晗，〈明初社會生產力的發展〉，《歷史研究》，一九五五年第三期，頁五三—八三。
吳晗，〈明教與大明帝國〉，《清華學報》，第十三卷第一期（北平，一九四一），頁四九—八四；後收入氏著《讀史劄記》，北京：三聯書店，一九五六，頁二三五—二七〇。
吳晗，〈胡惟庸黨案考〉，《燕京學報》，第十五期（一九三四），頁一六五—二〇五。
吳晗，〈記大明通行寶鈔〉，《人文科學學報》，第二卷第一期（一九四四）。
吳晗，〈傳・過所・路引的歷史：歷史上的國民身份證〉，《中國建設》，第五卷第四期（一九四八）。
吳晗，〈談煙草〉，《中國煙草》，試刊（一九七九），頁三九—四二。
吳緝華，〈論《明史・食貨志》載太祖遷怒與蘇松重賦〉，《中國學報》，第六輯（一九六七）。
吳緝華，〈論明代封藩與軍事職權之轉移〉，《大陸雜誌》，第三四卷第七、八期（一九六七），頁六—一〇。

吳緝華，〈論明代稅糧重心之地域及其重稅之由來──明代前期稅糧研究〉，《中央研究院歷史語言研究所集刊》，第三八本（一九六八），頁三五一─三七四。
呂士朋，〈明代在國史上的地位〉，《東海大學歷史學報》，第二期（一九七八年八月），頁一─一四。
呂妙芬，〈陽明學派的建構與發展〉，《清華學報》，第二九卷第二期（一九九九），頁一六七─二〇三。
巫仁恕，〈明末的戲劇與城市民變〉，《九州學刊》，第六卷第三期（一九九四年十二月）。
巫仁恕，〈明清之際江南時事劇的發展及其所反映的社會心態〉，《中央研究院近代史研究所集刊》，第三一期（一九九九年六月）。
巫仁恕，〈逃離城市：明清之際江南城居士人的逃難經歷〉，《中央研究院近代史研究所集刊》，第八三期（二〇一四年三月）。
李小波，〈論明代的章奏通進渠道〉，《文史》，二〇一七年第三期，頁二一五─二三八。
李伯重，〈小問題，大歷史：全球史視野中的「永曆西狩」〉，《西北工業大學學報．社會科學版》，二〇一八年第一期。
李伯重，〈不可能發生的事件？──全球史視野中的明朝滅亡〉，《歷史教學》，二〇一七年第三期。

李伯重，〈中國全國市場的形成，一五〇〇—一八四〇年〉，《清華大學學報・哲社版》，一九九九年第四期。
李伯重，〈明清江南與外地經濟聯繫的加強及其對江南經濟發展的影響〉，《中國經濟史研究》，一九八六年第二期，頁一一七—一三四。
李治安，〈元代及明前期社會變動初探〉，《中國史研究》，二〇〇五年增刊，頁八三—一〇三。
李金明，〈論明初的海禁與朝貢貿易〉，《福建論壇・人文社會科學版》，二〇〇六年第七期，頁七三—七七。
李崇寒，〈互為表裡的朝貢貿易與海禁政策：朱元璋如何一步步走到海洋的對立面？〉，《國家人文歷史》，二〇一八年第二三期，頁七一—七五。
李細珠，〈一九四九年以來的明鄭臺灣史研究述評〉，《蘭州學刊》，二〇一五年第七期。
李新峰，〈論元明之間的變革〉，《古代文明》，第四卷四期（二〇一〇年十月），頁八三—一〇三。
李楠，〈從胡惟庸案到嗣君不許立丞相：皇帝權力的擴展與宰相制度的終結〉，《國家人文歷史》，二〇一八年第二三期，頁三一—三七。
李劍農，〈明代的一個官定物價表與不換紙幣〉，《武大社會科學季刊》，第一卷三期（一九三〇）。
杜車別，〈揭穿朱元璋製造文字獄的謊言：讀陳學霖考證後的收穫〉，《萬維讀者網．史地人物》，二〇〇六年五月七日。https://bbs.creaders.net/history/bbsviewer.php?trd_id=164762&language=big5
杜洪濤，〈「再造華夏」：明初的傳統重塑與族群認同〉，《歷史人類學學刊》，第一二卷第一期（二〇一四年四月），頁一—三〇。
杜洪濤，〈明代的國號出典與正統意涵〉，《史林》，二〇一四年第二期，頁五二—五七。
汪火良，〈朱元璋重典治吏反腐對法治反腐的鏡鑒〉，《湖北師範大學學報．哲學社會科學版》，第三八卷二期（二〇一八），頁五二—五九。
汪茂和、王克嬰，〈明初宗教政策的創制及其背景分析〉，《南開學報．哲學社會科學版》，二〇〇五年第四期，頁二五一—二八一。
汪慶元，〈二十世紀以來魚鱗圖冊研究述評〉，《古今農業》，二〇一四年第二期，頁一〇六—一一三。
徐新源，〈趙岡《魚鱗圖冊研究》評述〉，《農業考古》，二〇一七年第四期，頁二七〇—二七二。
沈家本，〈明《大誥》峻令考〉，《歷代刑法考》（《沈寄簃先生遺書》甲編），原本一九二九年出版。臺北：文海出版社，一九六四影印本，兩冊。北京：中華書局，一九八五標點本，共四冊。
余同元、黃康健，〈朱元璋研究的推陳出新——評《洪武大帝朱元璋傳》〉，《安徽師範大學學報．人文社會科學版》，第三四卷第五期（二〇〇六年九月），頁五六九—五七四。
那思陸，〈明代錦衣衛與司法審判〉，《國立空中大學社會科學學報》，第四期（一九九六），頁一—一六。
周良霄，〈明代蘇松地區的官田與重賦問題〉，《歷史研究》，一九五七年第一〇期，頁六三—七五。
周東平、李勤通，〈唐明律「輕其輕罪，重其重罪」再辨析〉，《法制史研究》（中國法制史學會會刊），第二七期（二〇一五），頁二三七—二七三。
周紹泉，〈徽州文書所見明末清初的糧長，里長和老人〉，《中國史研究》，一九九八年第一期，頁一三一—一四五。
周渝，〈「吾養兵百萬，不費百姓一粒米」——衛所：明代兵農合一體制的構建〉，《國家人文歷史》，二〇一八年第二三期，頁六二—六九。
周嘉峰，〈論朱元璋的華夷思想與民族政策〉，收入陳懷仁、夏玉潤編，《明太祖與鳳陽》，合肥：黃山書社，二〇一一，頁二三四—二三八。
孟森，〈明開國以後之制度〉，《文史雜誌》，第三卷第七、八期合刊（一九四四）。
岩井茂樹，〈明代中國的禮制霸權主義與東亞的國際秩序〉，伍躍譯，收入《日本中國史研究年刊》刊行會編，《日本中國史研究年刊》，上海：上海古籍出版社，二〇〇六，頁二三〇—二六六。
林仁川，〈明清福建煙草的生產與貿易〉，《中國社會經濟史研究》，一九九九年第三期，頁三〇—三八。
林涼榮，〈《大明律》與行政法法典化〉，《法令月刊》，第一五卷第一〇期（一九六四），頁一四六—二〇七。
林涼榮，〈唐明律的比較研究〉，《法學叢刊》，第二八期（一九六二），頁七—三一。
林金樹，〈試論明代蘇松二府的重賦問題〉，《明史研究論叢》，第一輯（一九八二）。
林金樹，〈簡論明皇朝保護江南重賦區若干重要政策〉，《明史研究》，第三輯（一九九三），頁一—九。
林金樹，〈關於明代江南官田的幾個問題〉，《中國經濟史研究》，一九八八年第二期，頁七三—八七。
林楓，〈明代南昌，袁州，瑞州三府官田重賦問題〉，《中國社會經濟史》，一九九四年第二期，頁九二—九五。
林麗月，〈《蒹葭堂稿》與陸楫「反禁奢」思想之傳衍〉，收入《明人文集與明代研究》，臺北：中國明代研究學會，二〇〇一，頁一二一—一三四。
林麗月，〈科場競爭與天下之「公」：明代科舉區域配額問題的一些考察〉，《國立臺灣師範大學歷史學報》，第二十期（一九九二年六月）。
枚明粉，〈由淺入深，由點及面，層層遞進——明初如何恢復生產，重建財政系統？〉，《國家人文歷史》，二〇一八年第二二期，頁五七—六一。
邱仲麟，〈西皮與東皮：明代蒙古與遼東地區毛皮之輸入〉，《淡江史學》二〇期（二〇〇九），頁二一—六一。
邱仲麟，〈明太祖的任官理念與洪武朝的文官試職制度〉，收入朱鴻林編，《明太祖的治國理念及其實踐》，香港：香港中文大學出版社，二〇一〇，頁一六九—二一二。
邱仲麟，〈明代山西應州的社會經濟變遷——以萬曆《應州志》為中心的考察〉，《史志研究》，第一輯，北京：中華書局，二〇一五，頁三二七—三七九。
邱仲麟，〈明代自宮求用現象再論〉，《淡江史學》，六期（一九九四），頁一二五—一四六。
邱仲麟，〈從禁例屢申看明代北京社會風氣的變遷過程〉，《淡江史學》，四期（一九九九二），頁六七—八八。
邱仲麟，〈從禁捕到漁甲：明代江浙地區出海捕魚管制措施的變遷〉，《清華學報》，新三五卷第二期（二〇〇五），頁三三一—三六七。
邱樹森，〈元末紅巾軍的政權建設〉，《元史論叢》，第一輯（一九八二），頁九一—一〇八。
邸富生，〈試論明朝初年的海防〉，《中國邊疆史地研究》，一九九五年第一期，頁一三—一八。
侯馥中，〈試析朱元璋重典治官吏與屠戮功臣〉，《唐都學刊》，第二三卷第一期（二〇〇七），頁八〇—八七。
南炳文，〈明初軍制初探〉，《南開史學》，一九八三年第一、二期，頁一三八—一五八。
姚雪垠，〈明初的錦衣衛〉，《中國建設》，第七卷六期（一九四九）。
姜永琳，〈《明太祖實錄》對朱元璋法哲學與明代中國文化認同的再構建〉，收入朱鴻林，《明太祖的治國理念及其實踐》，香港：香港中文大學出版社，二〇一〇，頁二八四—三一二。
柏樺、盧紅妍，〈洪武年間《大明律》編纂與適用〉，《現代法學》，二〇一二年第二期，頁一〇—二〇。

柳詒徵，〈五百年前南京之國立大學〉，《學衡》，第一三、一四期（一九二三）。
胡阿祥，〈紅巾軍反元復宋與朱元璋國號大明述論〉，《煙臺師範學院學報》，第一八卷第一期（二〇〇一年三月），頁三八—四四。
胡秋原，〈論近世中國之沒落〉，《民主評論》，第十卷一、二、三、四、五期（一九五九）。
胡鐵球，〈新解張居正改革——以考成法為中心討論〉，《社會科學》，二〇一三年第五期，頁一四〇—一五四。
苗書梅、劉文文，〈明代袁州府「糧重」說考論〉，《中州學刊》，二〇二一年第四期，頁一三七—一四二。
范金民，〈江南重賦原因的探討〉，《中國農史》，一九九五年第四期，頁四六—五三。
范金民，〈明清江南重賦問題述論〉，《中國經濟史研究》，一九九六年第三期，頁一〇八—一二三。
范金民，〈鼎革與變遷：明清之際江南士人行為方式的轉向〉，收入氏著《賦稅甲天下：明清江南社會經濟探析》，北京：三聯書店，二〇一三。
范德，〈一國之家長統治：朱元璋的理想社會秩序觀念〉，收入朱鴻林編，《明太祖的治國理念及其實踐》，香港：香港中文大學出版社，二〇一〇，頁一—一八。

韋慶遠，〈論明初對江南地區的經濟政策〉，《明史研究論叢》，第三輯（一九八五）。
倪來恩、夏維中，〈外國白銀與明帝國的崩潰——關於明末外來白銀的輸入及其作用的重新檢討〉，《中國社會經濟史研究》，一九九〇年第三期。
唐文基，〈明代江南重賦問題和國有官田的私有化〉，《明史研究論叢》，第四輯（一九九一），頁七八—九九。
唐文基，〈論明朝的寶鈔政策〉，《福建論壇》，二〇〇〇年第一期，頁四四—五一。
孫宇，〈重典治吏立國之本——淺析明初「重典治吏」思想的形成與表現〉，《學習與探索》，二〇〇五年第二期，頁一三六—一三九。
孫兵，〈明洪武朝寶鈔的印造與支出探微〉，《江西社會科學》，二〇〇三年第八期，頁五七—六〇。
孫晉浩，〈開中法的實施及其影響〉，《鹽業史研究》，一九九九年第四期，頁八三—八八。
孫媛貞，〈明代屯田制研究〉，《食貨半月刊》，第三卷第二期（一九三五）。
容肇祖，〈明太祖的《孟子節文》〉，《讀書與出版》，第三卷四期（一九四七）。
徐泓，〈「大明」國號與劉基〉，《浙江工貿職業技術學院學報》，二〇一二年第一期，頁六〇—六四。
徐泓，〈一條鞭法〉，收入于宗先主編，《經濟學百科全書一・經濟史》，臺北：聯經出版公司，一九八六，頁一—八。
徐泓，〈不要再說明朝國號「大明」源於明教〉，《觀察》，第一九四期（二〇二二年四月）。http://www.observer-taipei.com/book2021/item/634-2022-03-29-08-11-13
徐泓，〈介紹幾則萬曆四十三、四年山東饑荒導致人相食的史料〉，《明代研究通訊》，第六期（二〇〇三年十二月）。
徐泓，〈立國宏規：明初南京皇城，宮城的建立〉，收入鄭培凱主編，《明代政治與文化變遷》，香港：香港城市大學出版社，二〇〇六，頁一—三七。簡體字版，合肥：黃山書社，二〇一七，頁一—四〇。
徐泓，〈明代前期的食鹽生產組織〉，《臺大文史哲學報》，第二四期（一九七五），頁一六一—一九三。
徐泓，〈明代前期的食鹽運銷制度〉，《臺大文史哲學報》，第二三期（一九七四），頁二二一—二六六。
徐泓，〈明史在中國歷史上的地位〉，收入陳支平主編，《明朝在中國歷史上的地位》，天津：天津古籍出版社，二〇一一年十二月，頁一—七。
徐泓，〈明初南京的都市規劃與人口變遷〉，《食貨月刊》，復刊十卷三期（一九八〇），頁一二—四六。

徐泓，〈明初南京皇城，宮城的規劃，平面布局及其象徵意義〉，《臺大建築與城鄉研究學報》，第七期（一九九三），頁七九—九六。
徐泓，〈明朝國號「大明」的緣由及意義〉，《紀念鄭天挺先生誕辰一百二十周年暨第五屆明清史國際學術討論會論文集・大會發言組》，天津：南開大學歷史學院，二〇一九年九月十—十一日，頁二三八—二四九。
徐泓，〈傳統中國大學校園的空間規劃：明南京國子監〉，《史學：傳承與變遷學術研討會論文集》，臺北：臺灣大學歷史學系，一九九八，頁二六三—二九〇。
徐威，〈二十世紀以來明代賦役制度研究綜述〉，《社會科學動態》，二〇一九年第三期，頁五八—六七。
徐道鄰，〈宋濂與徐達之死〉，《東方雜誌》，復刊第一卷第四期（一九六七），頁五六—五八。
徐道鄰，〈明太祖與中國專制政治〉，《清華學報》，新第八卷一、二期（一九七〇），頁三五〇—三七二。
祝里里，〈明初重典治吏及其啓示〉，《江淮論壇》，二〇〇五年第一期，頁九三—九七。
秦松齡，〈賈魯治河與元末農民起義〉，《晉陽學刊》，一九八三年第三期，頁七一—七六。
索予明，〈明太祖畫像考〉，《故宮學術季刊》，第七卷第三期（一九七三），頁六一—七五。
索予明，〈明太祖畫像眞僞辨〉，《大陸雜誌》，第三八卷第六期（一九六九），頁二九—三二。
貢瑋，〈從《大誥》中看朱元璋的重典治國〉，《牡丹江大學學報》，第二三卷第一一期（二〇一四），頁二八—三〇。
高壽仙，〈明代田土數額的再考察〉《明清論叢》，第三輯，北京：紫禁城出版社，二〇〇二，頁一五七—一七三。http://www.historychina.net/wszl/xlxh/2004-10-18/29037.shtml
高壽仙，〈關於明代的籍貫與戶籍問題〉，《北京聯合大學學報・人文社會科學版》，第一一卷第一期（二〇一三），頁二五—三五。
商傳，〈太祖許「民拿下鄉官吏」小議〉，收入陳懷仁、夏玉潤編，《明太祖與鳳陽》，合肥：黃山書社，二〇一一，頁一三九—一四三。
常建華，〈鄉約的推行與明朝對基層社會的治理〉，《明清論叢》，第四輯，北京：紫禁城出版社，二〇〇三。
常建華，〈明太祖對清前期政治的影響〉，收入朱鴻林編，《明太祖的治國理念及其實踐》，香港：香港中文大學出版社，二〇一〇，頁三一三—三七〇。
康春英、呂自強、馬芝君，〈明朝初期民族宗教政策的特徵〉，《西北民族大學學報・哲學社會科學版》，二〇一三年第四期，頁二九—三四。
張文瑞，〈淺談《大明律》對唐律的繼承與發展〉，《文史知識》，一九八八年第一〇期，頁一〇三—一〇五。
張玉興，〈論南明皇帝及其時代〉，《明清論叢》，二〇一八年第一期。
張佳，〈彰善癉惡，樹之風聲——明代前期基層教化系統中的申明亭和旌善亭〉，《中華文史論叢》，二〇一〇年第四期，頁二四三—四〇一。
張佳佳，〈《孟子節文》事件本末考辨〉，《中國文化研究》，二〇〇六年第三期，頁八四—九三。
張金奎，〈二十年來明代軍制研究回顧〉，《中國史研究動態》，二〇〇二年第一〇期，頁七—一五。
張金奎，〈八十年來錦衣衛研究述評〉，《中國史研究動態》，二〇一五年第一期，頁三〇—三六。
張金奎，〈錦衣衛監察職能略論〉，《史學集刊》，二〇二〇年第五期，頁三三—五六。
張金奎，〈錦衣衛維持京城治安職能初探〉，《社會科學輯刊》，二〇一九年第五期，頁一四六—一五九。
張彬村，〈明朝紙幣崩潰的原因〉，《中國社會經濟史研究》，二〇一五年第三期，頁二八—

四〇。
張傳勇，〈白蓮教的名實之辨〉，《中國史研究》，二〇〇一年第四期，頁一六七－一七三。
張德信，〈明代諸王分封制度述論〉，《歷史研究》，一九八五年第五期，頁七六－九一。
張憲博，〈從明《大誥》看朱元璋對人身依附關係的強化〉，《明史研究》，第五輯（一九九七），頁九五－一〇五。
張曉威，〈明太祖華夷觀念初探：以洪武年間的對外政策為探討中心〉，《陳百年學術論文獎論文集》，第四輯，臺北：陳百年先生學術基金會，二〇〇三，頁一二七－一五三。
張顯清，〈明太祖朱元璋社會理想、治國方略及治國實踐論綱〉，《明史研究》，第十輯（二〇〇七）。
張顯清，〈明嘉靖大禮議的起因、性質和後果〉，《史學集刊》，一九八八年第四期，頁七－一五。
張顯清，〈晚明，中國早期近代化的開端〉，《河北學刊》，第二八卷一期（二〇〇八年一月），頁六三－六七。
曹循，〈明代錦衣衛官制與職權新探〉，《歷史研究》，二〇二一年第一期，頁一〇三－一二二。

曹樹基，〈糧食與兵員：明末大旱與農民戰爭的關係〉，《史林》，二〇一九年第二期。
梁方仲，〈田賦史上起運存留的劃分與道路遠近之關係〉，《人文科學學報》，第一卷第一期（一九四二）。收入氏著《明清賦稅與社會經濟：梁方仲文集》，北京：中華書局，二〇〇八。
梁方仲，〈明代戶口田地及田賦統計〉，《中國近代經濟史研究集刊》，第三卷第一期（一九三五）。收入氏著《明清賦稅與社會經濟：梁方仲文集》，北京：中華書局，二〇〇八。
梁方仲，〈明代兩稅稅目〉，《中國近代經濟史研究集刊》，第三卷第一期（一九三五）。收入氏著《明清賦稅與社會經濟：梁方仲文集》，北京：中華書局，二〇〇八，頁六六—八〇。
梁方仲，〈明代的戶帖〉，《明清賦稅與社會經濟》，北京：中華書局，二〇〇八，頁一〇二—一一三。
梁方仲，〈明代魚鱗圖冊考〉，《明清賦稅與社會經濟：梁方仲文集》，北京：中華書局，二〇〇八，頁九三—一〇一。
梁方仲，〈論明代里甲法和均徭法的關係〉，《學術研究》，一九六三年第四期，頁四九—五五。

章翊中、張競華，〈明太祖朱元璋吏治措施及其特點〉，《江西社會科學》，二〇〇一年第一二期，頁四五—四八、八五。
許宏休，〈明代土地整理之考察〉，《食貨半月刊》，第三卷第一期（一九三六）。
許蘇民，〈人學史觀視閾下的中西大分流〉，《天津社會科學》，二〇〇五年第六期，頁一一九—一二八。
郭曄旻，〈「南北榜」案的眞實意圖：突破江南印記，做全天下的皇帝〉，《國家人文歷史》，二〇一八年第二三期，頁五一—五五。
郭曄旻，〈機關算盡，反誤了太孫性命：分封諸子，洪武朝最大失策〉，《國家人文歷史》，二〇一八年第二三期，頁七七—八一。
陳支平，〈明代後期社會經濟變遷的歷史思考〉，《河北學刊》，第二八卷第一期（二〇〇八年一月），頁七〇—七二。
陳文石，〈明代衛所的軍〉，《中央研究院歷史語言研究所集刊》，第四八本第二分（一九七七），頁一七七—二〇三。
陳平其，〈朱元璋反貪的歷史啓示〉，《湖湘論壇》，二〇〇四年第二期，頁三九—四一。
陳玉婭，〈宗教與農民戰爭〉，《六盤水師專學報》，第一三卷第三期（二〇〇一），頁三九—四二。

陳尚勝，〈明代海防與海外貿易：明朝閉關與開放問題的初步研究〉，《中外關係史論叢》，第三輯（北京：世界知識出版社，一九九一）。
陳尚勝，〈論明太祖對外政策的變化及失敗〉，《社會科學戰線》，一九九一年第二期，頁一五八—一六二。
陳尚勝，〈論宣德至弘治時期明朝對外政策的收縮〉，《山東大學學報》，一九九四年第二期，頁八〇—一二六。
陳垣，〈佛牙故事〉，收入《陳垣集》（北京：中國社會科學出版社，二〇一八）。
陳高華，〈元末農民起義中南方漢族地主的政治動向〉，《新建設》，一九六四年第一二期，頁五三—六四。
陳高華，〈論朱元璋與元朝的關係〉，《學術月刊》，一九八〇年第四期，頁一三—一八。
陳得芝，〈元代江南之地主階級〉，《元史及北方民族史研究集刊》，七（一九八三），頁八六—九四。
陳梧桐，〈朱元璋以孝治天下的舉措與作用〉，《秋實集》，鄭州：河南文藝出版社，二〇二二。
陳梧桐，〈朱元璋治理鄉村社會的理念與措施〉，《秋實集》，鄭州：河南文藝出版社，二〇二二。

陳梧桐，〈朱元璋推行鄉飲酒禮述論〉，《秋實集》，鄭州：河南文藝出版社，二〇二一。

陳梧桐，〈朱元璋復興傳統文化的歷史功績〉，《秋實集》，鄭州：河南文藝出版社，二〇二一。

陳梧桐，〈明朝民族事務管理機構述略〉，《西南民族學院學報．哲學社會科學版》，一九九五年第四期，頁五四—五九。

陳梧桐，〈胡惟庸黨案再考〉，《明清論叢》，第十輯，北京，二〇一〇年八月，頁四六—七〇。

陳梧桐，〈胡惟庸黨案的眞與假〉，《文史知識》，二〇〇八年第六期，頁三九—四六。

陳梧桐，〈藍玉黨案再考〉，《秋實集》，鄭州：河南文藝出版社，二〇二一。

陳寒鳴，〈再論洪武儒學教育〉，《河北學刊》，一九九七年第五期（一九九五），頁六〇—六三。

陳登原，〈明代之科舉與教育〉，《學風》，第三卷第一、二期合刊（一九三三）。

陳詩啓，〈明代的工匠制度〉，《歷史研究》，一九九五年第六期，頁六一—八八。

陳學文，〈明代信牌、信票和路引考釋〉，《中國典籍與文化》，二〇一四年第二期，頁一〇六—一〇九。

陳學霖，〈明太祖文字獄案考疑〉，《中央研究院國際漢學會議論文集．歷史考古組》，上冊，臺北：中央研究院，一九八一，頁四九五—五一六。
陳學霖，〈明太祖對皇子的處置：秦王樉罪行與明初政治〉，《明太祖的治國理念及其實踐》，香港：香港中文大學出版社，二〇一〇，頁九五—一六七。
陳學霖，〈明朝「國號」的緣起及「火德」問題〉，《中國文化研究所學報》，第五〇期（二〇〇九），頁七一—一〇三。收入氏著《明初的人物、史事與傳說》，北京：北京大學出版社，二〇一〇，頁一—三五。
陳學霖，〈徐一夔刑死辨誣兼論明初文字獄史料〉，《中國學人》，第六期，香港：一九七七，頁八五—九六。
陳樹平，〈玉米和番薯在中國傳播情況研究〉，《中國社會科學》，一九八〇年第三期，頁一八七—二〇四。
陳寶良，〈明代社會各階層的收入及其構成——兼論明代人的生活品質〉，《西南大學學報·社會科學版》，二〇一六年第三期，頁一五八—一六八。
傅衣凌，〈中國傳統社會：多元的結構〉，《中國社會經濟史研究》，一九八八年第三期。
傅衣凌，〈論明清社會的發展與遲滯〉，《社會科學戰線》，一九七八年第四期；收入《明清社會經濟史論文集》，北京：人民出版社，一九八二，頁一〇三—一三一。
傅衣凌主編，楊國楨、陳支平著，〈前言〉，《中國通史·明史》，北京：人民出版社，二〇〇六。
彭勇，〈徘徊在近代化社會的大門外：明代的邊疆民族觀念及政策評說〉，《中國史研究動態》，二〇一六年第五期，頁二八—三二。
曾美芳，〈評張顯清主編《明代後期社會轉型研究》〉，《明代研究》，第十四期（二〇一〇年六月）。
馮天瑜、周積明，〈論反元戰爭中朱元璋集團的性質〉，《江漢論壇》，一九八二年第一二期，頁六八—七三。
黃仁宇，〈明代史和其他因素給我們的新認識〉，《食貨月刊》，復刊第一五卷第七、八期（一九八六年一月），頁一—一五。
黃仁宇，〈明朝：一個內向和非競爭性的國家〉，《中國大歷史》，臺北：聯經出版公司，一九九三。
黃仁宇，〈晚明是「一個停滯但注重內省的時代」〉，《中國大歷史》，臺北：聯經出版公司，一九九三。
黃金生，〈用刑最酷　法度最嚴：高壓反腐，奈何朝殺暮犯〉，《國家人文歷史》，二〇一八年第二三期，頁四五—四九。
黃彰健，〈大明律誥考〉，《中央研究院歷史語言研究所集刊》，第二四本（一九五三），頁七七—一〇一。

黃彰健，〈論《皇明祖訓錄》頒行年代——並論明初封建諸王制度〉，《中央研究院歷史語言研究所集刊》，第三二本（一九六一），頁一一九—一三七。

黃彰健，〈論「祖訓錄」所記明初宦官制度〉，收入《明清史研究叢稿》，臺北：臺灣商務印書館，一九七七，頁一—三〇。

楊一凡，〈明大誥與朱元璋的明刑弼教思想〉，《煙臺大學學報・哲學社會科學版》，一九八九年第一期，頁一五—二二。

楊一凡，〈明大誥與朱元璋的重典治吏思想〉，《學習與探索》，一九八一年第二期，頁一五—二二。

楊訥，〈元代的白蓮教〉，《元史論叢》，第二輯（一九八三），頁一八九—二一六。

楊訥，〈天完大漢紅巾軍史述論〉，《元史論叢》，第一輯（一九八二），頁一〇九—一三六。

楊樹藩，〈明代的都察院〉，《趙鐵寒先生紀念論文集》，臺北：文海出版社，一九七八，頁五一七—五三六。

溫嶺，〈元末黃河挑河夫響應起義說質疑〉，《中國農民戰爭史論叢》一（一九七九），頁五一八—五五九。

萬明，〈明太祖「共用太平之福」的外交理念與實踐〉，《人民論壇》，二〇一七年第一〇期。
萬明，〈明代白銀貨幣化的初步考察〉，《中國經濟史研究》，二〇〇三年第二期，頁三九—五一。
萬明，〈明代外交觀念的演進——明太祖詔令文書所見之天下國家觀〉，《古代文明》，二〇一〇年第二期，頁七一—八八。
萬明，〈鄭和下西洋與明中葉社會變遷〉，《明史研究》，第四輯（一九九四），頁八三—九六。
萬國鼎，〈明代屯田考〉，《金陵學報》，第二卷第二期（一九三二）。
葉顯恩，〈也談輟耕錄中的扶箕詩〉，《歷史研究》，一九七八年第九期，頁九四—九六。
董少新，〈淺談全球史的史料問題——以明清鼎革史的西文原始史料爲中心〉，《首都師範大學學報．社會科學版》，二〇一八年第五期。
路遠志，〈明代監察制度特點的歷史思考〉，《河北大學學報．哲學社會科學版》，二〇〇六年第一期，頁一〇—一六。
鄒逸麟，〈從我國歷史上地方行政區劃制度的演變看中央和地方權力的轉化〉，《歷史教學問題》，二〇〇一年第二期，頁三—一三。

鈴木中正，〈宗教反亂と易姓革命〉，《愛知大學文學論叢》，第四一期（一九七〇），頁一—二五。
廖雲德、艾晶、蕭嘉平，〈明初江西南昌、瑞州、袁州三府重賦成因考辨〉，《江西廣播電視大學學報》，二〇〇八年第一期，頁三〇—三二。
蓋傑民（James Geiss），〈明武宗與豹房〉，《故宮博物院院刊》，一九八八年第三期，頁一二—一九。
趙平略，〈明朝西南驛遞與西南土司的關係探析〉，《貴陽學院學報‧社會科學版》，二〇一八年第二期，頁四七—五三。
趙岡，〈簡論魚鱗圖冊〉，《中國農史》，第二〇卷第一期（二〇〇一），頁三五—四四。
趙紅，〈朱元璋「以德懷之」的民族關係思想〉，《煙臺大學學報‧哲學社會科學版》，二〇〇九年第三期，頁八〇—八四。
趙紅，〈論明洪武朝官員對民族問題的見解與實踐〉，《煙臺大學學報‧哲學社會科學版》，第二五卷第四期（二〇一二），頁六一—六五。
趙偉，〈前言　明代士大夫政治文化研究述評〉，《元末明初士大夫政治文化與文學研究》，北京：中國社會科學出版社，二〇一五。
趙毅、劉曉東，〈明代「社學」之社會屬性辨析：兼及「鄉村教化」與社會軟性控制〉，《東北師大學報・哲學社會科學版》，二〇〇七年第一期，頁一四—二〇。
趙贇，〈歸口管理：洪武二十六年田土數的新認識——基於洪武《諸司職掌》的考察〉，《中國經濟史研究》，二〇一二年第一期，頁一五四—一五九。
劉子健，〈明代在文化史上的估價〉，《食貨月刊》，復刊第一五卷第九、一〇期（一九八六年四月），頁五—八。
劉克輝，〈建國以來有關農民戰爭與宗教關係問題研究述評〉，《學術研究》，二〇〇六年第八期，頁一〇五—一〇九。
劉志琴，〈晚明社會與中國文化近代化〉，《河北學刊》，第二八卷第一期（二〇〇八年一月），頁六七—七〇。
劉志琴，〈試論萬曆民變〉，收入《明清史國際學術討論會論文集》，天津：天津人民出版社，一九八二。
劉長江，〈藍玉黨案成因新析〉，《川東學刊・社會科學版》，第五卷第一期（一九九五），頁四二—四六、一〇六。
劉秋根，〈十至十四世紀的中國合夥制〉，《歷史研究》，二〇〇二年第六期。
劉淼，〈明代食鹽配給法研究〉，《鹽業史研究》，一九九三年第四期，頁一二—二九。
劉婷玉，〈成弘之際的「盛」與「變」〉，《「明朝在中國史上的地位」論文集》，天津：天津古籍出版社，二〇一一年十二月。
劉婷玉，〈「明史在中國史上的地位」國際學術研討會綜述〉，《中國史研究動態》，二〇一一年第一期，頁四八—五〇。
樊衛國，〈論明清經濟演進的內向化傾向〉，《學術季刊》，二〇〇二年第二期。
樊樹志，〈萬曆清丈述論：兼論明代耕地面積統計〉，《中國社會經濟史研究》，一九八四年第二期，頁二五—三七、四五。
潛齋（索予明），〈明太祖御筆釋例〉，《故宮學術季刊》，第二卷第一期（一九六七），頁三一—五八；第三期（一九六八），頁四九—七一。
潛齋（索予明），〈從兩種畫像略談明太祖的任刑〉，《暢流》，第六卷第一一期（一九五三），頁八—九。
潛齋（索予明），〈從明太祖御筆看明初文字之禍〉，《暢流》，第七卷第二期（一九五四），頁七—八。
蔡佳純，〈朱元璋在《大明律》中的立法思想與創新〉，《史地研究》，第四期（二〇一三），頁一五一—一七七。
蔣兆成，〈關於朱元璋及其政權的變質問題〉，《杭州大學學報》，一九八〇年第一期，頁四六—五二。

鄧嗣禹，〈明大誥與明初之政治社會〉，《書目季刊》，第一卷第一期（一九六六），頁二一一三五。
鄧端本，〈論明代的市舶管理〉，《海交史研究》，一九八八年第一期，頁五七—六八。
鄭克晟，〈江南地主在元朝的地位〉，《明代政爭探原》，北京：故宮出版社，二〇一四，頁七—二五。
鄭克晟，〈明太祖、明成祖對江南地主之嚴酷打擊〉，《明代政爭探原》，天津：天津古籍出版社，一九八八，頁一—八六。
鄭克晟，〈明代重賦出於政治原因說〉，《南開學報》，二〇〇一年第六期，頁六四—七二。收入氏著《明清史探實》，北京：中國社會科學出版社，二〇〇一，頁三三—五五。
鄭克晟，〈試析明初土田數字增長之原因〉，《中國社會經濟史》，一九八八年第二期，頁七八—八三。
鄭克晟，〈論高啓與魏觀，再論元末明初江南士人之境遇〉，《南開學報．哲學社會科學版》，二〇〇九年第四期，頁八八—九五。
鄭寧，〈「不征之國」與明初國際秩序的構建〉，《延邊大學學報．社會科學版》，第四九卷第五期（二〇一六），頁六二—六九。
戰雪雷，〈明代強化皇權對士大夫價值取向的影響〉，《河北大學學報．哲學社會科學版》，二〇一一年第六期，頁五六—六〇。
蕭立軍，〈朱元璋殺胡惟庸廢丞相考辨〉，《天津師大學報》，二〇〇〇年第二期，頁四一—四六。
蕭放，〈老人制度與基層社會治理：從《教民榜文》看明太祖基層社會治理方略〉，《社會治理》，二〇一五年第三期。
錢穆，〈讀明初開國諸臣詩文集〉，《新亞學報》，第六卷第二期（一九六四），頁二四三—三二六。收入氏著《中國學術思想史論叢》，第六冊，北京：生活・讀書・新知三聯書店，二〇〇九。
戴玄之，〈白蓮教的源流〉，《中國學誌》，第五卷（一九六九），頁一〇三—一一八。
薛國中，〈朱元璋的廉政建設——教育、監察、懲獎〉，《武漢大學學報》，第五四卷第三期（二〇〇一），頁二九九—三〇三。
謝國楨，〈對於研究明清史的一點體會〉，《中國史研究》，一九七九年第三期，頁二一—二三。
謝盛、謝貴安，〈民國學者對明代錦衣衛史學形象的闡釋與書寫〉，《史學史研究》，二〇二〇年第一期，頁三一—四三。
韓秀桃，〈《教民榜文》所見明初基層里老人理訟制度〉，《法學研究》，二〇〇〇年第三期，頁一三七—一四七。
韓傳強，〈大明國號與朱元璋信仰關係研究〉，《雞西大學學報》，第一六卷第二期（二〇一六年二月），頁二二三—二二五。
羅冬陽，〈《明史》商屯臆想補論〉，《史學集刊》，二〇一九年第三期，頁三四—四二。
羅香林，〈中國族譜所見之明代衛所與民族遷徙之關係〉，《大陸雜誌》，第三九卷第一〇期（一九六九）。
藤井宏著，傅衣凌、黃煥宗譯，〈新安商人的研究〉，收入《江淮論壇》編輯部編，《徽商研究論文集》，合肥：安徽人民出版社，一九八五，頁一三一—二六九。
譚家齊，〈明太祖《御製大誥》在洪武朝以後行用情況新探〉，《中國文化研究所學報》，第四七期（二〇〇七），頁七三—九一。
蘇松柏，〈論明成祖因循洪武海禁政策〉，《海交史研究》，一九九〇年第一期，頁三一—三七。
顧誠，〈明前期耕地數新探〉，《中國社會科學》，一九八六年第四期，頁一九三—二一三。
顧頡剛，〈五德終始說下的政治和歷史〉，《古史辨》，第五冊下編，臺北：明倫出版社據樸社初版重印，一九七〇，頁四〇四—六一七。
顧頡剛，〈明代文字獄禍考略〉，《東方雜誌》，第三二卷第一四期（一九三五）。

欒成顯，〈明代里甲編制原則與圖保劃分〉，《史學集刊》，一九九七年第四期，頁二〇—二五。

欒成顯，〈洪武魚鱗圖冊考實〉，《中國史研究》，二〇〇四年第四期，頁五〇—五七。

欒成顯，〈魚鱗圖冊的遺存與研究價值〉，《浙江學刊》，二〇一九年第一期，頁一二三—一三九。

英文

Bernal, Manuela C. Garica，〈墨西哥白銀與在東亞地區的影響力（十六至十九世紀）〉，《大航海時代的臺灣與東亞研討會》會議論文，新竹：清華大學，二〇一四年七月，頁一四—一五。

Atwell, William S. "International Bullion Flows and the Chinese Economy, circa 1530-1650," *Past and Present* 95(1982): 68-90.

Bergere, Marie-Claire. "On the Historical Origins of Chinese Underdevelopment," *Theory and Society* 13, no.3(1984): 326-337.

Chan, Hok-lam.（陳學霖）"The White Lotus-Maitreya Doctrine and Popular Uprisings in Ming and Ch'ing China." *Sinologica* 10, no.4(1969): 211-233.

Dardess, John W. "The Transformations of Messianic Revolt and the Founding of the Ming Dynasty." *Journal of Asian Studies* 29.3(1970): 539-558.

Dunstan, Helen. "The Late Ming Epidemics: A Preliminary Survey." *Ch'ing-shih wen-t'i* 3, no.3(1975): 1-59.

Elvin, Mark. "The High-level Equilibrium Trap: the Causes of the Decline of Invention in the Traditional Chinese Textile Industries." in *Economic Organization in Chinese Society*, ed. W. E. Willmott. Stanford, CA: Stanford University Press, 1972: 137-172.

Farmer, E.L.（范德）"Social Regulation of the First Ming Emperor: Orthodoxy as a Function of Authority." in *Orthodoxy in Late Imperial China*. ed. Liu Kwang-Ching, Berkeley and Los Angeles: University of California Press, 1990. 萬明譯，〈開國皇帝的社會整合：作爲權威功能的正統觀念〉，《明史研究》，第五輯（二〇一〇），頁一二九－一三八。

Feuerwerker, Albert.（費慰愷）"China's History in Marxian Dress." *The American Historical Review* 66(January 1961): 323-353.

Feuerwerker, Albert.（費慰愷）"China's Modern Economic History in Communist Chinese Historiography." *The China Quarterly* 22(1965): 31-61.

Lippit, Victor D. "Development of Underdevelopment in China: An Afterword." *Modern China* 6,

no.1(Jan. 1980): 86-93.
Mendels, F.F. "Proto-Industrialization: The First Phase of the Process of Industrialization." *Journal of Economic History* 30 (1972): 241-261.
Teng., Ssu-yu.（鄧嗣禹）"Ming T'ai-tsu's Destructive and Constructive Work." *Chinese Culture* 8, no.3 (Sep. 1967): 914-938.
Wakeman, Frederic. "China and the Seventeenth-Century Crisis." *Late Imperial China* 7, no.1(1986): 1-26.

日文

小林一美，〈朱元璋の恐怖政治：中華帝國の政治構成に寄せて〉，收入奥崎裕司編，《山根幸夫教授退休紀念明代史論叢》，東京：汲古書院，一九九〇，頁二三一四四。
山根幸夫，〈元末の反亂と明朝支配の確立〉，《岩波講座世界歷史》十二，東京：岩波書店，一九七一。
中山八郎，〈至正十一年に於ける紅巾の起事と賈魯の河工〉，《和田博士古稀記念東洋史論叢》，東京：講談社，一九六一。
田口宏二朗，〈畿輔での「鉱・税」——安文璧『順天題稿』をめぐって——〉，收入岩

井茂樹編，《中国近世社会の秩序形成》，京都：京都大學人文科學研究所，二〇〇四；中譯本見〈畿輔礦稅初探——帝室財政、戶部財政、州縣財政〉，《中國社會經濟史研究》，二〇〇二年第一期，頁二〇—三一。
田村實造，〈元末の反亂とその性格〉，《中國征服王朝の研究》，東京：東洋史研究會，一九七一）。
佐久間重男，〈明清からみた東アジァの華夷秩序〉，《思想》，東京，岩波書店，第七九六號（一九九〇），頁三一—四七。
谷口規矩雄，〈明玉珍の「大夏」國について〉，《東洋史論集：內田吟風博士頌寿記念》，京都：同朋舍，一九七八，頁二九五—三〇九。
谷口規矩雄，〈陳友諒の大漢國について〉，《東洋史研究》，第三九卷第一期（一九八〇），頁一〇〇—一一七。
和田清，〈明の太祖と紅巾の賊〉，《東洋学報》，第一三卷第二號（一九二三年七月），頁二七八—三〇二。
和田清，〈明の国号について〉，《史学雜誌》，第四二編第五號（一九三一年五月），頁七〇—七五。
岩見宏、谷口規矩雄，〈序章：爛熟した中華帝國〉，《伝統中國の完成：明・清》，東京：

講談社，一九七七。
相田洋，〈元末の反亂とその背景〉，《歷史學研究》，三六一（一九七〇），頁一—一七。
相田洋，〈白蓮教の成立とその展開〉，《中國民眾反亂の世界》，東京：汲古書院，一九七四。
重松俊章，〈宋元時代の紅巾軍と元末彌勒，白蓮教匪について〉，《史淵》，二四、二六、二八、三二（一九四〇—四四）。
重松俊章，〈初期の白蓮教會について〉，《市村博士古稀記念東洋史論叢》（一九三三），陶希聖（譯），〈初期的白蓮教會〉，《食貨半月刊》，第一卷四期（上海，一九三五年一月），頁二七—三五。
宮崎市定，〈明清時代の蘇州と軽工業の発達〉，收入氏著《宮崎市定全集》，第十三冊，東京：岩波書店，一九九三，頁八〇—九三。
宮崎市定，〈科舉——中國の試驗地獄〉，收入氏著《宮崎市定全集》，第十五冊，東京：岩波書局，一九九三。
清水泰次，〈明代の田土統計と稅糧との關係〉，《史潮》，第一二卷第一號（一九四二）。
清水泰次，〈明代の田地面積に就いて〉，《史學雜誌》，第三二編第七號（一九二一）。張錫綸譯，〈明代田土的估計〉，《食貨半月刊》，第三卷第一〇期（一九三六）。

清水泰次，〈明代田土の總額に就いて〉，《社會經濟史學》，第一一卷第一一、一二號（一九四二）。
清水泰次，〈明代全國田土の統計について〉，《史學雜誌》，第五一編七號（一九四〇）。
野口鐵郎，〈元末のいわゆる東系紅巾軍諸勢力について：郭子興と芝麻李〉，《横濱國立大學人文學紀要．哲學社會科學》，二〇（一九七四），頁二一—四一。
渡昌弘，〈明初の科舉復活と監生〉，《集刊東洋學》，第四九號（一九八三），頁一九—三六。
濱島敦俊，〈民望から鄉紳へ：十六、七世紀の江南士大夫〉，《大阪大學大學院文學研究科紀要》，四一（大阪，二〇〇一），頁二七—六五；中譯見吳大昕譯，〈明代中後期江南士大夫的鄉居和城居：從「民望」到「鄉紳」〉，《明代研究》，第十一期（二〇〇八年十二月），頁五九—九四。
檀上寬，〈初期明王朝の通貨政策〉，《明朝專制支配の史的構造》，東京：汲古書院，一九五五，頁一一五—一五〇。
檀上寬，〈明代科舉政革の政治的背景：南北卷の創設をめぐって〉，《明朝專制支配の史的構造》，東京：汲古書院，一九五五，頁一五一—一八五。
檀上寬，〈明朝政權の成立とその政策〉，《明朝專制支配の史的構造》，東京：汲古書院，一九五五，頁三九—八二。
藤井宏，〈明代田土統計に関する一考察〉，《東洋學報》，第三〇卷第三號（一九四三），頁九〇—一二三；第三〇卷第四號（一九四四），頁六〇—八七；第三一卷第一號（一九四七），頁九七—一三〇。

聯經中國史

華夏再造與多元轉型：明史

2024年7月初版
定價：平裝新臺幣620元
精裝新臺幣870元
有著作權・翻印必究
Printed in Taiwan.
著者
徐泓、王鴻泰、巫仁恕、邱仲麟、邱澎生、唐立宗

編者	徐泓
主編	王汎森
特約編輯	方清河
叢書編輯	陳胤慧
內文排版	菩薩蠻
封面設計	廖韡

出版者	聯經出版事業股份有限公司
地址	新北市汐止區大同路一段369號1樓
叢書編輯電話	(02)86925588轉5317
台北聯經書房	台北市新生南路三段94號
電話	(02)23620308
郵政劃撥	帳戶第0100559-3號
郵撥電話	(02)23620308
印刷者	文聯彩色製版有限公司
總經銷	聯合發行股份有限公司
發行所	新北市新店區寶橋路235巷6弄6號2樓
電話	(02)29178022

副總編輯	陳逸華
總編輯	涂豐恩
總經理	陳芝宇
社長	羅國俊
發行人	林載爵

行政院新聞局出版事業登記證局版臺業字第0130號

本書如有缺頁，破損，倒裝請寄回台北聯經書房更換。
ISBN 978-957-08-7326-9 (平裝)
ISBN 978-957-08-7412-9 (精裝)
聯經網址：www.linkingbooks.com.tw
電子信箱：linking@udngroup.com

國家圖書館出版品預行編目資料

華夏再造與多元轉型：明史/徐泓等著．徐泓編．初版．
新北市．聯經．2024年7月．528面．14.8×21公分（聯經中國史）
ISBN 978-957-08-7326-9（平裝）
ISBN 978-957-08-7412-9（精裝）

1.CST：明史　1.CST：文集

626　　113003720